조선전기 구황식물 연구

조선전기 구황식물 연구

이병희

국학자료원

　이 책은 조선전기 구황식물을 연구한 결과물이다. 『농사직설(農事直
說)』에 대해 역해(譯解) 작업을 하면서 농업의 기초로서 풍토, 생태환경
의 중요성을 새삼 인식했으며, 그에 대한 연구의 필요성을 느꼈다. 『고
려시기 생태환경 연구』(국학자료원, 2023)는 그런 관심의 성과였다. 『고
려시기 생태환경 연구』에서 식수가 매우 중요했으며 양질의 식수를 풍
부하게 확보할 수 있었다는 점을 주목했다. 가뭄은 늘상 발생하는 것이
지만 대부분 전국적이 아니라 한정된 공간 범위에서 발생하는 것으로
파악했다. 또 고려시기 잦은 천도론은 개경의 생태환경 열악화·파괴
와 관련한 것으로 이해할 것을 제안했다. 그리고 야생동물이 먹거리로
서 매우 중요하며, 그것을 포획하는 사냥이 큰 의미를 갖는 것이었음을
상기시켰다. 생태환경의 일부 주제를 고려시기로 한정해 살펴본 것이
다. 작업의 진행과정에서 구황식물도 생태환경 연구 주제 가운데 하나
라고 생각하게 되었다.

　구황식물이란 흉년에 산과 들, 바다에서 채취해 먹거리로 삼는 식물
을 가리킨다. 전근대에서 흉황은 전란이나 농시(農時) 탈취로 인해서도
발생하지만, 많은 경우 자연재해로 말미암아 나타난다. 가뭄과 홍수는

농사에 큰 타격을 주며 서리와 태풍, 우박도 피해를 입힌다. 그리고 해충의 피해도 만만치 않았다. 자연재해로 인해 흉년이 들면 민인들은 심각한 굶주림에 놓이게 된다. 이때 민인들은 구황작물의 재배에 힘쓰기도 하고, 자연에서 먹을 것을 찾기도 했다. 국가나 정부도 흉황이 발생하면 구황물을 확보하고자 여러 조치를 강구했다.

자연에서 확보할 수 있는 먹거리는 매우 다양했다. 우리의 자연은 산이 많고 들이 펼쳐져 있으며 삼면이 바다이다. 산과 들에는 여러 종류의 야생동물이 있으며, 도랑과 하천, 웅덩이와 저수지에는 각종 민물고기가 풍부하게 서식하고 있다. 바다에는 각종 어패류가 있으며, 특히 갯벌에는 다양한 갑각류와 조개류가 살고 있다. 이런 것들은 민인들에게 중요한 먹거리를 제공한다. 동물뿐만 아니라 각종 식물도 중요한 먹거리의 구실을 한다. 산과 들에는 뿌리, 줄기, 잎, 열매를 먹거리로 삼을 수 있는 식물이 매우 많다. 그리고 바다에는 각종 해조류가 자라고 있다. 풍부한 구황식물을 확보할 수 있는 조건을 갖추고 있는 것이다(해조류는 현대 생물 분류에서는 진핵생물역 원생생물로 보고 있지만, 이 글에서는 엄밀성보다는 사회통념을 고려해 종전처럼 식물로 일컫고자 한다). 자연에서 제공하는 다양한 동물·식물을 먹거리로 전환하는 지혜가 크게 발달한 점은 주목할 사항이다.

본서에서는 구황식물에 관해 몇 편의 글로 나눠 접근해 보았다. '제1부 구황식물의 수요와 확보'에서는 흉년이 들었을 때 개인과 국가에서 구황식물에 깊은 관심을 기울였음을 주목했다. 흉년은 늘상 있는 것이지만 그것이 국지적으로 발생하며 전국적인 경우는 많지 않았다고 보았다. 흉년으로 기근을 맞이하면 상당한 고통을 겪게 되는데 그 과정에서 유리하거나 도적이 되기도 하고, 아사에 이르는 수도 있었음을 확인했다. 굶주림의 상황에서 민인들이 구황식물을 확보해 섭취했음을 강조하고자 했다. 유리·유이는 단순한 떠돌이가 아니라 식량 사정이 나은 곳으로 먹거리를 찾아 이동하는 것임은 주목할 사항이었다.

흉년을 맞아 정부에서 진휼곡을 베풀었으며, 민인의 부담을 견감시키는 조치를 취했음을 보았다. 흉황의 발생을 미연에 방지하기 위해 수리 시설의 축조에 관심을 가졌음도 확인했다. 다음 해의 종자 확보에 상당한 공력을 기울였음도 알 수 있었다. 구황 대책의 여러 내용 중에 구황식물을 확보하기 위한 노력이 포함되었음을 주목했다.

'제2부 산과 들과 바다의 구황식물'에서는 다양한 장소에서 확보할 수 있는 구황식물을 심층적으로 천착했다. 구황식물 가운데 으뜸의 위치에 있는 것은 도토리[橡實]였다. 빈민이나 기민이 먹거리 확보를 위해 가을철에 도토리를 적극 확보했다는 것, 도토리는 삶거나 쪄서 먹기도 하고 또 가루로 만들어 가공해 섭취했다는 것, 그리고 정부에서도 도토리를 확보해 진휼을 펼친 점 등을 제시했다.

산에서 얻을 수 있는 구황식물의 대표는 도토리였지만, 그밖에 밤은 풍부한 영양가를 지니고 있어 구황식물로 중시되었으며, 소나무는 껍질이나 잎과 솔방울이 구황식으로 널리 활용되었다고 보았다. 그리고 도라지와 더덕, 칡과 고사리도 매우 중시된 구황식물로 끼니를 해결하는 데 큰 도움이 됨을 지적했다. 그리고 산에서 다양한 나물을 채취해 먹거리로 삼았음을 확인했다.

들에서도 다양한 구황식물을 뜯을 수 있었다. 야채(野菜)·야속(野蔌)으로 표현되는 들나물은 소채·채소·채엽·초엽·초근·초식 등의 단

어에 포함되었음을 확인할 수 있었다. 들나물을 구황식으로 널리 가공
섭취하는 사실을 밝혔다. 들나물은 필수 영양소가 많지 않아 곡물과 섞
어 섭취할 때 끼니의 구실을 할 수 있었음을 주목했다.

우리나라는 삼면이 바다이기 때문에 해조류를 풍부하게 채취할 수
있었다. 구황 기능을 담당한 해조류의 대표는 황각과 미역이었음을 알
수 있었다. 황각은 황해도가 가장 대표적인 생산지였으며, 미역은 동해
안과 남해안 지역에서 널리 생산되었음을 확인했다. 해조류는 곡물을
섞지 않고도 끼니 구실을 할 수 있는 중요한 먹거리였다고 보았다.

'제3부 구황식물의 가공과 섭취'에서는 구황식물을 식용으로 전환하
는 내용을 살폈다. 민인의 식생활에서 필수적인 소금은 구황식물을 섭
취할 때도 중요했음을 주목했다. 소금은 해안가 도처에서 생산되었으
며 주로 수군(水軍)·선군(船軍)과 염간(鹽干)이 생산을 담당했다고 보
았다. 소금은 바로 소비할 수도 있지만 장을 만드는 데 활용하기도 했
음을 알 수 있었다. 흉년을 맞아 기민을 곡식으로 구휼할 때 염장을 함
께 지급하는 일이 많았음을 지적했다. 그리고 구황식물을 가공 섭취하
는 데도 염장이 널리 활용되었음을 밝혔다.

죽은 기민·진휼식과 환자·보양식으로 구분할 수 있는데, 효자는 부
모 상을 당해 대부분 기민·진휼식의 매우 초라한 죽을 먹었음이 확인
된다. 진휼을 위해 제공된 곡식은 대부분 죽을 쒀 섭취했는데, 구황식
물 역시 죽을 만들어 섭취하는 것이 일반적이었음을 주장했다. 구황식
물을 끼니로 삼는 때는 주로 춘궁기였지만 식량이 부족할 경우에는 가
을에도 그것이 중요한 끼니 구실을 하고 있었다는 것, 그리고 구황식물
은 대부분 제철에 나는 것을 식용으로 했지만 도토리는 저장이 가능해

항시 활용했다는 것을 확인했다.

여기에서 구황식물을 구명하고자 노력했지만 개별 식물 하나하나에 대한 생물학적 이해가 부족한 점은 큰 아쉬움으로 남는다. 그렇지만 구황식물이 흉년을 맞이해 먹거리를 해소하는 데 매우 중요했다는 것, 그리고 그것이 풍부하고 다양했다는 것, 그것 덕분에 연명·생존이 가능했으며 그 결과 아사자의 수를 감소시킬 수 있었다는 점 등은 분명히 지적할 수 있다.

또한 구황식물을 활용함으로써 민인들이 기근이란 극한 상황에 대처했음을 확인할 수 있었다. 그 과정에서 고생을 많이 했고, 희생도 매우 컸다. 그들의 그런 노력이 있었기에 사회가 유지될 수 있었고, 국가가 존립할 수 있었다. 그들의 처절한 생존 노력이 결여되었다면 사회와 국가의 존속은 어려웠을 것이다.

우리는 농업을 주산업으로 하고 있으면서, 부족한 먹거리는 자연에서 제공하는 구황식물을 활용함으로써 보충해왔다. 구황식물은 조선후기로 가면서 활용법이 다양해지며, 활용하는 대상도 늘어갔다. 그리고 야생의 구황식물을 재배 식물로 전환하는 일도 진행되었다. 그리하여 구황식물은 조선후기에 더욱 광범위하게 먹거리의 구실을 담당하게 되었다.

구황식물은 주지하듯이 풍토, 생태환경을 전제로 해서 생장하는 생명체이다. 생태환경은 각 국가나 지역마다 상이하기 때문에 구황식물의 상황은 동일하지 않다. 추위가 심한 지역이나 사막의 경우에는 구황식물 자체를 확보하기 힘들 것이다. 열대 지방의 경우 구황식물이 풍성할 것이지만 계절의 변화가 적으므로 다양하기는 힘들어 보인다. 그리고 내륙 지방은 바다에서 제공하는 구황 해조류를 얻을 수 없다. 구황식물은 이처럼 부족한 곳도 있고, 다양하지 못한 지역도 있고, 접근이 어려운 경우도 있다. 구황식물은 전적으로 생태환경의 영향을 받는 것이므로 각 나라나 지역마다 풍성함과 다양성에서 큰 차이가 나는 것이다.

한반도는 사계절의 변화가 뚜렷하므로 구황식물이 다양하며, 또 산과 들 및 바다가 비교적 가까운 지점에 자리하고 있어 구황 먹거리에 대한 접근성이 매우 좋다. 우리는 풍성한 구황식물 덕분에 흉년이 들어도, 또 전란으로 농사를 짓지 못하고 피난하는 경우에도 어느 정도 생존할 수 있었다. 결국 구황식물은 우리 인구의 급감을 막는 중요한 바탕이 된다고 하겠다.

생태환경의 이해는 우리 역사를 파악하는 데 기초가 된다. 우리 역사의 개성과 특징은 여러 측면에서 지적할 수 있지만 일차적으로 생태환경에서 찾을 수 있다. 풍토와 생태환경을 전제로 민인들이 생존한 사실이 역사의 기저이기 때문이다. 전근대에서 가장 중요한 생업인 농업도 생태환경을 바탕으로 영위된다. 역사 파악에서 일차적으로 생태환경을 주목해야 하는 것은 우리 역사만은 아니다. 다른 나라나 지역의 역사 이해를 위해서도 우선적으로 생태환경을 파악해야 한다. 향후 이 분야에 대한 연구가 더욱 활발하게 진행될 필요가 있겠다. 그렇다고 역사 파악이 생태환경을 이해하는 데에 머물러서는 안 될 것이다.

이 책의 각 장 끝에 중요한 사료를 수록한 것은 새로운 시도이다. 그것은 본문의 내용을 생생하고 구체적으로 이해하는 데 도움을 주고자 함이다. 사료에 기초해 역사를 이해하는 것이 갖는 중요성은 두말할 필요가 없을 것이다. 그리고 중등 교육현장에서 학생들의 역사 이해를 돕고자 하는 경우 사료를 활용하는 수가 많다. 특히 역사가의 연구 작업을 학생들에게 추체험시키고자 할 때, 사료를 적극 이용하게 된다. 양질의 사료에 대한 갈증이 매우 큰 것이 교육현장이다. 그런 수요에 다소나마 도움을 주고자 하는 의도도 있어서 사료를 첨부했다.

책을 발간하는 일에는 늘상 교정작업이 따르게 마련이다. 많은 이들이 교정작업에 도움을 주었다. 필자가 재직했던 한국교원대에서의 인연으로 도움을 준 하정열(강원 치악고) · 정은호(전남 함평중) · 김지연(울산 효정중) · 임찬경(서울 역삼중) · 전승렬(경기 일산중) · 이기령(충남 태안고) 선생 등과 학부생 권민상군의 노고에 고마움을 표한다. 그리고 어려운 출판 사정 속에서 출간을 맡아주신 국학자료원 정구형 대표께 감사를 드린다. 책을 깔끔하게 만들어준 편집부 여러분께도 큰 고마움을 느낀다.

2025년 5월 12일
저자

| 차 례 |

제2부 산과 들과 바다의 구황식물

제1장 조선전기 구황식물 도토리의 수습과 활용

제2장 조선전기 산에서 확보하는 구황식물

제1부 ————————————————

구황식물의 수요와 확보

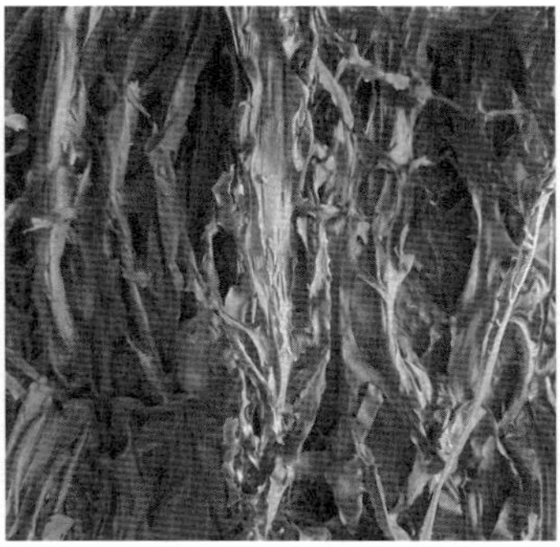

조선전기 흉황 시 농민의 동향

1. 서언

조선전기 예기치 않은 자연재해가 발생하는 수가 많았다. 가뭄·홍수·서리 등으로 인해 농작물이 피해를 입어 흉년이 드는 경우가 흔했다. 국가 차원에서 진휼 정책을 펼쳐 농민의 생계를 돕는 수가 있었지만 그것이 충분할 수는 없었다. 농민들은 생존을 위해 자연에서 먹거리를 찾을 수밖에 없었다.

농사의 작황은 항상 풍년이 드는 것은 아니었고, 또 늘 흉년이 드는 것도 아니었다. 대풍(大豐)도 있었고, 전실(全失)도 있었지만 대개는 피해를 입으면서도 일정한 소출이 확보되었다. 그리고 지역에 따라 농사의 작황은 매우 상이했다. 특정 지역은 풍년인 반면 인근의 다른 지역은 흉년이 드는 수도 있었다. 농사의 작황에 대해서는 여러 가지 용어로 표현하고 있었다.

흉년을 맞이했을 때 농민들은 식량난으로 상당한 어려움에 놓이게 되었다. 농민이 먹거리 부족으로 고생하기도 하고, 또 유리하고 도적이 되기도 했으며, 처자를 버리거나 굶어죽는 극단적 상황에 놓이기도 했다. 어려운 상황에서 농민들이 펼친 자구 노력은 대단한 것이었다.

이 글에서는 농사 작황에 대한 다양한 표현을 주목하고, 흉년으로 기근이 들었을 때의 모습, 기근으로 유리하고 도적이 되는 모습, 그리고 기아(棄兒)와 아표(餓莩)·전우구학(塡于溝壑) 등의 모습을 차례로 살펴보고, 농민이 자구책의 일환으로 구황식물을 확보하려는 노력을 구명하고자 한다.

2. 농사 흉년과 그 특징

농사를 제대로 짓지 못해 흉년이 드는 경우, 그 원인은 대체로 자연재해인 경우가 많았다. 가뭄이나 홍수, 그리고 태풍, 우박, 서리, 해충의 피해로 인해 농사를 그르치는 수가 적지 않았다. 때로는 종자 부족이나 농업 노동의 시간을 확보하지 못하는 것이 작황을 망치는 원인이 되기도 했다.[1] 큰 흉년은 대체로 자연재해로 말미암는 경우가 일반적이었다.

농사가 제대로 이루어지지 않아 흉년이 든 상황은 다양하게 표현하고 있다. '실농(失農)'이라는 표현은 흔히 보인다. 실농은 "농사에 실패함" 혹은 "농사의 시기를 잃음"을 의미하는데[2] 흉년의 경우는 전자에 해당한다. "근년 실농했는데, 경기가 더욱 심하다."라거나[3] "금년에 팔도가 실농했다."란[4] 것은 실농 사례의 일부이다.

---

1) 농사의 흉년은 자연재해로 인한 경우가 많지만, 가혹한 부세제 운영이나 예기치 못한 내란·전쟁으로 인해 발생하는 경우도 없지 않았다.

2) 네이버 국어사전(https://ko.dict.naver.com/).

3) 『中宗實錄』권35, 中宗 14년 3월 辛亥(18일), 15-519(國史編纂委員會 影印本, 15冊, 519면을 의미함. 이하 같음).

4) 『中宗實錄』권26, 中宗 11년 10월 己未(11일), 15-222.

농사의 작황이 그르친 것을 '흉황(凶荒)'으로 표현하는 경우도 많았다. 흉황은 "곡식 농사가 잘 안되어 농사가 결딴남" 혹은 "곡식이 잘못되어 농사가 결딴남"으로 풀이한다.[5] 단순히 흉황이라고 하는 경우도 있지만 좀 더 구체적인 표현도 보인다. "금년흉황(今年凶荒)"이라거나,[6] "홍수와 가뭄·바람·서리로 인해 자주 흉황이 되었다."거나,[7] 또는 "근년의 흉황은 예로부터 없던 바다."라는[8] 것이 그것이다.

그리고 '흉겸(凶歉)'이라는 용어로 흉년을 표현하기도 했다. "금년흉겸(今年凶歉)"[9]·"지금 사방이 흉겸이다."[10] 등에서 확인할 수 있다.

농사의 작황을 그르친 경우는 실농·흉황·흉겸으로 표현했는데, 가을을 중심으로 언급한 경우가 많지만 그렇지 않은 경우도 종종 보인다.

흉년은 여러 해 연이어 발생하는 수가 많았다. 몇해 동안 연이어 흉년이 드는 경우는 연세(連歲), 비세(比歲), 비년(比年)의 표현이 부가되어 묘사되었다. 이 경우는 농민의 고통은 상상 이상일 수밖에 없었다. "근년연년흉황(近年連年凶荒)"[11]·"근래세연흉황(近來歲連凶荒)"[12]·"근래연년흉황(近來年年凶荒)"[13]·"근래연년흉황(近來連年凶荒)"[14]·"근래연세흉황(近來連歲凶荒)"으로[15] 언급하는 것을 볼 수 있다. 또 "근년이래 세연

5) 네이버 국어사전(https://ko.dict.naver.com/).

6) 『中宗實錄』권12, 中宗 5년 10월 庚寅(7일), 14-467.

7) 『世宗實錄』권57, 世宗 14년 9월 己巳(14일), 3-416.

8) 『明宗實錄』권7, 明宗 3년 4월 辛未(26일), 19-590.

9) 『成宗實錄』권285, 成宗 24년 12월 己卯(19일), 12-452.

10) 『中宗實錄』권37, 中宗 14년 11월 丙午(16일), 15-580.

11) 『中宗實錄』권58, 中宗 22년 2월 庚申(13일), 16-549.

12) 『明宗實錄』권19, 明宗 10년 8월 戊子(26일), 20-295.

13) 『中宗實錄』권14, 中宗 6년 11월 辛未(25일), 14-542.

14) 『中宗實錄』권54, 中宗 20년 7월 乙酉(28일), 16-440.

15) 『燕山君日記』권36, 燕山君 6년 1월 丙子(21일), 13-397 ; 『中宗實錄』권59, 中宗 22년 7월 庚寅(15일), 16-586 ; 『中宗實錄』권103, 中宗 39년 5월 丁未(10일), 19-85 ; 『明宗

흉황(近年以來 歲連凶荒)"16) · "근년이래 연세흉황(近年以來 連歲凶荒)"17)
· "근년이래 흉황이 연이었다."18) · "근년이래 나라가 액운을 만나 흉황
이 연이어서 심하다."19) 등의 사례도 찾아진다. 그리고 근래 이래 혹은
근년의 표현없이 "연년흉황(連年凶荒)"20) · "연세흉황(連歲凶荒)"21) ·
"지금 연세(連歲) 여물지 않았다."라고22) 언급한 경우도 보인다.

　그밖에 "비년흉황(比年凶荒)"23) · "연년기근 민생곤궁(年年饑饉 民生
困窮)"24) 등의 표현도 찾아진다. 모두 해마다 연속해서 흉년이 들었음
을 가리키는 것이다.

　몇해 연이은 흉년을 더 구체적으로 표현한 경우도 있다. "수년 사이
에 흉황이 서로 이어졌다[數年之間 凶荒相繼]."라는25) 것이 그것이다.

　　實錄』권6, 明宗 2년 11월 甲午(17일), 19-547.
16) 『明宗實錄』권19, 明宗 10년 8월 乙亥(13일), 20-293 ; 『明宗實錄』권23, 明宗 12년 9
　　월 庚午(20일), 20-440.
17) 『中宗實錄』권102, 中宗 39년 4월 辛未(3일), 19-63 ; 『明宗實錄』권18, 明宗 10년 6
　　월 己卯(16일), 20-283.
18) 『明宗實錄』권14, 明宗 8년 4월 戊子(13일), 20-130.
19) 『明宗實錄』권19, 明宗 10년 윤11월 甲申(23일), 20-312.
20) 『世宗實錄』권120, 世宗 30년 5월 丁亥(3일), 5-64 ; 『中宗實錄』권28, 中宗 12년 7월
　　己丑(15일), 15-290 ; 『中宗實錄』권73, 中宗 27년 10월 丙戌(12일), 17-384 ; 『中宗
　　實錄』권95, 中宗 36년 4월 壬戌(6일), 18-459 ; 『明宗實錄』권11, 明宗 6년 1월 癸丑
　　(25일), 20-7 ; 『明宗實錄』권18, 明宗 10년 1월 己未(23일), 20-255 ; 『明宗實錄』권
　　19, 明宗 10년 10월 癸酉(12일), 20-299.
21) 『中宗實錄』권35, 中宗 14년 2월 戊寅(14일), 15-509 ; 『中宗實錄』권35, 中宗 14년 3
　　월 乙卯(22일), 15-520 ; 『中宗實錄』권50, 中宗 19년 4월 己未(25일), 16-302 ; 『中
　　宗實錄』권61, 中宗 23년 4월 壬戌(21일), 16-655 ; 『中宗實錄』권94, 中宗 36년 2월
　　戊寅(21일), 18-444 ; 『中宗實錄』권95, 中宗 36년 7월 癸丑(29일), 18-490 ; 『明宗實
　　錄』권19, 明宗 10년 8월 壬辰(30일), 20-296.
22) 『明宗實錄』권17, 明宗 9년 9월 甲辰(6일), 20-231.
23) 『明宗實錄』권9, 明宗 4년 1월 癸酉(2일), 19-621.
24) 『中宗實錄』권29, 中宗 12년 8월 戊申(5일), 15-304.
25) 『中宗實錄』권98, 中宗 37년 5월 丙申(16일), 18-579.

더 심한 경우는 "십여년흉황[十餘年凶荒]"[26] 혹은 "십여년 이래로 해마다 흉황이다."[27] 등 10여 년간 흉년이 이어졌다는 표현도 있다. 이렇게 여러 해 연이어 흉년이 발생하는 경우, 그 고통은 더욱 심각할 수밖에 없었다.

흉황을 지적하면서 지역을 언급한 경우도 보인다. 흉년은 전국에서 동시에 발생하기도 하지만 특정 지역에 한정해서 발발하기도 했다.[28] 대개는 특정 도에 한정해 흉년이 언급된 경우가 많았다. 여러 도를 묶어서 흉년을 나타내는 수도 있었다.

경기의 흉년에 대한 언급이 많다. "금년 흉황이 매우 심한데, 경기[畿甸]가 더욱 심하다."[29] · "근년의 흉황은 기전이 더욱 심하다."[30] · "기전에서 여러 해 연이어 흉년인데 게다가 지난 겨울에는 양맥이 동상을 입었다."[31] · "근년이래로 기전이 더욱 심히 흉황이다."[32] · "지금 가뭄과 장마의 여파로 농사가 흉황인데, 기전이 더욱 심하다."[33] · "근년 이래로 흉황이 연이어 발생했는데, 기전이 더욱 심하다."[34] 등의 언급이 찾아진다. "지금 사방이 흉겸인데 경기가 더욱 심하다."[35] · "금년이 흉겸인데 경기가 더욱 심하다."[36] · "근년에 실농했는데 경기가 더욱 심하다."[37] 등

---

26) 『中宗實錄』권102, 中宗 39년 4월 壬辰(24일), 19-76.
27) 『中宗實錄』권77, 中宗 29년 윤2월 己酉(12일), 17-502.
28) 이 점은 우리의 자연재해를 이해할 때 반드시 고려할 사항이다. 吳浩成씨도 이 점을 강조하고 있다(吳浩成, 2022 『朝鮮飢饉史』, 경인문화사, 4~7면 참조).
29) 『中宗實錄』권60, 中宗 23년 2월 丁巳(15일), 16-633.
30) 『中宗實錄』권65, 中宗 24년 5월 乙卯(21일), 17-121.
31) 『明宗實錄』권22, 明宗 12년 3월 己未(6일), 20-396.
32) 『明宗實錄』권22, 明宗 12년 5월 辛未(19일), 20-415.
33) 『中宗實錄』권91, 中宗 34년 8월 癸巳(29일), 18-331.
34) 『明宗實錄』권22, 明宗 12년 3월 壬戌(9일), 20-396.
35) 『中宗實錄』권37, 中宗 14년 11월 丙午(16일), 15-580.
36) 『中宗實錄』권55, 中宗 20년 11월 庚午(15일), 16-468.

도 경기에서의 흉년을 표현하는 것이다. 경기의 경우 중앙정부에 정보가 신속하게 전달되기 때문에 많은 기록이 남았다고 여겨진다.

황해도의 흉년에 대한 기술도 보인다. "황해도의 굶주림이 더욱 심하다."와[38] "황해도가 지난 병자년(중종 11) 이후 연속해서 흉황이다.",[39] 그리고 "황해도의 산군(山郡)이 지난해 흉황으로 인해"[40] 등은 황해도의 흉년을 언급한 내용이다.

평안도의 흉년에 대해서는 "평안 일로(一路)가 해마다 흉황이다."[41] · "평안 일로에서 굶주림의 고통이 극에 달했다."라는[42] 언급이 찾아지며, 함경도의 흉년에 관해서는 "함경북도는 해마다[比年] 흉황이다."[43] · "전년에 실농했는데 함경도가 더욱 심했다."[44] · "함경도의 인민이 흉황을 만났다."[45] · "함경도는 해마다[連年] 흉황이다."[46] · "함경도가 근래에 흉황으로 인해"[47] 등의 표현이 보인다. 함경도의 흉년에 대한 언급이 많음이 주목을 끈다고 하겠다.

전라도의 흉년에 대해서는 "전라도가 거의 모두 흉겸인데, 바닷가 6, 7읍이 더욱 심하다."라거나,[48] "호남 일도(一道)는 본래 부요(富饒)한

---

37) 『中宗實錄』권35, 中宗 14년 3월 辛亥(18일), 15-519.
38) 『中宗實錄』권35, 中宗 13년 12월 壬午(17일), 15-497.
39) 『中宗實錄』권57, 中宗 21년 11월 乙酉(6일), 16-537.
40) 『明宗實錄』권5, 明宗 2년 5월 辛未(21일), 19-507.
41) 『中宗實錄』권95, 中宗 36년 7월 癸丑(29일), 18-490.
42) 『中宗實錄』권95, 中宗 36년 7월 壬子(28일), 18-490.
43) 『明宗實錄』권9, 明宗 4년 1월 癸酉(2일), 19-621.
44) 『明宗實錄』권10, 明宗 5년 4월 乙卯(21일), 19-687.
45) 『中宗實錄』권16, 中宗 7년 7월 丙申(25일), 14-601.
46) 『中宗實錄』권20, 中宗 9년 9월 癸酉(14일), 15-25 ; 『中宗實錄』권21, 中宗 9년 12월 庚子(12일), 15-47.
47) 『明宗實錄』권8, 明宗 3년 9월 己丑(17일), 19-614.
48) 『燕山君日記』권36, 燕山君 6년 2월 乙未(11일), 13-400.

곳인데, 근래 흉황이 연이어 발생해 민생이 심히 곤궁하다."라는[49] 언급이 보이며, 경상도의 흉년에 관해서는 "경상도의 농사에서 전곡(田穀)이 부실하다."[50] 또는 "근래의 흉황은 전에 없던 바인데, 경상도가 더욱 심하다."[51] 등이 찾아진다. 제주의 흉년에 관해서도 "근년에 제주가 해마다 흉황이다."라는[52] 것과 "제주의 삼읍(三邑)이 해마다 흉황이다."라는[53] 표현이 보인다.

　두 개의 도를 함께 언급하면서 흉년을 지적한 예도 있다. 평안도 · 황해도 두 도의 흉년에 대해 "평안 · 황해 두 도는 전년에 크게 흉년이 들었는데, 지금 또 흉황의 조짐이 있다."와[54] "평안 · 황해 두 도가 해마다 흉황이다."[55] 등의 언급이 보이고, 경기와 함경도의 흉년은 "경기 · 함경도는 가뭄으로 인한 흉년이 매우 심하다."라는[56] 표현에서 확인할 수 있다. 경상도와 전라도의 흉년에 관해서는 "경상 · 전라 두 도는 우리나라 근본의 땅인데 해마다 흉황이다."라는[57] 표현이 보인다. 경기 · 황해도 · 평안도의 흉년을 언급한 것은 "금년에 경기 · 황해도 · 평안도의 흉황이 매우 심하다."라는[58] 표현이다. 경기 · 충청도 · 경상좌도의 흉년은 "경기 · 충청도 및 경상좌도가 모두 심히 흉황이다."라는[59] 자료에서 파악할 수 있

49) 『明宗實錄』권7, 明宗 3년 1월 壬午(5일), 19-556.
50) 『明宗實錄』권17, 明宗 9년 9월 丁未(9일), 20-231.
51) 『中宗實錄』권74, 中宗 28년 5월 己未(17일), 17-418.
52) 『中宗實錄』권32, 中宗 13년 2월 乙亥(6일), 15-395.
53) 『明宗實錄』권14, 明宗 8년 5월 甲戌(29일), 20-135.
54) 『中宗實錄』권28, 中宗 12년 7월 癸未(9일), 15-288.
55) 『中宗實錄』권28, 中宗 12년 7월 己丑(15일), 15-290.
56) 『中宗實錄』권18, 中宗 8년 5월 己卯(12일), 14-659.
57) 『中宗實錄』권89, 中宗 33년 12월 乙卯(16일), 18-235.
58) 『世祖實錄』권20, 世祖 6년 5월 丙申(21일), 7-396.
59) 『中宗實錄』권13, 中宗 6년 4월 壬午(3일), 14-504.

다. 그밖에 경기 및 하삼도라는 넓은 지역의 흉년을 지적한 것도 보이는데, "경기 및 하삼도가 해마다 흉황이다."라는[60] 것이 그것이다.

매우 넓은 범위에서의 흉년도 보인다. "봄부터 비가 오지 않다가, 가뭄 기세가 불타는 듯하매 들판에 푸른 풀이 없게 되어 참혹한 한재(旱災)가 이때보다 심한 적이 없었는데, 사방이 모두 그러하고 경기가 더욱 심하다."라는[61] 것은 사방이 흉년이란 의미이므로 여러 도를 아울러 표현한 것으로 보인다. 전국적인 흉년은 8도로 표현하고 있다. "금년팔도 흉황(今年八道凶荒)"이라거나[62] "금년 흉황은 팔도가 모두 그렇다."라고[63] 언급하기도 하고, "금년에 팔도가 실농했다."[64] 라고도 기술했다.

도 단위보다 좁은 지역에서의 흉년에 대한 언급도 보인다. 해주(海州)의 흉년에 대해서 "지금 해주가 해마다 흉황이다."라고[65] 언급했으며, 나주(羅州)의 흉년에 관해서는 "나주는 여러 해 동안 흉년이 들었기 때문에 백성들이 유리(流離)하고 전야(田野)가 황폐해졌다."라고[66] 표현했다. 그리고 진주(晉州) 등의 흉년에 관해서는 "경상도 진주 등의 고을은 6월에 비를 뿌린 뒤부터 지금(7월 28일)까지 비가 내리지 않아 높고 낮은 전답이 모두 타버려 마치 서리맞은 풀과 같았으며 … 금년의 실농이 전보다 10배가 된다."라고[67] 표현했다. 충청도 성환(成歡) 등 7역(驛)에서 흉년이 든 것은, "도내의 성환·평천(平川) 등 연로(沿路)의

---

60) 『燕山君日記』권36, 燕山君 6년 1월 己巳(14일), 13-395.
61) 『中宗實錄』권54, 中宗 20년 7월 丁亥(30일), 16-440.
62) 『燕山君日記』권36, 燕山君 6년 1월 丁丑(22일), 13-397 ; 『中宗實錄』권12, 中宗 5년 10월 乙未(12일), 14-468.
63) 『明宗實錄』권12, 明宗 6년 10월 辛未(17일), 20-48.
64) 『中宗實錄』권26, 中宗 11년 10월 己未(11일), 15-222.
65) 『世宗實錄』권119, 世宗 30년 1월 癸卯(16일), 5-49.
66) 『明宗實錄』권19, 明宗 10년 9월 戊午(26일), 20-299.
67) 『明宗實錄』권17, 明宗 9년 7월 丙寅(28일), 20-223.

7개 역이 근년 흉겸으로 인해"라고[68] 하는 데서 알 수 있다.

전라도 부안(扶安)·고부(古阜)·태인(泰仁)·김제(金堤)의 흉년에 대한 언급도 있다. 주서(注書) 손홍적(孫弘績)이 백성의 고통을 서계(書啓)한 내용에서 그곳의 상황에 대해 다음과 같이 언급했다.

6월에 큰 비가 내려 물이 불어나서 위의 네 고을의 곡식이 모두 썩었으며, 7월에 이르러서 또 큰 물을 만나 온 들에 다만 무성한 풀뿐이었다. 그리고 8월에는 황충(蝗蟲)이 들에 가득했는데 머리는 붉고 몸은 흰색이었다. 곡식만 갉아먹는 것이 아니고 온갖 풀을 다 갉아 먹으므로, 황충이 지나간 곳은 문득 붉은 땅이 되었다. 8~9일 동안 그러다가 마침 폭풍(暴風)과 냉우(冷雨)가 교대로 발생해 그 황충이 모두 부패해 죽었는데 들의 물이 모두 붉을 정도였다. 백성들은 먹을 것이 없어서 풀을 먹기도 하고 겨와 쭉정이[糠粃]로 허기를 채우기도 했다.[69]

전라도의 인접한 네 지역의 처참한 피해 상황을 기술한 내용이다. 일정한 공간에서 발생한 흉황을 상세히 언급하고 있다.

흉년은 예기치 않게 다가왔는데, 그것이 여러 해 이어지는 수도 있었는데, 이 경우 혹심한 어려움에 놓이게 되었다. 흉년은 전국적으로 발생하는 수도 있었지만 도 단위로 발생했다고 언급한 경우가 많고, 고을 단위로 발생했다고 하는 경우도 보였다. 아마도 전국이 동시에 흉년이 드는 경우가 없지 않겠지만 흔한 것은 아니었다고 판단된다.[70] 그것이

---

68) 『世祖實錄』권35, 世祖 11년 1월 庚申(12일), 7-668.
69) 『明宗實錄』권6, 明宗 2년 9월 丁巳(9일), 19-527.
70) 자연재해에 관해서는 차후 각 요소별로 구분해 구체적이고 심층적으로 연구할 필요가 있다.

우리 농업의 중요한 특징이 아닌가 여겨진다.

3. 기근의 고통

흉년을 맞이한 경우 농민의 어려움은 여러 단계로 표현되고 있다. 보편적인 표현은 기근이 들었다는 것, 굶주림의 상황에 놓이게 되었다는 것이다.

농민의 굶주림 상황을 표현하는 한자로 기(飢), 근(饉), 아(餓) 등이 보인다. "다기아(多飢餓)"[71] · "민방기고(民方飢苦)"[72] · "백성기근(百姓饑饉)"[73] · "기근이 매우 심하다[飢饉太甚]."[74] · "민이 심히 기아에 놓였다."[75] · "기근의 심함은 근고에 없던 바다."[76] 등의 표현이 그것이다. 민이 살아가기 어려움은 흔히 "민불료생(民不聊生)"으로[77] 표현하고 있다.

<표> '民不聊生' 기사의 월별 분포

1월	2월	3월	4월	5월	6월	7월	8월	9월	10월	11월	12월	윤12월	계
18	14	13	14	12	15	20	17	15	23	15	14	1	191
45			41			52			53				

---

71) 『成宗實錄』권285, 成宗 24년 12월 己卯(19일), 12-452.
72) 『中宗實錄』권95, 中宗 36년 7월 癸丑(29일), 18-490.
73) 『明宗實錄』권6, 明宗 2년 11월 甲午(17일), 19-547.
74) 『燕山君日記』권36, 燕山君 6년 1월 己巳(14일), 13-395.
75) 『中宗實錄』권13, 中宗 6년 5월 庚申(11일), 14-514.
76) 『明宗實錄』권22, 明宗 12년 3월 己未(6일), 20-396.
77) '民不聊生'으로 검색하면(국사편찬위원회, 조선왕조실록 사이트(https://sillok.history.go.kr/) 참조) 전체 263건이 보이며, 조선전기에 한정하면 정종 1건, 태종 5건, 세종 34건, 문종 5건, 단종 5건, 세조 11건, 예종 1건, 성종 30건, 연산군 15건, 중종 49건, 인종 1건, 명종 12건, 선조 22건 등 모두 191건이다.

백성들이 살아가기 힘들다고 표현한 시점은 가을과 겨울이 상대적으로 많다(앞의 <표> 참조). 가을의 흉년으로 인한 고통을 표현하고 있는 것으로 사료된다. 봄과 여름에도 민불료생으로 표현한 경우가 적지 않은데, 전년도 흉년 여파의 가능성과 봄철의 가뭄 때문일 것으로 여겨진다.

구체적으로 먹을 것이 부족한 것에 대해서는 "인민핍식(人民乏食)"[78] · "민무가생지로(民無可生之路)"[79] · "민개간식(民皆艱食)"[80] · "기무소식(饑無所食)"이라는[81] 언급이 보인다.

굶주림에 대해 언급한 사례는 매우 풍부하다. 태종 1년(1401) 12월, 노한(盧閈)이 복명해 계문하기를, 충청도 · 경상도 · 전라도에서 수한(水旱)과 이른 서리로 인해 민의 굶주림이 심하다고 했다.[82] 자연재해를 만나면 민이 굶주리게 되는 것이다.

세종 18년(1436) 8월, 영동현의 참상에 대해, 지난해 실농으로 원전(元田) 2,591결 가운데 실(實)은 97결에 불과하며, 먹을 것이 끊긴 사람이 10에 8, 9였다는 것이다.[83] 세종 28년 1월, 경기 · 충청도 · 강원도 · 황해도 · 평안도 관찰사에게 내린 유시에서, 올해 도내가 실농해 민식(民食)이 여유롭지 않은데 또 입춘 이후에 연일 대설이 내리고 심한 추위가 오고 얼어붙어 굶주린 민이 있을까 걱정된다고 언급했다.[84] 흉년을 맞아 민들이 고통을 겪을 것을 표현한 것이다.

78)『中宗實錄』권13, 中宗 6년 5월 庚申(11일), 14-514.
79)『中宗實錄』권14, 中宗 6년 11월 辛未(25일), 14-542.
80)『中宗實錄』권98, 中宗 37년 5월 丙申(16일), 18-579.
81)『明宗實錄』권16, 明宗 9년 2월 庚辰(9일), 20-183.
82)『太宗實錄』권2, 太宗 1년 12월 甲戌(20일), 1-220.
83)『世宗實錄』권74, 世宗 18년 8월 庚寅(27일), 4-28.
84)『世宗實錄』권111, 世宗 28년 1월 戊寅(10일), 4-649.

세조 3년(1457) 7월, 좌사간 김종순(金從舜) 등이 상소에서, 이른 가
뭄과 늦비로 인해 곡식이 익지 못했는데 남방이 더욱 심해 민이 생업을
잃고 유리하고 굶주리고 있는데 능히 죽을 먹고 이어가는 자가 백에 1,
2도 없다고 지적했다.[85] 재해로 인해 농작물이 흉년이 들어 민이 굶주
리고 있으며 죽조차 제대로 먹지 못하고 있다는 것이다.

한재(旱災)라는 특정 재해로 인해 먹을 것이 없음을 지적한 기록도
있다. 성종 16년(1485) 7월, 경상도 진휼사 한치형(韓致亨)이 돌아와서,
경상도에 한재가 심해 화곡만이 아니라 소채(蔬菜)도 모두 마르고 상율
(橡栗)도 또한 결실을 맺지 못해 민이 먹을 것이 없다고 계문했다.[86] 가
뭄으로 모든 것이 말라버려 먹을 것이 없음을 지적한 것이다.

기근의 고통을 겪는 것은 대부분의 계층이지만, 특히 하층민인 노비
의 고통이 더욱 컸다. 흉황이 극심하여 백성만 굶주리는 것이 아니라,
각사(各司)의 노비가 더욱 곤궁하다고 했다.[87] 사족(士族)이 기근의 고
통을 겪는 일도 있었다. 심한 흉년이 들자 사족의 집도 굶주리는 자가
있다는 지적이 보인다.[88] 보통 민은 당연히 대부분 굶주리고 있었을 것
인데, 사족도 역시 기아에 놓여 있다는 것이다.

4. 유리(流離)와 도적(盜賊)

민인들은 기근 상태에 놓이면 자구책의 일환으로 먹거리를 확보하

---

85) 『世祖實錄』권8, 世祖 3년 7월 乙亥(14일), 7-210.
86) 『成宗實錄』권181, 成宗 16년 7월 辛酉(3일), 11-32.
87) 『明宗實錄』권7, 明宗 3년 4월 辛酉(16일), 19-582.
88) 『明宗實錄』권17, 明宗 9년 7월 辛亥(13일), 20-216.

기 위해 다른 곳으로 이동하는 수도 있었고, 아예 적극적으로 도적이 되어 생존을 모색하는 수도 있었다.

농민들이 이동하는 상황에 대해서는 유망(流亡), 유이(流移), 유리(流離), 유산(流散) 등으로 표현했으며, 도적이 되는 경우도 종종 언급하고 있다. 유망하는 것이나 도적이 되는 것 모두 생존을 위한 불가피한 선택의 의미를 갖고 있다.

유망 등의 표현은 "유망상계(流亡相繼)"[89] · "유리(流離)하는 자가 많다."[90] · "사람들이 거의 모두 유망(流亡)했다."[91] 등이다. 원인까지 포함해서 좀더 구체적으로 표현하는 것은 다음의 내용이다. "민의 다수가 굶주려[飢饉] 유리했다."[92] · "근래에 흉황으로 민이 모두 유리했다."[93] 등이 그것이다. "금년 흉황이 들어 … 외방 및 경기의 민이 유리해서 설 땅을 잃은 자가 심히 많다."라는[94] 것도 흉년으로 유리하는 것을 지적한 것이다. 또 "근래 여러 해 연이어 흉황이 들어 민이 굶주려 유리하는 자가 자못 많다."란[95] 것도 흉년과 기근으로 인한 유리를 표현한 것이다.

흉년으로 먹을 것이 없으면 유리하는 일은 흔했다. 중종 24년(1529) 10월, 금년 흉황은 근래에 없던 바이며, 팔도 가운데 경기가 더욱 심하며, 민은 조석의 먹을 것이 없어 유리해 떠나는 자가 심히 많다는 언급이 보인다.[96] 먹을 것이 없어 유리하는 것을 알 수 있다. 기근 상태에서

---

89) 『世宗實錄』권57, 世宗 14년 9월 己巳(14일), 3-416.
90) 『燕山君日記』권36, 燕山君 6년 2월 乙未(11일), 13-400.
91) 『世祖實錄』권35, 世祖 11년 1월 庚申(12일), 7-668.
92) 『燕山君日記』권36, 燕山君 6년 1월 癸酉(18일), 13-396.
93) 『明宗實錄』권16, 明宗 9년 3월 壬寅(2일), 20-187.
94) 『中宗實錄』권58, 中宗 22년 3월 丙戌(9일), 16-552.
95) 『明宗實錄』권19, 明宗 10년 8월 戊子(26일), 20-295.
96) 『中宗實錄』권66, 中宗 24년 10월 癸未(21일), 17-163.

구휼을 받지 못하면 떠도는 수밖에 없었다. 명종 5년(1550) 8월, 국왕이 전교한 내용에, 지금 함경북도에서 곡식이 손상을 입어 민이 기근에 처해 있는데 때맞춰 구황하지 않으면 민이 다른 곳으로 옮겨가 변진(邊鎭)이 텅 비게 될 것이라는 것이 포함되어 있다.[97] 기근으로 민이 떠나가면 국경의 방어가 위태로워진다는 것이다.

유이(流移)·유리(流離)는 하나의 생존 전략이라고 할 수 있다. "기근으로 유리해서 타도에 얻어 먹으러 간다."라는[98] 것은 유이가 단순히 떠도는 것이 아니라 먹을 것을 찾아 식량 사정이 다소 나은 곳으로 이동하는 것을 확인시켜 준다. 경상도 농사에서 전곡(田穀)이 여물지 못했으므로 초가을에 민의 다수가 굶주려 다른 도로 유리해 간 자가 심히 많다는 것도[99] 경상도 농사가 부실해 민이 다른 도로 옮겨간 사실을 지적한 것이다. 중종 25년 1월, 경기 민이 기아에 이르자 강원도 등 산곡 군현에서 걸식하는 자가 도로에 이어졌다는 내용이 보이는데[100] 이는 걸식하기 위해 산곡의 군현으로 흘러들어가고 있음을 뜻한다. 이것은 아마도 산곡의 군현에서 구황식물을 얻을 수 있는 상황과 관련이 있을 듯하다.

중종 10년 2월, 함경도 백성이 임신년(중종 7) 흉황 이후 강원도·황해도 등으로 유이해 간 자가 심히 많다고 하는데,[101] 이때 강원도·황해도에 유이한 함경도 민인들은 그곳에서 걸식하면서 생활했을 가능성이 매우 높다. 전국적인 흉년이 없지는 않았지만 대개 국지적 흉년에 그치는 수가 많았으므로 작황이 나은 타 지역으로 유리해서 걸식을 하면 살

---

97) 『明宗實錄』권10, 明宗 5년 8월 壬申(11일), 19-714.
98) 『中宗實錄』권16, 中宗 7년 7월 丙申(25일), 14-601.
99) 『明宗實錄』권17, 明宗 9년 9월 丁未(9일), 20-231.
100) 『中宗實錄』권67, 中宗 25년 1월 甲辰(13일), 17-182.
101) 『中宗實錄』권21, 中宗 10년 2월 壬辰(4일), 15-54.

아갈 여지가 있었던 것이다. 유이한 황해도 산군(山郡)의 민들이 바닷가로 유이해 가서 해산물을 채취해 살아가고 있다는 것도[102] 유이가 먹을 것을 찾아 떠나는 것임을 확인시켜준다.

유리하는 경우 많은 이들이 다른 도에 가서 얻어 먹으면서 생활했다. 세종이 강원도 농사가 실패하자 민들이 마음대로 다른 도로 가서 얻어 먹도록 했더니 이로 말미암아 살아나게 되었다고 언급한 내용이 있다.[103] 유이민들은 떠돌다 머물러 있는 곳에서 굶주림을 해소하고 다음 해 원 거주지로 돌아가도록 하는 것이 국가의 대체적인 방침이었다.[104]

기근 상태에 놓이면 먹을 것을 구하기 위해 도적이 되는 수가 많았다. "굶주림 가운데 군도(群盜)가 일어난다."란[105] 표현이 이를 집약해 보여준다. 농사가 부실하고, 민이 기아 상태에 놓이면 모여서 도둑이 되는 것이다. 성종 1년(1470) 6월, 집의 유지(柳輊)가 계문한 내용에, "농사가 부실하면 굶주린 민이 반드시 서로 모여 도적이 될 것이다."라는[106] 언급이 보이는데, 기근이 있으면 도둑이 발생하는 것이다.

중종 15년 2월, 도둑이 고의로 인가(人家)에 불을 질러 그 요란(擾亂)함을 틈타 재물을 훔치려는 것인가 염려스럽다는 언급이 보인다.[107] 도적이 고의로 다른 사람의 집에 방화하고 혼란을 틈타 재물을 훔칠 염려가 있다는 것이다. 도적의 행동 양식을 설명한 것이다. 중종 21년 7월, 지금 흉황으로 인해 도적이 봉기하니, 경외(京外)의 강도가 몇 명인

---

102) 『明宗實錄』권5, 明宗 2년 5월 辛未(21일), 19-507.

103) 『世宗實錄』권74, 世宗 18년 7월 己亥(6일), 4-21.

104) 『世宗實錄』권107, 世宗 27년 2월 丁未(3일), 4-606 ; 『成宗實錄』권20, 成宗 3년 7월 甲子(29일), 8-677 ; 『明宗實錄』권6, 明宗 2년 8월 戊申(30일), 19-526.

105) 『明宗實錄』권13, 明宗 7년 1월 辛丑(18일), 20-70.

106) 『成宗實錄』권6, 成宗 1년 6월 乙卯(8일), 8-507.

107) 『中宗實錄』권38, 中宗 15년 2월 辛巳(22일), 15-623.

지 모른다는 것은[108) 봉기한 도적의 다수가 강도 행위를 자행하고 있다는 것이다. 중종 36년 5월, 금년 흉황으로 도적질을 자행함이 반드시 이전보다 배가 될 것이라는[109) 것은 흉년으로 도적질이 크게 증가하게 됨을 가리킨다.[110)

선조 27년(1594) 1월, 당시 굶주린 민이 흩어지고 군사들은 도망쳐 숨고, 서로 모여 도적이 되어 곳곳에서 무리를 이루고 있는데, 경기와 호서가 더욱 심했다.[111) 선조 40년 11월, 금년은 흉작이라 도적이 횡행하는데 경기와 황해도 등에는 살인의 변괴가 비일비재하게 발생하는데도 방어사(防禦使)와 절도사(節度使)가 도적을 잡는 데 성의를 보이지 않으니 매우 놀랍다라는 언급도 보인다.[112) 선조 40년 12월, 흉년이 들어 인심이 각박하고 도성 안에 도적이 횡행하니 지극히 한심스럽다라고 했다.[113) 흉년으로 인한 여파는 도성 내에서 도적이 횡행하는 결과까지 초래했다.

유리와 도적 현상에 대해 지역 단위로 언급한 경우가 많다. 우선 도 단위로 언급한 경우이다. 황해도의 경우는 "황해도에 도적이 흥행한다."라든가,[114) "해를 연이어 흉황이 들어 백성이 유리하고 있는데, 서해 도적의 치성함은 들은 지 이미 오래되었다."[115) 등에서 도적이 크게

---

108)『中宗實錄』권57, 中宗 21년 7월 壬辰(11일), 16-518.
109)『中宗實錄』권95, 中宗 36년 5월 己亥(14일), 18-465.
110) 조선전기 도적에 관해서는 한희숙씨의 다음 글이 참고된다. 한희숙, 1998「朝鮮 中宗代 盜賊의 활동과 그 특징 - 16세기 民의 動向에 대한 一研究 -」『歷史學報』157 ; 한희숙, 1999「朝鮮 太宗·世宗代 白丁의 생활상과 도적 활동」『韓國史學報』6 ; 한희숙, 1999「조선 명종대 群盜의 발생배경과 활동의 특징」『朝鮮時代史學報』10.
111)『宣祖修正實錄』권28, 宣祖 27년 1월 庚辰(1일), 25-645.
112)『宣祖實錄』권218, 宣祖 40년 11월 己亥(10일), 25-372.
113)『宣祖實錄』권219, 宣祖 40년 12월 己未(1일), 25-376.
114)『燕山君日記』권29, 燕山君 4년 5월 戊戌(3일), 13-310.

일어나고 있음을 알 수 있다. 경기의 유리에 관해서는 "근래에 홍수와 가뭄이 알맞지 않아 해마다 흉황인데, 경기의 민으로 유리하는 자가 심히 많다."라고[116] 언급했다. 그리고 전라도의 유리에 관해서는 "근래 흉황이 연이어 발생해 민생이 심히 곤췌(困瘁)하며, 지난해 수재는 전에 없던 바인데 들에 수확이 없으므로 민이 초가을도 지나지 않아 유리 산망(散亡)해 거의 안접하지 못하고 있다."라는[117] 표현이 찾아진다. 경상도의 유리에 대해선 "경상도 민이 모두 유리했다."라는[118] 언급이 보인다.

함경도의 유망에 대해선 "북도(함경도)가 근래 흉황으로 인해 유망해 호가 끊어진 자가 거의 9백여 명이다."라는[119] 지적이 보이고, 평안도의 유리에 관해서는 "평안도 강변에 기근이 매우 심해 민이 유리하고 있다."라는[120] 언급이 찾아진다. 그리고 제주의 흉년에 대해 "제주의 3개 고을은 해를 이어 흉황이 들어 민인이 유망했다."라고[121] 언급했다.

두 도를 함께 언급한 경우도 있다. 전라도·경상도의 유민과 도적에 대해 "근래 들으니, 전라도·경상도의 유민이 무리로 모여 혹 주인을 겁박해 재물을 빼앗고 있는데 대낮에도 거리낌없이 빼앗는다."라고[122] 언급했다. 그리고 평안도·함경도의 유리에 대해 "평안도의 민생이 심히 어려워 형세가 장차 유리할 것 같다. 지난 임신년(중종 7)에 함길도에서

115) 『明宗實錄』권26, 明宗 15년 12월 壬辰(1일), 20-572.
116) 『中宗實錄』권61, 中宗 23년 4월 壬戌(21일), 16-655.
117) 『明宗實錄』권7, 明宗 3년 1월 壬午(5일), 19-556.
118) 『明宗實錄』권16, 明宗 9년 2월 庚辰(9일), 20-183.
119) 『明宗實錄』권8, 明宗 3년 9월 己丑(17일), 19-614.
120) 『宣祖實錄』권146, 宣祖 35년 2월 辛卯(28일), 24-349.
121) 『明宗實錄』권14, 明宗 8년 5월 甲戌(29일), 20-135.
122) 『中宗實錄』권77, 中宗 29년 윤2월 己酉(12일), 17-502.

한번 흉겸을 맞자 생민이 태반이나 굶주려 죽었다. 하물며 이 도는 해를 연이어 흉년이므로 저축한 것이 동나버렸다."라고[123] 표현하고 있다.

세 도를 함께 언급한 사례도 보인다. 충청도·전라도·경상도에 관해 "당시에 청홍도·전라도·경상도 3도에서 해마다 크게 기근이 들어 민의 다수가 의지할 곳 없이 떠돌고 있다."라고[124] 언급한 것이 그것이다.

전국을 대상으로 재앙을 언급한 경우도 있다. "금년(중종 11년) 팔도가 실농해 만약 구황하지 않으면 유리·아표하는 민이 많을 것이다."라는[125] 것은 팔도에서 유리하는 자가 다수 발생할 것이라는 지적이다.

반면 좁은 공간을 언급하는 예도 있다. 대개는 고을 단위이다. 나주의 유산(流散)에 대해서는 "나주가 여러 해 흉년이 들었으므로 사람들이 유산했다."라고[126] 언급했으며, 옥구(沃溝)의 유망에 대해서는 "옥구는 본래 잔폐(殘弊)한 곳인데 지난번 흉황을 만나 민이 유망했다."라고[127] 표현했다.

도 단위의 유망·유이가 많고 전국적인 것은 많다고 하기 힘들다. 고을 단위로 발생한 유망도 종종 보인다. 도로 표현한 경우도 도 전체가 유망했다고 보기보다는 일부 지역에서, 또 한정된 민인 사이에서 그런 일이 발생했다고 보는 것이 실제에 가까울 것이다. 흉년이 발생하는 양상과 비슷하다고 볼 수 있겠다.

---

123) 『中宗實錄』권28, 中宗 12년 7월 戊子(14일), 15-289.
124) 『明宗實錄』권16, 明宗 9년 3월 戊申(8일), 20-188.
125) 『中宗實錄』권26, 中宗 11년 10월 己未(11일), 15-222.
126) 『明宗實錄』권19, 明宗 10년 9월 戊午(26일), 20-299.
127) 『明宗實錄』권28, 明宗 17년 4월 庚辰(27일), 20-620.

5. 기아(棄兒)와 아표(餓莩)·전우구학(塡于溝壑)

유리 걸식과 도적질마저 여의치 못해서, 결국 처자를 버리거나 죽음에 이르는 이들이 적지 않았다. 사망에 이른 것은 아표(餓莩)라고 표현하는 경우가 많았으며, 구학을 메웠다고[塡于溝壑] 언급하기도 했다.

아이를 버린 경우가 매우 흔했다. 세종 26년(1444) 2월, 기근에 처해 있으면서 흙을 파 먹다가 결국 길가에 아이를 버리는 일도 있었다.[128] 명종 3년(1548) 3월, 영천군에서는 약자(弱者)가 서로 베고 누워 있으며 소아를 버리는 자도 있었다.[129] 버려진 어린 아이는 결국 사지에 떨어질 수밖에 없었을 것이다.

길가에 버린 아이의 구체적인 수치를 알려주는 예도 있다. 성종 17년(1486) 5월, 전라도 민가에서 기근이 심해 어린 아이를 버린 것이 104명에 이른다는 것이[130] 그것이다.

아표(餓莩, 餓殍)도 기근의 상황에서 자주 보이는 참상이었다. "금년 흉황으로 다수의 민이 굶어죽었다[民多餓殍]."라거나,[131] "금년 흉황이 매우 심해 굶어죽은 이[餓殍]가 서로 바라볼 정도이다."[132] 혹은 "근래 한재가 매우 극심해 굶어죽은 시체[餓莩]가 잇달았다."[133] 등은 많이 볼 수 있는 표현이다. 흉년을 맞이하면 민의 다수가 굶어죽는 지경에 이른다는 것이다. 구체적으로 사망한 규모를 언급한 경우도 있다. 세종 30년 1월, 해주의 흉년으로 사망한 이가 1/5에 이른다는 지적이 있다.[134]

---

128) 『世宗實錄』권103, 世宗 26년 2월 己亥(19일), 4-542.
129) 『明宗實錄』권7, 明宗 3년 3월 庚子(25일), 19-578.
130) 『成宗實錄』권191, 成宗 17년 5월 丙午(2일), 11-123.
131) 『中宗實錄』권12, 中宗 5년 12월 甲午(12일), 14-482.
132) 『中宗實錄』권14, 中宗 6년 9월 癸亥(16일), 14-531.
133) 『中宗實錄』권70, 中宗 26년 5월 壬子(29일), 17-306.

아표가 발생하면 도적이 일어나는 것은 당연한 이치이다. 명종 9년 2월, "해마다 흉황이 발생해 굶주려 죽은 시체가 즐비했으며, 도적이 횡행하고 민이 편안히 생업에 종사할 수 없다."라는[135] 사태가 발생한 것이다. 아표가 발생하는 상황에서는 당연히 도적이 흥행하는 것이다.

굶주림 끝에 먹어서는 안 되는 것을 먹는 사고가 발생하기도 했다. 명종 9년 2월, 영남의 민이 굶주려 먹을 것이 없자 목화의 씨앗을 먹기까지 하는데 먹은 자는 모두 죽었다.[136] 이것은 굶주림으로 먹을 것이 없자 먹어서는 안 되는 목화의 씨를 먹고 죽음에 이르는 자가 있다는 것이다. 개가 사람의 시신을 먹는 참상도 있었다. 명종 9년 3월, 의령(宜寧) 지방에 시체가 들에 쌓여있는데 개들이 인육을 먹는다는 것에서[137] 볼 수 있다.

구학을 메운 것[塡于溝壑]을 언급하는 수도 있는데 이것도 죽음을 의미한다. 중종 24년(1529) 11월, 금년의 흉황은 근고에 없던 일인데, 사람들이 유리해 구학을 메운 자의 수를 셀 수 없다는 언급이 보인다.[138] 유리하다가 결국 구학에 떨어져 죽음에 이른 것을 알 수 있다. 유리하는 경우 일부는 걸식 등을 통해 생존하겠지만 많은 수는 이처럼 죽음을 맞이했을 것이다.

자연재해가 여러 해 이어지면서 구학을 메운 상황을 예견하기도 했다. 명종 3년 1월, 갑진년(중종 39) 이래로 천변(天變)·수재(水災)가 없는 해가 없어, 민이 장차 구학을 메울 것이라고 했다.[139] 흉년이 들면

---

134) 『世宗實錄』권119, 世宗 30년 1월 癸卯(16일), 5-49.
135) 『明宗實錄』권16, 明宗 9년 2월 丙申(25일), 20-185.
136) 『明宗實錄』권16, 明宗 9년 2월 庚辰(9일), 20-183.
137) 『明宗實錄』권16, 明宗 9년 3월 己未(19일), 20-191.
138) 『中宗實錄』권66, 中宗 24년 11월 己亥(7일), 17-168.

많은 사람이 구학을 메우는 사태 곧 죽음을 맞이하는 것이다

중종 12년 7월, 평안도·황해도 두 도는 여러 해 연이어 흉년이 들어 공사가 모두 곤궁해 민이 장차 구학에 굴러다닐 것이라고 했다.[140] 선조 14년(1581) 3월, 경기·황해도·평안도 등에서 기민의 다수가 구학을 메웠다는 언급이 있다.[141] 굶주린 기민들이 결국 구학에 떨어져 죽음에 이르는 것이다.

기아, 아사 등 여러 참상을 종합적으로 표현한 내용도 있다. 성종 2년 2월, 경차관이 경유한 전라도의 주현을 보니 굶어죽은 자, 부종이 난 자, 아이를 버린 자가 모든 고을에 있었다고 언급했다.[142] 중종 17년 6월, 수한이 서로 이어져 기근과 전염병이 거듭 이르러 공(公)에는 수 개월의 축적이 없으며 민은 하루 저녁의 먹을 것도 부족해서, 노약자는 구학에 구르고 있고, 굶어죽은 이가 도로에 넘어져 있다는 것이다.[143] 이것은 기아와 아사, 그리고 구학을 메운 것 등을 종합적으로 표현한 것이다.

최악의 상황인 사람이 인육(人肉)을 먹는 일도 발생했다. 중종 8년 5월, 함경도 북청 등 8개 고을에서 흉년·기아가 더욱 심해 처자를 팔아버리는 자도 있었고, 들에는 죽은 자가 있었는데, 그 죽은 이의 고기를 취해 굶주림을 채웠지만 얼마 안 되어 먹은 이도 역시 죽었다는 것이다.[144] 최악의 상황을 보여주는 사례이다.

---

139) 『明宗實錄』권7, 明宗 3년 1월 庚寅(13일), 19-557.
140) 『中宗實錄』권28, 中宗 12년 7월 己丑(15일), 15-290.
141) 『宣祖實錄』권15, 宣祖 14년 3월 己巳(6일), 21-373.
142) 『成宗實錄』권9, 成宗 2년 2월 丙寅(23일), 8-556.
143) 『中宗實錄』권45, 中宗 17년 6월 癸未(8일), 16-127.
144) 『中宗實錄』권18, 中宗 8년 5월 戊寅(11일), 14-658.

다음의 내용도 극단의 상황을 표현하고 있다. 중종 36년 9월, 금년의 흉황이 매우 심해 노약자가 구학을 메울 뿐만 아니라 사람들을 서로 먹을 지경에 이르고 있다는 것이다.[145] 사람이 인육을 먹는 사태까지 예견한 것이다.

굶주림에 처해 겪는 비참한 모습을 전하는 내용은 많이 보인다. 중종 28년 2월, 대사간 심언광(沈彦光) 등이 올린 차자(箚子)에서 다음과 같이 언급하고 있다.

> 이 몇 해 동안 흉년이 심하여 백성들이 배고프다고 울부짖고, 호남 · 영남은 도토리도 넉넉하지 않아 유랑하고 도망하는 백성들이 길에 가득하며, 모자간에도 서로 버리고 혹은 아이를 나무에 묶어놓고 떠나기도 했고, 사대부의 집도 헤어져 떠날 때 울부짖으며 호랑이 함정에 빠지기도 했으니, 말을 하자면 너무도 측은하여 차마 아뢸 수가 없다.[146]

모자가 서로 버리고, 아이를 나무에 묶어놓고 떠나는 참상을 볼 수 있다. 백성만이 아니라 사대부도 서로 헤어지는 상황에 놓여 있는 것이다.

참상에 대해 특정 도를 지칭하는 경우도 보인다. 황해도에서 아표가 심히 발생한 것이 찾아진다. 세종 28년 5월, 근년에 흉년의 재앙이 황해도가 더욱 심하여, 황해도의 백성이 주려 죽은 사람이 많아 하루 동안에 거리에서 보는 것이 너덧 명에 밑돌지 않는다 하니, 보지 못한 것이 얼마인지 알 수 없다는 지적이 있다.[147] 굶어죽은 이들이 길에서 발견

---

145) 『中宗實錄』권96, 中宗 36년 9월 己酉(26일), 18-500.
146) 『中宗實錄』권73, 中宗 28년 2월 壬寅(29일), 17-398.
147) 『世宗實錄』권112, 世宗 28년 5월 庚午(3일), 4-669.

되고 있다는 것이다.

경기에서 굶어 죽은 이를 언급한 기록도 보인다. 중종 22년 7월, 근래 여러 해 연이어 흉황이 들어 공사가 모두 고갈되었는데, 경기 백성으로 굶어죽은 이가 심히 많았다.[148]

함경도에서 굶어죽는 일에 관해 "함경도는 전년부터 기근이 매우 심해 굶어죽은 자가 잇달았다."라는[149] 지적과 "북도(함경도)에서 기근이 심해 다수의 민이 굶어죽었다."라는[150] 언급이 보인다. 경상도의 굶어죽는 일에 대해서는 "경상도 민이 모두 유리하고 굶어죽은 시체가 잇달았다."에서[151] 확인할 수 있으며, 또 "영남의 민이 굶주려 먹을 것이 없어, 굶어죽은 이가 서로 바라보고 있으며, … 진제경차관(賑濟敬差官)이 여러 고을을 순방하며 겨우 죽을 준비하여 여항(閭巷)을 드나드는 동안 구렁에 구르는 시체는 부지기수였다."란[152] 언급에서 알 수 있다.

여러 도를 함께 언급한 경우는 처참한 모습이 비교적 넓은 범위에 걸쳐 있었음을 뜻한다. 평안도 · 황해도에서 구학에 떨어져 있음은 "평안도 · 황해도 등은 더욱 심하여 노인을 부축하고 어린이를 데리고서 떠돌다가 구렁에 쓰러져 죽어가고 있다."라는[153] 언급에서 알 수 있다. 충청도 · 전라도 · 경상도에서 굶어죽는 일이 발생했음은 "이때 청홍 · 전라 · 경상 3도에는 해마다 큰 흉년이 들어 의지할 곳 없이 떠도는 백성이 많았고 굶어 죽은 시체가 즐비하였다."에서[154] 확인할 수 있다. 중종 8년

---

148) 『中宗實錄』권59, 中宗 22년 7월 庚寅(15일), 16-586.
149) 『中宗實錄』권91, 中宗 34년 7월 壬申(7일), 18-311.
150) 『中宗實錄』권91, 中宗 34년 7월 壬申(7일), 18-311.
151) 『明宗實錄』권16, 明宗 9년 2월 庚辰(9일), 20-183.
152) 『明宗實錄』권16, 明宗 9년 2월 庚辰(9일), 20-183.
153) 『宣祖實錄』권15, 宣祖 14년 3월 乙酉(22일), 21-374.
154) 『明宗實錄』권16, 明宗 9년 3월 戊申(8일), 20-188.

5월, 경기와 함경도는 가뭄이 매우 심해 굶어죽은 이가 즐비했다.[155]

함경도 · 황해도 · 경기 등 특정 도를 칭하지 않고 전국적으로 아표가 발생하는 수도 있었다. "흉황이 매우 심해 팔도가 모두 그러한데, 굶어죽은 자가 잇달았다."[156] 이것은 팔도 전국이 가뭄이 들어 굶어죽은 이가 서로 바라보인다는 것이다. "금년 팔도가 실농해 만일 구황하지 않는다면 유리해 굶어죽을 민이 많을 것이다."는 것은[157] 8도 전체에서 아표자가 발생할 것을 염려한 것이고, "팔도의 흉황은 근래에 없던 바인데, 추수가 끝나기도 전에 거리에는 굶어죽은 자가 있다."라는[158] 것은 8도에서 아표가 발생함을 나타내는 것이다. 이처럼 전국적인 양상을 보이는 수도 있었다.

반면 한정된 특정 고을에서 발생한 경우도 있다. "종성(鍾城) · 경원(慶源) 두 진(鎭)이 3월 이후부터 기근이 날로 심하여 굶주려 죽은 시체가 서로 바라보고 있다."라고[159] 했는데, 종성 · 경원에서 굶어죽은 이가 서로 이어졌다는 것이다. 이런 경우는 비교적 좁은 범위에서 전개된 것이다.

6. 구황식물 확보 노력

기근의 상황에 대처하기 위해 구황식물에 주목하는 경우가 많았다. 자연에서 구황식물을 확보해 생존하려는 노력이었다. 농사 작황이 어려워도 자연에서 채취할 수 있는 구황식물은 매우 다양하고 풍부했

---

155) 『中宗實錄』권18, 中宗 8년 5월 己卯(12일), 14-659.
156) 『明宗實錄』권7, 明宗 3년 1월 丙申(19일), 19-559.
157) 『中宗實錄』권26, 中宗 11년 10월 己未(11일), 15-222.
158) 『明宗實錄』권17, 明宗 9년 11월 壬寅(5일), 20-242.
159) 『宣祖實錄』권150, 宣祖 35년 5월 庚午(9일), 24-382.

다.[160] 물론 자연재해가 극심한 경우에는 구황식물의 생장도 어려운 수가 없지 않았지만, 농작물보다는 구황식물이 잘 생장하기 때문에 대체로 다양한 구황작물을 확보하는 것은 힘든 일이 아니었다.[161]

민인들이 스스로 구황식물을 확보해 먹거리로 삼는 사례는 매우 많다. 세종 13년(1431) 10월, 좌사간 김중곤(金中坤) 등의 상소에서, 근년 이래 수한이 계속 이어서 백성이 살아가기 힘든데, 금년의 화곡이 조금 익었지만 여러 해 의창의 대여로 인해 모두 수납하면 금년의 어려움은 전과 같아서, 여초(茹草)와 상실(橡實)을 준비해 내년을 이어가고자 하는 이들이 수를 셀 수 없다고 지적했다.[162] 민인이 여초·상실을 스스로 마련하는 것을 읽을 수 있다. 세종 18년 8월, 영동현의 경우 지난해 실농함이 심했는데, 먹을 것이 떨어진 이들이 오직 초엽(草葉)과 송피(松皮)의 도움을 받았다.[163] 흉년이 들어 민인들이 초엽과 송피를 확보해 먹거리로 한 것이다.

세조 3년(1457) 7월, 좌사간 김종순(金從舜) 등이 상소한 내용에서, 곡식이 익지 못하자 남방의 민이 생업을 잃고 유리하고 굶주리고 있으며, 능히 죽을 먹고 이어가는 자가 백에 1, 2도 없고, 초식(草食)을 습득하고 송피를 벗겨서 조석의 목숨을 이어가고 있다고 언급했다.[164] 재해로 인해 민이 죽조차 제대로 먹지 못하는 상황에서 초식과 송피를 확보해 겨우 연명하고 있음을 알려준다.

---

160) 구황식물 전반에 대한 간략한 설명은 정삼철·최병철 편역, 2020『기근 해결에 사용된 식물 100선 - 조선의 구황식물 -』, 충북학연구소 참조.
161) 구황식품 전반에 관해서는 정연식, 2024『한국식생활문화사』, 동북아역사재단, 219~239면 참조.
162)『世宗實錄』권54, 世宗 13년 10월 甲辰(13일), 3-347.
163)『世宗實錄』권74, 世宗 18년 8월 庚寅(27일), 4-28.
164)『世祖實錄』권8, 世祖 3년 7월 乙亥(14일), 7-210.

성종 1년(1470) 6월, 대사간 김수녕(金壽寧) 등이, 지금의 가뭄 재해
는 모든 도가 그러한데 전라도와 경상도가 심하다고 했으며 하맥(夏麥)
은 이미 전혀 수확할 수 없었고, 곳곳에서 송피를 벗겨 먹거리로 삼고
있다고 상소하면서 지적했다.165) 송피라는 구황식물을 채취하고 있는
것이다. 성종 16년 7월, 흉황에 필요한 잡식(雜食)을 채취하는 민이 산
림에 흩어져 있다는 내용이 보인다.166) 흉년을 맞이했을 때 산림에서
구황식물을 찾고 있는 것이다.

다음은 중종 8년(1513) 3월, 함경도 진휼경차관 한효원(韓效元)이 치
계(馳啓)한 내용이다.

> 흉년을 당한 각 고을에는 유리걸식(流離乞食)하는 자가 많고, 그
> 대로 남아 있는 자도 온 집안이 부종(浮腫)이 났으며, 혹은 온 집안
> 식구가 다 굶어 죽기도 했다. 그러므로 쌀과 염장(鹽醬)을 많이 실어
> 다가 구제했고, 이미 초식(草食)을 장만했으나 겨울철에 거의 다 먹
> 어 없어지고, 지금은 유목피(楡木皮) · 추목피(楸木皮) · 가려손목피
> (加呂遜木皮) · 목적초(木賊草) · 토사자(免絲子) · 명회목(明灰木) · 창
> 이자(蒼耳子) · 마자(麻子) · 더덕[山蔘] · 갈근(葛根)과, 바다에서 나
> 는 홍채(紅菜) · 황곽(黃藿) 등을 썰어 볶아서 가루를 만들어 섞어 먹
> 고 있다.167)

다양한 구황식물을 확보해 굶주림을 극복하려는 모습을 알려준다.
산에서 확보할 수 있는 것도 있고 바다에서 채취할 수 있는 것도 함께
언급하고 있다.

---

165) 『成宗實錄』권6, 成宗 1년 6월 己酉(2일), 8-504.
166) 『成宗實錄』권181, 成宗 16년 7월 壬子(4일), 11-33.
167) 『中宗實錄』권18, 中宗 8년 3월 庚辰(11일), 14-649.

중종 23년 2월, 영의정 등이 올린 계문에서, 흉년으로 곡식을 먹는 자가 드물었으며, 초식(草食) 또한 여유롭지 못해 민이 심히 가난하고 군색하다고 했다.[168] 먹을 곡식이 부족해지자 초식을 먹었다는 것인데, 그것마저 여유롭지 못했다는 것이다.

명종 2년(1547) 5월, 국왕의 전교에서, 황해도 산군은 지난해 흉황으로 백성이 모두 유이해 해채(海菜)로 살아가고 있다고 언급했다.[169] 흉년을 맞이해 백성이 해산물을 채취해 살아가고 있다는 것이다. 명종 3년 3월, 청하현의 민들이 송피(松皮) · 산채(山菜) 등으로 어렵게 연명하고 있다고 기술했다.[170] 송피와 산채가 구황식물로서 중요한 역할을 하고 있는 것이다.

굶주린 상황에서 민인들이 구황식물에 크게 주목하여 생존하게 되는데 그것은 산에서 확보하기도 하고 들에서 얻기도 하고 바다에서 채취하기도 했다. 구황식물로 언급된 것은 다양해서, 우선 초엽 · 초식 · 산채 등 산야에서 확보하는 것이 있고, 송피 등 나무껍질도 포함하고 있으며, 산에서 얻는 도토리가 보이고, 황곽 · 홍채 · 해채 등 바다에서 얻는 것도 있었다. 구황식물은 모든 민인들이 쉽게 접근할 수 있는 것은 아니었다. 구황식물이 가까운 주변에 풍부하게 있어야 채취하는 것이 가능했다. 산골 마을 주민들은 바다에서 나는 해산물을 채취하는 것이 거의 불가능했다. 연안에 거처하는 주민들의 경우 해산물 채취는 비교적 용이했지만 산이나 들에서 확보하는 것은 어려울 수 있었다. 민인들은 거처한 공간조건을 최대한 활용하면서 구황식물을 확보해 먹거

---

168) 『中宗實錄』권60, 中宗 23년 2월 辛未(29일), 16-639.
169) 『明宗實錄』권5, 明宗 2년 5월 辛未(21일), 19-507.
170) 『明宗實錄』권7, 明宗 3년 3월 庚子(25일), 19-578.

리로 삼고자 한 것이다.

굶주림에 처한다고 해도 지방관이 적극적인 구휼 활동을 펼친다면 그 피해는 상당 부분 줄일 수 있다. 관에 소장하고 있는 곡물이나 염장, 그리고 구황식물을 때에 맞춰 합리적으로 배분한다면 민인은 굶주림을 극복하는 데 큰 도움을 얻을 수 있다.

예컨대 풍기 군수 주세붕(周世鵬)은 구황책을 주밀하게 함으로써 그 지역의 민이 모두 살았으며, 진제장에서 취식한 사람이 거의 백 인에 이르러서 황정(荒政)을 경상도에서 최고로 잘 펼쳤다고 칭송받았다. 선산 부사 어영진(魚永津)도 황정을 상세하고 조밀하게 함으로써 경내의 민이 모두 살아날 수 있었다. 안동 부사 김광철(金光轍) 역시 구황의 일을 근검하게 조치하여 민인들이 도움을 받아 모두 살아날 수 있었다고 한다.171) 지방관이 이렇게 특별한 노력을 기울여 경내의 민인들이 굶주림에서 벗어날 수 있도록 하는 것이다. 지방관의 황정에서 관곡(官穀)으로 진제(賑濟)하는 것이 중심이었겠지만, 미리 비축한 구황식물을 제공함으로써 민인의 생존을 도왔을 가능성도 없지 않다.

7. 결어

농민들은 농사를 그르치면 처참한 상황에 놓이게 되었다. 스스로 자구 노력을 통해 먹거리를 해결하고자 했는데, 대상이 되는 것은 산과 들, 바다에 있던 다양한 구황식물이었다.

흉년은 인위적인 요인에 의해서도 발생하지만, 자연적인 재해에 의

---

171) 『中宗實錄』권98, 中宗 37년 윤5월 甲寅(5일), 18-586.

해서 발생하는 수가 많았다. 가뭄과 홍수, 서리, 우박, 태풍, 해충 등에 의한 피해는 항상 따라다니는 재해였다. 흉년을 맞이한 사태는 흔히 실농(失農), 흉황(凶荒), 흉겸(凶歉)이라고 표현했다. 여러 해 거듭해 흉년이 드는 경우도 종종 있었는데 이것은 매우 큰 재앙이었다. 흉년은 전국적인 경우도 없지 않았지만 대개는 특정 지역에 국한되어 발생하는 양상을 보였다.

흉년이 들면 농민들은 가장 먼저 식량난에 시달리지 않을 수 없었다. 먹거리의 부족이 가장 심각한 문제였다. 그러한 상태를 기(飢), 근(饉), 아(餓) 혹은 민불료생(民不聊生)이라고 표현했다.

기아 상태에 놓인 민인들은 유망(流亡)·유리(流離)하지 않을 수 없었다. 유망은 식량 사정이 다소 나은 다른 지역으로 옮겨가서 연명하는 행동이었다. 또 일부는 도적이 되어 타인의 재물을 약탈하기도 했다.

심각한 경우는 처자를 버렸으며, 굶어죽기도 했다. 아표(餓莩)라고 표현하는 것이 그것이었고, 전우구학(塡于溝壑)도 아사를 의미했다.

농민들은 생존을 위해 산과 들, 바다에서 다양한 구황식물을 확보하고자 했다. 우리의 산야와 바다에는 풍부한 구황식물이 생장하고 있어서 민인들에게 먹거리를 제공했다. 구황식물을 먹거리로 삼음으로써 일정 기간 생존할 수 있었지만 그것이 다 소진되면 상당한 어려움에 봉착하지 않을 수 없었다.

흉년이 드는 경우 대부분의 민인들은 자구책을 취하다가 극단의 상황에 놓이게 되는 수가 많았다. 구황식물이 중요한 먹거리 구실을 하였지만 그것도 풍족하기는 어려웠다. 정부의 적극적인 구황정책이 크게 요구되었다.

<자료>

(주요 용어 : 흉년, 기근, 역질, 목피)

작년에 봄·여름이 가물어 시내와 우물이 모두 말랐다. 경기남도(京畿南道)
와 동남쪽의 네 도가 모두 농사를 실패하였는데, 충청도가 더욱 심하고, 경
상·전라 두 도는 바닷가의 두어 고을이 조금 곡식이 여물었다. 대개 경기도
는 40읍 중에서 수원(水原)과 용인(龍仁) 등 아홉 고을이, 충청도는 54읍 중
에서 임천(林川)과 한산(韓山) 등 18읍이, 전라도는 55읍 중에서 익산(益山)
과 용안(龍安) 등 11읍이, 경상도는 66읍 중에서 안동(安東)과 진보(眞寶) 등
32읍이, 강원도는 26읍 중에서 원주(原州)와 영월(寧越) 등 8읍이 전적으로
농업을 잃었다. 그 중에서 심한 곳은 끝내 파종도 하지 못했고, 혹은 곡식 싹
이 한 자도 자라지 못했으며, 초목이 무성하지 못했고, 보리[麰麥]가 성숙
하지 못했으며, 콩을 심었으나 나지 아니하여 흙을 헤치고 도로 줍기도 하였
다. 10두를 파종한 데서 7, 8두를 주웠는데, 볶은 것과 같아서 먹을 만하여
주린 백성들이 주워 먹었다. … 얼고 주린 백성들이 서로 길에 바라봤고, 금
년 봄에 이르러서는 역질이 크게 유행하여 주린 사람이 병에 걸리면 곧 죽었
다. 백성들이 자기 손으로 소와 말을 잡고, 나무껍질을 벗기고, 보리 뿌리
[麥根]를 캐어 먹거리를 하며, 처자를 보전하지 못하여 처자를 버리고 도망
하는 자도 있고, 혹은 아이를 길에 버리어 아이가 좇아가면 나무에 잡아매고
가는 자도 있고, 닭과 개가 저절로 죽기도 하였다. …

○ 去年春夏旱乾 川井皆涸 京畿南道及東南四道 皆失農業 忠淸道尤甚 慶尙·
全羅兩道濱海數郡稍稔 大率京畿四十邑內水原·龍仁等九邑 忠淸道五十四邑
內林川·韓山等十八邑 全羅道五十五邑內益山·龍安等十一邑 慶尙道六十六
邑內安東·眞寶等三十二邑 江原道二十六邑內原州·寧越等八邑 全失農業 其
中甚者 或竟不播種 或苗不滿尺 草木不茂 麰麥不熟 種豆不生 撥土還拾 十斗
所播 其拾七八斗 如炒可食 飢民拾而食之 … 凍餒之民 相望於道 至今年春大
疫 飢者得病輒死 民自殺牛馬 剝木皮 採麥根以爲食 不保妻子 或有棄妻子而
逃者 或有棄兒於道 兒從之則繫於樹而去者 雞犬或有自斃者 … (『世宗實錄』
권76, 世宗 19년 2월 己巳(9일), 4-53)

(주요 용어 : 유민, 강도, 가뭄)

… 김광준이 아뢰었다. “… 근래 풍속이 경박하고 악해져서 삼강(三綱)을 범하는 일이 흔히 생깁니다. 요즘 들으니, 전라도와 경상도에 유민(流民)이 무리지어 모여 더러는 그 주인을 위협해 재물을 빼앗기도 하고, 대낮에도 강도질을 거리낌없이 하고 있다고 합니다. 이는 10여 년 동안 잇따라 흉년이 든 데다가 임진년(중종 27, 1532)의 가뭄은 일찍이 볼 수 없었던 것으로 한톨의 곡식도 거두지 못해 민생의 어렵고 고통스러움이 어느 때보다 심했기 때문입니다. 그러니 의리를 알아서 도둑이 되지 않을 자가 몇 명이나 되겠습니까?”

○ …(金)光準曰… 爾來風俗薄惡 三綱之變 比比有之 近聞全羅·慶尙道 流民群聚 或劫其主而奪之財 白晝之中 攘奪不忌 此乃十餘年來 連歲凶荒 而加之以壬辰年之旱 前古所未有 一粒尙未得收 民生艱苦 莫此時若也 其能知義理而不起爲盜者 幾何人哉 (『中宗實錄』권77, 中宗 29년 윤2월 己酉(12일), 17-502)

(주요 용어 : 재해, 곤궁, 초식, 강비)

주서(注書) 손홍적(孫弘績)이 어버이를 찾아뵙고 돌아오니, 상이 듣고 본 백성의 고통을 서계(書啓)하게 하였다. 손홍적이 아뢰었다.

“신의 아버지가 부안(扶安)에 있는데, 고부(古阜)·태인(泰仁)·김제(金堤)는 곧 이웃 고을입니다. 그래서 대강 듣고 본 것이 있습니다. 6월에 큰 비가 내려 물이 불어나서 위의 네 고을의 곡식이 모두 썩었으며, 7월에 이르러서 또 큰 물을 만나 온 들에 다만 무성한 풀뿐이었습니다. 그리고 8월에는 황충(蝗蟲)이 들에 가득했는데 머리는 붉고 몸은 흰색이었습니다. 곡식만 갉아먹는 것이 아니고 온갖 풀을 다 갉아 먹으므로, 황충이 지나간 곳은 문득 붉은 땅이 되었습니다. 8~9일 동안 그러다가 마침 폭풍(暴風)과 냉우(冷雨)가 교대로 발생해 그 황충이 모두 부패해 죽었는데 들의 물이 모두 붉었습니다. 백성들은 먹을 것이 없어서 풀을 먹기도 하고 겨와 쭉정이[糠秕]로 허기를 채우기도 하는데 얼굴이 누렇게 떴으니 만약 구황 정책이 조금만 늦어져도 백성이 굶어 죽어 내년 봄까지도 가지 못할 것입니다. 신이 다녀본 여러 다른 읍들도 대부분 실농(失農)하였고 모래가 덮여서 내[川]가 된 곳이 매우 많았습니다. …"

○ 注書孫弘績省親而還 上令書啓所見民瘼 弘績啓曰 臣父在扶安 古阜·泰仁·金堤乃隣邑之地 故略有所聞見 六月大雨水漲 右四邑禾穀盡朽 及至七月 又值大水 大野只有荒草 又八月蝗蟲滿野 赤頭白身 非徒食穀 盡食百草 蟲之所過 便爲赤地 如此者八九日 而適因暴風冷雨交作 蟲皆腐死 野水盡赤 民無所食 或以草爲食 或以糠粃療飢 菜色浮面 若小緩救荒之政 則民之飢死 不待明春 其他處臣所往來一路諸邑 類多失農 覆沙成川處甚多 … (『明宗實錄』권6, 明宗 2년 9월 丁巳(9일), 19-527)

조선전기 구황식물의 중요성과 확보책

1. 서언

농민들이 흉년을 맞으면 곤궁한 상태에 놓이게 되었다. 먹을 것의 부족으로 굶주린 이들은 유리하거나 도적이 됨으로써 삶을 모색하기도 하였고, 상황이 더욱 나빠지면 처자를 버리기도 하였고 아사(餓死)에 이르는 수도 있었다. 이러한 농민의 참상에 대해 정부에서는 다양한 대책을 모색해나갔다. 구황 대책이라고 하는 것이 그것이었다.

정부에서 취하는 구황의 대책은 여러 내용으로 구성되었다. 시대에 따라 내용에 약간의 차이가 있었지만, 진휼을 담당한 관원을 독려하는 것, 민의 부담을 줄여주는 것, 민을 직접 구휼하는 것 등이 중심이었으며, 종자의 확보와 구황작물 재배의 권장도 포함되어 있었다. 그리고 민을 위해 구황식물을 확보하는 것도 구황책의 하나로 제시되었다.

조선전기 구황 정책에 관해서는 여러 편의 글이 발표되었다.[1] 구황

---

1) 李玟洙, 2000 『朝鮮前期 社會福祉政策 硏究』, 혜안 ; 金鎭鳳. 1979 「朝鮮 世宗朝의 賑恤政策에 관한 硏究1 - 特別對策을 中心으로 -」 『忠北大學校 論文集 - 人文·社會科學篇 -』17 ; 金鎭鳳, 1980 「朝鮮 世宗朝의 賑恤政策에 관한 硏究2 - 一般對策을 中心으로 -」 『忠北大學校 論文集』19 ; 姜德雨, 1997 「16세기 救濟施策에 대한 一考」

을 위해 진휼사와 경차관을 파견한 사실이 소상하게 밝혀졌으며,[2] 진휼곡에는 진제(賑濟)와 환자[還上]의 두 계통이 있었다는 것 역시 구명되었다.[3] 진휼에서 의창(義倉)이 중요한 구실을 했다는 점도 자세한 내용을 알 수 있게 되었다.[4] 구황 대책은 주로 곤궁한 이들에게 곡물을 제공하는 진휼을 중심으로 연구되었다. 구황 대책은 넓은 범위에 걸치는 것이지만 이에 대한 전반적인 검토는 미흡하다고 여겨진다.

이 글에서는 구황 대책 가운데 구황식물을 확보하고 활용하는 것을 중심 주제로 다루어 보려고 한다. 먼저 구황 대책의 여러 내용을 살피고자 한다. 구황 대책은 곡식의 제공에 그치지 않고 다양하고 넓은 범위에 걸쳐 전개되었음을 정리할 것이다. 그리고 구황 대책에는 구황식물과 관련한 것이 포함되었음을 확인하고, 구황식물을 확보하려는 다양한 노력을 살펴보며, 이어서 구황식물을 구휼에 활용하는 구체적인 모습을 파악하고자 한다. 구황식물 확보가 구황 대책 가운데 중요한 부분을 차지함을 명확히 하고자 한다.

『仁荷史學』5 ; 李玟洙, 1997「朝鮮 初期 救恤制度 및 救荒政策에 關한 硏究」『國史館論叢』76 ; 趙圭煥, 1997「16세기 還穀 運營과 賑資調達方式의 변화」『韓國史論』37, 서울대 국사학과 ; 이민수, 2002「조선초기 사회정책연구 - 자연재해를 중심으로 -」『慶州史學』21.
 2) 김순남, 2007「조선 초기 賑恤使臣의 파견과 賑恤廳의 설치」『朝鮮時代史學報』41 ; 원재영, 2015「조선시대 재해행정과 17세기 후반 진휼청의 상설화」『東方學志』172.
 3) 김훈식, 1993「朝鮮初期 義倉制度硏究」, 서울대 국사학과 박사학위논문 ; 菅野修一, 2001「朝鮮世宗代の賑恤政策に關する一考察 - 制度・對象・支給量・政策變化 -」『朝鮮學報』178.
 4) 林基炯, 1967「朝鮮前期 救恤制度 硏究」『歷史學硏究』3, 全南大 史學會 ; 김훈식, 1993 앞의 논문 ; 菅野修一, 1994「朝鮮朝初期における義倉制の開始 - 国家の賑恤政策と烟戸米法 -」『朝鮮学報』153.

2. 구황 대책의 내용

흉년을 만나 민인들이 심각한 식량 위기에 놓여 있을 때 국가에서는 각종 구황 대책을 수립해 실행했다. 우선 중요한 것은 진휼을 담당하는 관리의 역할이었다. 특별히 별도의 지방관을 파견하기도 하고, 이미 임명된 감사나 수령에게 진휼 활동을 충실히 이행하도록 독려하기도 했다. 진휼의 도움을 받기 어려운 위치에 있는 이들에게 특별히 관심을 기울일 것을 지방관에게 주문하기도 했다. 지방관이 진휼 활동을 제대로 못한 경우 문책·처벌하기도 했다.[5]

진휼을 위해서 별도의 관원을 파견했음이 주목된다. 경차관이나 진휼사의 파견이 그것이다.[6] 경차관은 다양한 목적으로 파견했는데, 진휼을 위해서도 보내졌다. 진휼사는 말 그대로 진휼을 위해 특별히 파견된 관원이었다. 세종 27년(1445)에 군기 부정 권준(權蹲)을 경기도 기민 진제의 경차관으로 삼은 일이 있고,[7] 충청도에 기근이 심하자 세종 19

---

5) 이하의 2절 서술은 다음의 자료에 보이는 중요 節目을 중심으로 기술했다. 『太宗實錄』권30, 太宗 15년 11월 戊申(15일), 2-91(國史編纂委員會 影印本, 2册, 91면을 의미함. 이하 같음) ; 『世宗實錄』권19, 世宗 5년 1월 辛丑(19일), 2-521 ; 『世宗實錄』권74, 世宗 18년 7월 己亥(6일), 4-21 ; 『世宗實錄』권76, 世宗 19년 1월 癸卯(13일), 4-50 ; 『世宗實錄』권87, 世宗 21년 11월 己酉(5일), 4-249 ; 『世宗實錄』권107, 世宗 27년 2월 丁未(3일), 4-606 ; 『世祖實錄』권1, 世祖 1년 7월 丁酉(24일), 7-74 ; 『世祖實錄』권2, 世祖 1년 8월 己酉(6일), 7-76 ; 『成宗實錄』권6, 成宗 1년 6월 乙卯(8일), 8-507 ; 『成宗實錄』권6, 成宗 1년 6월 戊午(11일), 8-509 ; 『成宗實錄』권20, 成宗 3년 7월 甲子(29일), 8-677 ; 『成宗實錄』권34, 成宗 4년 9월 癸巳(5일), 9-58 ; 『成宗實錄』권129, 成宗 12년 5월 癸巳(19일), 10-216 ; 『成宗實錄』권131, 成宗 12년 7월 乙酉(12일), 10-242 ; 『成宗實錄』권180, 成宗 16년 6월 庚寅(11일), 11-25 ; 『中宗實錄』권95, 中宗 36년 5월 己亥(14일), 18-465 ; 『明宗實錄』권6, 明宗 2년 8월 戊申(30일), 19-526.

6) 기왕의 연구에서 진휼경차관과 진휼사에 대해서는 상세히 검토된 바 있다. 김순남, 2007 앞의 논문 ; 원재영, 2015 앞의 논문.

년 판중추원사 안순(安純)을 도순문진휼사로 삼고, 봉상소윤 변효문(卞
孝文)을 종사관으로 삼아 파견한 경우가 있다.[8]

중앙에서 진휼의 임무를 띠고 파견된 경차관은 각 고을에 이르러 미
두(米豆)와 염장(鹽醬)을 가지고 사면으로 가서 굶주림이 심한 사람을
즉시 진제하기도 하고,[9] 감고(監考)와 색장(色掌)이 진휼하는 일에 마
음을 쓰지 않으면 논죄하고, 수령을 문초하여 국왕에게 아뢴 뒤에 처벌
하기도 했다.[10] 진휼사도 경차관과 비슷하게 도의 관찰사나 수령을 감
독하고 문책할 수 있는 권한을 지녔다. 영안도 진휼사가 가지고 가는
사목을 보면, 관찰사 및 당상관 수령이 죄가 있으면 추국(推鞫)하여 계
문(啓聞)해서 죄를 다스리고, 도사(都事) 및 수령은 공신(功臣)과 의친
(議親)을 막론하고 직접 결단할 수 있도록 했다.[11] 반면 수령 및 진휼관
으로 공효(功效)가 특별히 남다른 자가 있으면 계문해서 논상(論賞)할
수 있었다.[12] 또 진휼을 맡은 향리·권농(勸農)·이정(里正) 등이 제대
로 진제하지 않으면 처벌할 수 있었다.[13] 진휼경차관이나 진휼사는 궁
민의 어려움 해결을 목적으로 파견한 관원이었다.

국가에서는 관찰사나 수령에 대해서도 여러 사항을 지시했다. 흉년
이 들었을 때 관찰사가 긴요하고 중대한 일 외에는 차사원을 보내지 말
도록 했는데, 이들이 돌아다니면 민간에 소요를 일으키기 때문이었
다.[14] 그리고 흉년이 든 경우 임기가 찬 수령은 가을 곡식이 익을 때까

---

7) 『世宗實錄』권107, 世宗 27년 2월 丁未(3일), 4-606.
8) 『世宗實錄』권76, 世宗 19년 1월 癸卯(13일), 4-50.
9) 『世宗實錄』권19, 世宗 5년 1월 辛丑(19일), 2-521.
10) 『世宗實錄』권107, 世宗 27년 2월 丁未(3일), 4-606.
11) 『成宗實錄』권180, 成宗 16년 6월 庚寅(11일), 11-25.
12) 『成宗實錄』권180, 成宗 16년 6월 庚寅(11일), 11-25.
13) 『成宗實錄』권180, 成宗 16년 6월 庚寅(11일), 11-25.

지 체직(遞職)하지 말도록 했다.15) 또한 수령의 사치 행위를 금하도록 지시했다. 가뭄의 재변으로 급할 때 수령이 사치하게 자신을 공양하고 객을 접대하며 날마다 잔치를 열어 술마시기를 일삼아서는 곤란하다고 지적하면서, 감사로 하여금 이를 바로잡아 고치도록 했다.16) 명종 2년(1547)의 구황책에서도 수령의 음식이 사치하지 못하도록 금하라는 내용이 포함되어 있다.17)

진제는 수령 혼자 할 수 있는 일이 아니어서 그를 도울 요원이 필요했다. 수령은 자혜(慈惠)하고 일을 잘 처리하는 사람을 감고로 정해 진제를 맡기고, 일을 잘 하는 감고는 계문토록 했다.18)

국왕은 새로 부임하는 관찰사와 수령에게 구황에 힘쓸 것을 특별히 당부했다. 국왕이 관찰사를 인견(引見)하면서 구황의 일에 마음을 다할 것을 주문하는 수가 많았다.19) 수령에게 구황에 힘쓰도록 당부한 내용도 여럿 보인다.20)

진휼에서 소외되는 지역이나 사람이 없도록 각별한 관심을 기울이도록 지시했다. 기민 가운데 나이 많거나 병이 있어서 관청에 왕래하여 환자나 진제를 받을 수 없는 자는 수령으로 하여금 직접 그들을 구휼하

---

14) 『成宗實錄』권34, 成宗 4년 9월 癸巳(5일), 9-58.
15) 『中宗實錄』권95, 中宗 36년 5월 己亥(14일), 18-465.
16) 『中宗實錄』권95, 中宗 36년 5월 己亥(14일), 18-465.
17) 『明宗實錄』권6, 明宗 2년 8월 戊申(30일), 19-526.
18) 『太宗實錄』권30, 太宗 15년 11월 戊申(15일), 2-91.
19) 『明宗實錄』권6, 明宗 2년 11월 甲午(17일), 19-547 ; 『明宗實錄』권8, 明宗 3년 7월 壬寅(29일), 19-607 ; 『明宗實錄』권11, 明宗 6년 1월 癸丑(25일), 20-7 ; 『明宗實錄』 권16, 明宗 9년 3월 壬寅(2일), 20-187 ; 『明宗實錄』권17, 明宗 9년 7월 戊午(20일), 20-219 ; 『明宗實錄』권17, 明宗 9년 10월 乙亥(8일), 20-237.
20) 『明宗實錄』권5, 明宗 2년 1월 庚午(17일), 19-476 ; 『明宗實錄』권17, 明宗 9년 7월 戊午(20일), 20-219 ; 『明宗實錄』권17, 明宗 9년 9월 甲辰(6일), 20-231.

도록 했으며, 깊은 산골이나 궁벽한 촌구석에 사는 기민을 우선 조사해 살펴보도록 했다.21) 그리고 본 고을과 멀리 떨어진 월경처(越境處)는 가까운 고을의 식량을 환자나 진제로 지급해 구휼하도록 했다.22) 구체적인 진휼 방식을 안내함으로써, 빈틈없는 진휼을 독려하는 것이다.

흉년을 맞이한 농민들에게 부담을 줄여주는 것이 매우 중요했다. 흉년이 되면 국가의 부세를 부담하는 것은 매우 고통스러운 일이었다. 공물이나 각종 역의 부담을 줄여줌으로써 백성들이 삶의 여유를 갖고 자구 노력을 할 수 있도록 했다.

공물 부담을 감면하는 조치가 자주 보인다. 세종 21년, 충청도에 흉년이 들자, 완전히 실농한 각 고을의 감할 만한 공물은 형편을 요량하여 감면하도록 했다.23) 이후에도 공물 부담을 견감하는 조치는 흔히 볼 수 있다.24)

각종 역의 부담을 줄여주는 조치도 널리 취해졌다. 세종 18년, 공사의 영선(營繕)을 모두 금지하도록 했다.25) 명종 2년, 경외(京外)의 긴요하지 아니한 영선은 내년 추수 때까지 중지하도록 했으며, 완전히 재해(災害)를 입은 사람에게는 잡역(雜役)까지 아울러 감해 주도록 했다.26) 역의 부담을 줄여주는 조치는 민인에게 여력을 갖도록 하는 의미를 담고 있다.

---

21) 『世宗實錄』권107, 世宗 27년 2월 丁未(3일), 4-606.
22) 『世宗實錄』권107, 世宗 27년 2월 丁未(3일), 4-606.
23) 『世宗實錄』권87, 世宗 21년 11월 己酉(5일), 4-249.
24) 『世祖實錄』권2, 世祖 1년 8월 己酉(6일), 7-76 ; 『成宗實錄』권6, 成宗 1년 6월 戊午 (11일), 8-509 ; 『成宗實錄』권20, 成宗 3년 7월 甲子(29일), 8-677 ; 『成宗實錄』권 34, 成宗 4년 9월 癸巳(5일), 9-58 ; 『中宗實錄』권28, 中宗 12년 7월 癸未(9일), 15-288 ; 『明宗實錄』권6, 明宗 2년 8월 戊申(30일), 19-526 ; 『明宗實錄』권9, 明宗 4 년 10월 戊午(22일), 19-674 ; 『明宗實錄』권12, 明宗 6년 10월 辛未(17일), 20-48.
25) 『世宗實錄』권74, 世宗 18년 7월 己亥(6일), 4-21.
26) 『明宗實錄』권6, 明宗 2년 8월 戊申(30일), 19-526.

특정 신역(身役)을 진 이들의 부담을 건감해 주는 조치도 취했다. 중종 36년(1541), 각 고을과 각 역(驛)의 교군(轎軍)을 무덤을 만드는 데에 징발하지 못하도록 했다.[27] 비슷한 조치는 여럿 확인할 수 있다.[28]

공노비의 부담을 줄여주는 조치도 보인다. 세종 21년, 양맥(兩麥)이 성숙할 때까지 선상노자(選上奴子)의 신역을 면제하도록 했다.[29] 선상노비의 부담을 건감하는 조치도 흔히 찾을 수 있다.[30]

수도에 올라와서 각종 잡역(雜役)을 수행해야 하는 이들에 대한 부담 완화 조치도 취해졌다. 세조 1년(1455), 충청도에 흉년이 들자, 여러 관서 이전(吏典)의 여러 관원[諸司吏典諸員]·보충군(補充軍)·도부외(都府外)·장수(杖首)·나장(螺匠)·갈도(喝道)·조예(皁隷) 등과 같이 상경해 부림당하는[任使] 자 중에서, 연분(年分)이 하지하(下之下)에 속하는 지역에 거주하는 자는 놓아 보내도록 하고, 시위패(侍衛牌) 중에서 연분이 하지중(下之中)에 속하는 지역에 거주하는 자는 번상하지 말도록 해서 일체 구황을 위임토록 했다.[31] 비슷한 조치는 흔히 볼 수 있다.[32]

흉년이 들었을 때 채무를 변제하는 것은 매우 중요한 조치였다. 성종 1년(1470) 6월, 중외 공사(公私)의 긴요치 않게 징수하는 채무는 다음해 가을까지 정지하도록 했다.[33] 성종 3년 7월, 경기에 흉년이 들자, 재앙

---

27) 『中宗實錄』권95, 中宗 36년 5월 己亥(14일), 18-465.
28) 『世祖實錄』권2, 世祖 1년 8월 己酉(6일), 7-76 ; 『明宗實錄』권6, 明宗 2년 8월 戊申 (30일), 19-526.
29) 『世祖實錄』권87, 世宗 21년 11월 己酉(5일), 4-249.
30) 『世祖實錄』권2, 世祖 1년 8월 己酉(6일), 7-76 ; 『成宗實錄』권20, 成宗 3년 7월 甲子 (29일), 8-677 ; 『明宗實錄』권6, 明宗 2년 8월 戊申(30일), 19-526.
31) 『世祖實錄』권2, 世祖 1년 8월 己酉(6일), 7-76.
32) 『成宗實錄』권6, 成宗 1년 6월 乙卯(8일), 8-507 ; 『成宗實錄』권20, 成宗 3년 7월 甲子(29일), 8-677 ; 『成宗實錄』권34, 成宗 4년 9월 癸巳(5일), 9-58.
33) 『成宗實錄』권6, 成宗 1년 6월 戊午(11일), 8-509.

을 입은 여러 고을의 공사간에 긴급하지 아니한 채무의 징수를 금하도록 했다.34) 채무를 변제하는 조치는 더 찾을 수 있다.35)

사복시(司僕寺)와 관련한 여러 부담을 견감하는 조치도 보인다. 성종 1년, 사복시에서 부득이 기르는 말 이외에는 살곶이[箭串]에 방목하도록 하고, 경기에서 바치는 생초(生草)를 적당히 감하도록 했다.36) 사복시에 납부하는 초료(草料), 마료(馬料), 거우료(車牛料), 곡초(穀草) 등의 부담을 줄이는 일은 자주 확인할 수 있다.37)

실농한 농민이 살아가기 위해서는 시간이 필요하고 여력이 중요했다. 송사가 있으면 많은 시간을 허비하고, 신체의 자유를 속박당하기 쉽다. 그렇기 때문에 기근이 발생했을 때 송사 문제가 중요하게 부각되었다. 세종 18년, 모든 백성들의 범죄는 그때그때 처결해 옥중에 오래 갇혀 있지 않도록 했다.38) 성종 12년 7월, 내년 추곡(秋穀)이 성숙할 때까지 잡된 송사를 멈추고, 오로지 흉년에 대비하고 농사에 힘쓰도록 했다.39) 명종 2년 8월, 긴박하지 아니한 잡송(雜訟)은 내년 추수 때까지 보류하도록 했다.40)

미래의 식량난을 방지하기 위해서는 절약 생활을 하는 것이 중요했다. 정부에서는 이 때문에 민인의 과소비를 문제로 삼고 이를 억제하고

---

34) 『成宗實錄』권20, 成宗 3년 7월 甲子(29일), 8-677.
35) 『明宗實錄』권6, 明宗 2년 8월 戊申(30일), 19-526.
36) 『成宗實錄』권6, 成宗 1년 6월 乙卯(8일), 8-507.
37) 『成宗實錄』권6, 成宗 1년 6월 戊午(11일), 8-509 ; 『成宗實錄』권20, 成宗 3년 7월 甲子(29일), 8-677 ; 『成宗實錄』권34, 成宗 4년 9월 癸巳(5일), 9-58 ; 『成宗實錄』권131, 成宗 12년 7월 乙酉(12일), 10-242.
38) 『世宗實錄』권74, 世宗 18년 7월 己亥(6일), 4-21.
39) 『成宗實錄』권131, 成宗 12년 7월 乙酉(12일), 10-242.
40) 『明宗實錄』권6, 明宗 2년 8월 戊申(30일), 19-526.

자 했다. 세조 1년, 무지한 백성이 절약하지 않고 가을농사를 거두기가 무섭게 다 소비해 버리는 자가 있는데 이를 살피도록 했다.[41] 결국 그런 행위를 금지시키고자 하는 것이다. 중종 36년, 민간의 사치 소비를 금지하는 조치를 취했다. 민간에서 내일을 생각하지 않고, 잔치를 열어 술 마시는 일과 귀신을 제사하고 부처를 공양하는 일에 드는 모든 낭비를 그만두지 않다가 앉아서 굶주리게 되니 지극히 어리석다고 하면서, 일체 금지하되 잘 금하지 못하는 수령 · 감고 · 색장은 모두 죄를 다스리도록 했다.[42]

흉년으로 기근을 당한 민인들은 먹거리를 찾기 위해 유리(流離) · 유이(流移)하는 경우가 많았다. 그 경우 원 거주지로 되돌아오지 않으면 그들을 파악하는 것이 어려웠다. 세종 27년 2월, 떠돌아 다니는 이들은 그 머물러 있는 곳에 모이게 하여 구휼하고 농사 때가 되거든 원적지로 돌려보내도록 했다.[43] 성종 3년 7월, 경기가 흉년이 들었는데, 유이하는 자가 많을 것이라고 하면서, 소재관은 곡진히 존휼(存恤)을 더하고, 다른 고을에 유리하여 그곳에서 얻어먹는 사람은 엄금하지 말고 다만 그의 간 곳을 기록해 다음해 가을을 기다려서 쇄환(刷還)하도록 했다.[44] 명종 2년 8월, 떠돌아다니는 기민을 양계(兩界) 이외에서는 구금(拘禁)하지 말고 가고 싶은 대로 가서 먹도록 했다.[45] 그리고 유이민이 복귀할 수 있도록 하는 조치로서 유리해 옮겨 간 사람의 집을 부수지 말 것, 그들이 심어 놓은 밀과 보리를 캐지 말 것 등의 조치도 보인다.[46]

41) 『世祖實錄』권1, 世祖 1년 7월 丁酉(24일), 7-74.
42) 『中宗實錄』권95, 中宗 36년 5월 己亥(14일), 18-465.
43) 『世宗實錄』권107, 世宗 27년 2월 丁未(3일), 4-606.
44) 『成宗實錄』권20, 成宗 3년 7월 甲子(29일), 8-677.
45) 『明宗實錄』권6, 明宗 2년 8월 戊申(30일), 19-526.

흉년이 닥치면 당장의 먹거리 문제가 심각해진다. 눈 앞의 굶주림이 있는데 미래를 위해 종자를 비축한다는 것은 매우 어려운 일이었다. 그렇지만 종자를 준비하지 않는다면 다음 해 농사는 불가능해진다. 흉년일수록 종자의 확보가 어려우면서도 중요한 문제로 부각되는 것이다. 새로운 곡식을 징수할 때 알곡이 아닌 피곡(皮穀)으로 징수하는 것, 묵은 곡식을 새 곡식으로 바꿔 종자로 삼는 것 등이 중요한 조치였다.

흉년이 들자 다음 해 종자가 심각하게 부족해질 것에 대비하는 조치가 취해졌다. 태종 15년(1415) 11월, 환자를 거둘 때 피곡으로 거두어 종자에 대비하도록 했다.[47] 부세를 피곡으로 징수해 종자로 삼으려는 조치 역시 자주 볼 수 있다.[48]

진곡(陳穀)을 신곡(新穀)으로 바꾸어 종자로 삼는 일도 있었다. 세종 18년 7월, 묵은 곡식을 새 곡식으로 바꿔 종자를 준비하도록 했다.[49] 그리고 성종대에도 비슷한 조치가 보인다.[50] 양맥(兩麥)의 종자를 안정적으로 확보하는 것도 매우 중요했다.[51]

농사에서 물의 확보가 무엇보다도 중요하다. 그렇기 때문에 미래의 흉년에 대비하기 위해선 수리(水利) 시설의 축조가 절실한 일이다. 수리 시설을 잘 갖추면 비가 적게 오더라도 농사의 작황이 부진하지 않을 수 있다. 태종 15년, 실농이 심한 곳은 대개 수리를 일으키지 않아서 그

---

46) 『世宗實錄』권76, 世宗 19년 1월 癸卯(13일), 4-50.

47) 『太宗實錄』권30, 太宗 15년 11월 戊申(15일), 2-91.

48) 『太宗實錄』권30, 太宗 15년 11월 戊申(15일), 2-91 ; 『成宗實錄』권20, 成宗 3년 7월 甲子(29일), 8-677 ; 『成宗實錄』권131, 成宗 12년 7월 乙酉(12일), 10-242.

49) 『世宗實錄』권74, 世宗 18년 7월 己亥(6일), 4-21.

50) 『成宗實錄』권6, 成宗 1년 6월 戊午(11일), 8-509 ; 『成宗實錄』권131, 成宗 12년 7월 乙酉(12일), 10-242.

51) 『成宗實錄』권129, 成宗 12년 5월 癸巳(19일), 10-216.

런 것이라고 하면서, 실농이 심한 고을에 제언을 축조해 수리를 일으켜 한재를 면하도록 했다.[52]

흉년이 드는 경우 구황작물에 대한 관심은 더욱 높아졌다. 구황작물로 관심을 끈 것은 무와 메밀이었다. 성종 12년 5월, 경기와 하삼도에 흉년이 들어 추수할 보리가 없자, 무 농사를 권장했다. 무는 구황(救荒)에 긴요한 것이니, 여러 도(道)의 수령들에게 삼밭[麻田] · 채소밭[菜田] · 보리밭[大麥田]에다 민들을 권장하여 많이 심도록 했다.[53] 메밀에 대한 관심도 컸다.[54] 성종 12년 5월, 한재(旱災)로 인하여 논[稻田] 가운데 종자를 심지 못한 곳이 많이 있으니, 관찰사로 하여금 메밀 종자를 많이 준비하여 파종하도록 권장했다.[55]

가을에 흉년이 드는 경우 내년 전반기의 식량이 크게 문제되었다. 그것을 해소하기 위해서는 양맥의 농사가 매우 중요했다. 세종 18년 7월, 흉년이 들자 각 도로 하여금 보리와 밀을 많이 심게 했다.[56] 가을에 흉년이 들면 보리와 밀 농사를 더욱 권장했다.[57]

흉년을 당해 굶주린 민에게 가장 중요한 것은 먹을 것을 직접 제공하는 일이었다. 먹거리는 일차적으로 국가에서 비축하고 있는 곡식이었지만 그것이 여의치 못한 경우 구황식물을 제공하기도 했다. 그리고 염장(鹽醬)의 지급을 위해서도 노력했다.

굶주린 민인에게 곡식을 제공하는 일은 매우 흔했다. 곡식을 제공하

---

52) 『太宗實錄』권30, 太宗 15년 11월 戊申(15일), 2-91.
53) 『成宗實錄』권129, 成宗 12년 5월 癸巳(19일), 10-216.
54) 『成宗實錄』권34, 成宗 4년 9월 癸巳(5일), 9-58.
55) 『成宗實錄』권129, 成宗 12년 5월 癸巳(19일), 10-216.
56) 『世宗實錄』권74, 世宗 18년 7월 己亥(6일), 4-21.
57) 『成宗實錄』권20, 成宗 3년 7월 甲子(29일), 8-677 ; 『成宗實錄』권129, 成宗 12년 5월 癸巳(19일), 10-216.

는 경우 진제(賑濟)와 환자[還上]로 구분하고 있는데, 진제는 지급(支給)하는 것이고, 환자는 대여(貸與)한 뒤에 상환(償還)하는 것이다. 진제로 지급한 것은 소비되고 말기 때문에 국가 재정의 감소로 귀결되지만, 환자의 경우 일정한 이자를 덧붙여 원곡을 상환하기 때문에 국가 재정에 부담이 되지 않는다. 국가로서는 곡식으로 진휼하는 경우, 가급적 환자의 방식으로 하고, 진제는 피하고자 했다. 실제로 환자로 대여한 곡식의 양이 진제로 지급한 것보다 훨씬 많았다.[58]

구황곡을 지급한 사례들은 흔히 볼 수 있다. 세종 28년 5월, 의정부에서 황해도 각 고을에 구황(救荒)으로 국고(國庫) 미두(米豆) 14,114석, 조전(漕轉) 미두 8,910석을 지급하도록 계문하니 국왕이 따랐다.[59] 구황을 위해 곡식을 제공한 예는 무수하다.[60]

염장을 제공하는 것도 중요한 구황 정책의 하나였다. 세종 5년, 경차관은 각 고을에 쌀과 콩 그리고 염장을 가지고 사면으로 가서 굶주림이 심한 사람을 즉시 진제하도록 했다.[61] 성종 1년, 유지(柳輊)가, 구황물은 소금과 장만한 것이 없는데, 장은 졸지에 마련할 수 없는 것이니, 경외의 창고에서 묵은 콩을 쪄서 미리 장을 만들도록 상소했는데, 국왕이 수용

58) 『太宗實錄』권30, 太宗 15년 11월 戊申(15일), 2-91 ; 『世宗實錄』권19, 世宗 5년 1월 辛丑(19일), 2-521 ; 『世宗實錄』권76, 世宗 19년 1월 癸卯(13일), 4-50 ; 『世宗實錄』권87, 世宗 21년 11월 己酉(5일), 4-249 ; 『世宗實錄』권107, 世宗 27년 2월 丁未(3일), 4-606 ; 『中宗實錄』권95, 中宗 36년 5월 己亥(14일), 18-465.
59) 『世宗實錄』권112, 世宗 28년 5월 乙亥(8일), 4-672.
60) 『端宗實錄』권6, 端宗 1년 4월 甲寅(27일), 6-584 ; 『睿宗實錄』권3, 睿宗 1년 2월 丙戌(1일), 8-324 ; 『成宗實錄』권37, 成宗 4년 12월 甲申(28일), 9-80 ; 『成宗實錄』권152, 成宗 14년 3월 辛亥(19일), 10-441 ; 『成宗實錄』권188, 成宗 17년 2월 乙未(19일), 11-98 ; 『燕山君日記』권49, 燕山君 9년 4월 庚子(4일), 13-556 ; 『宣祖實錄』권146, 宣祖 35년 2월 辛卯(28일), 24-349. 그리고 吳浩成, 2022 『朝鮮飢饉史』, 경인문화사, 373~457면의 부표에 진휼곡을 제공한 내용이 잘 정리되어 있다.
61) 『世宗實錄』권19, 世宗 5년 1월 辛丑(19일), 2-521.

했다.[62] 궁민을 위해 염장을 제공한 예는 더 확인할 수 있다.[63]

이상에서 언급한 방안 이외에도 여러 구황책이 있었다. 명종 2년, 영의정 등이 마련한 구황책 22조에, 기민을 이웃의 부자가 보호하고 구제하여 완전히 살려준 경우에는 인구(人口)를 계산하여 차등있게 복호(復戶)할 것과 각 도의 악수(惡獸)를 잡는 일은 내년 추수 때까지 중지시킬 것이 포함되었는데 국왕이 수용했다.[64]

세종 19년 1월, 충청도에 기근이 들었는데 움집[土宇]을 짓도록 했다. 봄 추위를 당해 얼어 죽을 염려가 있으니, 움집을 설치하고 짚을 깔아, 옷을 얇게 입은 자와 늙은이·어린아이와 병이 있는 자로 하여금 거처하게 해 구료(救療)하도록 했다.[65]

성종 12년 5월, 경기와 하삼도에 흉년이 들어 추수할 보리가 없자, 행상(行商)을 금지했다. 민간에서 곡식이 귀한 때에 상인[商賈]들이 긴요치 않은 잡물(雜物)을 가지고서 여리(閭里)에 횡행(橫行)하면서 사람들을 속이고 유혹하여 이익을 취하니, 미곡상(米穀商) 이외의 행상을 일체 금지하도록 했다.[66] 흉년을 맞아 정부에서는 다방면에서 구황책을 마련해 시행했다.[67]

---

62) 『成宗實錄』권6, 成宗 1년 6월 乙卯(8일), 8-507.
63) 『成宗實錄』권129, 成宗 12년 5월 癸巳(19일), 10-216 ; 『中宗實錄』권95, 中宗 36년 5월 己亥(14일), 18-465.
64) 『明宗實錄』권6, 明宗 2년 8월 戊申(30일), 19-526.
65) 『世宗實錄』권76, 世宗 19년 1월 癸卯(13일), 4-50.
66) 『成宗實錄』권129, 成宗 12년 5월 癸巳(19일), 10-216.
67) 충주 지방 차원에서 기근을 이겨내기 위한 지침서를 간행한 일이 있다. 『忠州救荒切要』에는 진휼곡 마련 방법, 절식 방법, 유기아 구호방법, 재지사족의 역할, 진휼실무자에 대한 처벌조항에 대한 지침들이 수록되어 있다(문광균, 2020 「1540~1541년 기근과 『忠州救荒切要』의 간행」 『古文書硏究』57).

3. 구황 대책 속의 구황식물 관련 내용

구황 대책은 다양한 영역에 걸쳐 실행되었다. 구황 담당관들이 충실하게 임무를 수행하도록 독려하는 것, 궁민을 위해 각종 부담을 견감하는 것이 있었다. 잡송을 정파하고 민의 사치를 금지하는 것도 중요한 방안이었다. 유이민들을 안집하는 방법도 제시되었으며, 다가올 농사를 위해 종자를 확보하는 것과 수리 시설을 축조하는 것 등이 포함되었다. 그리고 식량 문제를 해결하기 위해 구황작물을 재배토록 하고, 양맥을 적극 파종토록 하는 조치도 취해졌다. 곡식과 염장을 직접 제공하는 것은 궁민들의 긴급한 식량 문제를 해결하는 방안이었다. 다양한 구황 대책 가운데에는 구황식물을 풍부하게 확보하는 것도 포함하고 있었다.

종합적인 구황 대책으로 제시된 자료 가운데 구황식물을 언급한 경우만을 검토해보고자 한다. 다양한 구황 대책을 제시하면서 구황식물을 언급하지 않은 경우도 있다.

<표 1> 구황 대책에서 구황식물을 언급한 경우

순번	전거	내용
1	『世宗實錄』권76, 世宗 19년 1월 癸卯(13일), 4-50 : 충청도 기근이 심하자, 국왕이 내린 진휼사목(총 5개 조항 중 1개)	각 관에서 마음을 써서 구휼하지 아니하여 주린 백성으로서 나와서 먹는 자가 적고, 비록 오는 자가 있더라도 죽게 하였다는 죄를 면하려고 여러 가지 방법으로 물리쳐서, 이로 인하여 얼고 주리어 목숨을 잃는 자가 매우 많으니, 도내의 계수관(界首官)과 초면(初面)의 천안 등에 따라 진제장을 설치하고 쌀죽과 황각(黃角)과 미역[菜藿] 등을 주되, 직책이 있는 자를 택하여 그 일을 맡게 해서 식구를 계산하여 절용(節用)하고, 또 승려 중에 자비심이 있는 자를 택해서 그 삶고 익히는 것을 위임하여 조석으로 진휼 공급하게 하고, 그 승려의 식량은 서울 안의 진제하는 승

		려의 예에 의하여 줄 것.
2	『世宗實錄』권107, 世宗 27년 2월 丁未(3일), 4-606 : 국왕이 경기 기민 진제 경차관에게 내려준 진제 사목(총 8개 조항 중 1개)	초식(草食)은 겨울철에 벌써 다 먹고 지금 해가 긴 때를 당하여 단지 진제장(賑濟場)의 미곡만으로는 필시 굶주린 배를 채울 수가 없을 것인데, 그렇다고 한정이 있는 쌀을 더 주기도 역시 어려우니, 더덕[山蔘]·도라지[桔蔞]·채소(菜蔬)를 많이 채취해 섞어 먹게 할 것.
3	『世祖實錄』권1, 世祖 1년 7월 丁酉(24일), 7-74 : 호조에서 아뢴 구황 대책, 시행 여부 불명(총 6개 조항 중 2개)	- 구황(救荒)에 쓸 만한 도토리[橡]·밤[栗]·더덕[山蔘]·도라지[苦蔞] 등의 물품을 철에 맞게 채취하여 전보다 갑절을 준비하게 하되, 무지한 백성이 죄책(罪責)을 면하려고 천금목(千金木)의 나뭇잎 따위로 구차하게 부과된 수량을 충당하는 등 한갓 소요(騷擾)만 이루곤 하니, 긴요하지 않은 잡물(雜物)은 준비하지 말도록 할 것. - 황각(黃角)·청각(靑角)·석맥(石脈)·우모(牛毛)·해홍(海紅) 같은 먹을 만한 해채(海菜)를 당번 선군(船軍)을 동원시켜 이를 채취해서 햇볕에 말려서 저축, 대비케 할 것.
4	『成宗實錄』권6, 成宗 1년 6월 乙卯(8일), 8-507 : 가뭄이 극심하자, 유지(柳輊)가 올린 구황 사목, 시행 여부 불명(총 10개 조항 중 2개)	- 연변(沿邊)의 여러 고을에서는 소금을 굽고, 산(山)의 고을에서는 도토리를 따는데, 전보다 배나 더하도록 조치할 것. - 해채(海菜)와 산야(山野)에서 쓸 만한 초식(草食)은 많은 숫자를 채취(採取)할 것.
5	『成宗實錄』권6, 成宗 1년 6월 戊午(11일), 8-509 : 호조에서 아뢴 구황 대책, 국왕이 수용(총 10개 조항 중 1개)	도토리는 구황(救荒)에 긴요하게 쓰이는 물건이니, 여러 고을의 인호(人戶)로 하여금 피아(彼我)의 지경(地境)을 물론하고 많은 숫자를 주워서 얻게 할 것.
6	『成宗實錄』권34, 성종 4년 9월 癸巳	흉년에 준비할 물건으로는 도토리[橡實]·무[菁菜]·더덕(山蔘)·도라지[桔梗]·메밀[木麥]의 꽃·줄기·잎 등의

	(5일), 9-58 : 경기 흉년으로, 호조에서 계달한 흉년 구제 조건, 수용된 듯(총 12개 조항 중 1개)	물건이 가장 적절하니, 일체 임진년(성종 3)의 사목(事目)에 의하여 각 마을 백성들에게 두루 타일러서 많이 준비해 놓게 하고, 긴요하지 아니한 물건은 독촉해서 준비하지 말게 하여 소요(騷擾)의 폐단을 없앨 것.
7	『成宗實錄』권129, 成宗 12년 5월 癸巳(19일), 10-216 : 경기와 하삼도 흉년으로 추수할 보리가 없음, 호조가 아뢴 구황 조건, 수용됨(총 8개 조항 중 1개)	황각(黃角)·미역[藿]·참가사리[細毛]·해채(海菜)와 더덕[山蔘]·도라지[桔梗]·비름[莧菜]·도토리[橡實]는 하나같이 구황(救荒)에 대처하는 긴요한 초식(草食)이니, 그 숫자를 미리 많이 준비할 것.
8	『明宗實錄』권6, 明宗 2년 8월 戊申(30일), 19-526 : 영의정 등이 올린 구황책 22조, 국왕이 수용(종 22개 조항 중 1개)	초식(草食)과 소금, 황각(黃角)을 미리 준비할 것.

* 밑줄 친 부분은 구황식물

구황 대책 중, 구황식물을 언급한 내용은 많은 양을 비축하라는 것이 핵심이었다. 각 내용을 순차적으로 검토해보기로 한다.

세종 19년(1437) 1월, 충청도에 기근이 들자 진휼 사목 5개를 내렸는데, 그 가운데 구황식물을 언급한 내용이 보인다. 각 고을에서 마음을 써서 구휼하지 아니하여 굶주려 목숨을 잃는 자가 많다고 하면서, 충청도 내의 계수관과 초면의 천안 등에 진제장을 설치해 쌀죽과 황각, 미역을 주어 진휼하도록 하되 그 일을 승려가 담당토록 했다.[68] 충청도에서 기근이 들어 굶주린 이들이 많이 발생하자, 진제장을 설치해 황각과 미역, 쌀죽으로 구휼하도록 한 것인데, 구황식물인 황각과 미역이 주목된다.

세종 27년 2월, 경기 기민 진제경차관에게 시행하도록 국왕이 내려준 진제 사목 8개 조항 중 1개에서 구황식물을 주목했다. 초식(草食)은 겨울철에 벌써 다 먹고 지금 해가 긴 때를 당하여 단지 진제장의 미곡만으로는 필시 굶주린 배를 채울 수가 없을 것인데, 그렇다고 한정이 있는 쌀을 더 주기도 어려우니, 더덕·도라지·채소를 많이 캐서 섞어 먹게 하라는 것이다.[69] 진제장에서 부족한 미곡을 보충하기 위해 구황식물을 함께 먹도록 한 것이다. 여기에서 언급한 구황식물은 더덕·도라지·채소였다.

세조 1년(1455) 7월, 호조에서 흉년을 맞아 구황 대책으로 제시한 것이 6개 조인데, 이 중 2개 조에서 구황식물을 언급하고 있다. 구황에 쓸 만한 도토리[橡]·밤[栗]·더덕[山蔘]·도라지[苦蕒] 등의 물품을 철에 맞게 채취하여 전보다 배로 준비하게 하되, 긴요하지 않은 잡물은 준비하지 말도록 하는 것이 보이고, 또 황각(黃角)·청각(靑角)·석맥(石脈)·우모(牛毛)[70]·해홍(海紅)[71] 등 먹을 만한 해채(海菜)를 당번 선군(船軍)을 동원시켜 채취해서 햇볕에 말려서 비축하라는 것이 포함되어 있다.[72] 호조의 대책안은 수용되었는지 명확하지 않다. 흉년을

---

68) 『世宗實錄』권76, 世宗 19년 1월 癸卯(13일), 4-50.
69) 『世宗實錄』권107, 世宗 27년 2월 丁未(3일), 4-606.
70) 牛毛는 우무와 같다. 우뭇가사리 따위를 끓여서 식혀 만든 끈끈한 물질로 음식이나 약 또는 공업용으로 쓴다(네이버 국어사전(https://ko.dict.naver.com/) 참조).
71) 해홍나물은 한해살이풀로 바닷가 모래땅이나 모래갯벌에서 자란다. 잎은 긴 바늘 모양으로 잎 끝이 피침형이다. 생육초기에는 바닥에 붙어 자라고 가을에 전체적으로 붉게 된다(네이버 국립공원공단 생물종정보(https://terms.naver.com/entry.naver?docId=6589637&cid=46694&categoryId=46694) 참조).

맞이해 다양한 구황식물을 풍부하게 비축할 것을 주장한 것이다. 언급한 구황식물에는 산에서 채취할 수 있는 도토리·밤·더덕·도라지 등이 있고, 바다에서 확보할 수 있는 황각·청각·석맥·우모·해홍 등이 보인다.

성종 1년(1470) 6월, 가뭄이 극심했을 때 경연(經筵)에서 강(講)하기를 마치자, 집의(執義) 유지(柳輊)가 구황 사목 10개조를 올렸다. 구황식물을 언급한 것은 2개 조항이다. 첫째, 연변(沿邊)의 여러 고을에서는 소금을 굽고, 산(山)의 고을에서는 도토리를 따는데, 전보다도 배나 더 하도록 조치할 것이며, 둘째, 해채(海菜)와 산야(山野)에서 쓸 만한 초식(草食)은 많은 숫자를 채취(採取)할 것을 주장했다.73) 시행 여부는 명확하지 않다. 도토리와 해채, 산야의 초식을 많이 채취하라는 주장이다. 가뭄으로 흉년이 예상되자 다양한 구황식물을 풍부하게 비축할 것을 개진한 것이다.

유지가 구황 사목을 올린 3일 뒤, 호조에서 구황 대책을 아뢰자, 국왕이 수용했다. 모두 10개 조항으로 구성되었는데, 그 가운데 하나에서 구황식물을 언급하고 있다. 도토리는 구황에 긴요하게 쓰이는 것이니, 여러 고을의 인호(人戶)로 하여금 피아의 지경을 물론하고 많은 양을 주워 얻도록 했다.74) 도토리를 많이 수습해 구황에 대비하라는 것이다. 이 건의는 국왕이 수용했으므로 실제 시행되었을 것이다. 유지의 도토리를 채취하자는 주장이 받아들여졌음이 주목된다.

성종 4년 9월, 경기에 흉년이 들자, 호조에서 구황 조건으로 제시한

---

72) 『世祖實錄』권1, 世祖 1년 7월 丁酉(24일), 7-74.
73) 『成宗實錄』권6, 成宗 1년 6월 乙卯(8일), 8-507.
74) 『成宗實錄』권6, 成宗 1년 6월 戊午(11일), 8-509.

내용 12개 조항 가운데 구황식물을 언급한 것이 하나 포함되어 있다. 흉년에 준비할 물건으로는 도토리[橡實]·무[菁菜]·더덕[山蔘]·도라지[桔梗]와 메밀[木麥]의 꽃·줄기·잎 등의 물건이 가장 적절하니, 각 마을 백성들에게 두루 타일러서 많이 준비해 놓도록 하자는 주장이다.[75] 흉년에 많이 준비할 물건으로 다양한 먹거리가 언급되어 있는데, 구황식물로 산에서 확보할 수 있는 도토리·더덕·도라지가 보이며, 구황작물로 무와 메밀이 언급되어 있다.

성종 12년 5월, 경기와 하삼도에 흉년이 들어 추수할 보리가 없었다. 호조가 구황 조건으로 아뢴 8개 조항 가운데 1개에서 구황식물을 언급하고 있다. 국왕이 받아들였으므로 시행된 것으로 볼 수 있다. 황각·미역·참가사리[細毛][76]·해채(海菜)와 더덕[山蔘]·도라지[桔梗]·비름[莧菜]·도토리[橡實]는 모두 구황(救荒)에 대처하는 긴요한 초식(草食)이니, 미리 많이 준비하도록 하자는 주장이다.[77] 다양한 구황식물을 언급하면서 다량 준비해 흉년에 대비하자는 의견이었다. 언급된 구황식물은 대우 다양했다. 바다에서 채취할 수 있는 황각·미역·참가사리·해채와 산에서 확보할 수 있는 더덕·도라지·도토리가 있으며, 들에서 얻을 수 있는 비름이 보인다. 바다와 산·들에서 얻을 수 있는 다양한 구황식물을 언급하고 있다.

명종 2년(1547) 8월, 영의정 윤인경(尹仁鏡), 좌의정 이기(李芑), 우의

---

75) 『成宗實錄』권34, 成宗 4년 9월 癸巳(5일), 9-58.
76) 참가사리[細毛]는 풀가사릿과의 해조다. 불등풀가사리와 비슷한데 높이는 5~15cm 이고 원기둥 모양으로 규칙적으로 가지를 뻗으며, 어두운 자주색을 띤다. 풀, 직물, 공예품의 원료로 쓴다. 한국의 동해안·남해안, 일본 등지에 분포한다(네이버 국어 사전(https://ko.dict.naver.com/) 참조).
77) 『成宗實錄』권129, 成宗 12년 5월 癸巳(19일), 10-216.

정 정순붕(鄭順朋), 우찬성 민제인(閔齊仁), 호조 판서 정세호(鄭世虎), 참판 신영(申瑛), 참의 김홍윤(金弘胤)이 부름을 받고 빈청에 모여 구황책(救荒策) 22조를 마련해 올리자, 국왕이 수용했다. 22개 조항 가운데 하나에서 구황식물을 언급했다. 초식(草食)과 소금, 황각을 미리 준비하도록 하자는 것이다.[78] 구황식물로 초식과 황각이 언급되어 있다.

여러 개 조항으로 구성된 구황 대책에서 모두 구황식물을 언급한 것은 아니지만 구황식물을 중시한 경우가 위에서 살펴보았듯이 빈번했다. 그만큼 구황 대책 가운데 구황식물 관련한 내용이 중요한 것이다. 대부분의 내용은 흉년이 들거나 혹은 흉년이 예상되니 다양한 구황식물을 풍부하게 비축하자는 것이다.

구황식물로서 언급된 것이 다양한데, 가장 많이 언급된 것은 도토리였으며(5회), 더덕·도라지·초식·황각 등이 4회로 뒤를 잇는다(<표 2> 참조).

<표 2> 구황식물의 종류

채취 장소	구황식물 종류
산	더덕(山蔘 : 2, 3, 6, 7), 도라지(桔梗 : 2, 3, 6, 7), 도토리(橡 : 3, 4, 5, 6, 7), 밤(栗 : 3), 채소(2), 초식(草食 : 2, 4, 7, 8)
들	비름(莧菜, 7), 채소(2), 초식(草食 : 2, 4, 7, 8)
바다	미역(菜薑 : 1, 7), 석맥(石脈 : 3), 우모(牛毛 : 3), 참가사리(細毛 : 7), 청각(青角 : 3), 해채(海菜 : 3, 4, 7), 해홍(海紅 : 3), 황각(黃角 : 1, 3, 7, 8)

 * 숫자는 <표 1>의 사료 번호
** 채소·초식은 산과 들 모두에서 채취할 수 있어서 함께 기재함

---

78) 『明宗實錄』권6, 明宗 2년 8월 戊申(30일), 19-526.

초식이나 해채는 다양한 구성을 보이므로 어느 식물이라고 특정할 수는 없다. 초식은 산과 들에서 나는 식물을 의미하는 데, 심지어 바다에서 채취하는 것을 가리킬 수도 때문에 더욱 특정하기 어렵다. 결국 구황 대책에 보이는 가장 중요한 구황식물은 도토리 · 더덕 · 도라지 · 황각이었다고 할 수 있겠다.[79]

4. 구황식물의 확보책

구황식물을 채집하는 것은 국가 차원에서 매우 중시하고 있었다. 흉년이 발생하거나 흉년이 예상되면 지방관은 반드시 구황식물을 확보하고자 노력했다. 흉년이 발생하지 않더라도 구황식물을 풍부하게 준비하는 것은 민을 구휼하는 데 매우 중요했다.

태종대부터 수군(水軍)이 구황물을 채취하고 있었음을 알 수 있다. 태종 7년(1407) 7월, 수군첨절제사와 도만호 등이 병선(兵船)을 거느리고 바다에 가서 구황 물건(物件)을 채취하고 있다.[80] 바다에서 첨절제사와 도만호가 병선을 거느리고 구황물을 채취한 것이다. 구황물은 아마 미역과 황각이 중심일 것이다. 채취한 구황물은 지방의 관아에 비축했을 것으로 생각된다. 흉년 여부는 명확하지 않지만 수군이 중심이 되어 구황물을 채취함은 분명한 사실이다.

수군 · 선군(船軍)이 황각을 채취하는 일은 일상적인 것으로 보인다.

---

79) 구황식물 100가지를 선정해 간략하게 설명한 저서가 주목된다. 정삼철 · 최병철 편역, 2020 『기근 해결에 사용된 식물 100선 - 조선의 구황식물 -』, 충북학연구소 참조. 이 책에서도 도토리 · 더덕 · 도라지를 언급하고 있는데, 황각은 수록하고 있지 않다.
80) 『太宗實錄』권14, 太宗 7년 7월 辛巳(30일), 1-409.

세종 19년(1437) 9월, 경기 감사가 번상하는 선군을 사역해 황각을 채집해 내년의 구황에 대비하도록 청하자 국왕이 따랐다.[81] 황각 채취를 담당하는 주체로 선군이 언급됨을 알 수 있다. 바다에서 생산되는 황각이기 때문에 선군이 채취를 맡도록 한 것이다. 채취한 황각은 관에 비축하고 있다가 다음해에 민인들에게 제공했을 것이다. 각 포(浦)의 배가 황각을 채취하는 경우도[82] 선군이 작업을 한 것으로 이해된다. 수군·선군이 바다에서의 구황물 채취에 중요한 역할을 한 것을 알 수 있다.

중앙에서 파견된 손실경차관이 구황물 비축에 나서는 일도 보인다. 세종 1년 8월, 구황물은 반드시 절기에 맞춰 미리 준비해야 하니, 도토리·황각·미역 등 먹을 수 있는 초목의 뿌리·줄기·꽃·잎[根·莖·花·葉] 등은 손실경차관으로 하여금 실농한 각 호에 수축(收蓄)케 해 내년의 구황에 대비하도록 하자고 호조에서 계문하자, 국왕이 이를 이행토록 했다.[83] 손실경차관이 실농한 민들을 시켜 구황식물을 거둬 축적토록 한 것이다. 아마 민이 채취한 것을 관에서 징수했을 가능성이 크다. 민이 자발적으로 비축한 것이라면 관에서 걷지 않았을 것이지만, 경차관이 주도해 채취한 것이기 때문에 관에서 그것을 비축했을 가능성이 크다고 생각한다. 구황식물 채취를 담당한 것은 실농한 민으로 보인다.

세종대에는 지방에서 구황식물 비축이 일상화된 것으로 보인다. 세종 24년 1월, 황해도가 실농했는데, 구황 초식 및 장 1,500석을 미리 준비했으니, 황해도 관찰사의 보고에 따라 진제장을 설치해 곡진히 진휼토록 하라고 의정부에서 계문하자, 국왕이 따랐다.[84] 황해도에서 구황

---

81) 『世宗實錄』권78, 世宗 19년 9월 癸卯(16일), 4-106.
82) 『世宗實錄』권36, 世宗 9년 6월 癸未(26일), 3-80.
83) 『世宗實錄』권5, 世宗 1년 8월 癸未(11일), 2-331.

초식을 이미 비축하고 있음을 알 수 있다. 황해도에서 비축한 초식은 아마도 지난 가을에 채취했고 황각이 중심이었을 것이다. 황해도는 황각의 주산지이기 때문이다. 각 도에서는 실농하는 경우 구휼을 위해 구황식물을 늘상 준비하고 있었던 것으로 여겨진다.

흉년이 예상되면 구황물자 확보는 필수적이었다. 성종 25년 6월, 경기 관찰사 이세좌(李世佐)가 와서 아뢴 내용에 인천 부사의 보고 내용이 포함되어 있다. 인천 부사는 화곡은 먹을 만한 곳이 조금 있으나 거의 다 말라 죽어 다시 소생할 수 없으니, 거주하는 백성으로 하여금 구황할 물자를 준비해야 한다고 보고했다. 이때 국왕은 감사에게 여러 고을을 순찰하면서 농사를 살펴보고 수령의 말을 채집해 황정(荒政)에 대비하라고 지시했다.[85] 인천 부사의 보고는 농사의 작황이 걱정되는 상황에서 백성에게 구황물을 준비토록 해야 한다는 것이다. 민인들에게 강제로 구황물을 채취하도록 한 뒤 관에서 그것을 수납해 비축하고, 이후 상황에 맞춰 구제 물자로 제공하자는 의견이다. 국왕은 농사 전반을 살핀 뒤 구황 대책을 마련토록 지시한 것이다.

구황식물의 필요함을 국가에 보고한 뒤 확보에 나선 것으로 보인다. 성종 12년 5월, 경기와 하삼도가 흉년으로 추수할 보리가 없었을 때, 호조가 구황 조건을 아뢰었다. 황각(黃角)·미역[藿]·참가사리[細毛]·해채(海菜)와 더덕[山蔘]·도라지[桔梗]·비름[莧菜]·도토리[橡實]는 하나같이 구황(救荒)에 대처하는 긴요한 초식(草食)이니, 그 숫자를 미리 많이 준비해야 한다고 하자 국왕이 수용했다.[86] 보리를 수확할 수

---

84)『世宗實錄』권95, 世宗 24년 1월 辛未(9일), 4-391.
85)『成宗實錄』권291, 成宗 25년 6월 辛巳(24일), 12-549.
86)『成宗實錄』권129, 成宗 12년 5월 癸巳(19일), 10-216.

없게 되자 긴급히 구황식물을 확보하도록 한 것이다.

　구황식물 채취가 사회적으로 중시된 결과, 습율(拾栗)을 핑계로 강무 중지를 요청한 일도 있었다. 태종 14년 9월, 사헌부가, 금년 가뭄으로 화곡이 익지 않았으니. 추경(秋耕)과 습율(拾栗)의 일을 반드시 때맞춰 해서 명년 구황의 준비로 삼아야 한다고 하면서, 강무를 일시 중단할 것을 청하자, 국왕이 크게 노했다.[87] 강무를 중단하고 밤을 줍게 하자는 주장인 것이다. 강무 중지의 명분으로 습율을 들고 있는 점이 주목된다. 밤을 줍는 주체는 강무에 참여한 군인이 중심이 될 것이며, 이들이 밤을 주웠다면 그것은 아마도 국고에 들였을 가능성이 컸다. 구황식물인 밤을 줍는 일이 매우 중요했기 때문에 강무 중지의 명분이 될 수 있었던 것이다.

　구황 초식의 구체적인 양을 책정한 경우도 보인다. 세종 6년 8월, 호조에서, 실농한 각 관의 구황 초식에 정해진 수가 없어 폐단이 있다고 하면서 지금부터 대호는 60석, 중호는 40석, 소호는 20석, 잔호는 10석으로 정해서 도토리를 우선 미리 준비하도록 할 것이며, 농사가 조금 풍년인 각 고을에서는 액수에 구애받지 말고 편의에 따라 저축해 대비토록 할 것을 계문하자 국왕이 수용했다.[88] 각 호마다 비축할 초식의 규모를 정한 것인데 그 규모가 상당히 큼을 엿볼 수 있다. 민들에게 채취토록 할당한 양은 국가에서 거둬들여 보관하고 있다가 필요할 때 민인들에게 제공되었을 것으로 보인다. 여기에서 구황식물 채취를 맡은 것은 실농한 농민으로 여겨진다.

　지방관이 흉년에 구황물 확보에 중점을 두자, 정상적인 추수(秋收)와

---

87)『太宗實錄』권28, 太宗 14년 9월 己亥(29일), 2-38.
88)『世宗實錄』권25, 世宗 6년 8월 壬戌(20일), 2-618.

추경(秋耕)이 제대로 이루어지지 않는 일도 발생했다. 세종 18년 9월, 의정부에서, 흉년을 구제하는 물건은 마땅히 미리 준비해야 되나, 각 고을의 수령들은 다만 당장의 흉년 구제만을 급한 일로 삼아, 구황물을 독촉함이 심한 결과 제때에 추수를 하지 못하고, 양맥도 심지 못하는 사태가 발생하고 있으니, 추수와 추경을 마친 뒤 각기 토지에 맞는 산물(産物)에 따라 흉년 구제의 물건을 준비하도록 할 것을 아뢰자, 국왕이 수용했다.89) 흉년을 해결할 구황식물 확보를 우선함으로써 때맞춰 수행할 추수와 양맥 파종을 그르치는 사태가 발생함을 지적한 것이다. 추수와 추경을 마친 뒤 구황식물을 확보하라는 것이다. 구황식물 채취로 인해 통상의 농사를 그르치는 것은 지방관에게 구황식물의 비축을 강력하게 지시한 결과일 것이다. 세종대에는 각 고을별로 구황식물 확보를 강권하고 있었음을 알 수 있다. 관에서 정해진 구황식물을 충실하게 비축하지 못하면 처벌을 받는 상황을 예상할 수 있다.

구황식물은 흉년이 아니어도 징수해 비축한 것으로 보인다. 성종 25년 3월, 충청도 관찰사 조위(曺偉)가 여러 고을의 군자창에 도토리[橡實]을 비축해 둔 지 오래 되어 벌레가 생겨 손실을 보니, 민간에게 도토리를 나눠 주었다가 거둬들일 것을 요청했다. 이에 대해, 승정원에서는, 인리(人吏)에게 도토리를 바치도록 한 것은 흉년에 대비하려고 한 것인데, 해마다 도토리를 바치게 하니 주울 수 없는 인리가 곡식으로 바꿔 바친 일이 있는데 이것은 폐단이라고 지적하였으며, 지금 나눠주었다가 거둬 들이면 민간에게 큰 해가 될 것인데, 그렇다고 도토리를 여러 해 쌓아 두면 반드시 벌레로 인한 손실이 발생한다고 하면서, 흉

89)『世宗實錄』권74, 世宗 18년 9월 戊戌(6일), 4-28.

년을 만나면 가을에 주워 바치게 한 다음 봄에 진휼하면서 환납하지 말
게 하자는 의견을 제시했다.[90] 시행 여부는 알 수 없다. 승정원의 의견
은 흉년을 만나면 가을에 도토리를 거둬 들인 뒤 다음 해 진휼하고 환
납하지 말도록 하자는 것이다. 그렇게 되면 여러 해 묵어 벌레가 생기
는 폐단을 막을 수 있다는 것이다. 흉년을 만나면 가을에 관에서 도토
리를 거둬 들이는 것은 상시적이었음을 알 수 있다. 흉년이 아님에도
해마다 도토리를 납부하게 해 비축함으로써 여러 해 누적되어 벌레가
발생하는 일까지 있었던 것이다. 도토리로 진휼하는 경우 환자처럼 환
납토록 한 일도 있었던 것으로 보인다.

특이하게도 흉년을 맞아 다른 도에서 생산되는 구황물에 관심을 갖
는 예도 찾아진다. 평안도의 감사가 타도에서의 구황물 채취를 요청한
일이 그런 예로 보인다. 세종 5년 8월, 구황물로서 황각만한 것이 없다
고 하면서, 그것이 생산되는 황해도 각 고을에서 많이 채취해 평안도에
운반해 구황하도록 했다. 평안도 감사의 관문에 의거해 호조가 아뢰자
국왕이 수용한 것이다.[91] 황각이 풍부한 황해도에서 그것을 채취해 평
안도로 운반해 평안도 민을 구황토록 한 것이다. 황해도에서 채취해 평
안도로 옮긴 뒤 평안도 민에게 구황물로 제공되었을 것이다. 타도에서
채취하는 것이기 때문에 평안도 감사가 호조에 요청한 것이고, 호조가
의견을 개진하자 국왕이 수용한 것이다.

경기 감사가 황각이 풍부한 황해도에 선박을 보내 채취할 것을 요청
한 일도 있다. 세종 9년 6월, 경기 감사가 계문하자 국왕이 수용한 내용
이다. 농사철 5, 6월에 가뭄이 들었으므로, 내년의 구황을 준비하지 않

90)『成宗實錄』권288, 成宗 25년 3월 癸巳(4일), 12-487.
91)『世宗實錄』권21, 世宗 5년 8월 丁丑(29일), 2-554.

을 수 없으니, 각 포(浦) 선박은 오는 7월 보름 이후 황해도에 가서 황각을 채취하는데, 좌·우도 수영(水營)은 각각 300석을, 각 포는 각 200석을 저축해 내년 봄 기민을 구제하도록 했다.[92] 흉년이 예상되자, 황각이 풍부하게 생산되는 황해도에 가서 황각을 채취하는데, 이때 경기 좌·우도 수영은 각각 300석을, 경기 각 포에서는 200석을 비축토록 한 것이다. 채취한 황각은 경기 좌·우도 수영과 각 포에 보관하고서 필요할 때 구황물로 제공했을 것이다. 가을에 경기의 선박으로 황해도에 가서 황각을 채취하도록 하는 것이다. 경기 내에서 채취하는 일이라면 도의 감사가 스스로 해결할 수 있지만 도가 다른 황해도에서 채취해야 하므로 요청한 것이다. 황해도에서 황각이 풍부하게 생산되므로 이처럼 평안도와 경기에서 관심을 가진 것으로 판단된다.

각 도의 구황물 비축 상황은 관찰사가 국왕에게 보고했다. 성종 3년(1472), 경기가 흉년이 들자, 흉년을 구제하는 잡물은 관찰사로 하여금 전례를 자세하게 참고해 정성껏 조치하고, 비축한 숫자를 기록하여 계달(啓達)하도록 했다.[93] 흉년을 구제하는 구황식물을 관찰사가 중심이 되어 마련하고 확보한 수를 중앙 정부에 보고하라는 것이다. 관찰사가 구황식물 상황을 보고할 의무를 지고 있음을 알 수 있다.

이상에서 구황물 채취 관련한 내용은 『경국대전(經國大典)』에 집약되어 있다. 『경국대전』은 흉황에 대비해 구황식물을 확보하도록 명확하게 규정하고 있다.

여러 진(鎭)은 당번의 수군(水軍)으로 하여금 소금을 졸여 만들고

---

92) 『世宗實錄』권36, 世宗 9년 6월 癸未(26일), 3-80.
93) 『成宗實錄』권20, 成宗 3년 7월 甲子(29일), 8-677.

해채(海菜)를 채집하고 그 결과를 상세히 관찰사에게 보고해야 한
다. (여러 고을[邑]에서도 민으로 하여금 해마다 구황물[救荒之物]
을 준비할 것이며, 수령이 마음을 써서 굶주린 민을 구휼하지 않아
다수가 죽음에 이른 것을 숨기고 보고하지 않으면 무겁게 논한다.)
관찰사는 매 절기의 끝에 국왕에게 계문해야 한다.94)

진에서 번상한 수군을 사역시켜 해채를 채집하고 그 결과를 관찰사
에게 보고토록 한 것이다. 해채 채집이 진(鎭)의 수군의 중요한 임무였
음을 알 수 있다. 채취한 결과를 진에서 관찰사에게 보고하고 관찰사는
국왕에게 계문하도록 규정한 것이다. 앞에서 수군이 해채를 채집하는
사례가 있었는데 그것을 법제화한 것이다.

그리고 각 고을에서도 해마다 민을 시켜 구황물을 준비하도록 했다.
수령이 굶주린 민을 구휼하지 않아 죽음에 이른 것을 숨기고 보고하지
않으면 중죄로 논하도록 한 것이다. 민이 굶주려 죽지 않게 하려면 각
고을에서는 수령들이 구황식물의 확보에 힘쓰지 않으면 안 되었다. 흉
년이 들어 아사자가 발생한다면 수령은 무겁게 처벌받는 것이다. 그렇
기 때문에 흉년이 발생하거나 예상되는 경우, 수령은 구황식물의 비축
에 적극 노력하지 않으면 안 되었다. 수령은 당연히 구황식물 채취에
민인을 사역시키게 된다. 민인을 사역시켜 풍부하게 구황식물을 확보
하고 있다가 구휼할 상황이 되면 그것을 풀어서 아사자가 발생하지 않
도록 할 것을 요구받는 것이다. 흉년에는 반드시 구황물을 비축해야 했
던 것이다. 흉년이 아닌 경우에는 확보하지 않아도 무방하겠지만 그럼
에도 어느 정도는 비축하고 있어야 했을 것이다.

---

94) 『經國大典』, 戶典, 備荒. "備荒 諸鎭 令當番水軍煮鹽·採海菜 具數報觀察使 (諸邑 令
民歲備救荒之物 守令不用心賑救飢民 多致物故 匿不以報者 重論) 觀察使每節季啓聞"

진과 읍에서 비축한 구황물의 내용은 관찰사가 매 계절 말에 국왕에게 계문했다. 진과 고을이 주도해 구황물을 확보했으며 그 규모를 관찰사가 수합해 중앙에 보고토록 규정된 것이다.

『경국대전』 반포 이후 구황식물 채취는 대체로 그 규정을 따른 것으로 보인다. 지방관은 항상 흉년에 대비해야 했다. 갑자기 농사의 작황이 나빠지는 수가 있기 때문에 구황물 확보는 매우 중요했다. 중종 15년(1520) 윤8월, 전에 평안도 내의 농사가 대강 웬만하다고 아뢰었으나, 8월 보름 이후 찬비가 내리고 서풍이 연일 불어 파종이 이르고 늦어 같지 않았으며, 싹이 자라다가 이삭이 패지 않기도 하고, 이삭이 나왔지만 영글지 않은 것도 있는 등 작황이 나빠져서, 내년 농사가 성숙하기 전에 구황할 밑거리[救荒之資]로, 각 고을을 시켜 풀잎[草葉]과 도토리를 따서 비축하게 했다고 평안도 관찰사가 치계했다.95) 갑자기 작황이 나빠져 흉년이 예상되자 각 고을에 구황식물인 초엽과 상실을 비축토록 했다는 것이다. 흉년이 되면 각 고을에서는 구황식물을 확보하는 것이 중요한 일이었음을 알 수 있다. 풍년이라면 구황식물의 비축에 공을 들이지 않아도 되었겠지만 흉년이 되면 구황식물의 비축은 매우 중요한 일이었다. 흉년에 대비해 구황식물을 확보해야 한다는 규정을 준수한 예라고 할 수 있다.

명종 2년(1547) 8월, 영의정 등이 구황책 22개조를 올려서 시행토록 했는데, 그 가운데 초식(草食)과 소금, 황각(黃角)을 미리 준비하도록 한 것이 포함되어 있다.96) 흉년을 맞이한 경우 구황식물을 확보하는 것은 늘상 중요한 일이었다. 구황물 비축의 책임은 각 고을의 수령과 진이었

---

95) 『中宗實錄』권40, 中宗 15년 윤8월 己酉(24일), 15-687.
96) 『明宗實錄』권6, 明宗 2년 8월 戊申(30일), 19-526.

을 것이며, 그것을 관찰사가 종합해 보고했을 것이다. 여기서는 초식과 황각을 언급하고 있다. '비황(備荒)'은 『경국대전』에서 언급하고 있듯이[97] 각 고을 지방관이 수행해야 하는 중요한 임무였다.

과도하게 구황물을 민에게 징수하는 문제가 발생하기도 했다. 선조 27년(1594) 10월, 사헌부에서 아뢴 내용이다. 초목의 열매를 비축해 구황의 밑천으로 삼는 것은 폐할 수 없는 일이지만, 봉행하는 과정에서 백성들이 고통스러워 했다. 호조의 지시로 여러 읍에서 민간에게 도토리 · 여뀌[蓼花實][98] · 도꼬마리[蒼耳實]를[99] 책납(責納)하고 있는데, 생산되지 않는 것도 있고, 계절이 늦어 바치지 못하는 것도 있어서, 미곡으로 대납하려고 하지만, 수령이 본품(本品)이 아니라고 불허(不許)하므로 백성들은 괴로움을 견디지 못하며 원망이 가득했다. 이에 앞으로는 생산되는 것만 납부하고 이미 수합한 것 외에는 더 진행하지 말 것을 주장하자 국왕이 수용했다.[100] 생산되지 않는 구황식물을 과도하게 징수하는 문제를 지적한 것인데, 지방관이 과도하게 '비황'을 해서 문제가 된 것이다.

---

97) 『經國大典』, 戶典, 備荒.
98) 여뀌[蓼花實]는 식물 마디풀과의 한해살이풀이다. 높이는 40~80cm이며 잎은 어긋나고 피침 모양이다. 6~9월에 꽃잎의 끝이 붉은색을 띠는 연녹색 꽃이 수상(穗狀) 화서로 피고 열매는 수과(瘦果)이다. 잎과 줄기는 짓이겨 물에 풀어서 고기를 잡는 데 쓴다. 잎은 매운맛이 나며 조미료로 쓰이기도 한다. 한국, 일본, 북미, 유럽 등지에 분포한다(네이버 국어사전(https://ko.dict.naver.com/) 참조).
99) 도꼬마리[蒼耳實]는 식물 국화과의 한해살이풀이다. 줄기는 높이가 1.5미터 정도이고 온몸에 거친 털이 많으며, 잎은 삼각형으로 가장자리에 톱니가 있다. 여름에 노란 두상화(頭狀花)가 피는데 수꽃은 꼭지에 붙고 암꽃은 그 밑에 붙으며, 열매는 수과(瘦果)로 갈고리 모양의 가시와 짧은 털이 있다. 들이나 길가에 나는데 한국, 일본, 중국, 대만, 유럽, 북아메리카 등지에 분포한다(네이버 국어사전(https://ko.dict.naver.com/) 참조).
100) 『宣祖實錄』권56, 宣祖 27년 10월 丁未(3일), 22-358.

<표 3> 관에서 확보한 구황식물의 목록

장소	품목	전거
산	더덕[山蔘]	『成宗實錄』권129, 成宗 12년 5월 癸巳(19일), 10-216
	도라지[桔梗]	『成宗實錄』권129, 成宗 12년 5월 癸巳(19일), 10-216
	도토리[橡實]	『世宗實錄』권5, 世宗 1년 8월 癸未(11일), 2-331 ; 『世宗實錄』권25, 世宗 6년 8월 壬戌(20일), 2-618 ; 『成宗實錄』권129, 成宗 12년 5월 癸巳(19일), 10-216 ; 『成宗實錄』권288, 成宗 25년 3월 癸巳(4일), 12-487 ; 『中宗實錄』권40, 中宗 15년 윤8월 己酉(24일), 15-687 ; 『宣祖實錄』권56, 宣祖 27년 10월 丁未(3일), 22-358
	밤[栗]	『太宗實錄』권28, 太宗 14년 9월 己亥(29일), 2-38
들	도꼬마리[蒼耳實]	『宣祖實錄』권56, 宣祖 27년 10월 丁未(3일), 22-358
	비름[莧菜]	『成宗實錄』권129, 成宗 12년 5월 癸巳(19일), 10-216
	여뀌[蓼花實]	『宣祖實錄』권56, 宣祖 27년 10월 丁未(3일), 22-358
산과 들	초목근·경·화·엽 (草木根·莖·花·葉)	『世宗實錄』권5, 世宗 1년 8월 癸未(11일), 2-331
	초식(草食)	『世宗實錄』권25, 世宗 6년 8월 壬戌(20일), 2-618 ; 『世宗實錄』권95, 世宗 24년 1월 辛未(9일), 4-391 ; 『成宗實錄』권129, 成宗 12년 5월 癸巳(19일), 10-216 ; 『明宗實錄』권6, 明宗 2년 8월 戊申(30일), 19-526
	초엽(草葉)	『中宗實錄』권40, 中宗 15년 윤8월 己酉(24일), 15-687
바다	미역[豆藿, 藿]	『世宗實錄』권5, 世宗 1년 8월 癸未(11일), 2-331 ; 『成宗實錄』권129, 成宗 12년 5월 癸巳(19일), 10-216
	참가사리[細毛]	『成宗實錄』권129, 成宗 12년 5월 癸巳(19일), 10-216
	해채(海菜)	『成宗實錄』권129, 成宗 12년 5월 癸巳(19일), 10-216 ; 『經國大典』, 戶典, 備荒
	황각(黃角)	『世宗實錄』권5, 世宗 1년 8월 癸未(11일), 2-331 ; 『世宗實錄』권21, 世宗 5년 8월 丁丑(29일), 2-554 ; 『世宗實錄』권36, 世宗 9년 6월 癸未(26일), 3-80 ; 『世宗實錄』권78, 世宗 19년 9월 癸卯(16일), 4-106 ; 『成宗實錄』권129, 成宗 12년 5월 癸巳(19일), 10-216 ; 『明宗實錄』권6, 明宗 2년 8월 戊申(30일), 19-526

관에서 확보하고자 하는 구황식물의 종류는 다양한데, 구체적인 이름을 알 수 있는 것은 더덕·도라지·도토리·밤·도꼬마리·비름·여뀌·미역·참가사리·황각뿐이다. 초식이나 해채·초엽 등은 구체적인 식물명을 특정하기 어렵다. 언급된 횟수로 보아 대표적인 구황식물이 도토리와 황각임을 확인할 수 있다.

국가 차원에서 확보한 구황식물은 널리 활용되었다. 대개는 지방에서 곤궁한 민에게 먹거리로 제공하고 있었다. 진제장에서 구황식물을 먹거리로 제공하고 있었음이 확인된다. 세종 19년 1월, 충청도에 기근이 들자, 도내의 계수관과 천안 등지에 진제장을 설치해 쌀죽과 황각, 미역을 주어 진휼하도록 했다.101) 구황식물인 황각과 미역이 진제장에서 제공되고 있는 것이다. 세종 24년 1월, 황해도가 실농했는데, 미리 준비한 구황 초식 및 장 1,500석으로 진제장을 설치해 곡진히 진휼했다.102) 진제장에서 구황식물인 초식을 제공한 것이다.

세종 27년 2월, 경기도의 기민에게, 진제장의 미곡만으로 굶주린 배를 채울 수 없을 것이라고 하면서, 더덕·도라지·소채(蔬菜)를 많이 캐어 섞어 먹게 하도록 했다.103) 더덕·도라지·소채를 진제장에서 제공했다고 추정할 수 있다.

관에서 비축한 구황식물은 대체로 진제장에서 무상으로 제공하는 것이 일반적이었다. 극한 상황에 처해 있는 궁민들에게 제공하는 먹거리로 구황식물이 기능하고 있는 것이다. 그들이 받은 것을 상환하기를 기대하기는 어려웠을 것이다. 구황식물은 진제로 지급한 것이 중심이

101) 『世宗實錄』권76, 世宗 19년 1월 癸卯(13일), 4-50.
102) 『世宗實錄』권95, 世宗 24년 1월 辛未(9일), 4-391.
103) 『世宗實錄』권107, 世宗 27년 2월 丁未(3일), 4-606.

며 환자로 대여한 일은 드물었을 것이다.

5. 결어

자연재해 등으로 말미암아 흉년이 발생하는 경우, 민인의 굶주림은 피할 수 없었다. 민인의 굶주림에 대해 정부에서는 여러 방안을 마련해 구제하고자 했다. 구황 대책이라고 할 수 있는 여러 조치가 취해졌다.

가장 일차적이고 직접적인 것은 궁핍한 민인에게 먹을 것을 제공하는 진휼이었다. 진휼 조치는 늘상 취해지는 것이었지만 관곡이 여유가 있어야 가능한 것이었다. 다른 하나는 민인이 휴식을 취할 수 있도록 하는 조치였다. 공물과 요역, 기타 각종 부담을 면제시킴으로써 민인이 자활할 수 있도록 했다. 담당관을 독려하는 것, 잡송을 정파하고 민인의 사치를 금하는 것, 유이민을 바로 쇄환하는 것보다는 현지에서 구휼하는 것, 종자를 확보하고 구황작물을 재배하는 것도 포함하고 있었다.

구황 대책의 여러 항목 중에서 구황식물을 언급한 경우가 많이 찾아진다. 이는 구황식물이 구황에서 매우 중요한 위치에 있음을 의미한다. 채취해야 할 구황식물로 가장 많이 언급된 것은 도토리이며, 그 밖에 황각·더덕·도라지가 중시됨을 알 수 있다. 도토리와 더덕·도라지는 산에서 확보할 수 있는 것이며, 황각은 바다에서 채취할 수 있는 것이었다.

국가에서는 구황식물을 확보하려는 정책을 적극 펼쳤다. 흉년이 들거나 흉년이 예상되는 때에는 구황식물의 비축에 큰 관심을 기울였다. 흉년이 아닌 경우에도 구황식물에 대해 관심을 가진 것으로 보인다. 관원의 지휘 하에 바다에서는 선군이 해채를 채취했으며, 산과 들에서는 실농한 민들이 구황물을 채취하는 역할을 했다.『경국대전』에서는 지방관이 비황(備荒)의 책무를 충실히 수행하도록 규정하고 있다. 흉년을 맞아 농민을 구제하기 위해 구황식물을 비축하였는데 진(鎭)에서는 번상한 수군이 황각 등 해산물 채취를 담당했으며, 읍(邑)에서는 민인들이 산과 들에서 각종 구황식물을 채취하고 있었다. 진과 읍에서 비축한 구황식물의 수량은 매 계절 말에 관찰사가 국왕에게 보고하도록 규정되었다. 흉년이 아니어도 관에서 구황식물을 강제로 징수하는 일이 종종 발생해서 문제를 일으키기도 했다. 관에서 채취해 비축한 구황식물은 흉년을 맞이했을 때 중요한 먹거리로 기능했음을 확인할 수 있다. 관에서 비축한 구황식물은 흉년을 맞이한 경우 진제장에서 무상으로 제공하는 것이 가장 일반적이었던 것으로 보인다.

조선전기 국가는 정책 차원에서 구황식물을 풍부하게 확보하고 있었으며 이것을 널리 활용함으로써 흉년에 민인 구제의 폭을 넓힐 수 있었다. 구황식물의 확보와 활용이 구황 대책에서 큰 의미를 갖고 있었다고 하겠다.

<자료>

(주요 용어 : 더덕, 도라지, 채소)
군기 부정(軍器 副正) 권준(權蹲)으로 경기 기민 진제(賑濟)의 경차관(敬差官)을 삼고, 이에 시행할 사목(事目)을 내려 주었다.
1. 기민 가운데 나이 많거나 병이 있어서 관청에 왕래하여 환자[還上]나 진제를 받을 수 없는 자는 자세하게 조사하여 지급하고 수령에게 몸소 직접 구휼하도록 할 것이며,
1. 각 고을 수령들이 지난해 환자의 헛 수량을 문서에 기록하고 그 수량을 충

당하려고 음모하여, 이제 진제를 지급해 줄 때에 조금씩이라도 감하려 하는 폐단이 없지 않을 것이니, 백성들의 받는 수량을 자세하게 물어서 사실을 조사할 것이며,

1. 초식(草食)은 겨울철에 벌써 다 먹고 지금 해가 긴 때를 당하여 단지 진제의 미곡만으로는 필시 굶주린 배를 채울 수가 없을 것인데, 그렇다고 한정이 있는 쌀을 더 주기도 역시 어려우니, 더덕·도라지·채소를 많이 채취해 섞어 먹게 할 것이며,

1. 여러 날 굶어서 지쳐서 쓰러진 기민은 장수(漿水)를 마시게 하면 즉시 죽는 법이니, 먼저 죽물을 식혀 가지고 서서히 삼켜서 점차 주린 배를 축인 뒤에 먹을 것을 줄 것이며,

1. 떠돌아 다니는 인물들은 그 머물러 있는 곳에 편안히 모이게 하여 진제하여 구휼하고 농사 때가 되거든 원적지로 돌려보낼 것이며,

1. 고을 경계가 개이빨 같이 들쭉날쭉하여 제 고을에서 멀리 격리되어 사는 백성으로 제때에 환자를 받아 가지 못하는 자는 우선 가까운 고을의 환자나 진제로 제급(題給)하여 구휼할 것이며,

1. 뜻하지 않았던 곳에서 나오는, 깊은 산골이나 궁벽한 촌구석에 사는 기민을 우선 조사하여서 살펴 볼 것이며,

1. 모든 진휼하는 일에 감고(監考)나 색장(色掌)으로 마음을 쓰지 않는 자는 그 범행의 경중에 따라서 논죄하고, 수령이면 문초하여 위에 계문(啓聞)한 뒤에 처벌할 것이다.

○ 以軍器副正權蹲爲京畿飢民賑濟敬差官 仍授事目 一 飢民內年老有病 不能來往官門 受還上賑濟者 備悉推考題給 守令躬親救恤 一 各官守令 往年還上虛數載錄 謀欲充數 今賑濟題給時 不無刻減之弊 人民所受之數 細問閱實 一 草食冬節盡喫 今當日長時 只以賑濟米穀 必不充飢 然有限之米 加給亦難 山蔘·桔莄·菜蔬 多採兼食 一 累日絶食 疲困飢民 飲漿水則卽死 先將粥水 待冷徐徐投下 漸致充飢 然後給食 一 流移人物 於所止處 安集賑濟救恤 臨農則發還元籍 一 犬牙斜入本官隔遠人民等 不得趁時受出還上者 姑以附近官還上賑濟題給救恤 一 出其不意 幽深山谷及窮村僻巷飢民 爲先考察 一 凡賑恤事 監考·色掌不用心者 隨其所犯輕重論決 守令則推考啓聞科罪 (『世宗實錄』권107, 世宗 27년 2월 丁未(3일), 4-606)

(주요 용어 : 사복시, 마료(馬料), 도토리)

호조(戶曹)에서 아뢰기를, "금년 봄부터 여름까지 가물고 비가 오지 아니하니, 반드시 실농(失農)하기에 이를 것이나, 여러 고을에서 저축한 곡식의 숫자가 적으니, 진휼(賑恤)할 길이 없으므로, 진실로 염려스러운 일입니다. 구황(救荒)하는 데 시행할 만한 조건과 백성들을 너그럽게 하고[寬民] 비용을 줄일 여러 가지 일을 상의(商議)하여, 뒤에 기록합니다.

1. 올곡식[早穀]은 어리석은 백성들이 익는 대로 다 먹으므로, 명년의 종자가 염려스럽습니다. 수령(守令)으로 하여금 숙고(稤庫)의 묵은 곡식을 가지고 (새 곡식과) 바꾸어 바치게 하여, 명년의 곡식에 대비하게 하소서.

1. 여러 고을의 공물(貢物) 가운데에 전수(轉輸)하기에 불편한 물색(物色)과 긴요치 아니하여 면제할 만한 공물을 적당히 줄이게 하소서.

1. 여러 고을에 나누어 기르는 말과 호곶이[壺串]·홍원곶이[洪原串]에 머물러 두고 기르는 말의 요(料)는 황두(黃豆)가 1년에 4,158석(碩)인데, 사복시(司僕寺)로 하여금 적당히 줄이게 하소서.

1. 여러 고을에 나누어 기르는 소[牛]의 요(料)는 황두(黃豆)가 1년에 1,636석(碩)인데, 관(官)에서 소를 쓰지 않는 곳에서는 우선 시장값[市直]에 따라서, (황두를) 화매(和賣)하도록 하여 관(官)의 창고에 바치게 하소서.

1. 사복시의 마료(馬料)인 황두(黃豆)는 풀이 자랄 때 줄이게 하소서.

1. 사복시에 산행(山行)하는 사람의 마료(馬料)는 여러 고을의 숙고(稤庫)의 쌀과 콩으로 제급(題給)하는데, 이로 인하여 쌀과 콩이 날마다 줄어듭니다. 더군다나 양주(楊州)와 광주(廣州) 등의 고을에서는 황두(黃豆)로서 저장된 것이 남아 있지 않으므로, 관원(官員)과 그 마료 같은 것은 어쩔 수 없다 하지만, 제원(諸員)은 다른 군사의 예(例)에 의해서 스스로 양식을 준비하도록 하고, 만약 풀이 자랄 때에는 마료도 또한 줄이게 하소서.

1. 사복시(司僕寺)의 거우(車牛, 달구지를 끄는 소)의 요(料)는 황두가 1년에 132석(碩)인데, 위의 거우는 오로지 마료와 교초(郊草)를 전수(轉輸)하려고 마련한 것이니, 지금 1년의 마료의 숫자를 계산하여 백성들로 하여금 바로 본시(本寺)에 바치도록 하고, 교초는 제원(諸員)으로 하여금 수송하게 하고, 그 거우(車牛)는 화매(和賣)하게 하소서.

1. 동활인서(東活人署)·서활인서(西活人署)의 간사승(幹事僧) 및 병자[病

人]·오작인(仵作人, 시체를 임검할 때 시체를 주위 맞추는 일을 하던 하인)의 요(料)는 명년 가을까지를 기한하여 임시로 면제하게 하소서.

1. 중외(中外)의 공사(公私)에 긴요치 아니하게 징수하는 채무는 명년 가을철까지 기한하여 이를 정지하게 하소서.

1. 도토리는 구황(救荒)에 긴요하게 쓰이는 물건이니, 여러 고을의 인호(人戶)로 하여금 피아(彼我)의 지경(地境)을 물론하고 많은 숫자를 주워서 얻게 하소서." 하니 임금이 원상(院相)에게 명하여 의논하게 하였다.

신숙주(申叔舟) 등이 의논하기를, "어승마(御乘馬)의 요(料)는 풀이 자랄 때는 5승(升)으로 하였는데 지금 1승을 줄이고, 좌·우변(左右邊)의 큰 말[大馬]은 4승이었는데 지금 2승을 줄이며, 마료를 수송하여 들이는 일은 계목(啓目)대로 하며, 거우(車牛)는 적당히 남겨두고, 없앨 것은 모두 화매(和賣)하게 하소서." 하니 그대로 따랐다.

○戶曹啓 今年自春徂夏 亢陽不雨 必至失農 而諸邑儲穀數少 賑恤無由 誠爲可慮 救荒可行條件及寬民省費等事 商議後錄 一 早穀 愚民隨熟盡食 明年之種可慮 令守令 用穁庫陳穀換納 以備明年之種 一 諸邑貢物內 輪轉不便物色 及不緊可除貢物量減 一 諸邑分養馬及壺串·洪原串留養馬料黃豆 一年 四千一百五十八碩 令司僕寺量減 一 諸邑分養牛料黃豆 一年 一千六百三十六碩 而官無用牛處 姑令從市直和賣 納官倉 一 司僕寺馬料黃豆 草長時量減 一 司僕寺山行人馬料 以諸邑穁庫米豆題給 因此米豆日減 況楊州·廣州等官 則黃豆無遺儲 如官員及馬料則已矣 諸員依他軍士例 令自備糧 若生草時 則馬料亦減 一司僕寺車牛料 一年 黃豆一百三十二碩 右車牛 專以輪轉馬料郊草而設 今計一年馬料數 令民直納於本寺 郊草 令諸員輪轉 其車牛則和賣 一 東·西活人署幹事僧及病人·仵作人料 限明年秋成 權除 一 中外公私不緊徵債 限明年秋成 停之 一 橡實 救荒緊用之物 令諸邑人戶 勿論彼我境 多數拾取 命院相議之 申叔舟等議 御乘馬料 草長時五升 今減一升 左·右邊大馬四升 今減二升 馬料輪入事 依啓目 車牛量留 除皆和賣 從之 (『成宗實錄』권6, 成宗 1년 6월 戊午(11일), 8-509)

(주요 용어 : 풀잎[草葉], 도토리[橡實])

평안도 관찰사 허굉(許硡)이 치계(馳啓)하기를, "전에 도내의 농사가 대강 웬만하다고 아뢰었으나, 8월 보름 뒤에 찬 비와 서녘 바람이 날마다 그치지 않는데, 전토(田土)에 씨를 뿌린 것이 이르기도 하고 늦기도 하여 같지 않으므로, 싹은 자랐으나 패지 않은 것이 있고, 패었으나 영글지 않은 것도 있습니다. 내년 농사가 성숙하기 전에 구황(救荒)할 재료로, 바야흐로 각 고을을 시켜 풀잎[草葉]과 도토리[橡實]를 채취해 비축하게 하였습니다." 하였는데, 호조(戶曹)에 내리라고 명하였다.

○ 平安道觀察使許硡馳啓曰 前以道內農事 大槪偶然啓之 至於八月望後 寒雨 · 西風連日不止 其於田畝之間 因其有付種之早晩不同 故有苗長而不穗者 亦有穗發而不實者 明年農熟之前 救荒之資 方令各官 草葉 · 橡實 採取以備 命下戶曹 (『中宗實錄』권40, 中宗 15년 윤8월 己酉(24일), 15-687)

(주요 용어 : 초식(草食), 황각(黃角), 잡송(雜訟))

영의정 윤인경(尹仁鏡), 좌의정 이기(李芑), 우의정 정순붕(鄭順朋), 우찬성 민제인(閔齊仁), 호조 판서 정세호(鄭世虎), 참판 신영(申瑛), 참의 김홍윤(金弘胤)이 부름을 받고 빈청에 모여 구황책(救荒策) 22조(條)(아래)를 서계했다.

(구황책 22조는 다음과 같다.)

1. 사행(私行)을 금할 것.

1. 청간(請簡)을 금할 것.

1. 외방노비(外方奴婢)의 신공포(身貢布)는 희망에 따라 조(租)로 대신 바치게 할 것.

1. 환자곡[還上穀]의 본색(本色)을 준비하지 못한 자는 잡곡(雜穀)으로 대납하게 할 것.

1. 각 고을의 소모된 창곡(倉穀)의 수량을 적간하여 진구(賑救)에 대비하게 할 것.

1. 종사인원(從仕人員)의 농소(農所) 곡식은 관(官)에서 받아들이고 경창(京倉)의 곡식이나 또는 포물(布物) · 동전(銅錢)으로 희망에 따라 제급(題給)할 것.

1. 초식(草食)과 소금, 황각(黃角)을 예비할 것.

1. 월리(月利)의 사채(私債)는 내년 추수 때까지 징수하지 못하게 할 것.

1. 수령(守令)의 음식이 풍부하고 사치함을 금할 것.

1. 받아들이지 못한 지난해의 전세(田稅)·공물(貢物)·환자곡[還上穀]은 내년 추수 때까지 독촉하지 말 것.

1. 궐군(闕軍)에게 매긴, 유지(宥旨) 이전의 번가(番價)는 추징(追徵)하지 못하게 할 것.

1. 긴박(緊迫)하지 아니한 잡송(雜訟)은 내년 추수 때까지 보류할 것.

1. 각 도(道)의 악수(惡獸)를 잡는 일은 내년 추수 때까지 중지시킬 것.

1. 교군(轎軍)과 조묘군(造墓軍)을 초급(抄給)하지 말 것.

1. 기민(飢民) 등을 이웃의 부자가 보호하고 구제하여 완전히 살려준 경우에는 인구(人口)를 계산하여 차등있게 복호(復戶)할 것.

1. 떠돌아다니는 기민을 양계(兩界) 이외에서는 구금(拘禁)하지 말고 가고 싶은 대로 가서 먹게 할 것.

1. 경외(京外)의 긴요하지 아니한 영선(營繕)은 내년 추수 때까지 중지시킬 것.

1. 모든 공물은 앞으로 2~3년까지 지용(支用)을 계산해서 줄이고 그 나머지를 감해줄 것.

1. 지나치게 쓰이는 모든 비용은 일체 줄일 것.

1. 완전히 재해(災害)를 입은 사람에게는 잡역(雜役)까지 아울러 감해 줄 것. 또 아뢰기를, "공신(功臣)의 별사전(別賜田)을 반으로 줄이는 일은 신들처럼 녹봉을 받는 사람은 줄여도 되겠습니다만, 구공신(舊功臣)의 처자(妻子)들로서 그것을 의지하고 사는 자의 것은 줄이지 말게 하소서." 하니, 아뢴 대로 하라고 답하였다.

○領議政尹仁鏡·左議政李芑·右議政鄭順朋·右贊成閔齊仁·戶曹判書鄭世虎·參判申瑛·參議金弘胤承召 會于賓廳 以救荒二十二條 書啓 (其一 私行禁斷 其一 請簡禁斷 其一 外方奴婢身貢布 從願以租代捧 其一 還上本色 未備者 雜穀代納 其一 各官倉穀費耗數摘奸 以備賑救事 其一 從仕人員農所穀納官 或以京倉穀 或以布物銅錢 從願題給 其一 草食及鹽·黃角預備 其一 月利私債 限明年秋成禁徵 其一 守令飲食 豐侈禁斷 其一 往年未收田稅·貢物·還上 限明年秋成勿督 其一 闕軍宥旨前番價 勿令追徵 其一 不緊雜訟 限明年秋成停寢

其一 各道惡獸捕捉 限明年秋成停罷 其一 轎軍·造墓軍 勿令抄給 其一 饑民等
隣居有實戶保授救恤全活者 計口差等復戶 其一 飢民流移者 兩界外 勿令拘禁
任使就食 其一 京外不緊營繕 限明年秋成停罷 其一 一應貢物 限二三年支用計
除蠲減 其一 一應浮費減省 其一 被全災人 並雜役蠲減) 且曰 功臣別賜田減半
事 如臣等食祿者 則雖減之可矣 舊功臣妻子 賴此而資生者 請勿減之 答曰 如
啓 (『明宗實錄』권6, 明宗 2년 8월 戊申(30일), 19-526)

제2부

산과 들과 바다의 구황식물

제1장 조선전기 구황식물 도토리의 수습과 활용

제2장 조선전기 산에서 확보하는 구황식물

제3장 조선전기 들에서 얻는 구황식물

제4장 조선전기 바다에서 채취하는 구황식물

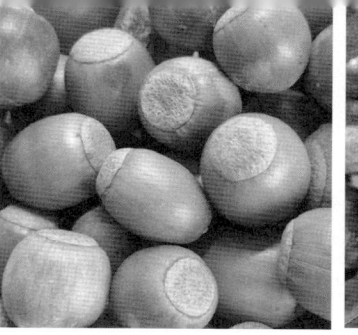

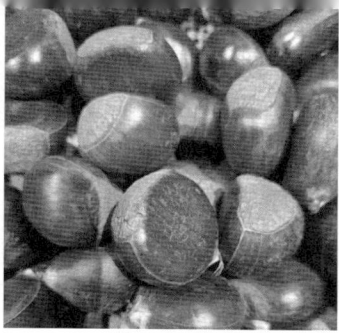

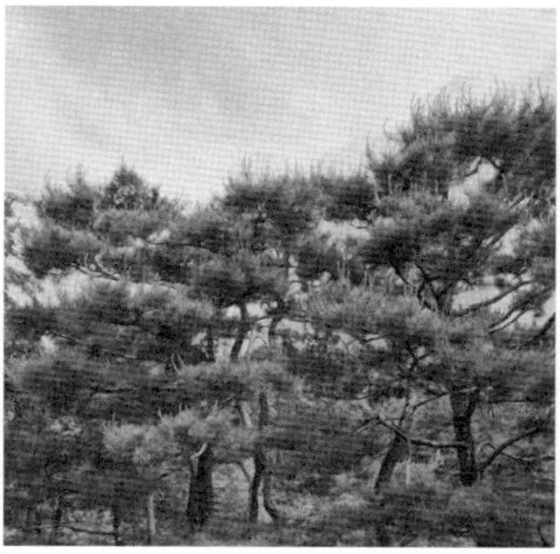

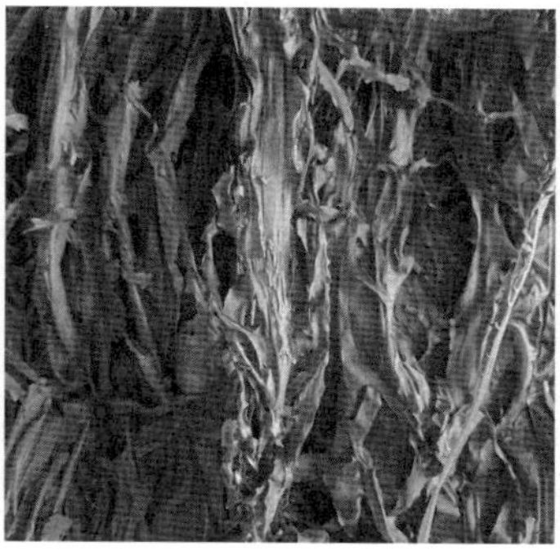

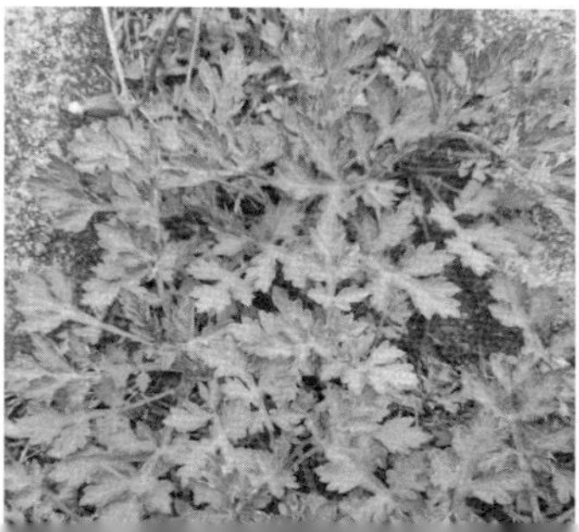

조선전기 구황식물 도토리의 수습과 활용

1. 서언

농업에서 자연재해는 늘상 발생하는 일이었다. 자연재해로 흉년이 드는 경우 농민의 생계는 매우 막막했다. 국가에서 각종 진휼 정책을 실시해 생존을 돕고 있었지만, 그것으로는 부족한 경우가 많았다.

농민들은 자연환경에서 먹을 것을 얻는 노력을 펼쳤다. 평소에도 그런 일을 했지만 흉년이 든 경우 더욱 적극적으로 구황물을 얻기 위해 힘썼다. 한반도 일대의 생태환경은 다양한 구황물을 제공했다. 산과 들, 바다와 하천 등이 다양하게 분포하고 있었으므로 비교적 근거리에서 그것을 얻는 것이 가능했다. 확보한 구황물을 가공해 식료로 만들어 소비함으로써 목숨을 이어갈 수 있었다. 한반도 일대의 생태환경에서 확보할 수 있는 구황물은 다종다양했지만 필수 영양소를 비교적 풍부하게 갖고 있어 가장 선호한 것은 도토리(상수리)였다.[1]

---

[1] 도토리와 상수리는 약간 다른 열매이지만 자료에서 동일하게 표현하는 것이 일반적이므로 구분되지 않는다. 그래서 이 글에서 도토리로 통일해 사용하고자 한다. 도토리 열매는 사료에서 통상 橡實로 표현하고 있다.

도토리는 가까운 산에서 쉽게 습득할 수 있는 훌륭한 먹거리였다. 다른 나라나 민족은 도토리를 식용으로 하지 않는 수가 많았지만[2] 우리는 아주 이른 시기부터 그것을 식용으로 적극 활용했다. 일찍부터 도토리에 포함된 쓴 맛을 내는 탄닌을 제거하는 방법을 터득하고 있었다.[3] 세계에서 도토리를 사람의 먹거리로 널리 활용한 것은 흔치 않은 일이었다.

이 글에서는 도토리에 관해 생태 관련 기초사항을 확인하고, 그것이 빈민(貧民)·기민(飢民)에게 먹거리로 널리 활용되고 있음을 구명해보고자 한다. 도토리가 어떻게 가공되어 인간의 먹거리로 쓰였는가를 살피고, 중요성을 갖는 도토리에 관해 정부에서는 어떤 조치를 취하고 있었는가를 밝히고자 한다.

2. 도토리의 생태 특징과 수습(收拾)

산림에서 채취할 수 있는 구황식물은 매우 다양했다. 성종 16년 (1485) 7월 비황(備荒)에 필요한 잡식(雜食)을 채취하는 민들이 산림에 산재해 있다고 한다.[4] 구황식물을 채취하기 위해 민들이 산림 속에 들어가고 있음을 말하는 것인데, 이때 민인들이 채취하는 것은 당연히 임산물이었다.

산림에서 채취할 수 있는 구황식물로 기록에서 언급된 것은 상(橡,

---

2) 예컨대 스페인에서는 도토리는 사람이 먹지 않고, 돼지가 주로 먹었다.
3) 임학종·이정근, 2010 「신석기시대 도토리저장공에 대한 검토 - 창녕 비봉리유적 도토리저장공을 대상으로 -」『嶺南考古學』52 ; 한국역사연구회, 2022 『삼국시대 사람들은 어떻게 살았을까』1, 현북스, 도토리밥에서 쌀밥까지(오영찬) 참조.
4) 『成宗實錄』권181, 成宗 16년 7월 壬子(4일), 11-33(國史編纂委員會 影印本 11冊, 33면을 의미함. 이하 같음).

도토리), 율(栗, 밤), 산삼(山蔘, 더덕), 길경(桔莄, 도라지) 등이었다.5) 또한 구황초식(救荒草食)으로 산삼 · 길경 · 비름[莧菜] · 도토리[橡實]를 언급한 것이 보이는데,6) 비름을 제외하면 모두 산에서 획득하는 것이다. 하맥(夏麥)을 수확하지 못한 곳에서는 소나무 껍질을 벗겨 먹으며, 도토리와 밤, 해채(海菜) 등을 때맞춰 거둬 저장하는 것은 구황에서 가장 긴요한 것이라고 했다.7) 여기에서 해채를 제외하면 모두 산에서 얻는 것이다. 성종 4년 9월, 호조에서 구황에 대비한 물품으로 상실(橡實), 청채(菁菜), 더덕, 도라지, 메밀의 꽃 · 줄기 · 잎[木麥花 · 莖 · 葉] 등이 가장 절실한데, 각 촌의 민인들에게 유시해 다량 비축하도록 하라는 것이 보인다.8)

이들 여러 자료에서 확인할 수 있듯이 산에서 확보할 수 있는 구황식물은 도토리, 송피(소나무 껍질), 밤, 더덕, 도라지 등이었다. 이 가운데 이 글에서 주제로 삼은 도토리가 가장 중요했다.

도토리라 부르는 열매는 참나무에 열리는 것인데, 참나무는 통상 6종류로 구분할 수 있다. 상수리나무[橡, 栩, 櫟, 柿] · 굴참나무[櫟] · 떡갈나무[楸, 柞] · 갈참나무[槲] · 신갈나무 · 졸참나무[栒, 枹]가 그것이다. 상수리는 열매의 깍지가 털모양이며, 반면 도토리는 깍지가 뚜껑모자 형태로 털이 없이 비늘 모양의 돌기가 나 있다. 상수리는 대체로 둥글며, 반면 도토리는 길쭉한 편이다. 그리고 상수리보다 도토리가 쓴맛이 강하다. 상수리는 상수리나무 · 굴참나무 · 떡갈나무의 열매이고,

5) 『世祖實錄』권1, 世祖 1년 7월 丁酉(24일), 7-74.
6) 『成宗實錄』권129, 成宗 12년 5월 癸巳(19일), 10-216.
7) 『成宗實錄』권6, 成宗 1년 6월 己酉(2일), 8-504.
8) 『成宗實錄』권34, 成宗 4년 9월 癸巳(5일), 9-58.

도토리는 갈참나무·신갈나무·졸참나무의 열매이다. 신갈나무는 다른 도토리보다 열매를 일찍 떨구는 특징이 있다.[9] 상수리와 도토리는 구분되는 것이지만, 통상 함께 혼용하는 경우가 많으며, 한자로는 상실(橡實)로 표기하는 것이 흔하다.

비가 많이 오면 도토리 꽃이 잘 수정되지 않아 열매를 많이 맺지 못하지만, 농사에는 매우 유리하고, 비가 적게 오면 도토리 꽃이 수정을 활발하게 해서 열매를 많이 맺을 수 있지만, 반면 논농사는 어려움을 겪을 수 있다. 그 때문에 "도토리는 벌(벌방)을 내려다 보면서 열린다."는 말이 만들어진 것이다. 도토리는 산에서 벌을 내려다 보고 벌이 풍년이면 안 열리고 벌이 흉년이면 잘 열린다는 의미이다. 들이 풍년이면 산이 흉년이고, 산이 풍년이면 들이 흉년이라는 말이다.

그렇지만 곡식도 풍년이고, 도토리도 풍년인 경우도 보인다. 태종 16년(1416) 7월, 올해는 곡식이 풍년이고, 도토리나무도 결실이 많다는 것이[10] 그것이다. 속설이 통용되는 것이겠지만 반드시 그럴 수는 없었던 것이다.

수확한 도토리는 상당 기간 저장되는 특징을 갖고 있었던 것으로 보인다. 성종 25년 3월, 승정원의 계문에, 상실은 오래 저장해도 충손(蟲損)을 심히 입지 않는다고 했다.[11] 충실하게 건조시키고 바람이 잘 통하면 장기간 보존할 수 있었던 것으로 보인다.

산림이 우거져야 많은 도토리가 있는 법이다. 산림이 무성해야 가뭄이 재앙이 되지 않으며 상실(橡實, 도토리)을 수습해 흉년에 대비할 수

---

9) 강판권, 2010 『역사와 문화로 읽는 나무 사전』, 글항아리, 732~757면.
10) 『太宗實錄』권32, 太宗 16년 7월 丁酉(8일), 2-127.
11) 『成宗實錄』권288, 成宗 25년 3월 甲午(5일), 12-488.

있다는 언급이 있다.12) 초목이 무성해야 흉년에 상율(橡栗)을 주워 살아
갈 수 있으며, 이 때문에 산에 불지르는 것을 금하고 있다는 내용이 찾아
진다.13) 결국 초목이 무성해야 도토리가 풍성한 것이다. 산림이 우거지
면 당연히 도토리나무도 많을 것이고 그렇게 되면 많은 도토리 열매를
확보할 수 있게 된다. 상실은 산림이 제공하는 것이므로 산군(山郡)의 민
은 쉽게 모을 수 있지만 평야의 민은 얻기 어렵다는 지적도 있다.14)

참나무를 보호하지 않고 산의 나무를 많이 베면 도토리 수확에는 지
장이 있게 된다. 수원(水源)은 산에서 나오는 것인데, 백성이 산의 나무
를 베고 불을 질러 밭으로 만들고 있으므로 이 때문에 물의 근원이 모두
끊어지고 산의 나무가 무성하지 않게 된다. 송피(松皮)와 도토리는 궁민
(窮民)이 먹는 바인데, 이와 같이 된다면 궁민이 점차 자생(資生)할 수 없
게 된다.15) 산의 나무가 우거져야 송피와 상실을 넉넉하게 확보할 수 있
다는 것이다.

산이 많은 강원도에 도토리가 많은 것은 당연한 일이다. 강원도는 산
이 높고 하천이 발달하며, 또 밭이 적고 척박하며, 민이 드물고 빈곤한데,
그들이 도움을 받는 식료는 오로지 도토리와 밤[橡栗]이라고 했다.16) 농
지가 부족하고 산이 많은 강원도에서 민인들은 도토리에 크게 의지해 살
아가고 있었음을 알 수 있다. 산이 많은 다른 지역에서도 민인들이 도토
리에 의뢰해 생활하고 있었을 것이다. 임야가 발달해야 도토리나무가 무
성해지며, 그래야 도토리를 풍성하게 수확할 수 있는 것이다.

---

12) 『太祖實錄』권8, 太祖 4년 7월 辛酉(30일), 1-82.
13) 『世宗實錄』권76, 世宗 19년 1월 壬辰(2일), 4-47.
14) 『成宗實錄』권288, 成宗 25년 3월 甲午(5일), 12-488.
15) 『中宗實錄』권36, 中宗 14년 6월 乙亥(13일), 15-544.
16) 『成宗實錄』권59, 成宗 6년 9월 庚戌(4일), 9-258.

도토리가 많은 지역은 여러 기록에서 확인할 수 있다. 황해도에 상실이 많았던 것으로 보인다. 조방언(趙邦彦)의 발언 중에, 황해도에 상실이 많다는 언급에서[17] 알 수 있다. 강원도에도 도토리가 많다는 언급은 흔히 볼 수 있다. 성종 18년 9월, 강원도 민은 도토리와 밤을 먹거리로 하고 있다.[18] 그렇지만 영서 지방은 상대적으로 도토리가 많지 않은 듯하다. 세조 5년(1459) 7월, 영동은 곡식이 조금 풍성하나, 영서의 여러 고을은 수해를 심히 입어 전실농업(全失農業)했는데, 도토리와 밤도 없어 민이 심히 고통스러워했다.[19] 영서에는 상대적으로 도토리가 많지 않았던 것 같다.

함경도 지방에도 도토리가 많다는 언급이 있다. 함경도 지방에는 도토리가 많아 쉽게 습취할 수 있다는 내용이 보인다.[20] 평안도에서도 도토리가 풍성한 것으로 보인다. 성종 24년 3월, 평안도는 금년 비록 조금 흉년이 들었어도 산에 도토리 등이 많아서, 수습해 먹으면 아사(餓死)에 이르지 않는다고 했다.[21] 성종대에 평안도 관찰사 신정(申瀞)이 도토리 20만 석을 얻었다고 계문한 내용이 전하는데, 그것의 사실 여부를 둘러싸고 많은 논란이 있었다.[22] 20만 석 자체는 의심의 여지가 있지만 평안도에 도토리가 풍부하게 있었던 것은 분명해 보인다.

제주에서도 도토리를 꽤 많이 확보할 수 있었던 것으로 보인다. 세종 16년(1434) 6월, 제주도는 사람이 많고 땅이 좁아 풍년에도 상실과 해

17) 『中宗實錄』권29, 中宗 12년 8월 乙卯(12일), 15-311.
18) 『成宗實錄』권207, 成宗 18년 9월 丁未(11일), 11-245.
19) 『世祖實錄』권17, 世祖 5년 7월 戊申(29일), 7-339.
20) 『中宗實錄』권16, 中宗 7년 8월 庚申(19일), 14-607.
21) 『成宗實錄』권275, 成宗 24년 3월 己卯(14일), 12-284.
22) 『成宗實錄』139, 成宗 13년 3월 癸酉(5일), 10-306 ; 『成宗實錄』권139, 成宗 13년 3월 癸巳(25일), 10-312 ; 『成宗實錄』권140, 成宗 13년 4월 辛亥(13일), 10-319.

채(海菜) 등으로 살아간다고 했다.23) 제주도에도 도토리가 매우 풍성했음을 알 수 있다.

특정 군현에 도토리가 풍부하다고 언급한 경우도 보인다. 전라도 용담현과 황해도 토산현이 그러했다. 특히 전라도 용담 지방에 도토리가 풍부하게 생산된 것으로 보인다. 고려말 용담현에 관해 읊은 윤소종(尹紹宗)의 시에, "풀밭에 추수가 적으니, 도토리 먹고 농부들 항상 어렵게 산다."고 했다.24) 그리고 용담의 동쪽 지역에서 도토리를 축적한다는 내용도 보인다.25) 용담 동쪽 지방에 도토리가 풍부함을 알 수 있다.

그리고 황해도 토산현도 도토리가 유명한 것으로 보인다. 황해도 토산현을 대상으로 한 이행(李行)의 시에, "산이 높으니 소나무 · 도토리나무 무성하고, 골짜기 깊으니 여우 · 토끼도 많구나."라고 했다.26) 산이 높으면 나무가 많고, 따라서 도토리나무도 무성할 것이며, 그 결과 도토리를 풍성하게 얻을 수 있는 것이다.

도토리는 특정 고을만이 아니라 전국 도처에서 생산되고 있었다. 도토리나무는 북으로 함경도와 평안도, 남으로 제주까지 산이 많은 지역에서는 풍성하게 자라고 있어, 도토리의 수확을 가능케 했다.

도토리의 채취는 절기에 맞춰야 했다. 즉 '진절예비(趁節預備)'가 중요했다.27) 절기에 맞춰 미리 준비하는 것이 필수였다. 자연에서 채취하는 식물은 아무 때나 가능한 것이 아니었다. 도토리는 적절한 시점에서 채취하지 않으면 안 되었다. 도토리는 가을철에 수습해야 했다.

---

23) 『世宗實錄』권64, 世宗 16년 6월 甲子(19일), 3-573.
24) 『新增東國輿地勝覽』권39, 全羅道, 龍潭縣, 題詠.
25) 許穆, 『記言』권35, 外篇, 東事4. 地乘.
26) 『新增東國輿地勝覽』권42, 黃海道, 兎山縣, 題詠.
27) 『世宗實錄』권5, 世宗 1년 8월 癸未(11일), 2-331.

세종 11년 8월, 함경도는 수전이 적고 한전이 많은데 지금 벌레가 한전의 곡식을 거의 다 먹어버려 충해를 입었기 때문에 7월부터 9월에 이르기까지 상율(橡栗)과 초식(草食)을 채집ㆍ축적하느라 겨를이 없으니 채금(採金)의 역을 중지시켜 달라는 요청이 있자 국왕이 이를 받아들였다.28) 7월에서 9월 사이에 도토리를 수습하고 있었음을 알 수 있다.

다른 기록에서는 10월이 도토리를 줍는 때란 언급이 보인다.29) 그리고 늦가을에 길손들이 도토리를 주워 돌아가고 있다는 내용도 보인다.30) 7월에서 10월 사이에 도토리를 수습하는 것이다. 지역에 따라 또 그 해의 날씨에 따라 다소의 차이가 있지만 가을에 집중적으로 주워야 하는 것은 당연한 일이겠다. 도토리는 봄에는 얻을 수 없는 것이라고 언급하고 있다.31)

가을이 도토리 수확의 적기임을 표현한 시구가 보인다. "가을 들면 오만 숲에 밤ㆍ도토리 많을텐데[秋後萬林饒橡栗] / 장부가 길게까지 굶주리기야 하겠는가[丈夫身在豈長飢]."32) 가을이 들면 산에 도토리가 많을 것이라는 것은 당시인의 관념 속에 자리하고 있었다.

남녀의 구분없이, 또 신분의 고하를 불문하고 도토리를 줍는 일은 일상적이었던 것으로 보인다. 농민이면 누구나 줍는 노력을 기울이고 있다. 고려시기 윤여형(尹汝衡)은 "새벽에 수탉 소리 듣고 (도토리ㆍ밤을) 주우러 가네[曉起趁取雄鷄聲] / 저 만 길 벼랑에 올라[陟彼崔嵬一萬仞] / 칡덩굴 헤치며 매일 원숭이와 경쟁한다[捫蘿日與猿狄爭] / 온종일 주

28) 『世宗實錄』권45, 世宗 11년 8월 己卯(5일), 3-193.
29) 『太宗實錄』권22, 太宗 11년 9월 乙丑(7일), 1-602.
30) 金昌協, 『農巖集』권4, 夜吟.
31) 丁若鏞, 『茶山詩文集』권6, 呂榮川 東根 回甲日 兼寄席上諸友.
32) 申欽, 『象村集』권20, 歲飢.

워도 광주리에 차지 않는다[崇朝掇拾不盈筐].”라고 읊었다. 농민이 새벽에 산에 올라 온종일 도토리를 주워도 광주리에 차지 않는다는 것이다. 또 그는 이어서 다음과 같이 읊었다.

몇 천 명 장정은 흩어져 나가고[壯者散之知幾千]
노약만 남아서 거꾸로 달린 종처럼 빈집을 지키누나[老弱獨守懸磬室]
차마 몸을 시궁창에 박고 죽을 수 없어[未忍將身轉溝壑]
마을을 비우고 산에 올라 도토리며 밤이며 줍는다고[空巷登山拾橡栗].33)

농민들은 식량의 마련을 위해 도토리를 줍는다는 것이다. 굶어죽을 수 없어 마을을 떠나 산에 오르고 있는 것이다.

유성룡(柳成龍)도 산에서 도토리를 주운 일이 있다. 유성룡이 일이 없어 아이들과 도토리를 줍는다는 것이 그 사실을 나타낸다. “아침엔 동산 마루턱에서 도토리 줍고[朝出拾橡東山巓] / 저물녘엔 동산 기슭에서 도토리 줍네[暮出拾橡東山足] / 아침저녁으로 도토리 주우러 간다[朝朝暮暮拾橡去].”라고 읊었다.34) 아침저녁으로 산에 올라 도토리를 줍는다는 것이다.

시골살이를 시로 읊은 이민구(李敏求)는 서리 내린 아침 도토리를 줍는 것을 언급하고 있다.35) 시골의 삶에서 가을에 도토리를 줍는 것은 일상적인 일로 보인다. 18세기 채제공(蔡濟恭)이 아낙이 도토리를 줍는다고 읊은 시구도 보인다. “광주리 든 아낙 바위 타며 느긋이 도토리 줍네[筐女緣巖拾橡遲]”라고 하는 것이36) 그것이다. 정약용은 시에서 가을에

---

33)『東文選』권7, 橡栗歌(尹汝衡).
34) 柳成龍,『西厓集』권2, 山中無事 與兒輩拾橡 偶吟爲戱.
35) 李敏求,『東州集全集』권4, 村居 二十首.

나무꾼[野樵]이 도토리와 밤[橡栗]을 줍는다고 언급하고 있다.[37] 남녀
· 신분의 차이를 넘어 모든 이들이 도토리 수습에 참여하고 있었다.

3. 빈민(貧民) · 기민(飢民)과 도토리 수요

도토리는 매우 중요한 식량원이었다. 도토리는 무엇보다 빈민(貧民)
의 식생활에서 매우 절실한 먹거리였다. 가난한 백성은 늘상 곡식의 부
족에 시달리게 마련이었다. 때문에 언제나 구황식물을 확보해 식용으
로 하지 않을 수 없었다. 이들이 가장 널리 활용하는 것은 도토리였다.
연산군 5년(1499) 10월, 외방의 민들은 모두 의식(衣食)에 어려움이 있
는데, 도토리를 먹고 있다는 언급이 있다.[38] 먹거리에 부족함이 있는
이들은 도토리를 먹는 것이 매우 흔한 일이었다.

농지가 많지 않은 지역에서는 도토리가 매우 귀중한 먹거리였다. 제
주도는 사람이 많고 땅이 좁아 풍년이더라도 도토리 등으로 살아간다
고 했다.[39] 제주도 민에게는 도토리가 귀중한 식량원으로 기능하고 있
음을 알 수 있다. 농경지가 부족한 강원도에서도 민의 식량으로 도토리
가 큰 비중을 차지했다. 성종 18년(1487) 9월, 강원도 민이 도토리 등을
먹거리로 하고 있다는 것이[40] 그것을 말해준다.

충청도 단양과 같은 농지가 적은 산골에서도 도토리가 중요한 식량
원이었다. 명종 12년(1557) 5월, 단양 군수가 올린 민폐의 내용에 다음

---

36) 蔡濟恭, 『樊巖集』권6, 峽路行吟.
37) 丁若鏞, 『茶山詩文集』권2, 同數子游西園 五日.
38) 『燕山君日記』권35, 燕山君 5년 10월 癸丑(27일), 13-383.
39) 『世宗實錄』권64, 世宗 16년 6월 甲子(19일), 3-573.
40) 『成宗實錄』권207, 成宗 18년 9월 丁未(11일), 11-245.

과 같은 언급이 있다. "단양은 삼면이 산으로 막혀 있고 한쪽은 큰 강이 흐르고 있는데 우거진 잡초와 험한 바위 사이에 있는 마을 집들은 모두 나무껍질로 기와를 대신하고 띠풀을 엮어 벽을 삼았으며 전지는 척박 해서 수재와 한재가 제일 먼저 들기 때문에 사람들이 모두 흩어져 항산 (恒産)을 가진 사람이 하나도 없다. 그래서 풍년이 들어도 반쯤은 콩을 먹어야 하는 실정이고 흉년이 들면 도토리를 주워모아야 연명할 수가 있다."⁴¹⁾ 농지가 적은 산골의 빈민에게 도토리는 연명하는 데 매우 중 요한 식료였다.

으레 산골에 사는 민들은 도토리를 주워 먹고 살았다.

> 산골 백성들 생리가 척박해[山民生理瘠]
> 겨도 마다 않고 죽 쑤어 먹고[饘粥不厭糠]
> 가을 들면 도토리 · 밤 주워다가[秋來拾橡栗]
> 일년 내내 식량을 삼는다네[以爲卒世粮].⁴²⁾

가을에 산에서 도토리를 주워다가 일년 내내 식량으로 삼고 있는 것 이다. "산간 백성의 생활은 어찌 그리 쓸쓸한고[山人生理何蕭索] … 도 토리 · 밤 주워 먹고 배부른 척한다[飢拾橡栗當大嚼]."라는⁴³⁾ 시구도 보인다. 곡식의 생산이 부족한 산골의 빈민에게 도토리가 매우 소중한 식량원이었다.

가난한 이들이 도토리를 먹거리로 한 사례들은 흔히 볼 수 있다. 충

---

41) 『明宗實錄』권22, 明宗 12년 5월 己未(7일), 20-408 ; 黃俊良, 『錦溪集外集』권7, 丹 陽陳弊疏.
42) 申欽, 『象村集』권21, 雜詩.
43) 成俔, 『虛白堂詩集』권9, 伐木行.

청도 영동현의 효자 채형온(蔡亨溫)은 집이 가난해서 도토리 열매를 주워다가 조석 끼니를 이었다고 한다.[44]

빈민들은 주린 배를 도토리로 채우고 있었다. 김성일(金誠一)이 올린 차자에는 "신들이 일찍이 민가에 출입하면서 생산하는 것을 살펴보니, 궁한 백성들이 비록 일 년 동안 고생고생하여도, 가을을 당하여 공사(公私) 간에 빚진 것을 갚고 나면, 쌀독은 텅 비어 있으며, 남아 있는 것이라곤 도토리 등으로, 겨우 굶어 죽지 않을 정도였다."라는[45] 내용이 있다. 궁한 백성은 공사의 빚을 갚고 나면 도토리 등으로 겨우 연명한다는 것이다. 이식(李植)이 올린 차자에 따르면, 시골로 내려갈 때 눈으로 직접 확인해 보니, 민가가 열이면 열 모두가 텅 빈 채 오직 도토리 열매로 주린 배를 달래고 있었다고 한다.[46]

조선후기에도 빈민들은 도토리를 중요하게 여기고 있었다. "빈 골짝에는 가을 되기 쉽다오[空峽易爲秋] / 도토리와 밤은 살림을 풍족하게 해주네[橡栗生涯足]."에서[47] 확인할 수 있다.

아주 빈곤한 이들은 도토리마저도 없었다. 중종 25년(1530) 2월, 양성(陽城)·진위(振威)의 민간에서는 집마다 한 되의 곡식도 없고 도토리를 축적한 자도 드물었으며, 사람들이 모두 나물을 채취하기 위해 들판[中野]에 흩어져 있으나 절기가 일러 나물이 나오지 않았다.[48] 김종직(金宗直)은 남도 백성들의 곤궁함에 대해 "쌀독도 비었고, 도토리·밤도 없는데[缾罌已罄橡栗空]"라고 읊었다.[49] 곡식은 물론 없고 도토리

---

44)『新增東國輿地勝覽』권16, 忠淸道, 永同縣, 孝子.
45) 金誠一,『鶴峯集』권3, 請停築城 仍陳時弊箚.
46) 李植,『澤堂集別集』권4, 庚辰二月陳時務密箚.
47) 洪直弼,『梅山集』권2, 易安齋 二首.
48)『中宗實錄』권67, 中宗 25년 2월 丁卯(7일), 17-192.

도 없다는 것이다. 곡식이 부족하면 도토리로 충당하는데 그것마저 없는 궁핍상을 지적한 것이다.

빈민만이 아니라 보통의 농민들에게도 도토리는 중요한 식료였다. 공주(公州)의 백성들은 도토리를 주된 식량원으로 하고 있다는 내용이 전한다. 유몽인(柳夢寅)이 공주목사로 부임하는 이선복(李善復)을 전송하는 시의 서문에서 공주인의 삶에 대해, 풍년에는 초목까지 싹 쓸어다 관청에 바치니 백성은 도토리 등으로 조석을 때우고 있다는 언급이 보인다.[50] 백성들의 먹거리에서 도토리가 필수적이었음을 알 수 있다. 보통 사람들의 경우도 도토리를 중요한 식량원으로 하고 있었을 것이다. 곡식이 있어도 그것을 보충하기 위해 도토리를 식료로 활용했을 것이다.

지배층의 경우에도 식량 사정이 여의치 못하면, 도토리로 끼니를 때우는 일이 많았다. 유방선(柳方善)이 도토리로 자급(自給)했다고 한다. 그는 학문과 덕행을 지니고도 가환(家患)으로 인하여 그 몸이 금고(禁錮)되어 한참 곤궁할 때에는 베옷이 몸을 제대로 가리지 못했으며, 날마다 끼니를 거르고 도토리 따위를 주워다 자급하면서 산중에서 곤궁하게 지내다가 남은 일생을 마쳤다고 허균(許筠)이 기술하고 있다.[51] 여유없는 사류층도 도토리를 주식으로 삼는 것은 흔한 일이었다. 권필(權韠)의 시에 도토리를 주워 구량(糗糧)에 충당한다는 내용이 보인다.[52] 조선후기에 유홍지(兪興之)도 도토리를 식량으로 삼았으니, "도

---

49) 金宗直,『佔畢齋集詩集』권5, 洛東謠.
50) 柳夢寅,『於于集後集』권3, 送公州使君李伯吉 善復 令公詩序.
51) 許筠,『惺所覆瓿藁』권6, 遊原州法泉寺記.
52) 權韠,『石洲集』권8, 黃溪同宿聯句.

토리와 밤 주워 양식을 삼고[拾橡栗而爲糧兮]"라고 했다.53) 지배층의 경우도 곤궁한 상황에서 도토리가 중요한 식량원이었음을 알 수 있다.

신분 고하를 막론하고 곡식이 없으면 도토리로 대신하는 것은 일상이었다. 단종 즉위년(1452) 윤9월, 효자인 학생 전희(田喜)가 9세에 아버지가 죽자 홍해군에 장사지냈으며, 그 어머니가 사망하자 또 아버지 묘소 인근에 장사지냈다. 묘 옆에서 지켰는데 겨울에도 따뜻한 옷을 입지 않았고, 여름에도 서늘한 곳에 가지 않았으며, 항상 납의를 착용했다. 조석의 제사를 올리는 쌀이 떨어지자 도토리로 이어갔다.54) 박광기(朴光虁)라는 인물은 도토리를 주워 끼니를 때우는 형편에서도 어머니에게 맛있는 음식 올리기를 거른 적이 없었다고 한다.55) 곡식이 있으면 그것을 소비하지만 부족한 경우에는 도토리로 해결하고 있다.

도토리가 여유있을 때는 아마도 풍년이 든 경우였을 것이다. 주곡이 있기 때문에 도토리를 다투어 줍지 않았을 것이다. 적은 양도 많게 여길 수 있었을 것이다. "도토리·밤 뜰에 넘치니 생계가 풍족하고[橡栗盈庭生計足]"라는56) 것은 곡식이 여유있을 때 확보한 도토리가 많다는 의미로 읽힌다. 여유있는 부류에 적용되는 내용일 것이다.

자연재해는 예기치 않게 다가오므로 흉년 역시 자주 찾아왔다. 도토리는 평소에도 자주 먹는 식량이지만 흉년이 들면 절대적으로 중요한 식자재였다. 보통의 경우에는 곡식을 보충하는 수가 많았지만 흉년으로 곡식의 작황을 기대할 수 없을 경우에는 도토리가 주식의 위치를 점

---

53) 金履安, 『三山齋集』권9, 兪興之哀辭.
54) 『端宗實錄』권3, 端宗 즉위년 윤9월 癸未(24일), 6-545.
55) 黃玹, 『梅泉集』권7, 狎鷗軒朴公行狀.
56) 閔遇洙, 『貞菴集』권1, 見心次澤堂悲秋詩以示 用其韻却寄.

하고 있었다. 가을에 도토리를 수습하지 않으면 민생이 심히 어려웠다.[57] 세종 13년(1431) 10월, 흉년에 도토리를 준비하는 것은 다음 해를 이어가는 것이라는 언급이 있다.[58] 흉년을 맞이한 경우 가을에 도토리를 준비함으로써 다음 해의 식량 문제를 해소해 가는 것이다.

흉년을 맞아 기민(飢民)이 도토리로 연명하는 사례는 무수하게 찾아진다. 태종 1년(1401) 12월, 국가에서 하도(下道)의 곡식을 해운(海運)하고자 임정(林整)이란 인물을 도체찰사로 삼았는데 그가 감독해 배를 만들 때 기민이 도토리를 식량으로 하고 있었다.[59] 태종 9년 3월, 강원도 도관찰사가 강원도에서 기민들이 도토리를 수습해 연명한다고 했다.[60] 굶주린 민이 연명하는 데 도토리가 매우 중요한 구실을 하고 있음을 알려준다.

정인지(鄭麟趾)는 전라도 무주현(茂朱縣)에서 민업이 해를 거듭해 황량하자 도토리 등을 저장해 양식을 삼았다고 한다.[61] 흉년을 거듭하는 경우, 도토리가 양식이 됨을 읽을 수 있다. 단양 지방의 경우 흉년이 들면 도토리를 주워 모아야 연명할 수가 있었다고 한다.[62]

흉년에는 이처럼 도토리가 매우 중요한 식량원이었다. 유호인(兪好仁)은 청량산에 도토리나무가 많아 도토리를 온 집안이 산에 올라 주워서 지고 이고 돌아오니, "흉년인들 어찌 나를 죽이리[凶年豈殺余]"라고 읊었다.[63] 온 집안 사람이 산에서 도토리를 풍성하게 주워다가 그것을

---

57) 『太宗實錄』권2, 太宗 1년 12월 甲戌(20일), 1-220.
58) 『世宗實錄』권54, 世宗 13년 10월 甲辰(13일), 3-347.
59) 『太宗實錄』권2, 太宗 1년 12월 甲戌(20일), 1-220.
60) 『太宗實錄』권17, 太宗 9년 3월 己未(16일), 1-477.
61) 『新增東國輿地勝覽』권39, 全羅道, 茂朱縣, 風俗.
62) 『明宗實錄』권22, 明宗 12년 5월 己未(7일), 20-408 ; 黃俊良, 『錦溪集外集』권7, 丹陽陳弊疏.

먹거리로 함으로써 흉년을 극복해 간다는 것이다.

조경(趙絅)이 형조 판서를 사직하고 겸하여 소회를 아뢰는 소(疏)에서, "경기 지방의 산간 고을 백성들은 대부분 기아에 허덕여 도토리로 연명하고 있는데, 가뭄마저 이처럼 심하여 파종도 못하고 밀과 보리는 말라비틀어져서 농부들이 들판에서 울부짖는 지경이다."라고 언급했다.64) 기아에 허덕일 때 도토리로 연명하고 있다는 것이다.

중종 37년(1542) 10월, 사간 김서성(金瑞星)은 다음과 같은 발언을 했다. "전라도는 지난 봄과 여름 다수의 사람이 굶어 죽었는데 가을에 또 부실하다. 지금 비록 목숨을 이어갈지라도 내년 봄·여름에 반드시 구렁을 메울 것이다. 소민(小民)들이 산에 올리 막(幕)을 짓고 도토리를 주워 생활하고 있는데 애처롭다."65)

굶주린 민이 분주히 상실을 줍는 일은 조선후기에도 확인된다. 흉년을 맞이해, 임천(林川)·한산(韓山)·서천(舒川)·비인(庇仁)이 사정이 더욱 나쁜데, 그곳에 사는 백성들은 산에서 도토리를 줍고 들판에서 쑥정이를 주워서 다 죽어 가는 목숨을 겨우 연명하고 있다고 김육(金堉)은 표현했다.66) 윤증(尹拯)은 굶주림을 면하기 위해 도토리를 주우러 산중에 들어갔다가 돌아왔다.67) 현종 1년(1660) 9월, 굶주린 민이 분주히 달리면서 도토리를 줍고 있었다.68) 김이안(金履安)은 선비(先妣) 숙부인(淑夫人) 홍씨(洪氏)에 대해, 흉년에는 도토리를 주워 양식으로 삼

63) 『續東文選』권3, 花山十歌 花山安東 別號(兪好仁).
64) 趙絅, 『龍洲遺稿』권7, 辭刑判 兼陳所懷疏.
65) 『中宗實錄』권99, 中宗 37년 10월 庚子(24일), 18-627.
66) 金堉, 『潛谷遺稿』권8, 請移統營粟 賑救沿海饑民狀 同年.
67) 尹拯, 『明齋遺稿』권9, 上炭翁十月十五日.
68) 『顯宗實錄』권3, 顯宗 1년 9월 丁巳(5일), 36-274.

았다고 했다.69) 조선후기 도토리를 주워 식량으로 삼는 것이 흔한 일로
보인다. 송시열(宋時烈)도 흉년에 도토리 등이 목숨을 이어준다고 했
다.70) 숙종도 흉년에 다급한 상황을 넘기는 데는 도토리만한 것이 없다
고 언급했다.71)

　도토리가 많으면 흉년의 기근에도 버틸 수 있었다. 실농하면 당연히
도토리를 줍는 것이지만, 도토리가 많이 열리면 민들이 넉넉하게 확보
할 수 있었다. 중종 36년 12월, 강원도 영동의 양양·강릉·울진 고을은
실농함이 심하지만 마침 올해 도토리가 많이 열려 민이 많은 양을 준비
하고 있었다.72) 도토리가 많이 열리는 경우, 기근을 극복하는 데 상당
한 도움을 주었을 것이다.

　흉년일지라도 도토리가 풍부한 지방의 경우, 그것을 식량으로 삼아
생존할 수 있었다. 성종 24년(1493) 3월, 평안도는 금년 비록 조금 흉년
이 들었어도 산에 도토리와 밤이 많아서, 수습해 먹으면 아사(餓死)에
이르지 않는다고 했다.73) 그렇지만 이런 경우는 매우 드문 일이었을 것이
다. 대개는 도토리마저 여유롭지 못했을 것이다. 그렇기 때문에 도토
리로 연명할 수 있는 기간이 길 수 없었다.

　흉년을 맞아 많은 사람들이 산에 올라 도토리를 줍게 되니 한 사람당
확보할 수 있는 양은 많을 수 없었다. 이른 서리가 내려 흉년이 예상되
자 도토리를 확보하고자 했다.

---

69) 金履安,『三山齋集』권9, 先妣行狀.
70) 宋時烈,『宋子大全』권49, 答李季周 戊午八月十一日.
71)『肅宗實錄』권29, 肅宗 21년 9월 戊寅(19일), 39-395.
72)『中宗實錄』권97, 中宗 36년 12월 癸丑(2일), 18-531.
73)『成宗實錄』권275, 成宗 24년 3월 己卯(14일), 12-284.

산에 올라 도토리 줍고 물에 들어가 마름 캐도[登山拾橡入水採菱]
만 손가락이 다투어 움켜쥐니 넉넉히 얻지도 못한다네[萬指爭攫不盈把].74)

위에서 알 수 있듯이 도토리를 많이 확보하는 것은 어려운 일이었다. 다수의 사람들이 도토리를 줍기 위해 산에 오르는 상황에서 많은 양을 마련하는 것은 불가능했을 것이다.

이처럼 산에서 도토리를 줍는다고 해도 그 양이 풍부하기는 어려울 것이다. 따라서 그것을 먹으면서 살아갈 수 있는 기간이 길 수는 없었다. 7월에 서리가 내려 가을 곡식이 결실이 없을 것으로 보면서, "산에 올라 도토리를 줍는다 한들[登山拾榛橡] / 며칠이나 연명할 수 있을지[能得幾日活]."라고75) 표현했다. 산에서 줍는 도토리도 당분간 버티는 데 도움을 줄 수 있을 뿐이었다.

흉년이 드니 산에 올라 도토리와 밤을 주워서 가을을 지탱할 수 있지만 겨울에는 살기 힘들 것이라는 표현도 보인다. "내가 들어 보니 농부가 말하기를[我聞田父言] / 생계를 도무지 말할 수 없습니다[生利不可說] … 산에 올라가 도토리·밤 주워 오면[登山拾橡栗] / 가을엔 그나마 생명을 지탱하련만[當秋尙保生] / 눈 깊은 겨울엔 못 살게 될 거라네[雪深難可活]."76) 이것은 성현(成俔)의 지적이다. 가을에 주운 도토리로 가을을 버티지만 겨울을 넘기기 힘들다는 것이다. 그렇지만 겨울까지는 버틸 수 있는 경우가 많았던 것 같다. 정원의 상수리·밤을 거두어 겨울 대비했는데[園收橡栗禦窮冬]라는77) 표현에서 알 수 있겠다.

74) 洪良浩, 『耳溪集』권5, 七月霜.
75) 洪良浩, 『耳溪集』권2, 七月霜.
76) 成俔, 『虛白堂詩集』권7, 向坡山別墅 三首.
77) 丁若鏞, 『茶山詩文集』권7, 獨坐吟.

흉년으로 기근이 들고, 도토리마저 충분하지 못하면 떠돌이 삶을 사는 것이다. 중종 28년 2월, 사간원 대사간 심언광(沈彦光) 등이 올린 차자에서, 흉년·기근으로 호남·영남은 도토리도 넉넉하지 않아 유랑하고 도망하는 백성들이 길에 가득하여, 모자간에도 돌보지 않아 혹은 아이를 나무에 묶어놓고 떠나기도 했고, 사대부의 집도 헤어져 떠날 때 울부짖으며 호랑이 함정에 빠지기도 한다고 언급했다.[78]

도토리는 빈민이 평상시에도 먹지만, 흉년이 드는 경우 구황식물로 크게 주목을 받았다. 먹을 것이 부족한 경우 늘상 식량원으로 큰 구실을 하는 것이 도토리였다. 전란 시 식량사정이 여의치 못한 경우에도 도토리는 중요한 식량원이었다.

선조 26년(1593) 이덕홍(李德弘)이 영춘 현감으로 부임했는데, 당시는 전쟁과 흉년으로 백성들의 삶이 피폐했다. 이때 그는 도토리 등 여러 음식을 갖추어 경내(境內)를 돌면서 백성 중에 굶주려 먹지 못한 자를 번번이 먹여 주었고, 길에서 떠도는 사람을 만나면 반드시 말을 멈추고 먹인 뒤에 떠났다. 밥을 먹다가 굶주린 사람을 보면 번번이 먹던 밥을 그에게 주었고, 다른 지역의 백성들이 듣고 현의 경내로 들어온 자는 모두 거두어 살펴 주었다. 그의 덕택으로 살아난 사람이 매우 많았다.[79] 이덕홍이 전쟁 중에 궁핍한 이들을 돕는 데 도토리가 중요한 식량원으로 활용되었음을 확인할 수 있다.

이정구(李廷龜)는 피난길에 나섰을 때 동곡현(同谷縣)이란 곳에서 도토리를 주워 먹었음을 읊고 있다. "추억하노니 지난해 단옷날에는[憶曾去歲端陽日] / 온 집안이 창황히 피난길을 나섰지[盡室蒼黃避賊行] /

---

78) 『中宗實錄』권73, 中宗 28년 2월 壬寅(29일), 17-398.
79) 李德弘, 『艮齋集』권8, 艮齋先生年譜.

동곡현에서 도토리·밤을 주워 먹고[同谷縣中收橡栗] / 팽아 길에선 가시덤불에 곤욕 치렀지[彭衙道上困榛荊].”[80] 전쟁으로 피난할 때 도토리가 매우 중요한 식량원임을 확인할 수 있다.

신상철(申尙哲)은 아홉 살 때 예천(醴泉)의 산속으로 왜구를 피했는데, 여러 아이들을 따라 도토리 등을 주웠다고 한다.[81] 전쟁 시에는 산에서 확보하는 도토리가 매우 중요한 식량원이었다.

조경(趙絅)이 김염조(金念祖)에 대한 제문에서, “생각하면 옛날에 그대와 함께[念昔同君] / 적군을 피해 관악산에 들어가[避賊果嶽] / 눈을 먹고 도토리 주우며[餐雪拾橡] / 잠깐 목숨을 이어나갔지[暫時性命].”라는[82] 구절이 보인다. 전쟁으로 피난을 갔을 때 식량이 부족하면 도토리로 목숨을 이어가는 수가 많았다.

빈민과 기민이 먹거나 전시 피난처에서 끼니를 돕는 구황식물로 거론되는 것은 다양했지만, 단연 으뜸의 위치에 있던 것은 도토리였다.[83] 도토리가 구황에 중요함은 늘상 언급하는 내용이었다.[84] 세종 16년 2월, 경상도 진제경차관은 구황물 가운데 도토리가 최상이고, 소나무 껍질이 다음이라고 했다.[85] 세종 19년 6월, 충청도 도순문사 안순(安純)이 계문한 내용에, 구황물 가운데에 도토리가 가장 좋다는 표현이 보인다.[86]

---

80) 李廷龜, 『月沙集』권1, 憶昔.
81) 李敏求, 『東州集文集』권9, 戶曹正郎申公墓碣銘 幷序.
82) 趙絅, 『龍洲遺稿』권13, 祭金翊衛 念祖 文.
83) 실록에서는 도토리가 구황식물로 가장 훌륭한 것이라고 도처에서 기술하고 있는데, 『구황촬요』에서는 솔잎이 굶주린 사람을 구하는데 가장 좋다고 언급하고 있다(서종학, 2011 『굶주림과 질병을 이겨낸 조상의 지혜 - 구황촬요 -』, 채륜, 67~68면).
84) 南孝溫, 『秋江集』권4, 遊天王峯記 丁未.
85) 『世宗實錄』권63, 世宗 16년 2월 乙亥(27일), 3-546.
86) 『世宗實錄』권77, 世宗 19년 6월 庚申(2일), 4-78.

성종 1년 6월, 호조에서 올해 봄부터 여름까지 비가 오지 않아 반드시 실농할 것이라고 하면서, 구황을 위해 준비할 사항을 건의하고 있다. 이때 도토리는 구황에서 가장 긴히 사용되는 것이므로 다량 습취(拾取)하라는 내용이 보인다.[87] 도토리가 흉년을 맞이했을 때 가장 긴요한 것이라고 언급한 것이다. 조선후기 숙종 21년(1695) 9월, 급난(急難)을 구원하는 데는 도토리만한 것이 없다고 했다.[88] 식량이 부족한 위급 상황을 넘기는 데는 도토리가 최고라는 것이다.

도토리는 민인의 구황식물로만 중요한 것이 아니라 군수(軍需)에도 도움을 주는 식량원이었다. 성종 17년 5월, 도토리는 구황에 절실할 뿐만 아니라 군수도 보충할 수 있는 것이라고 지적했다.[89]

도토리는 평소에도 빈민이나 산골 거주민들의 중요한 식량원이었다. 기근이 들 때는 모든 계층의 사람들이 주목했으며, 전쟁 시에도 매우 중요한 식료였다. 여러 종류의 구황식물이 있었지만 단연 도토리가 으뜸의 위치에 있었다.

4. 도토리의 가공과 섭취

도토리에는 쓴 맛이 있으므로 식용으로 하려면 이것을 제거하지 않으면 안 되었다. 도토리가 매우 쓴 맛을 지니고 있었음은 윤여형(尹汝衡)의 시에 잘 표현되어 있다. "누가 상율(橡栗)이라 이름지었는고[誰以

---

87) 『成宗實錄』권6, 成宗 1년 6월 戊午(11일), 8-509.
88) 『肅宗實錄』권29, 肅宗 21년 9월 戊寅(19일), 39-395 ; 『燃藜室記述別集』권11, 政教典故, 賑恤, 肅宗 21년.
89) 『成宗實錄』권191, 成宗 17년 5월 丁未(3일), 11-123.

橡栗爲之名] / 맛은 차보다 쓰며, 색은 숯과 같다[味苦於茶色如炭]."라
고[90] 지적했다.

도토리는 열매를 말려서 껍질을 벗긴 다음, 알맹이를 물에 담가서 아
린 맛(탄닌 성분)을 제거해야 먹을 수 있다. 통상 몇 번 물을 갈아주면서
며칠 동안 담가서(3일에서 길게는 1주일 정도), 쓴 맛을 제거한 다음 알
맹이를 말려서 가루로 만들면 보관도 용이하고 묵이나 떡, 죽으로 쉽게
가공할 수 있다. 도토리 죽은 도토리 가루를 물에 풀어 열을 가해 만드
는 것이다.

도토리는 삶아 먹는다는 언급이 많이 보인다. 유성룡이 아침 저녁으
로 산에 올라 주어다가 돌솥에 삶아 먹으니 맛이 아주 좋다고 했다.[91]
삶아 익혀 먹는다고 표현한 것이다. 정약용은 "도토리를 껍질을 벗기고
삶아 먹으면[煮食] 사람에게 가장 유익해서, 속을 실하게 하고 허기(虛
飢)가 없어지는 것이니, 흉년을 지낼 수 있다."라고 했다.[92] 자식(煮食)
으로 표현하고 있으니, 삶아 먹는다는 의미이다.

『산림경제(山林經濟)』에도 비슷한 내용이 언급되어 있다. 도토리를
껍질을 제거하고 삶아먹으면 사람에게 유익하며, 속이 실해져서 배고
프지 않게 되는데, 반드시 곡식가루를 섞어 먹어야 살 수 있다고 했
다.[93] 도토리는 껍질을 제거하고 삶아먹으면 속이 실해져 배고프지 않
게 된다는 것이다. 도토리에 곡식가루를 섞으면 더욱 좋다는 의미로 읽
힌다.

---

90) 『東文選』권7, 橡栗歌(尹汝衡).
91) 柳成龍, 『西厓集』권2, 山中無事 與兒輩拾橡 偶吟爲戲.
92) 丁若鏞, 『牧民心書』, 賑荒6조, 제5조 補力.
93) 洪萬選, 『山林經濟』권3, 救荒.

조선후기 절밥으로 도토리가 활용되었는데, 쪄서 먹은 것이 보인다. 김창협(金昌協)이 "작은 절에 목어는 울리지 않고[小院木魚靜] / 승려의 밥 금방 쪄낸 상수리로세[僧飯蒸橡新] / 바리때 한 그릇에 배가 부르니[一盂有餘飽] / 겨울과 봄 무사히 넘기었구나[已自了冬春]."라고 읊은 시구가 있다.94) 증(蒸, 찌는 것)은 자(煮, 삶는 것)와 달리 수증기로 찌는 것이다. 결국 사찰에서 승려가 먹는 도토리는 수증기로 찐 것이다. 물에 담가서 삶아 익히든가[煮] 혹은 수증기로 찌든가[蒸] 하는 것인데 모두 익혀서 먹는 것을 가리킨다.

정약용이 "산골에도 살아갈 길 막막하여[窮山少生理] / 도토리 주워 아침끼니 때운다네[茅橡充朝爨]."라고95) 읊었는데, 도토리로 끼니를 때운다고 할 때 그것은 삶거나 쪄서 먹는 방식이었을 것이다. 결국 도토리를 식량으로 사용하는 경우 삶거나 혹은 쪄서 먹는 것이 통상으로 보인다. 다소 여유가 있을 경우 곡식을 섞어서 먹었겠다는 추정이 가능하다.

자·증과 달리 먹는 방법도 있었다. "저기 저 청량산을 바라 보게나[嘗彼淸涼山] / 산중에 도토리나무가 많지 않은가[山中多橡木] / 금년도 작년만 못지 않게[今年似去年] / 주렁주렁 열매를 주을 만하군[離離實可拾] / 온 집안이 가서 지고 이고 돌아와[擧家負戴歸] / 찧어 가루 만들어 독에 쌓아두세[舂屑甕中積]."96) 이 시구에서 온 집안 사람이 산에서 도토리를 풍성하게 주워다가 그것을 찧어 가루로 만들어 독에 쌓아 놓고 먹거리로 한다는 것이다. 식량이 부족한 상황에서 음식으로 섭취할 때는 도토리 가루를 물에 섞어 죽의 형태로 만들었을 것이다. 이때

---

94) 金昌協, 『農巖集』권4, 用韋應物綠陰生晝寂 孤花表春餘爲韻 賦十絶.
95) 丁若鏞, 『茶山詩文集』권5, 簡寄南皐尹 持範 持平.
96) 『續東文選』권3, 花山十歌 花山安東別號(俞好仁).

채소나 나물을 섞어 죽의 양을 늘렸을 것이다.

여유 있을 때 도토리를 먹는 방법으로 색다른 것이 있었다.

산가에서 도토리 쪄 곱게 빻은 가루에다[山家蒸橡細成糜]
꿀을 넣고 버무리니 엿보다 맛이 좋네[崖蜜新調味勝飴].[97)

도토리를 쪄서 말려 곱게 빻은 다음 그것에 꿀을 넣어 버무려서 먹는다는 내용이다. 이것은 여유있는 상층의 사람들에게서 볼 수 있는 식용 방법이다. 이것은 주식이 아니라 별미로 도토리를 먹는 모습이다. 농민이 이런 방법으로 도토리를 먹는 일은 상상하기 어렵다.

현대에 흔히 볼 수 있는 것처럼 묵을 만들어 먹는 것은 통상적인 일은 아니었던 것으로 보인다. 일반 농민의 경우, 식량이 부족한 상황에서 묵을 만들어 먹는 것은 불가능에 가까웠을 것으로 여겨진다. 다만 상층의 식량 여유가 있는 이들은 묵을 만들어 별미로 즐기는 것이 가능했을 것이다. 묵은 만드는 데 노동과 시간이 많이 필요하고 굶주림을 해소하는 데 별로 도움이 안 되었을 것으로 여겨진다.

도토리는 약재로도 널리 활용되었다. 설사약으로, 도토리 열매를 가루내어 꿀에 반죽하여 빈속에 복용하고, 또는 가루 내어 그대로 복용해도 좋다고 했다.[98) 항문(肛門) 치료약으로도 중요했는데, 도토리를 가루로 만들어 돼지기름에 개어 바른다고 했다.[99)

도토리는 구황식물로서 삶거나 쪄서 먹기도 하고, 가루로 만들어 죽

---

97) 金昌協, 『農巖集』권4, 歸路 過憩桃坪李厚培家 饋蜜橡 戲賦.
98) 楊禮壽, 『醫林撮要』권4, 泄瀉門 二十五.
99) 楊禮壽, 『醫林撮要』권4, 脫肛門 二十七.

의 형태로 섭취한 것으로 보인다. 그리고 약재로도 매우 중요한 소재였다. 고려시기에도 도토리를 먹었음을 확인할 수 있다. 충선왕은 흉년이 들어 백성들이 굶주리는 것을 생각하여 수라의 가짓수를 줄이고, 내주(內廚)에 명하여 도토리를 올리게 하여 맛을 보았다.[100) 백성이 굶주린 상태에서 도토리를 먹었을 것이기에 그 맛을 국왕도 본 것으로 여겨진다.

고려말 이달충(李達衷)이 읊은 시에서도 도토리를 식량으로 하고 있음을 볼 수 있다. "도토리 살쪘으니 삶아 밥 대신[橡肥收可饘]"이란[101) 시구에서 볼 수 있다. 밥 대신에 삶은 도토리를 먹은 것이다.

고려이전에도 도토리를 먹는 기록이 보인다. 신라말 진감선사(眞監禪師) 혜소(慧昭)의 경우, 거친 음식도 맛있게 여겼으며, 도토리와 콩이 뒤섞인 밥에 나물 반찬도 두 가지가 없었다고 한다.[102) 도토리를 식용으로 하고 있음은 신라말기에도 확인되는 것이다. 검소한 식사를 하는 경우 도토리를 먹는 일이 적지 않았던 것으로 보인다.

5. 도토리의 확보와 진휼 정책

도토리는 식료로서 매우 중요한 위치에 있었기 때문에 국가의 경제 정책에서, 특히 진휼 정책에서 비중있게 다루고 있었다. 국가의 도토리에 대한 정책은 크게 비축, 진휼, 그리고 식재로 구분해 살펴볼 수 있다.

국가는 중요한 식량원인 도토리의 비축에 상당히 노력하고 있었다. 국가의 진휼 정책은 곡식을 기본으로 하는 것이지만,[103) 곡식이 부족

---

100)『高麗史』권33, 世家33, 忠宣王 즉위년 2월.
101)『東文選』권11, 山村雜詠(李達衷).
102) 崔致遠,『孤雲集』권2, 眞監和尙碑銘 並序.

한 경우 도토리를 분급해 줌으로써 기근을 해소하고자 했다. 진휼에 앞서 도토리 비축에 많은 공을 들이고 있었다.

평소에는 물론이지만 흉년이 드는 경우, 도토리의 확보를 더욱 강조했다. 문종 1년(1451) 8월, 의정부에서 도토리 등은 흉년에만 먹을 수 있는 것이 아니니, 풍흉을 논하지 말고 비축하도록 계문하자, 국왕이 따랐다.104) 도토리의 비축에 노력하고 있음을 언급한 것이다. 풍년은 물론 흉년에는 더욱더 중요한 식량원인 도토리를 비축하는 정책을 펼친 것이다.

성종 1년(1470) 6월, 가뭄으로 인해 구황이 중요한데, 이를 위해서 산군(山郡)에서는 이전보다 두 배로 도토리를 따서 확보할 것을 집의(執義) 유지(柳輊)가 주장하고 있다.105) 흉년이 드는 경우 평소보다 두 배의 상실을 따서 확보할 것을 주장하는 것이다. 늘상 비축하는 것이지만 가뭄으로 흉년을 맞이한 경우는 두 배 분량의 상실을 따서 비축하도록 한 것이다. 또 같은 달에 호조가 올해 봄부터 여름까지 비가 오지 않아 반드시 실농할 것인데, 구황을 위해 준비할 사항을 건의하고 있다. 이 때 도토리는 구황에서 가장 긴히 사용되는 것이라고 하면서 경계를 넘어 다수 습취하도록 하라고 건의하자, 국왕이 이를 따랐다.106) 지역의 경계를 넘어서라도 도토리를 많이 확보토록 한 것이다.

도토리의 다량 확보는 국가에서 늘상 추진하는 정책이었다. 성종 12

---

103) 조선초 의창은 곡식을 위주로 운영하고 있다(김훈식, 1993「朝鮮初期 義倉制度研究」, 서울대 국사학과 박사학위논문 ; 菅野修一, 1994「朝鮮朝初期における義倉制の開始 - 国家の賑恤政策と烟戸米法 -」『朝鮮学報』153 참조).
104)『文宗實錄』권9, 文宗 1년 8월 庚辰(15일), 6-422.
105)『成宗實錄』권6, 成宗 1년 6월 乙卯(8일), 8-507.
106)『成宗實錄』권6, 成宗 1년 6월 戊午(11일), 8-509.

년 5월, 도토리 등이 구황에 긴요한 초식(草食)이므로 다량을 미리 준비할 것을 호조에서 계문하니 국왕이 따랐다.[107] 구황에 필요한 상실 등을 다량 미리 준비하도록 한 대상은 각 지방관이었을 것으로 보인다. 지방관이 민을 동원해 도토리를 비축했을 것이다.

일반민만이 아니라 군인을 도토리의 확보에 동원했다. 성종 16년 6월, 여러 도의 병마수군절도사에게 가뭄을 맞아 유방(留防) 군사를 써서 도토리 등을 많이 수습하도록 하서(下書)했다.[108] 가뭄을 맞이해 여러 도의 절도사로 하여금 휘하의 군사를 동원해서 도토리 등을 모으게 하는 것이다.

군수를 위한 명목 하에서도 도토리 비축을 중시했다. 성종 17년 5월, 도토리는 구황에 절실할 뿐만 아니라 군수도 보충할 수 있는 것인데, 준비하기가 쉬우니 주현으로 하여금 수를 정해 관에서 매년 거두도록 하라고 했다.[109] 도토리는 민의 구황에 중요할 뿐만 아니라 군수도 보충할 수 있다고 하면서 주현에서 매년 걷도록 한 것이다.

도토리를 비축하도록 하는 조치는 이후에도 계속 이어지고 있다. 중종 12년(1517) 8월, 조방언(趙邦彦)의 발언 중에, 황해도에는 구황에 중요한 상실이 많으니, 군현으로 하여금 각각 2, 3백 석을 저축해 별도로 창고를 만들어 흉년에 대비한다면 민에게 이로울 것이라는 내용이 보인다.[110] 군현마다 2, 3백 석 규모의 도토리를 저장해 흉년에 대비한다면 민에게 도움이 될 것이라는 주장이다. 군현이 확보해야 할 도토리의

---

107) 『成宗實錄』권129, 成宗 12년 5월 癸巳(19일), 10-216.
108) 『成宗實錄』권180, 成宗 16년 6월 庚寅(11일), 11-25.
109) 『成宗實錄』권191, 成宗 17년 5월 丁未(3일), 11-123.
110) 『中宗實錄』권29, 中宗 12년 8월 乙卯(12일), 15-311.

규모를 명확하게 제시한 것이 주목된다.

중종 15년 윤8월에도 비축토록 하는 지시가 있었다. 내년 농작물이 익기 전에 구황의 자산으로 도토리 등을 각 관으로 하여금 채취해 준비할 것을 평안도 관찰사가 계문하자 호조에 내리게 했다.[111] 도토리를 각 관에서 채취해 비축할 것을 지시하려는 의도인 것이다.

선조 19년(1586) 6월, 전라감사가 치계(馳啓)한 내용에, 매년 준비해 놓은 구황용(救荒用) 도토리의 유무를 조사토록 하자는 것이 보인다.[112] 구황에 대비해 각 고을에서 상당한 도토리를 비축하고 있었음을 알 수 있다.

선조 27년 7월, 비변사에서 다음과 같은 내용을 아뢰었다. "기민 진제에서 미곡이 부족하면 초목의 열매로 기근을 구제할 수 있다. 도토리와 같은 것이 가장 요긴한 것인데, 강원도의 여러 산은 올해 도토리가 많이 열렸으니, 8월 후 혹은 승군으로, 혹은 기민으로, 혹은 관인으로 하여금 편의에 따라 습취(拾取)하게 하면 천만 석이라도 얻기 어렵지 않으며, 관동만이 그런 것이 아니라 충청·경기·경상·전라·황해·양계에도 산이 있는 곳에 도토리가 없는 곳이 없으니, 여물었을 때 민을 권유해 적습(摘拾)하게 한다면 가을·겨울 진제용으로 충분할 것이다." 이에 국왕은 아뢴 대로 시행하라고 했다.[113] 정부는 항상 도토리의 비축을 위해 노력하고 있었다.

선조 27년 8월, 진휼사 박충간(朴忠侃)은, 근일 진제장에서 먹은 이가 사(士)·서인(庶人) 합 11,108명이고, 5일마다 분급하는 진곡(賑穀)

---

111) 『中宗實錄』권40, 中宗 15년 윤8월 己酉(24일), 15-687.
112) 『宣祖實錄』권20, 宣祖 19년 6월 甲子(1일), 21-427.
113) 『宣祖實錄』권53, 宣祖 27년 7월 辛卯(15일), 22-312.

의 수는 미(米)·태두(太豆) 150여 석이며, 비변사의 미두가 이미 고갈되어 수개월의 용도를 지탱할 수 없으니, 도토리 등이 생산되는 관으로 하여금 민력을 번거롭히지 말고 편의에 따라 미리 준비하도록 계문했다. 국왕이 이를 따랐다.[114] 진휼하는 곡식이 떨어져가자 도토리 등을 수습하도록 하는 것이다. 국가에서 도토리를 주워 비축하는 것은 항상 반복되는 조치였다.

비축하는 규모를 구체적으로 제시하는 경우도 보인다. 세종 6년(1424) 8월, 초식(草食)의 대표는 도토리라고 하면서, 실농한 각 관에서 지금부터는 대호(大戶)는 60석, 중호(中戶)는 40석, 소호(小戶)는 20석, 잔호(殘戶)는 10석으로 정해 도토리를 미리 갖추도록 했다. 농사가 조금 잘 된 고을에서는 수에 구애받지 않고 편의에 따라 준비하도록 했다.[115] 각 호마다 비축할 도토리의 양을 정해서 지시한 것이다.

성종대에 평안도 관찰사 신정(申瀞)이 도토리 20만 석을 얻었다고 보고했는데,[116] 20만 석이 사실이 아닐지라도 도나 군현 단위에서 비축할 수 있는 도토리의 규모가 상당했음을 미루어 알 수 있다.

역대 국왕은 구황에 절요한 도토리를 비축하려는 노력을 기울였다. 각 지방 단위로 지방관이 주도해 민을 동원하거나 군인을 동원해서 적습(摘拾)하도록 했다. 때로는 매호마다 비축할 양을 할당하기도 했다. 도토리가 구황에 매우 중요하므로 국가 차원에서는 늘상 다량을 비축하도록 각 고을에 지시하는 것이었다.

관에서 비축한 도토리는 흉년일 때 빈민을 구제하는 데 사용했다. 곡

---

114) 『宣祖實錄』권54, 宣祖 27년 8월 丁未(2일), 22-320.
115) 『世宗實錄』권25, 世宗 6년 8월 壬戌(20일), 2-618.
116) 『成宗實錄』권139, 成宗 13년 3월 癸酉(5일), 10-306.

식이 아닌 도토리로 구제한 여러 예가 보인다. 성종 3년 4월, 도토리 환자[還上]는 봄에 도토리를 지급하고 가을에 곡식으로 회수하는 것이 구례(舊例)이나 올해는 한재가 극히 심하니 가을에 환수하지 말도록 했다.[117] 환자 방식으로 도토리를 지급한 것이다. 통상은 가을에 곡식으로 환수했으나 올 가을에는 재해가 심각하니 환수하지 말라고 한 것이다.

성종 16년 6월, 가뭄을 맞아, 제도의 병마수군절도사에게 도토리를 많이 수습해 진휼 구제하도록 했다.[118] 가뭄이 발생하는 경우, 비축한 도토리를 제공하도록 하는 것이다. 성종 17년 5월, 도토리는 주현으로 하여금 관에서 매년 거두고 나눠주도록 했다.[119] 도토리는 늘상 준비하고 있고 흉년이 들면 나눠주는 것이 일반적인 것이다.

성종 25년 3월, 충청도 관찰사가 여러 고을의 군자창에 있는 도토리가 오래 되어 벌레의 손실을 입고 있으니 지금 나눠주지 말고 흉년이 들었을 때 가을에 새 도토리를 거둬 납부한 뒤 봄에 민을 진휼하도록 하고 그것을 환납하지 않도록 함이 좋다고 계문했다.[120] 결국 비축하고 있는 오래된 상실은 흉년에 들었을 때 새 상실을 납부받고 봄에 진휼할 때 나눠주고 환납하지 않도록 하자는 것이다. 비축한 도토리는 흉년이 들었을 때 진휼에 사용하는 것이다.

도토리로 굶주림을 해소한 구체적인 내용도 전한다. 중종 28년 6월, 반석평(潘碩枰)이 전라도 관찰사였을 때 도토리 1만여 석을 갖춰 해변의 기민들에게 나눠 주어 온전히 살 수 있도록 했다.[121] 비축한 도토리

---

117) 『成宗實錄』권17, 成宗 3년 4월 乙未(29일), 8-654.
118) 『成宗實錄』권180, 成宗 16년 6월 庚寅(11일), 11-25.
119) 『成宗實錄』권191, 成宗 17년 5월 丁未(3일), 11-123.
120) 『成宗實錄』권288, 成宗 25년 3월 癸巳(4일), 12-487.
121) 『中宗實錄』권75, 中宗 28년 6월 癸未(12일), 17-437.

를 해변의 굶주린 민들에게 제공함으로써 그들을 살리고 있는 것이다.

진휼 시에 도토리를 나눠주도록 한 조치는 자주 보인다. 선조 26년 9월, 진구(賑救)할 때 도토리 등으로 조처하도록 했다.[122] 진휼할 때 도토리가 매우 중요한 위치에 있었음을 확인할 수 있다. 선조 27년 7월, 기민을 진제하는 일은 미곡이 부족하면 초목의 열매로 기근을 구제할 수 있는데, 도토리가 가장 절요한 것이니 비축한 뒤 가을·겨울에 민에게 쓰도록 했다.[123] 비축한 도토리는 구황을 위해 진휼 자원으로 사용하라는 것이다. 도토리의 비축은 결국 진휼을 위한 것이다. 곡식으로 진휼하는 것이 바람직하지만 여의치 못한 경우 도토리를 활용해 진휼하는 것이다.

도토리는 귀한 것이기에, 보호와 증식에도 관심을 기울였다, 우선 도토리나무를 보호하는 것이 중요했다. 세종 19년 1월, 산에 불지르는 것을 금해 흉년에 상율(橡栗)을 주워 살아갈 수 있도록 했다.[124] 불을 질러 산의 도토리나무가 사라지는 것을 금지하는 것이다. 도성 인근에서 도토리나무의 벌채도 금한 것으로 보인다. 예종 1년(1469) 8월, 소나무·도토리나무 벌채를 엄히 금해 도성의 땔나무 값이 심히 높으니, 소나무 이외에는 금하지 말도록 조치했다.[125] 땔나무 값이 높자 도토리나무의 벌채가 허용된 것이다. 이것은 일시적인 조치이고 다시 도토리나무의 벌채를 금했을 것이다. 벌채 금지는 도성 인근에 한정되는 조치였다.

보호에서 더 나아가 식재토록 했다. 세종 16년 4월, 병조에 전지(傳

---

122) 『宣祖實錄』권42, 宣祖 26년 9월 庚申(9일), 22-97.
123) 『宣祖實錄』권53, 宣祖 27년 7월 辛卯(15일), 22-312.
124) 『世宗實錄』권76, 世宗 19년 1월 壬辰(2일), 4-47.
125) 『睿宗實錄』권7, 睿宗 1년 8월 乙丑(14일), 8-410.

旨)해서 남산의 내외면, 백악산, 모악산, 성균관동, 인왕산 등의 소나무가 듬성한 곳에 잣나무, 도토리나무를 심으라고 했다.[126] 도토리나무를 식재토록 한 것이다. 나무를 심음으로써 도토리나무의 수를 늘리고 도토리 수확의 증대를 도모한 것이다.

종자를 뿌려 싹을 키워 나무를 늘리는 것도 중요한 정책의 하나였다. 세종 19년 6월, 충청도 도순문사 안순(安純)이 계문한 내용에, 구황물 가운데에 도토리가 가장 좋다고 하면서 각 고을에서 도토리가 있는 곳은 조사해 기록하도록 하고, 도토리나무가 없는 곳에서는 종자를 뿌려 배양하도록 하자는 것이 들어 있다.[127] 도토리나무를 적극 육성하려는 것을 읽을 수 있다.

후기에도 도토리가 중요하기 때문에 그것을 가꾸는 일은 매우 중요했다. 도토리 열매를 뿌려서 나무가 자라기를 시도했다. 현종 5년(1664)에는 유수(留守) 조복양(趙復陽)의 말에 따라 사방 산들이 민둥산이라 하여 콩 100석으로 도토리 열매 200석을 사서 심었다는[128] 데서 확인할 수 있다. 도토리나무를 얻기 위해 열매 200석을 뿌린 것이다. 정조대에 장릉에 도토리를 파종케 한 일이 있다.[129] 도토리나무를 확보하기 위해서는 도토리 열매를 심어 싹이 터 나무로 성장하기를 기대하는 것이었다. 조선후기에는 도토리 열매를 뿌려 싹이 나와 나무로 성장할 수 있는 노력이 적극 전개된 것으로 이해된다. 도토리나무의 확대에 많은 관심을 기울이고 있음을 확인할 수 있다.

---

126) 『世宗實錄』권64, 世宗 16년 4월 辛未(24일), 3-560.
127) 『世宗實錄』권77, 世宗 19년 6월 庚申(2일), 4-78.
128) 『顯宗改修實錄』권11, 顯宗 5년 8월 己巳(10일), 37-396 ; 正祖, 『弘齋全書』권13, 翼靖公奏藁軍旅類叙 庚申年.
129) 正祖, 『弘齋全書』권36, 長陵樹木播植敎.

지방 고을 차원에서 도토리를 확보하도록 조치했으며, 또한 농민들 스스로가 도토리를 비축하도록 권장했다. 민들이 구황식물을 확보할 수 있도록 권장하고 그것을 돕는 정책을 펼쳤다. 태조 7년(1398) 8월, 여름부터 가을에 이르기까지 비가 오지 않아 곡식이 익지 않자, 노비의 결송을 정지하고 민이 도토리와 밤을 수습할 때까지 기다리라고 경상도 도관찰사(都觀察使)가 보고했지만 국왕이 윤허하지 않았다.[130] 민이 송사에 휘말려 시간 낭비하지 않고 도토리 등을 주울 수 있도록 송사를 중단하자는 요청인 것이다. 민인의 자유로운 도토리 수습을 위해 노비 송사를 중단하라는 요청이지만 수락하지 않은 것이다. 그렇지만 민인의 도토리 수습이 중요함은 엿볼 수 있다.

세종 1년 8월, 호조에서 구황물은 때맞춰 미리 준비해야 한다고 하면서, 도토리 등을 손실경차관으로 하여금 실농한 각 호에게 저장하게 해서 내년의 구황에 대비토록 하라고 계문했다.[131]

개인이 비축토록 권장하는 정책은 반복해서 취해지고 있다. 성종 4년 9월, 비황물로 도토리 등이 절실하다고 하면서, 각 촌의 민인에게 유시해 다량을 비축하도록 할 것을 호조에서 계문하자, 국왕이 이를 따랐다.[132] 민인들이 구황물을 비축하도록 권장한 것이다.

광해군 1년(1609) 10월, 지중추부사 이정구(李廷龜)가 지금 잡역(雜役)과 횡부(橫賦)를 제거하여 힘을 여유롭게 하고서, 비록 도토리·두엽(豆葉)이라 할지라도 민이 편안히 앉아서 먹게 한다면 이것은 구민(救民)의 상책이라고 계문(啓聞)했다.[133] 백성의 잡역과 횡부를 제거해 부

130) 『太祖實錄』권14, 太祖 7년 8월 己酉(6일), 1-130.
131) 『世宗實錄』권5, 世宗 1년 8월 癸未(11일), 2-331.
132) 『成宗實錄』권34, 成宗 4년 9월 癸巳(5일), 9-58.

담을 줄여줌으로써 그들이 여력을 갖고 도토리를 수습해 살아갈 수 있도록 하라는 것이다. 농민들이 구황식물인 도토리를 안정적으로 확보할 수 있도록 관에서 그들의 부담을 줄여줘야 한다는 의견이다.

국가가 도토리를 비축하고자 여러 조치를 취하고 있는데 그것이 종종 폐단을 일으켰다. 도토리라는 현물을 특정해 비축하도록 지시하니 그것을 채우기 위해 불합리한 일이 발생한 것이다. 중종 24년 7월, 민에게 구황물을 비축하게 하니 민이 쌀로 도토리를 바꾸는 일이 발생했다.[134] 도토리 비축을 강제하니 민이 쌀을 도토리로 바꿔 저장하는 폐단이 발생한 것이다.

중종 36년 12월, 구황경차관이 내려 가서 민간을 구황하는데 도토리 등의 유무를 모두 동일하게 맞추려 하면 도리어 폐단이 있을 것이니 편의에 따라 조치해 폐가 없도록 지시했다.[135] 정해진 규모를 강요하는 문제가 발생해 이를 시정토록 한 것이다.

생산되지 않는 도토리를 비축토록 하는 문제도 발생했다. 선조 27년 10월, 사헌부는 초목의 열매를 비축하는 것은 구황의 자산이 되므로 폐할 수 없지만, 조치를 봉행하는 사이에 도리어 민에게 해를 끼치는 폐단이 있다고 지적했다. 여러 읍에서 상수리 등 구황식물을 납부하도록 독촉할 때 생산되지 않기도 하고 혹은 절기에 늦기도 해 갖춰 납부할 수 없는 수도 있었다. 이에 미곡으로 대납하고자 하는데 수령이 본색(本色)이 아니라고 불허했다. 이 때문에 민이 고통을 감내할 수 없으며

133) 『光海君日記(中草本)』권8, 光海君 1년 10월 丙辰(8일), 26-441 ; 『光海君日記(正草本)』권21, 光海君 1년 10월 丙辰(8일), 31-459.
134) 『中宗實錄』권65, 中宗 24년 7월 辛丑(8일), 17-138.
135) 『中宗實錄』권97, 中宗 36년 12월 壬子(1일), 18-531.

원망이 길에 넘치고 있었다.136) 생산되지 않는 도토리의 납부를 독촉
하지 말라는 것이다. 또 철 지나서 수습해 납부하도록 강제하지 말라는
것이다. 비축을 위한 정책의 추전 과정에서 폐단이 발생한 것이다.

6. 결어

조선전기 농업생산의 수준에서 구황식물은 식량을 보충하는 매우
중요한 의미를 지니고 있었다. 구황식물은 산과 들, 바다에서 확보할
수 있는데, 그 종류는 매우 다양했지만 당시인에게 가장 중요한 것은
도토리였다. 전국 도처에서 확보할 수 있는 도토리는 식량원으로서 당
시인의 생존에 큰 도움을 주었다.

산에서 취득할 수 있는 구황식물로서는 송피(松皮, 소나무 껍질)·도
라지[桔梗]·밤[栗] 등이 중요했지만 가장 대표적인 것은 도토리(상수
리)였다. 상수리나무·굴참나무·떡갈나무의 열매는 상수리이고, 갈참
나무·신갈나무·졸참나무의 열매는 도토리였다. 상수리가 둥근 데 반
해 도토리는 길쭉한 편이며, 쓴 맛은 도토리가 더 심했다. 현실에서는
도토리와 상수리는 혼동해서 표기하는 수가 많았다. 도토리는 참나무
에서 맺는 열매로서 농사의 작황이 좋지 않을 때 많이 열리는 특징을
보인다고 여겨졌다. 도토리는 산지의 참나무에서 얻는 것이므로 산림
이 무성한 곳에서 생산량이 많았다. 전국 어디서나 산이 많은 곳에서는
풍부하게 수습할 수 있었다. 도토리의 수확은 가을에 이루어지는 것인
데, 가을을 벗어나면 수습하는 것은 불가능했다. 도토리는 남녀를 불문

---

136)『宣祖實錄』권56, 宣祖 27년 10월 丁未(3일), 22-358.

하고 신분의 차이를 떠나서 모든 이들이 수습하는 일에 참여하고 있음이 확인된다.

도토리는 매우 중요한 식량원이어서 빈민들은 상시 확보해 먹거리로 활용했다. 특히 산골에 사는 빈민은 도토리가 매우 중요한 식량이었다. 빈민들이 도토리로 주린 배를 채운다는 기록은 여러 자료에서 확인할 수 있다. 보통의 민인들도 도토리를 식용으로 하는 것은 흔한 일이었다. 지배층의 경우에도 식량 사정이 여의치 않으면 도토리를 먹거리로 활용했다. 흉년이 드는 경우에는 도토리는 식량원으로서 절대적인 중요성을 갖고 있었다. 끊임없이 닥치는 흉년에 부족한 식량 사정을 해소하는 데, 도토리가 매우 중요한 식량원으로 기능했다. 흉년이 들어도 도토리를 확보하면 생존할 수 있었다. 그렇지만 도토리가 무한정 풍부한 것은 아니어서 기민의 굶주림을 해소하는 데는 한계가 있을 수밖에 없었다. 도토리마저 부족하면 민인들이 유리도산하는 상황에 놓이게 되었다. 전쟁이 발발해 피난할 때에도 도토리는 중요한 식량원으로 기능했다. 곡식이 부족할 때 식량원으로 중요했기 때문에 도토리가 구황에 최고라는 언급이 자주 보이는 것이다.

도토리를 먹기 위해서는 우선 말려서 껍질을 제거해야 했으며, 그 다음 포함된 아린(쓴) 맛을 제거하기 위해 며칠 동안 물에 반복적으로 담가 놓아야 했다. 도토리를 삶거나 쪄서 먹는 것이 섭취 방법으로 언급되고 있다. 그렇지만 도토리 가루에 푸성귀를 섞어 죽을 만들어 먹는 것이 가장 일반적인 섭취 방법이었을 것이다. 빈민이나 기민의 경우 양의 확보가 중요하기 때문에 죽으로 만들어 먹는 것이 선호되었을 것이다. 도토리 가루를 꿀과 섞어 먹는 것이나 묵으로 만들어 먹는 것은 식량이 여유있을 경우에 한정되었을 것으로 여겨진다. 그리고 도토리 가루는 약재로도 널리 활용되었다. 고려시기나 신라말에도 도토리를 식용으로 하는 것이 확인되어 도토리를 먹거리로 활용한 역사가 오랜 연원을 가지고 있음을 알 수 있다.

구황식물로서 도토리가 매우 중요한 위치에 있었기 때문에 국가 차원에서도 도토리를 확보하기 위한 정책을 적극 펼쳤다. 주로 지방관에게 도토리를 다량 비축하도록 하는 조치였다. 이렇게 확보한 도토리는 필요한 경우에 어려운 처지의 민인을 대상으로 진휼 식량으로 제공하도록 지시했다. 많은 도토리를 확보하는 것, 그것을 적절한 시점에서 구황물로서 배분하는 것이 정책이 핵심이었다. 그리고 산에 불지르는 것을 금하거나 벌목을 금지함으로써 도토리나무의 보호에 노력했다. 식재에도 힘썼는데, 특히 열매를 파종해 나무를 증식시키고자 하는 시도가 주목된다. 개인 차원에서도 구황에 대비해 도토리를 비축하도록 적극 독려하고 있었다. 그런데 도토리를 납부하도록 강요하는 정책의 추진 과정에서 백성이 곡식을 팔아 도토리를 마련하는 폐단을 낳기도 했다. 또 생산되지 않음에도 납부토록 강제하거나, 절기가 아닌 때에 확보하도록 함으로써 민폐를 일으키는 수도 있었다. 도토리가 갖는 중요성 때문에 국가 차원에서도 깊은 관심을 기울이고 있었던 것이다.

농사가 여의치 못한 경우, 또 곡식의 공급이 충분치 못할 경우 도토리를 구황식물로서 적극 활용했다. 임야가 넓은 우리의 경우 도처에서 도토리를 확보할 수 있었다. 다량의 도토리를 확보해 식량으로 삼음으로써 어려운 사정을 극복해 갈 수 있었다. 농업 생산이 불안정할지라도 도토리와 같은 구황식물을 비교적 용이하게 확보할 수 있는 것이 우리 생존력의 중요한 원천이었다. 조선후기가 되면 농업생산력이 크게 향상되는 것과 함께 구황물의 종류와 규모가 증가했다. 구황작물에 감자·고구마가 포함되었고, 구황식물도 솔잎이나 칡뿌리 등으로 크게 확대되었으며, 구황식물의 전체 규모를 늘리려고 노력했다.

<자료>

(주요 용어 : 도토리)

…

저기 저 청량산을 바라 보게나 / 瞻彼淸涼山

산중에 도토리나무가 많지 않은가 / 山中多橡木

금년도 작년만 못지 않게 / 今年似去年

주렁주렁 열매를 주울만하군 / 離離實可拾

온 집안이 가서 지고 이고 돌아와 / 擧家負戴歸

찧어 가루 만들어 독에 쌓아두세 / 舂屑甕中積

흉년인들 어찌 나를 죽이리 / 凶年豈殺余

도토리도 제법 조팝의 대신 / 猶可代粟粒 … (『續東文選』권3, 花山十歌(兪好仁)

(주요 용어 : 도토리)

… 조방언이 아뢰기를, "근래 수재(水災)·한재(旱災)는 팔도가 다 같으나 황해도가 더욱 심하여 공사(公私)가 궁핍하니 한심하다 하겠습니다. … 황해도에 도토리가 많이 있는데 구황(救荒)에는 아주 요긴하니, 군현(郡縣)을 시켜 각각 2~3백 석을 저장하되 따로 창고를 만들어서 흉년에 대비하게 하면 어찌 백성에게 유리하지 않겠습니까? 신이 여러 해 묵으면 썩을 것이라고 생각하여 부로(父老)에게 물었더니, 다들 '잘 익으면 30여 년 뒤에도 쓸 수 있다.' 합니다. 이는 작은 일이기는 하나 대신으로 하여금 의논하여 처리하게 하는 것이 어떠합니까?" 했다.

○ … 趙邦彦曰 近來水旱之災 八道皆然 而黃海道尤甚 公私匱渴 可爲寒心 …
黃海道 橡實多在 而於救荒至要 若使郡縣 各貯二三百碩 別築倉以備凶年 則豈
不有利於民乎 臣恐年久腐朽 問諸父老 皆云 若其太熟 則雖三十餘年之後 亦可
用之 此雖事之微細 其令大臣 議處何如(『中宗實錄』권29, 中宗 12년 8월 乙卯
(12일), 15-311)

(주요 용어 : 도토리)
사간(司諫) 김서성(金瑞星)이 아뢰기를, " … 전라도는 지난 봄과 여름에 많
은 사람이 굶어 죽었는데 가을 곡식이 또 여물지 않았으니, 지금은 목숨을 이
어가고 있지만 내년 봄이나 여름에는 모두 죽어 구렁을 메울 것이 틀림없습
니다. 백성들이 산에 올라가 막(幕)을 치고 거처하면서 도토리 열매를 주워
연명하고 있는 형편이어서 매우 불쌍합니다. 백성을 걱정하는 마음을 조금
이라도 해이하게 가져서는 안 되겠습니다." 했다.
○司諫金瑞星曰 … 全羅道去春及夏 人多飢死 秋又不實 今雖續命 明年春夏
則必盡塡溝壑矣 小民登山結幕 拾橡實資生 至爲可矜 憂民之心 不可少弛也
(『中宗實錄』권99, 中宗 37년 10월 庚子(24일), 18-627)

(주요 용어 : 도토리)
단양 군수(丹陽 郡守) 황준량(黃俊良)이 상소를 올려 민폐 10조를 진술했다.
" … 신이 삼가 살피건대, 단양이 군이 된 것은 본디 원주(原州)의 조그마한
하나의 현이었는데 적을 섬멸한 공로가 있었기 때문에 특별히 지금의 (군) 칭
호로 올려준 것입니다. 삼면이 산으로 막혀 있고 한쪽은 큰 강이 흐르고 있는
데 우거진 잡초와 험한 바위 사이에 있는 마을 집들은 모두 나무껍질로 기와
를 대신하고 띠풀을 엮어 벽을 삼았으며 전지[田]는 본래 척박해서 수재와
한재가 제일 먼저 들기 때문에 사람들이 모두 흩어져 항산(恒産)을 가진 사람
이 하나도 없습니다. 그래서 풍년이 들어도 반쯤은 콩을 먹어야 하는 실정이
고 흉년이 들면 도토리를 주워모아야 연명할 수가 있습니다. 『여지승람(輿
地勝覽)』에 '땅이 척박하고 물이 차가와서 오곡(五穀)이 여물지 않는다.'고

한 것은 이곳의 풍토가 본래 그렇기 때문입니다. … "

○ 丹陽郡守黃俊良 上疏陳民弊十條曰 … 臣謹按 丹陽爲郡 本原州之一小縣也
殲賊有功 特陞今號 三面阻嶺 一帶長江 荒茅亂石之間 名爲村店者 皆剝樹代瓦
編茨爲壁 而田本嶢确 水旱所先 人皆漂寓 一無恒産 年登而半菽不厭 遇歉則拾
橡爲命 『輿地』所謂土瘠水寒 五穀不登者 其風土然也 … (『明宗實錄』권22,
明宗 12년 5월 己未(7일), 20-408)

(주요 용어 : 도토리)

비변사가 아뢰기를, "굶주린 백성을 구제하는 일은 쌀이 모자라면 초목의 열
매도 굶주림을 구제할 수 있으니 도토리[橡實]가 가장 요긴합니다. 요즘에
은계 찰방(銀溪 察訪) 서희신(徐希信)이 글을 보내 도토리의 이로움에 대해
신들에게 말하기를 '강원도의 모든 산에 금년에 도토리가 많이 달렸으니 만
일 8월 후에 승군(僧軍)이나 기민(飢民) 또는 관원을 시켜 형편에 따라 주워
모으게 하면 천만 석이라도 걱정없이 얻을 수 있다.' 했습니다. 신들이 이 말
로 미루어 보면 관동(關東)만 그러한 것이 아니라 충청 · 경기 · 경상 · 전라 ·
황해 · 양계(兩界) 등 산이 있는 곳은 도토리나무가 없는 곳이 없으니 만약 열
매가 여문 때에 여러 면으로 백성을 권하여 따 모아 가을과 겨울에 구제할 용
도로 준비하게 한다면 참으로 편익할 것입니다. 호조(戶曹)로 하여금 빨리
사목(事目)을 만들어 각도의 감사에게 알리게 하소서." 했다.

○ 備邊司啓曰 飢民賑濟之事 米穀不足 則草木之實 亦可救飢 如橡實最爲要切
近者銀溪察訪徐希信 以書言橡實之利于臣等云 江原道諸山 今年橡實多結 若
於八月後 或令僧軍 或令飢民 或令官人 隨便拾取 則雖千萬石 不患難得矣 臣
等因此言推之 不獨關東爲然 如忠淸 · 京畿 · 慶尙 · 全羅 · 黃海 · 兩界有山處 無
無橡之處 如使成熟之時 多般勸民摘拾 以擬秋冬賑濟之用 尤爲便益 請令戶曹
速爲事目 知委各道監司 (『宣祖實錄』권53, 宣祖 27년 7월 辛卯(15일), 22-
312)

조선전기 산에서 확보하는 구황식물

1. 서언

조선은 산이 70%를 넘는 나라이다. 강수량도 적절하며 사계절의 변화가 있는 곳이다. 이런 생태환경에서 다종다양한 동·식물이 서식하고 있다. 사람들이 먹거리로 삼을 수 있는 동·식물이 매우 풍부하다고 할 수 있다. 흉년이면 자연 속 동·식물의 도움을 크게 받으며, 풍년이 들더라도 이들은 중요한 먹거리를 제공한다.

서식하는 다양한 동·식물 가운데 흉년에 큰 도움을 주는 것으로 구황식물이 있다. 종류가 많고 양이 풍부한 구황식물은 우리의 산 도처에 널려 있다고 할 수 있다. 모든 식물을 먹을 수 있는 것은 아니지만 식용으로 삼을 수 있는 식물이 매우 다양하고 풍성하다고 하겠다. 구황식물의 열매, 싹과 잎, 그리고 줄기와 뿌리를 먹거리로 활용하고 있다. 이 가운데에는 탄수화물·지방·단백질 등 필수 영양소를 풍부하게 지니고 있는 것은 아주 중요한 먹거리 구실을 했으며, 그렇지 않은 것도 곡물과 섞어 먹으면 양질의 먹거리 구실을 하는 수가 많았다.

여기에서는 산에서 얻는 구황식물에 대해 각 종류별로 구분해 구체적인 사항을 정리하고자 한다. 열매로서 중요한 것은 도토리와 밤인데, 도토리는 제2부 제1장에서 다루므로 여기에서는 밤에 관해 알아보고자 한다. 목피(木皮)를 대표하는 소나무 껍질에 대해서 알아보고, 이어서 뿌리가 중요한 먹거리 구실을 하는 도라지와 더덕을 살필 것이다. 그리고 칡과 고사리는 함께 언급하는 수가 많아 같이 다루는데, 칡은 뿌리가 중요한 먹거리였으며, 고사리는 줄기와 잎이 식용으로 중요했지만 뿌리도 무시할 수 없는 가치를 가진 먹거리였다. 그리고 마지막으로 산에서 채취하는 다양한 소채(蔬菜)도 주목하고자 한다.1) 생태 특징보다는 먹거리로 기능하는 측면을 부각시켜 각 구황식물을 살필 것이다.

2. 밤[栗]

산림에서 채취하는 구황물의 하나가 밤[栗]이었다.2) 부족한 식량을 보충하기 위해 민인들은 산에서 여러 종류의 구황물을 습취했다. 성종대 비황(備荒)에 필요한 잡식(雜食)을 채취하는 민들이 산림에 흩어져 있다는 기록이 보인다.3) 민인들이 산림에서 채취하는 것은 임산물일

---

1) 현대에는 채소는 통상 재배하는 식물을 가리키고, 자연에서 채취하는 것은 나물로 일컫고 있다. 그러나 당시의 자료에서는 재배하는 것과 자연산을 구분하지 않고 함께 칭하는 수가 많았다. 자료에 보이는 용어는 蔬菜, 菜蔬, 山菜, 野菜 등 다양한데, 이 글에서는 편의를 위해 자연산의 나물을 가리킬 때는 소채로 사용하고, 사람이 재배하는 작물을 가리킬 때는 채소로 구분해 사용하고자 한다.

2) 밤나무에 대한 전반적 설명은 다음의 글이 참고된다. 강판권, 2010『역사와 문화로 읽는 나무사전』, 글항아리, 762~769면 ; 김태정, 1998『韓國의 資源植物』Ⅰ, 서울대 출판부, 104~105면.

3)『成宗實錄』권181, 成宗 16년 7월 壬子(4일), 11-33(國史編纂委員會 影印本, 11册, 33면을 의미함. 이하 같음).

것이다. 세조 1년(1455) 7월, 산림에서 채취할 수 있는 구황식물로 도토리[橡] · 밤[栗] · 더덕[山蔘] · 도라지[苦蔘] 등을 언급하고 있다.[4] 밤이 구황식물의 하나임을 알 수 있다.

밤은 밤나무에서 습취하는 것으로 자주 거론되는 구황식물이다. 많은 경우 도토리와 함께 언급되고 있는데 자료에서는 '상율(橡栗)'로 표현하고 있다. 그것은 속성이 비슷하기 때문에 함께 칭한 것으로 보인다. 둘 다 나무에서 취하는 열매로 동일하고, 적습(摘拾)하는 방식으로 얻기 때문으로 보인다. 그렇지만 밤은 도토리보다 맛이 좋고, 또 귀한 것으로 여겨지지만, 수량에서는 도토리에 크게 못미치는 것으로 보인다. 그렇기 때문에 구황의 차원에서는 늘 도토리를 우선으로 하고, 그 다음으로 언급하는 것은 소나무 껍질[松皮]이며, 밤은 우선 순위에 들지 않았다.

그렇지만 밤은 훌륭한 구황물 중의 하나였음은 분명하다. 가뭄이 들면, 밤을 줍는 일을 때맞춰 해서 구황에 대비해야 한다는 언급이 있다. 태종 14년(1414) 9월, 사헌부에서 상소한 내용 중에, 올해는 가뭄이 들어, 화곡이 익지 않았으니, 습율(拾栗)의 일은 때맞춰 해서 명년의 구황에 대비해야 한다는 것이 포함되어 있다.[5] 밤의 수습을 때맞춰 해서 내년의 구황에 대비해야 한다는 것이다.

세종 1년(1419) 12월, 충청도 수군도절제사가 천안 · 면천 · 덕산 · 신창 · 아산 등 각 고을의 선군(船軍) 등이 전년의 흉황으로 진제의 도움을 받아 생존하고 있는데, 지금 또 가뭄이 심해 곡식의 싹이 전혀 자라지 못하므로 생리(生理)가 염려된다고 하면서, 마음대로 돌아다니며 식량

---

4) 『世祖實錄』권1, 世祖 1년 7월 丁酉(24일), 7-74.
5) 『太宗實錄』권28, 太宗 14년 9월 己亥(29일), 2-38.

을 구걸하고 습율(拾栗)함으로써 미리 구황을 도모해 도망쳐 흩어지지
않도록 하라고 계문하자 상왕이 따랐다.[6] 습율을 함으로써 흉년의 곡
식 부족에 대비하도록 하는 것이다. 세조 1년 7월, 구황을 위해 밤 등을
철에 맞게 채취해 준비하도록 할 것을 의정부에서 아뢰었다.[7] 구황을
위해서는 밤 등을 채취하는 것이 중요한 것이었다.

　구황에 있어서 밤이 중요함을 언급한 기록은 매우 흔하다. 성종 1년
(1470) 6월, 대사간 김수녕(金壽寧) 등의 상소 내용에서 밤 등을 절기에
맞게 수저(收貯)함이 구황(救荒)의 절실한 것이라고 했다.[8] 밤이 구황
에서 갖는 중요함을 알 수 있다.

　상율을 수습할 때까지 송사의 중지를 요청한 일도[9] 밤이 갖는 중요성
을 전제로 한 것이다. 별패(別牌)에게 습율토록 한 것[10] 역시 구황을 위
한 것이다. 성종 16년 7월, 경상도에 한재가 매우 심해서, 화곡이 마르고
소채도 모두 말랐으며, 밤나무 등도 역시 열매를 맺지 못하니 민이 먹을
것이 없다고 했다.[11] 한재에 밤이 갖는 중요성을 확인시키는 것이다. 이
처럼 밤이 구황식물로서 중요한 위치에 있었음을 알 수 있다.

　밤은 도토리와 더불어 구황에 필요한 것이므로 함께 지칭하고 있었
다. 그러나 밤은 맛이 좋고, 귀한 것이어서 왕실에서도 먹거리로 활용
하고 있었다. 밤은 천신(薦新)의 대상이 되기도 했으며,[12] 진상(進上)과

---

6)『世宗實錄』권6, 世宗 1년 12월 丙戌(16일), 2-351.
7)『世祖實錄』권1, 世祖 1년 7월 丁酉(24일), 7-74.
8)『成宗實錄』권6, 成宗 1년 6월 己酉(2일), 8-504.
9)『太祖實錄』권14, 太祖 7년 8월 己酉(6일), 1-130.
10)『太宗實錄』권29, 太宗 15년 6월 庚午(5일), 2-67.
11)『成宗實錄』권181, 成宗 16년 7월 辛亥(3일), 11-32.
12)『太宗實錄』권24, 太宗 12년 8월 庚申(8일), 1-646 ;『世宗實錄』권128권, 五禮, 吉禮
　　序例, 時日, 5-176.

공물(貢物)에 포함되기도 했다.[13] 밤은 귀한 것이기에 국왕에게 개별적으로 바치는 경우도 보였다.[14] 밤은 선물이나 뇌물로 제공하는 수도 많았다.[15]

밤은 밤나무에서 얻는 것이므로 산이 많은 지역에서 용이하게 습취할 수 있었다. 밤은 전국 곳곳에서 생산되는 것이지만 가장 많이 생산되는 곳은 강원도와 평안도였던 것으로 보인다. 함경도와 제주도에서는 밤이 별로 생산되지 않은 것으로 보인다.

밤은 도토리와 더불어 강원도 민들이 살아갈 수 있는 중요한 수단이었다. 성종 6년 9월, 강원도에는 산이 높고 하천이 크며, 또 밭이 적고 척박하며, 민이 드물고 빈곤한데, 그들이 도움을 받는 식료는 오로지 상율이라고 했다.[16] 농지가 부족하고 산이 많은 강원도에서 민인들은 밤 등에 크게 의지해 살아가고 있었음을 알 수 있다. 성종 18년 9월, 사헌부 지평 노공유(盧公裕)의 계문에, 강원도의 민은 오로지 밤 등으로 살아가는데 강무로 인해 수습할 때를 잃게 된다면 민생이 염려된다는 내용이 보인다.[17] 강원도 민에게 밤은 중요했으며, 그만큼 생산이 많았음을 알 수 있다.[18] 강원도에서 밤을 다량 습취할 수 있었지만 상대적으로 영서는 영동에 비해 다소 부진했던 것으로 보인다.[19]

---

13) 『太宗實錄』권28, 太宗 14년 7월 癸未(12일), 2-27 ; 『文宗實錄』권3, 文宗 즉위년 8월 壬申(1일), 6-265 ; 『燕山君日記』권51, 燕山君 9년 10월 丁巳(24일), 13-579.
14) 『成宗實錄』권85, 成宗 8년 10월 庚子(6일), 9-516 ; 『中宗實錄』권80, 中宗 30년 9월 辛未(13일), 17-604 ; 『中宗實錄』권104, 中宗 39년 9월 辛亥(15일), 19-135.
15) 『世宗實錄』권13, 世宗 3년 9월 乙酉(25일), 2-453 ; 『成宗實錄』권93, 成宗 9년 6월 壬子(22일), 9-620.
16) 『成宗實錄』권59, 成宗 6년 9월 庚戌(4일), 9-258.
17) 『成宗實錄』권207, 成宗 18년 9월 乙卯(19일), 11-246.
18) 『成宗實錄』권207, 成宗 18년 9월 丁未(11일), 11-245.
19) 『世祖實錄』권17, 世祖 5년 7월 戊申(29일), 7-339.

그리고 평안도에서도 밤을 풍부하게 적취할 수 있었던 것으로 보인다. 성종 24년 3월, 평안도 도원수 이극균(李克均)의 발언에, 평안도는 금년 다소 흉년일지라도 산에 상율이 많아 주워먹으면 아사(餓死)에 이르지는 않는다는 내용이 보인다.[20] 평안도는 흉년에 식량을 충당할 수 있을 정도로 밤의 생산량이 많았던 것이다.

<표> 『세종실록지리지』 밤[栗]을 언급한 도와 군현

도별	군현명	군현수
경기	가평현	1
충청도	공주목, 은진현	2
경상도	문경현	1
전라도	옥구현, 여산현, 영암군, 홍덕현, 장흥도호부, 순천도호부, 고흥현	7
황해도	없음	0
강원도	강릉대도호부, 양양도호부, 정선군, 평창군, 원주목, 영월군, 횡성현, 홍천현, 회양도호부, 금성현, 김화현, 평강현, 이천현, 삼척도호부, 평해군, 울진현, 춘천도호부, 낭천현, 양구현, 인제현, 간성군, 고성군, 통천군, 흡곡현	24
평안도	중화군, 상원군, 삼등현, 강동현, 순안현, 증산현, 함종현, 삼화현, 용강현, 안주목, 성천도호부, 숙천도호부, 자산군, 순천군, 개천군, 덕천군, 영유현, 맹산현, 은산현, 양덕현, 정주목, 용천군, 철산군, 곽산군, 선천군, 가산군, 정녕현, 영변대도호부, 박천군, 태천군	30
함경도	없음	0

* 도에는 대부분 궐공조(厥貢條)에 기재되어 있으나, 평안도와 함경도에는 기재되어 있지 않음
** 군현에는 대부분 토의조(土宜條)에 기록됨. 다만 가평현은 토산조(土産條)에 기재됨

---

20) 『成宗實錄』권275, 成宗 24년 3월 己卯(14일), 12-284.

『세종실록지리지』에 밤을 언급하고 있는 내용을 보면 앞의 <표>와 같다. 밤은 도의 앞부분에서 언급하는 경우, 궐공조(厥貢條)에 수록되어 있고, 반면 군현별로 언급된 경우에는 거의 대부분 토의조(土宜條)에 수록되어 있다(가평현만 土産條에 기재). 8도 가운데 평안도와 함경도를 제외한 모든 도에 궐공으로 밤이 포함되어 있다. 군현을 기준으로 보면, 함경도와 황해도는 전혀 보이지 않아 두 도가 밤의 생산에서 매우 뒤지는 것으로 보인다. 반면 강원도와 평안도에는 각각 24개, 30개 군현에서 생산되는 것으로 기록하고 있다. 그리고 전라도는 7개 군현에서 언급하고 있다. 강원도 · 평안도 · 전라도의 3개 도가 밤의 생산에서 가장 우위에 있던 것으로 판단된다. 경기 · 충청도 · 경상도의 경우 밤을 토의조에서 언급한 군현이 1~2개에 불과하다. 이렇게 본다면 경기 · 충청도 · 경상도는 밤의 생산지가 많지 않았던 것으로 여겨진다. 밤을 언급하지 않은 고을이라고 하더라도 밤이 전혀 생산되지 않은 것으로 보기는 어려울 것이다. 그렇지만 풍부하게 생산된 고을이 아닐 것은 분명해 보인다.

밤을 수습하는 시점은 당연히 밤이 여문 가을철이다. 구체적으로는 7월에서 9월 사이가 된다. 10월 제언(堤堰) 수축(修築)의 역(役)에 앞서 밤을 수습하라는 것이 보이는데,[21] 이것은 밤이 10월 이전에 수습하는 것임을 말해준다.

10월 이전이지만 구체적으로는 7월에서 9월 사이에 적취(摘取)하는 것으로 기록하고 있다.[22] 9월은 추경(秋耕)이 이루어지고 있어서, 추경

---

21) 『太宗實錄』권30, 太宗 15년 9월 丁酉(3일), 2-85.
22) 『世宗實錄』권45, 世宗 11년 8월 己卯(5일), 3-193 ; 『世宗實錄』권49, 世宗 12년 9월 庚子(2일), 3-258.

과 습율은 같은 시점에서 이루어진다고 언급한 예가 많다. 세종 14년 9월, 좌사간 신인손(辛引孫) 등의 상소에서 지금은 추경·습율(拾栗)할 때라는 표현이 보인다.23) 추경과 습율이 동일 시점에서 이루어짐을 표현한 사례는 더 찾을 수 있다.24) 습율이 추경만이 아니라 추수와 동시에 이루어짐을 언급하는 예도 보인다. 태종 18년 8월, 추수, 추경, 습율이 동시에 진행된다는 것이다.25) 세종 20년 2월, 의정부의 계문에서, 충청도 민이 매년 곡식이 익지 않고 손실답험하기 전에 세를 바쳐야 하므로, 추수, 추경에서 습율까지 모두 겨를이 없다고 언급했다.26) 습율이 추수 및 추경과 동시에 이루어지는 것임을 알 수 있다. 대개는 7월에서 9월 사이에 습율하며, 가장 흔한 것은 9월의 일로 보인다. 그러나 늦은 경우 10월에 습율하기도 하는 것 같다.27)

밤나무는 소나무와의 경합에서 열등한 것으로 이해하고 있다. 두 종류의 나무를 함께 심어도 밤나무가 소나무를 방해하지 않는다고 본 것이다. 태종 15년 5월, 건원릉(健元陵)에 수목이 우거진 곳을 보고 국왕이 일자(日者) 이양달(李陽達)에게 소나무와 밤나무를 함께 심으면 소나무를 방해할까 걱정인데 밤나무를 제거함이 어떠한가라고 묻자, 이양달이 대답하기를, 밤나무는 쉽게 쇠하므로 굳이 베지 않아도 된다고 했다.28) 밤나무는 소나무에 비해 생존력이 떨어짐을 알 수 있겠다.

밤은 진상이나 공물의 대상이 되는 귀한 것이며 또 민인의 구황식으

---

23) 『世宗實錄』권57, 世宗 14년 9월 丁巳(2일), 3-415.
24) 『太宗實錄』권28, 太宗 14년 9월 己亥(29일), 2-38 ; 『世宗實錄』권65, 世宗 16년 9월 丙子(2일), 3-590 ; 『世宗實錄』권84, 世宗 21년 3월 丙辰(8일), 4-195.
25) 『太宗實錄』권36, 太宗 18년 8월 庚辰(3일), 2-243.
26) 『世宗實錄』권80, 世宗 20년 2월 甲戌(20일), 4-132.
27) 『世宗實錄』권5, 世宗 1년 10월 甲戌(3일), 2-340.
28) 『太宗實錄』권29, 太宗 15년 5월 辛丑(5일), 2-61.

로서도 매우 중요한 것이기 때문에 밤나무의 보호·관리에 대해 국가에서 깊은 배려를 하고 있다. 증식하는 것, 불지르기 금지하는 것, 벌목금하는 것 등이 그것이었다. 구황에 도움을 주는 밤이므로 그것의 증식에 힘쓴 것을 볼 수 있다. 세종 29년 8월, 도성 사산(四山)의 소나무가 충해를 입어 마르고 있어, 밤나무를 심고자 율종(栗種) 10여 석을 상림원에 보냈다.[29] 10여 석의 종자 밤을 상림원에 보내 심도록 한 것이다.

밤을 얻기 위해서는 밤나무가 무성해야 했다. 산야에 불을 지르면 나무가 타서 없어지기 때문에 당연히 밤나무도 사라질 것이고 그러면 밤의 수확도 기대할 수 없는 것이다. 그렇기 때문에 구황에 도움을 주는 밤을 확보하고자 하는 경우, 산에 불 지르는 것을 금하는 것이다.[30] 예종 1년(1469) 3월, 도성 내외 송목(松木) 금벌(禁伐)의 사목(事目) 내용 중에, 밤나무[栗木]를 베지 못하도록 한 내용이 포함되어 있다.[31] 이것은 전국적인 것은 아니고 도성 내외에서 밤나무 벌목을 금한 것이다.

단종 1년(1453) 5월, 의정부에서 계문한 내용에, 내년 봄부터 경외의 대로(大路) 좌우(左右)에 편의에 따라 밤나무 등을 심게 하고 벌목하는 것을 금하라고 하니 이를 따랐다.[32] 밤나무 등을 심고 아울러 벌목도 금지한 것이다. 국가에서는 이처럼 밤나무의 증식과 관리에 관심을 기울이고 있었다.

밤은 탄수화물·단백질·지방·칼슘·비타민 등의 영양소를 갖추고 있다. 필수 영양소가 있으므로 끼니로서 역할을 어느 정도 할 수 있

---

29) 『世宗實錄』권117, 世宗 29년 8월 己巳(10일), 5-33.
30) 『世宗實錄』권76, 世宗 19년 1월 壬辰(2일), 4-47.
31) 『睿宗實錄』권4, 睿宗 1년 3월 庚寅(6일), 8-349.
32) 『端宗實錄』권6, 端宗 1년 5월 戊辰(12일), 6-590.

다.[33] 밤은 생으로 먹는 방법이 있고, 굽거나 삶아 먹는 수도 있었다. 그리고 곡식과 섞어 죽으로 먹는 방법도 있었다. 밤죽은 밤가루와 쌀가루를 함께 섞어 끓인 죽을 가리키는데, 쌀가루로 죽을 쑤다가, 밤가루를 함께 넣고 고르게 섞으면서 한소끔 끓이며, 밤가루와 쌀가루의 비례는 2 : 1 정도가 알맞다.[34] 쌀을 적게 소비하면서 끼니를 해결할 수 있는 음식이 밤죽이었다. 구황을 위해 밤을 섭취할 때는 죽으로 만들어 먹는 것이 가장 흔했을 것으로 판단된다. 죽에는 푸성귀도 섞어 양을 늘렸을 것도 추측이 되는 바이다.

구황식으로 목실(木實)을 먹는 일도 종종 보이는데, 목실은 대개는 도토리와 밤을 가리킬 것이다. 중종 27년(1532) 5월, 홍문관 부제학 심언광(沈彦光) 등이 올린 차자에서, 목실을 언급하고 있다.

국가가 근년에 와서는 음양이 시기를 잃어서 번번이 농사철을 당하여 가뭄의 재변으로 해마다 흉년이 들어서 백성들이 굶주리고, 밥지을 양식이 없고 겨와 싸라기[糠麩]도 넉넉지 못하여 삶을 영위할 수 없어 바야흐로 굶어죽은 시체가 여기저기 나뒹구는 환란이 있게 되었다. 그리하여 전지를 팔고 가축을 팔아서 조세(租稅)를 바치고 풀뿌리[草根]와 나무 열매[木實]로 겨우 빈 배를 채우면서 오는 해에 풍년들기를 바라고 살았지만 그해는 더욱 심해서 해마다 지난해보다 더 심했다.[35]

굶주림이 심해 목실, 즉 나무 열매를 먹으면서 배를 채우고 있는 것

---

33) 『救荒補遺方』에서도 밤을 구워 먹으면 배고프지 않다고 지적했다(서종학, 2011 『굶주림과 질병을 이겨낸 조상의 지혜 - 구황촬요 -』, 채륜, 144~145면).
34) 『한국민족문화대백과사전(https://encykorea.aks.ac.kr/)』, 밤죽 항목 참조.
35) 『中宗實錄』권73, 中宗 27년 5월 己未(12일), 17-370.

이다. 목실이 중요한 구황식물임을 알 수 있다. 산에서 주워 먹거리로 삼을 수 있는 목실(木實)은 주로 밤과 도토리였을 것이다.[36]

3. 소나무 껍질[松皮]과 잎[松葉]

구황식물에서 도토리 다음으로 두 번째의 위치에 있는 것이 소나무 껍질[松皮]이었다.[37] 송피는 도토리 다음으로 중요한 구황식물이었다. 세종 16년(1434) 2월, 구황물 가운데 도토리가 최상이고, 송피가 다음인데, 송목 벌채를 금하고 있어 기민들이 껍질을 벗겨 먹을 수 없다고 했다.[38] 송피가 도토리 다음의 위상을 갖는 구황식물임을 알 수 있다. 성종 1년(1470) 6월, 구황하는 초식으로 송피만한 것이 없다는 언급이 있다.[39] 송피가 구황식물로서 갖는 중요성을 확인할 수 있다.[40]

흉년에 송피를 먹음으로써 연명하는 예는 종종 볼 수 있다. 성종 1년 6월, 가뭄으로 하맥(夏麥)을 전혀 수확할 수 없는 상황에서 곳곳에서 송피를 벗겨 먹는다고 했다.[41] 하맥의 수확 시점에서 송피를 식용으로 하

---

36) 열매를 맺는 나무는 많았다. 과일나무가 특히 많은 열매를 맺었다. 그러나 과일나무의 열매는 필수 영양소가 부족하기 때문에 끼니를 해결하는 데에는 한계가 컸다.

37) 소나무 전반에 관해서는 강판권, 2010 앞의 책, 34~45면 및 김태정, 1998 앞의 책(Ⅰ), 52~53면 참조.

38) 『世宗實錄』권63, 世宗 16년 2월 乙亥(27일), 3-546.

39) 『成宗實錄』권6, 成宗 1년 6월 壬子(5일), 8-506.

40) 소나무의 구황기능 일반에 관해서는 다음의 글이 참고된다. 정연식, 2024 『한국식생활문화사』, 동북아역사재단, 226~227면 ; 김영완, 2022 「조선시대 문헌에 나타난 구황식물 양상 - 소나무·느릅나무를 중심으로 -」『인문학연구』63, 조선대 인문학연구원.

41) 『成宗實錄』권6, 成宗 1년 6월 己酉(2일), 8-504.

는 것을 알 수 있다.

송피로 연명하고 있음은 다른 기록에서도 확인할 수 있다. 세조 3년 (1457) 7월, 좌사간 김종순(金從舜) 등의 상소에서, 근년 이래 기근이 이어졌으며 지난해 이른 가뭄과 늦비로 인해 화가(禾稼)가 풍년들지 못했는데 남방이 더욱 심해 민이 생업을 잃고 유리아표(流離餓莩)하고 있다고 지적하고, 능히 죽(粥)을 이어가는 자가 백에 1, 2도 없는데, 이들은 송피를 벗기고 초실(草實)을 주워 조석의 목숨을 이어가고 있다고 지적했다.42) 가뭄과 홍수로 민이 생업을 잃자 죽을 먹는 자가 매우 드물고, 대부분 송피 등을 먹고서 연명하고 있다는 것이다.

식량 사정이 여의치 못하면 송피를 먹는 일은 흔했다. 단종 1년 (1453) 7월, 조순생(趙順生)이 경상도를 순찰하고 와서 계문한 내용에, 민이 먹을 것이 없어 송피를 벗겨 먹는다고 했다.43) 명종 3년(1548) 3월, 청하현(淸河縣) 사람이 오로지 송피 등으로 어렵게 연명하고 있는 것도,44) 송피를 식용으로 하고 있음을 지적한 것이다. 영동현(永同縣)에서 실농했을 때 송피를 먹고 있었다.45) 실농한 경우 송피의 도움을 받고 있는 것이다.

그밖에 곤궁한 상황에서 송피를 식용으로 하고 있음은 여러 예를 찾을 수 있다. 성종 1년 6월, 대사간 김수녕(金壽寧) 등은, 지금의 한재(旱災)는 모든 도가 그러한데, 하삼도(下三道)가 심하며, 하맥은 이미 전혀 거두지 못했고, 곳곳에서 송피를 벗겨 먹거리로 삼고 있다고

---

42) 『世祖實錄』권8, 世祖 3년 7월 乙亥(14일), 7-210.
43) 『端宗實錄』권7, 端宗 1년 7월 癸未(28일), 6-609.
44) 『明宗實錄』권7, 明宗 3년 3월 庚子(25일), 19-578.
45) 『世宗實錄』권74, 世宗 18년 8월 庚寅(27일), 4-28.

언급했다.46) 하맥을 수확해 식량을 해결해야 하나, 흉년으로 송피를 먹게 됨을 지적한 것이다. 중종 14년(1519) 6월, 인동(仁同) 훈도(訓導) 은림(殷霖)의 발언 중에, 송피 등은 궁민(窮民)이 먹는 것이라는 언급이 있다.47) 일반 민인만이 아니라 승려들도 숨어 있을 때 송피를 먹는 것이 보인다.48) 송피는 빈민(貧民)·기민(飢民)이 널리 취하는 식료였다.

궁핍한 처지에서 송피를 확보하기 위해 타인의 묘소 인근의 소나무에 접근한 경우도 있었다. 명종대 기근으로 인해 묘산(墓山)의 송피를 벗겨 먹고자 한 이가 있었는데, 이 과정에서 구타당하는 일이 발생했다.49) 타인의 묘소 인근의 송피를 취해 문제가 된 것이다. 식량 부족이라는 절박한 상황에서 타인 묘소 부근의 송피까지 채취한 것이다.

문인들이 남긴 글에서도 송피가 구황식물로서 자주 언급되고 있다. 송피가 식용으로 사용되었음을 다음의 시에서 알 수 있다. "천 그루 만 그루 소나무가 뼈만 앙상하여라[骨立千株復萬株] / 흉년에 일찍이 제 살을 아끼지 않았구려[凶年曾不惜肌膚]."50) 도로가의 송피가 벗겨진 것은 사람들이 껍질을 식용으로 삼았기 때문이다. 유민(流民)들이 산에 올라 송피를 벗겨 먹고 있음을 읊은 시도 보인다.

가련도 하구나 유민들이여[哀哉流民]
산에 올라가 소나무 껍질을 벗기고[登山剝松皮]

---

46) 『成宗實錄』권6, 成宗 1년 6월 己酉(2일), 8-504.
47) 『中宗實錄』권36, 中宗 14년 6월 乙亥(13일), 15-544.
48) 『世宗實錄』권12, 世宗 3년 5월 庚辰(19일), 2-433.
49) 『明宗實錄』권9, 明宗 4년 5월 丁亥(18일), 19-641.
50) 金宗直, 『佔畢齋集詩集』권5, 道傍松皮剝盡.

들을 따라가며 풀뿌리 캐고 있네[邊野掘草根]

캐고 캐어도 미음[糜]조차 먹지 못하여[采采不供糜]

손과 다리가 모두 터져 있네[手脚盡瘃皴].[51)]

민이 먹을 것을 찾아 산에 올라 송피를 벗기고 있는 것이다. 그렇지만 미음조차 먹지 못하고 있다는 것이다.

국가 차원의 진휼에서 송피를 활용하는 경우도 보인다. 선조 26년 (1593) 9월, 진구(賑救)할 때 도토리 · 송피 · 초식(草食) 등으로 조처하도록 했다.[52)] 송피 등이 진휼의 자산으로 활용됨을 알 수 있다. 그렇지만 송피를 진휼에 활용한 것은 흔치 않아 보인다. 이것은 도토리가 자주 활용되는 것과 크게 구분되는 점이라고 생각된다.

송피로 연명하는 수가 많은데 금송(禁松) 정책이 추진된다면 곤란한 일이었다. 그렇기 때문에 흉년을 맞이한 경우 금송 조치를 완화하기도 했다. 성종 1년 6월, 구황하는 초식으로 송피만한 것이 없다고 하면서 송금이 심히 엄하니 여러 도에 유시해 금하지 말도록 했다.[53)] 송금을 하면 송피를 채취할 수 없기 때문에 송금을 풀도록 한 것이다. 국가의 중요한 시책인 송금 정책을 완화시켜 송피의 채취를 허락해 살아갈 수 있도록 배려한 것이다.[54)]

송피를 식용하는 방법에는 여러 가지가 있었다. 우선 그것을 씹어 영양분을 섭취하고 섬유질을 버리는 것이 있을 수 있다. "번쩍번쩍 칼을

---

51) 洪直弼, 『梅山集』권2, 續流民操.

52) 『宣祖實錄』권42, 宣祖 26년 9월 庚申(9일), 22-97.

53) 『成宗實錄』권6, 成宗 1년 6월 壬子(5일), 8-506.

54) 조선전기 송금정책 전반에 대해서는 다음의 글이 참고된다. 강판권, 2013 『조선을 구한 신목, 소나무』, 문학동네 ; 한정수, 2013 「조선 태조~세종 대 숲 개발과 重松 政策의 성립」『사학연구』111.

갈아서 산 언덕에 올라가[磨刀霍霍上山墟] / 송피를 깎아 내어 입에 가득 먹어대라[劚取松皮滿口茹] / 산지기가 속을 암만 태운들 어떻게 금하랴[冢戶脣焦那禁得]."55) 소나무 껍질을 입에 넣고 먹는다는 것은 껍질을 씹어 영양분을 섭취하고 섬유질을 버린다는 의미로 읽힌다.

다른 하나는 송피를 말린 다음 가루로 만들어 먹는 법이 있었다. 가루를 만드는 법은 다음과 같다. 물이 가장 오른 4~5월경 송피를 채취해, 소나무 속껍질을 벗겨내서 찧은 다음 3~4일간 물에 담가둔다. 솥에 물을 붓고, 태운 재를 송피와 같이 넣고 삶는다. 깨끗한 물에 2~3일 동안 담가두고 물을 계속 갈아주면서 냄새를 없애고 다시 손으로 잘게 찧는다. 그늘에 말려 찧어서 가루로 만든다. 선조 27년 3월, 임진왜란 시에 소나무 껍질을 가루로 만들어 전투 식량으로 하는 예가 있다.56) 송피 가루를 쌀과 섞어 죽을 쒀서 먹는 것이 흔했을 것이다. 이것이 이른바 송피죽(松皮粥)이다.

송피를 쪄서 먹는 방법도 있다. 곡식 가루를 섞으면 좋다고 한다. "송백피(松白皮, 소나무의 속껍질)를 쪄서 먹으면 곡식을 먹지 않아도 시장하지 않다. 또한 반드시 곡식가루를 섞어서 먹어야 살 수 있다."라고 했다.57) 또 송피로 떡을 만들기도 했으니, 이른바 송기떡이다. 이렇듯이 소나무 껍질은 생으로 씹어 먹는 것, 가루로 만들어 죽이나 떡을 만들어 먹는 것, 곡식가루와 섞어 쪄서 먹는 것 등이 있었다. 이 가운데 죽이 구황식으로 먹는 일반적인 방법이었을 것이다.

흉년에 초근목피(草根木皮)를 먹는다고 할 때 목피는 대체로 송피를

---

55) 丁若鏞, 『茶山詩文集』권7, 荒年水村春詞十首 癸巳春.
56) 『宣祖實錄』권49, 宣祖 27년 3월 戊子(10일), 22-236.
57) 洪萬選, 『山林經濟』권3, 救荒.

의미할 것이다. 다른 나무의 껍질은 식용으로 널리 사용되지 않기 때문이다. 흉년을 당해 새우 · 소라 · 조개 등도 다 잡아먹어서 씨가 말랐고, 나무껍질과 풀뿌리도 다 깎아 먹고 캐어 먹었다고 할 때[58] 먹는 나무껍질의 중심은 송피일 것이다. 흉년을 당했을 때 부역(賦役)을 모두 감면하여 백성의 힘을 펴지게 하면, 백성들이 나물을 뜯어 먹고 나무껍질을 벗겨 먹고 스스로 살아갈 수가 있다는 지적이 있는데,[59] 여기의 나무껍질은 대체로 송피를 가리킬 것이다.

목피를 벗겨 먹는 일은 흔히 볼 수 있다. 세종 19년 2월, 굶주린 민이 길에 이어지고 있고 금년 봄에 큰 전염병이 들어 굶주린 자가 병을 얻으면 곧 죽었다. 민이 우마를 죽이고, 목피를 벗기며, 맥근(麥根)을 채집해 먹거리로 하고 있었다.[60] 성종 1년 6월, 대사간 김수녕(金壽寧) 등의 상소에서 지난해 가물고 실농해서, 나물 뿌리[菜根]를 씹어 먹고 나무껍질을 벗겨 먹으면서 연명(延命)하고 있음을 언급하고 있다.[61] 굶주린 민이 목피를 벗겨 먹거리로 삼는 것을 알 수 있다.

흉년이 들어 굶주릴 때 목피를 식용으로 하는 예는 자주 볼 수 있다. 중종 8년 3월, 함경도 홍원 이북은 더욱 흉년이 들어 산업이 있는 자도 모두 목피 등을 먹으면서 어렵게 생활하고 있었다.[62] 명종 9년 4월, 근년이래 흉황이 이어져 민의 삶이 초목의 껍질에 의거하고 있었다.[63] 선조 32년 4월, 유민이 먹을 것이 없어 나무껍질로 살아가고 있다는 내용

58) 丁若鏞, 『牧民心書』, 賑荒 6조, 제1조 備資.
59) 丁若鏞, 『牧民心書』, 賑荒 6조, 제1조 備資.
60) 『世宗實錄』권76, 世宗 19년 2월 己巳(9일), 4-53.
61) 『成宗實錄』권6, 成宗 1년 6월 丁巳(10일), 8-509.
62) 『中宗實錄』권18, 中宗 8년 3월 甲戌(5일), 14-648.
63) 『明宗實錄』권16, 明宗 9년 4월 丁酉(27일), 20-193.

도 보인다.64) 나무의 껍질을 먹을 때 그 나무는 대체로 소나무로 보는 것이 타당할 것이다.65)

송피만을 식용으로 한 것이 아니라 솔잎도66) 널리 식용으로 삼았다.67) 솔잎을 따다가 절구에 찧어 즙을 빼고 덩어리를 지은 후 이를 온돌이나 양지에 말렸다가 다시 찧어 가루를 낸다.68) 솔잎가루를 섭취하는 데는 죽을 만들어 먹는 법이 있다. 솔잎가루 3홉, 쌀가루 1홉, 유피즙(楡皮汁) 1되를 섞어 죽을 쒀 먹는 방법이다.69) 임진왜란 중에 죽을 쑤어 기민들을 먹일 적에, 솔잎가루 10분에 쌀가루 1분을 섞어서 죽을 쒔다는 기록이 있다. 솔잎가루로 죽을 쑤게 되면 쌀은 적게 들이고서 살리는 백성의 수가 한없이 많을 것이라고 했다.70)

솔잎은 생으로 먹기도 하지만 가루를 만들어 곡식과 섞어 죽을 쒀서 먹었으며, 물에 가루를 타서 먹기도 했다. 솔잎가루 2홉과 콩가루 1홉을 냉수(冷水)에 타 먹으면 시장기가 없어진다고 했다.71) 조선후기에 가면 솔잎이 구황식으로 널리 활용된 것으로 보인다.

---

64) 『宣祖實錄』권111, 宣祖 32년 4월 庚午(21일), 23-602.
65) 다른 나무의 껍질도 부분적으로 식용으로 했지만(예컨대, 느릅나무, 가래나무 등), 소나무에 미칠 수는 없었다. 느릅나무의 구황 기능에 대해서는 서종학, 2011 앞의 책, 71면, 75~77면, 81~83면 및 김영완, 2022 앞의 논문 참조.
66) <표> 솔잎 100g에 포함된 중요 영양 성분(https://www.abody.kr/893)

수분	단백질	지방	탄수화물	식이섬유	비타민 C	칼슘
65%	5g	3g	25g	15g	200mg	100mg

67) 솔잎이 구황식으로서 갖는 중요성에 대해서는 서종학, 2011 앞의 책, 67~69면, 71~75면, 77~79면, 84~85면, 139~141면 및 김호, 2014 「사람 살리는 맛 - 굶주린 백성에게 솔잎을 -」『18세기의 맛』, 문학동네 참조.
68) 서종학, 2011 앞의 책, 71~75면, 139~140면.
69) 서종학, 2011 앞의 책, 78~79면 ; 洪萬選, 『山林經濟』권3, 救荒
70) 丁若鏞, 『牧民心書』, 賑荒 6조, 제5조 補力.
71) 서종학, 2011 앞의 책, 84~85면 ; 洪萬選, 『山林經濟』권3, 救荒.

솔잎은 생으로 먹을 수도 있지만 대개는 가루를 만들어 곡식과 섞어 죽을 만들어 먹었으며, 냉수에 가루를 타서 섭취하기도 했다. 그리고 솔방울[松子]도 가루로 만들어 식용으로 하는 것이 가능했다.[72]

4. 도라지[桔梗]와 더덕[山蔘]

(1) 도라지[桔梗]

도라지[桔梗]를[73] 식용으로 한 것은 오랜 역사를 가지고 있었던 것으로 보인다.[74] 도라지는 나물로도 먹고, 정과를 만들어 먹기도 하는데, 구황과 관련해서 갖는 의미가 매우 컸다.

성종 12년(1481) 5월, 호조가 도라지는 황각(黃角)·해채(海菜)·도토리 등과 함께 구황에 긴요한 초식으로 보고 있으며 구황을 위해 미리 다량 준비해야 한다고 계문했다.[75] 도라지가 구황에 중요한 초식임을 알 수 있다.

도라지가 배고픔을 해소하는 데 도움을 준다는 기록은 더 확인할 수 있다. 성종 14년 2월, 도라지는 성분이 감평(甘平)하여 먹으면 주리지 않고 사람을 보양하는 이익이 있다는 내용이 보인다.[76] 도라지를 먹으면 배고픔을 해소할 수 있다는 것이다.

---

72) 『成宗實錄』권180, 成宗 16년 6월 戊戌(19일), 11-28.
73) <표> 도라지 100g에 포함된 중요 영양 성분(https://m.blog.naver.com/jsd7616/221258636520)

단백질	탄수화물	식이섬유	지질	칼륨	칼슘	비타민 C	나트륨
1.70g	19.60g	4.00g	0.40g	460.00mg	39.00mg	12.00mg	10.00mg

74) 도라지 전반에 대해서는 김태정, 1998 앞의 책(Ⅳ), 199면 참조.
75) 『成宗實錄』권129, 成宗 12년 5월 癸巳(19일), 10-216.
76) 『成宗實錄』권151, 成宗 14년 2월 甲戌(11일), 10-432.

도라지는 봄에서 가을에 걸쳐 캐는데, 날것을 그대로 먹기도 하고 말려서 갈무리했다가 수시로 먹기도 한다. 성분으로 보아서는 가을에서 이른 봄까지가 좋으나 이때는 쓴맛이 강하다. 도라지를 요리하자면 미리 1, 2일간 물에 담가 쓴 맛을 우려내고, 섬유질을 부드럽게 하는 것이 필요하다.[77]

구황을 위해 도라지를 먹는 대표적 방법이 죽이었다. 도라지를 물에 담갔다가 볕에 말려서 만든 굵은 가루 세 숟가락, 채소 한 줌, 염장(鹽醬) 반 숟가락, 물 한 사발을 섞어 버무려 죽을 끓여서 먹으면, 구황(救荒)을 할 수 있다는 것이다.[78] 도라지 가루를 채소·염장·물과 버무려 끓여 죽을 만들어 먹는 것이다. 이처럼 도라지로 죽을 쒀서 먹는 것이 도라지를 활용한 가장 일반적인 구황법이었던 것으로 이해된다.

부족한 곡물을 보충하기 위해 도라지밥을 만들어 먹는 방법도 있었다. 그것은 밥에 도라지를 첨가하는 것이었다. 도라지를 잘 씻은 다음 충분히 삶아서 주머니에 넣고 물에 담가 발로 밟아줘 쓴 맛을 없앤 다음, 이를 밥에 섞어서 먹는 방법이다.[79] 도라지밥은 밥의 양을 늘려 먹는 요리법이었다.

도라지를 반찬으로 만들어 먹는 것도 매우 흔한 일이었을 것이다. 그런데 굶주림을 해소하는 방법으로는 죽이 대표적이라 할 수 있겠다. 도라지는 가치가 있는 식료이기 때문에 선물로 제공하기도 했다.[80]

도라지는 전국 곳곳에서 생산되었을 것이다. 그렇지만 『세종실록지

---

77) 『한국민족문화대백과사전(https://encykorea.aks.ac.kr/)』, 도라지 항목 참조.
78) 『世宗實錄』권115, 世宗 29년 2월 丁巳(25일), 5-8.
79) 『한국민족문화대백과사전(https://encykorea.aks.ac.kr/)』, 도라지 항목 참조.
80) 宋浚吉, 『同春堂集別集』권7, 愚伏鄭先生年譜.

리지』에서는 일부 지역에서만 도라지를 언급하고 있다.[81] 도라지[桔梗]를 언급한 부분은 도의 총론에서인데, 경기·충청도·전라도·평안도·함길도에서 확인된다. 경기에는 궐공조에 기재된 반면, 충청도·전라도·평안도·함길도는 약재조에 기재되어 있다. 경상도·황해도·강원도 총론에서는 도라지가 언급되지 않았다. 군현 단위에서 기록된 것은 함길도의 회령·온성·부령 등인데 모두 약재조에 기재되어 있다. 이렇게 본다면 도라지는 전국에서 생산되었지만 약효가 가장 큰 것은 함경도의 것으로 판단된다.

도라지를 캐서 돌아온다는 시구가 있다. "도라지 캐 돌아올 제 두 갈래 길 새파랗고[桔梗採歸雙徑綠]"가 그것이다.[82] 도라지는 아마도 산에서 캐 왔을 것이다. 도라지는 야생에서 채취하기도 하지만 손수 심어 가꾸기도 한 것으로 보인다. 후기에는 재배가 성행한 듯하다.[83]

(2) 더덕[山蔘]

더덕[山蔘]은[84] 캐서 쌀과 섞어 먹을 수 있는 구황식이었다.[85] 세종 27년(1445) 2월, 진제경차관이 시행할 사항에 "초식(草食)은 겨울철에

---

81) <표> 『世宗實錄地理志』 도라지[桔梗] 언급 부분

경기(厥貢條), 충청도(藥材條), 전라도(약재조), 평안도(약재조), 함길도(약재조) 회령도호부(약재조), 온성도호부(약재조), 부령도호부(약재조)

82) 丁若鏞, 『茶山詩文集』권1, 泰安郡守柳獻可 誨 見訪 同至開心寺東臺眺望 一宿而別.
83) 丁若鏞, 『茶山詩文集』권14, 題黃裳幽人帖.
84) <표> 더덕 100g에 포함된 중요 영양 성분(https://search.naver.com/search.naver?sm …)

탄수화물	단백질	지방	식이섬유	비타민 C	칼륨	철분
9.3g	1.5g	0.2g	3.6g	5mg	360mg	0.7mg

85) 더덕 전반에 관해서는 김태정, 1998 앞의 책(Ⅳ), 196면 참조.

벌써 다 먹고 지금 해가 긴 때를 당하여 단지 진제장(賑濟場)의 미곡만으로는 필시 굶주린 배를 채울 수가 없을 것인데, 그렇다고 한정이 있는 쌀을 더 주기도 역시 어려우니, 더덕[山蔘]·도라지[桔梗]·채소(菜蔬)를 많이 캐어서 섞어 먹게 할 것"이라는[86] 것이 보인다. 더덕이 도라지와 함께 언급되는 것으로 보아 구황식물로 판단된다.

구황에 더덕이 사용됨은 다음의 기록에서도 알 수 있다. 세조 1년(1455) 7월, 의정부에서 지금 화곡(禾穀)의 이삭이 팰 때인데, 풍우가 순조롭지 않아 내년의 구황을 염려하지 않을 수 없으니, 구황에 쓰일 상율·더덕·도라지 등을 때맞춰 채취해 이전보다 배로 갖출 것을 주장하고 있다.[87] 더덕이 구황에 중요함을 알 수 있다.

구황물로서 더덕이 긴요함은 다른 자료에서도 확인된다. 성종 4년(1472) 9월, 구황물로서 더덕[山蔘]·도토리·청채(菁菜)·도라지가 긴요하니 촌민으로 하여금 다량 비축해 저장하도록 하라는 주장이 보인다.[88] 성종 12년 5월에도 더덕이 구황에 중요하다고 언급하고 있다. 호조의 계문에, 더덕·도라지 등이 구황에 긴요한 초식(草食)이니 다수를 미리 준비해야 한다는 내용이 보인다.[89] 더덕이 중요한 구황식물임을 알 수 있다.

중종 8년(1513) 3월, 함경도 진휼경차관 한효원(韓效元)이 치계한 글에는 다음의 내용이 포함되어 있다. 실농한 각 고을에 유리 걸식하는 자가 많으며, 부종(浮腫)하기도 하고 혹은 아사(餓死)하기도 한다. 미식

---

86) 『世宗實錄』권107, 世宗 27년 2월 丁未(3일), 4-606.
87) 『世祖實錄』권1, 世祖 1년 7월 丁酉(24일), 7-74.
88) 『成宗實錄』권34, 成宗 4년 9월 癸巳(5일), 9-58.
89) 『成宗實錄』권129, 成宗 12년 5월 癸巳(19일), 10-216.

(米食)과 염장(鹽醬)을 다수 실어 구제했다. 비록 초식(草食)을 준비할지라도 동절에 이미 거의 다 먹어 지금에는 더덕 등을 잘게 썰어 가루로 만들어 교대로 먹고 있다고 한다.[90] 기근 상황에서 봄철 먹거리의 하나가 더덕인 것이다.

명종 9년(1554) 7월, 호조에서, 금년은 지난해보다 심한 흉년이니 구황하는 여러 일을 미리 준비해야 하는데, 먹을 수 있는 곡엽(穀葉)·더덕·채엽(菜葉)·도라지·해채(海菜) 등을 때맞춰 거둬 저장해 가을·겨울에 대비하라고 계문했다.[91] 더덕이 중요한 구황식의 하나였음을 알 수 있다. 아마 곡식과 섞어서 섭취했을 것으로 추정된다.

구황식으로 자주 언급되는 것에 초근(草根)이 있다. 초근은 말 그대로 풀뿌리를 가리키는 데 아마도 더덕과 도라지를 중심으로 해서, 기타 여러 푸성귀의 뿌리를 가리키는 것으로 이해된다. 세종 3년 5월, 승려 상강(尙强) 등이 금강산·오대산 등에서 수행할 때 송피와 초근을 식량으로 삼았다고 한다.[92] 풀뿌리를 양식으로 했다는 것이다.

초근을 확보해 굶주림을 해소하는 예도 자주 볼 수 있다. 중종 8년 3월, 함경도 관찰사 정광필(鄭光弼)의 장계(狀啓)에, 함경도 홍원 이북은 더욱 흉년이 들어 산업이 있는 자도 모두 초근 등을 먹으면서 어렵게 생활하고 있다는 내용이 포함되어 있다.[93] 중종 27년 5월, 흉년이 들어 백성들이 굶주리고 굶어죽은 시체가 나뒹구는 환란이 있었는데, 이때 풀뿌리[草根]와 나무 열매[木實]로 겨우 빈 배를 채우고 있다는 언급

---

90) 『中宗實錄』권18, 中宗 8년 3월 庚辰(11일), 14-649.
91) 『明宗實錄』권17, 明宗 9년 7월 壬子(14일), 20-217.
92) 『世宗實錄』권12, 世宗 3년 5월 庚辰(19일), 2-433.
93) 『中宗實錄』권18, 中宗 8년 3월 甲戌(5일), 14-648.

이 있다.[94] 구황식으로 초근을 활용하는 것이다. 초근은 어떤 풀의 뿌리인지 알기 어렵지만, 아마도 도라지와 더덕이 중심일 것이다.[95]

5. 칡[葛]과 고사리[蕨]

(1) 칡[葛]

산에서 취득해 식료로 하는 구황식물 중에 칡도 중요한 위치에 있었다.[96] 칡뿌리[葛根]를[97] 먹는 것은 오래되었지만 구황식으로 널리 활용된 것은 조선시기의 일로 보인다. 일본의 칡 식용문화가 상당한 영향을 준 것으로 추측된다.

일본인은 칡을 식용으로 널리 사용하고 있었다. 특히 농지가 부족한 대마도에서는 칡을 먹거리로 활용했다. 세종 10년(1428) 2월, 대마도는 모두 암석으로 이루어져서 농업을 할 수 없기 때문에, 칡뿌리와 도토리를 먹거리로 하므로 생리(生理)가 심히 어렵다는 언급이 보인다.[98] 대마도인들이 칡을 캐서 먹는 일은 자주 언급되고 있다.[99]

---

94) 『中宗實錄』권73, 中宗 27년 5월 己未(12일), 17-370.
95) 뿌리를 먹을 수 있는 식물은 많지만 필수 영양소를 포함해야 구황식물로 기능할 수 있다. 도라지와 더덕은 필수 영양소를 비교적 많이 갖추고 있는 귀한 식물이었다.
96) 칡에 대한 전반적인 설명은 김태정, 1998 앞의 책(II), 232면 참조.
97) <표> 칡즙 100g에 포함된 중요 영양 성분(https://www.abody.kr/1094)

열량	탄수화물	단백질	지방	식이섬유	칼슘	철분	비타민 C
약 35 kcal	약 8g	약 1g	미량	약 0.5g	약 15mg	약 0.5mg	약 3mg

98) 『世宗實錄』권39, 世宗 10년 2월 己巳(17일), 3-116.
99) 『睿宗實錄』권4, 睿宗 1년 3월 丁酉(13일), 8-352 ; 『成宗實錄』권205, 成宗 18년 6월 戊寅(10일), 11-222 ; 『中宗實錄』권88, 中宗 33년 8월 己未(19일), 18-199 ; 『宣祖實錄』권174, 宣祖 37년 5월 壬戌(12일), 24-609 ; 成俔, 『慵齋叢話』권10. 馬島土地磽瘠 五穀不生 ; 『續東文選』권3, 詠對馬島(金訢).

일본인들이 칡뿌리를 식용으로 하고 있음을 전하는 자료를 흔히 볼수 있다. 세종 18년 12월, 왜통사가 일본인들은 칡뿌리 등을 항상 먹고 있다고 언급했다.[100] 성종대 한명회가 왜인(倭人)이 칡을 채취해 먹는다고 들었다고 발언했다.[101] 여기서 언급한 일본인·왜인은 본토인들을 포함하기도 하겠지만 주로 대마도 사람들을 지칭하는 것으로 보인다.

칡뿌리를 먹는 연원은 오래 되었겠지만 그것을 식량의 보조 차원으로 승격시켜 활용한 것은 조선시기의 일로 보인다. 칡뿌리를 캐서 그것을 씹어서 즙을 먹는 일은 상당히 오래전부터 있었던 것으로 생각된다. 그러나 칡을 구황식으로 널리 사용하게 된 것은 뒷시기의 일로 보인다. 칡뿌리에서 가루를 채취해 그것을 약간의 곡물과 섞어 죽이나 면으로 만들어 먹음으로써 구황에 도움을 준 것은 아마도 조선시기에 들어와서였을 것이다. 물론 그 이전에도 칡을 구황에 전혀 활용하지 않은 것은 아니겠지만 사회 전체 구성원이 인지하고 널리 활용한 것은 아무래도 조선시기의 일로 보인다.

조선초 칡뿌리를 먹는 방법에 대해 관심을 갖고 널리 알리려고 했다. 세종 18년 12월, 왜통사 윤인보·윤인소가 가뭄으로 인해 구황책을 말하는 중에, 일본인들은 칡뿌리 등을 항상 먹고 있는데, 구황에 도움이 될 것 같다고 하자, 국왕이 그렇게 여겨 윤인보를 경상도에, 윤인소를 전라도·충청도에 보내 채식(菜食)하는 방법을 가르치게 했다.[102] 칡뿌

---

100) 『世宗實錄』권75, 世宗 18년 12월 癸未(22일), 4-44.
101) 『成宗實錄』권6, 成宗 1년 6월 乙卯(8일), 8-507 ; 『成宗實錄』권180, 成宗 16년 6월 戊戌(19일), 11-28.
102) 『世宗實錄』권75, 世宗 18년 12월 癸未(22일), 4-44.

리가 구황에 도움이 될 것이라고 여겨 그것을 캐고 먹는 법을 외방에 널리 알리고자 하는 것이다. 구황의 일환으로 칡뿌리를 먹는 것이 이후 크게 확산되었을 것이다.

성종 1년 6월, 한명회가 왜인이 칡을 채취해 먹는다고 들었다고 하며, 우리나라 사람도 간혹 채식하는 자가 있으니 시험해 보도록 하고, 혹여 먹을 수 있으면 널리 민에게 알려 비황(備荒)토록 하라고 계문하자 국왕이 따랐다.[103] 비황을 위해 칡을 채취해 먹는 방법을 찾아 널리 알리도록 하는 것이다.

또한 성종 16년 6월, 한명회가 시험삼아 칡뿌리를 취해 껍질을 벗겨 말려 가루로 만든 다음 곡식과 섞어 죽을 만들어 먹으면 장(腸)을 채울 수 있다고 했다.[104] 칡의 분말로 죽을 쑬 수 있다는 것이다.

칡 자체는 가축 사료로 사용하여 왔고, 껍질은 벗겨서 섬유자원으로 활용했다. 한때는 벽지를 만들 수 있는 좋은 섬유자원이기도 했다. 뿌리에는 전분이 많이 함유되어 있어 흉년에 구황식품으로 활용할 수 있었다. 칡은 채취해 껍질을 벗긴 뒤 씹어서 즙을 먹은 다음 섬유질을 버리는 방식은 기호활동의 일환이지 식량을 크게 돕는 것은 아니었다. 칡을 식량을 돕는 음식으로 만들기 위해서는 가루(앙금)로 만드는 것이 필요했다. 칡뿌리를 캐서 가루를 만들어 먹으면, 곡식을 끊고서도 주림을 잊을 수 있다고 한다.[105]

앙금을 만드는 방법은 다음과 같다. 칡의 껍질을 벗긴 다음 찧는다. 찧은 칡을 보자기에 넣고 물에 담궈 앙금을 앉힌다. 그 앙금을 잘 말려

103) 『成宗實錄』권6, 成宗 1년 6월 乙卯(8일), 8-507.
104) 『成宗實錄』권180, 成宗 16년 6월 戊戌(19일), 11-28.
105) 丁若鏞, 『牧民心書』, 賑荒 6조, 제5조 補力.

분쇄하면 칡 분말[葛粉]이 된다. 보자기에 남은 섬유질은 버린다. 칡 분말로 다양한 음식을 만들어 먹었다.106) 칡 분말로 죽을 만드는 과정에서 푸성귀를 섞어 양을 불리는 일도 있었을 것이다. 칡가루를 녹두 가루와 섞어서 갈분국수를 만들어 식용하는 경우도 있었다. 갈분웅이는 갈분을 묽게 쑤어 생강즙과 설탕, 꿀 따위를 탄 음식으로 술이 깬 뒤에 먹었다. 갈분국수와 갈분웅이는 구황식이라고 하기는 어려울 것이다.

성종 2년 3월, 역민(役民)하는 방법을 호조에 하달한 내용 가운데 채갈(採葛)이 언급되어 있다. 서울에서 얼음을 저장하는 일, 금을 캐는 일 등의 역은 상례(常例)대로 조발(調發)할 것이며, 제언을 쌓거나 칡을 채취하는 역 등은 별례(別例)로써 조발하도록 했다.107) 칡 채취가 하나의 역으로 자리잡고 있음은, 채갈이 상당히 널리 행해지고 있음을 의미할 것이다. 이 시기에 이르면 채갈이 관에서 주도할 정도로 보편화한 것이 아닌가 여겨진다.

16세기에 들면 칡을 끼니로 삼는 일이 상당히 확산된 것으로 여겨진다. 중종대에 흉년으로 칡뿌리를 먹는 일이 언급되고 있다. 중종 8년(1513) 3월, 흉년을 당해 고통을 겪고 있는 함경도 각 고을의 경우, 쌀과 염장(鹽醬)을 실어다가 구제하고, 또 초식(草食)을 이미 장만했으나 겨울철에 거의 다 먹어 없어졌으므로 3월 현재 칡뿌리 등을 먹고 있다고 했다.108) 칡뿌리를 먹음으로써 식량 문제를 해소하고 있는 것이다. 칡을 가루로 만들어 죽을 쒀 먹었을 것이다.

칡은 전국 도처에서 생산되는 것이었지만 『세종실록지리지』에서는

---

106) 『한국민족문화대백과사전(https://encykorea.aks.ac.kr/)』, 칡 항목 참조.
107) 『成宗實錄』권9, 成宗 2년 3월 壬辰(19일), 8-559.
108) 『中宗實錄』권18, 中宗 8년 3월 庚辰(11일), 14-649.

일부 도와 고을에 국한되어 언급되고 있는 데 그치고 있다.[109] 언급된 곳은 아마도 고급 칡의 중요 산지였을 것이다.

조선후기에 이르면 기근이 들었을 때 칡뿌리를 먹는 일은 매우 흔한 것으로 보인다. 현종 8년(1667) 5월, 관동의 기근이 다른 도의 배가 되며, 민간에서는 칡뿌리를 먹고 있었다.[110] 조선후기에 칡뿌리를 먹는 것이 보편화한 듯 하다.[111] 아마도 칡가루로 죽을 만들어 먹었을 것이다.

(2) 고사리[蕨]

고사리는[112] 어린 순을 식용으로 이용한다.[113] 고사리는 잎이 땅 위로 올라와서 꼬불꼬불 말리게 되는데 잎이 완전히 펴지기 전에 미전개 잎을 수확한다. 잎 줄기가 15cm 이상이 되면 잎이 펴지고 잎 줄기가 딱딱해져서 먹을 수 없게 된다. 잎이 펴지기 전에, 또 잎 줄기가 딱딱해지기 전에 꺾어서 식용으로 하는 것이다. 보통은 양력 4~5월 경에 수확한다.

---

109) <표> 『世宗實錄地理志』 葛 및 葛根 언급

경기(闕貢條, 葛), 황해도(藥材條, 葛根), 강원도(약재조, 갈근), 평안도(약재조, 갈근), 함길도(약재조, 갈근), 경원도호부(약재조, 갈근), 회령도호부(약재조, 갈근), 온성도 호부(약재조, 갈근), 부령도호부(약재조, 갈근)

110) 『顯宗改修實錄』권17, 顯宗 8년 5월 己酉(6일), 37-565.
111) 『英祖實錄』권53, 英祖 17년 1월 戊寅(12일), 43-1 ; 『正祖實錄』권16, 正祖 7년 10월 戊寅(20일), 45-400 ; 『正祖實錄』권16, 正祖 7년 12월 甲子(7일), 45-414 ; 蔡濟恭, 『樊巖集』권40, 通訓大夫行弘文館校理權公行狀 ; 正祖, 『弘齋全書』권38, 慶尙道都事兼督運御史金載人諭書 ; 丁若鏞, 『牧民心書』, 賑荒 6조, 제5조 補力 ; 洪直弼, 『梅山集』권17, 答姜文老 乙亥二月.
112) <표> 고사리 100g에 포함된 중요 영양 성분(https://nofat.kr/food/R000750)

열량	지방	단백질	탄수화물
22cal	0.17g	2.9g	3.8g

113) 고사리에 대한 전반적인 설명은 김태정, 1998 앞의 책(Ⅴ), 291면 참조.

고사리 뿌리[蕨根]를 식용으로 삼기도 했다. 가을에 고사리 뿌리를 캐내어 절구에 찧어, 이것을 푸대에 넣어 잘 주물러 녹말을 얻는다. 고사리 뿌리를 활용해 가루를 얻는 것이 구황에 중요했을 것으로 여겨진다.

조선전기 고사리는 구황식물의 하나였다. 일본인은 갈근(葛根)과 더불어 고사리 뿌리를 먹고 있었다. 윤인보를 경상도에, 윤인소를 전라도·충청도에 보내 고사리 뿌리를 채취해 먹는 법을 가르치게 했다.[114] 일본인들이 고사리 뿌리를 식용으로 하는 기록이 자주 보인다.[115] 고사리 뿌리에서 녹말을 채취해 구황에 활용했을 것이다. 그러나 조선전기의 기록에서는 고사리 뿌리를 먹는 것은 거의 언급되고 있지 않다.

고사리는 종묘에 천신(薦新)하는 물목의 하나였다. 고사리를 봄에 채취해서 3월에 종묘에 천신했다.[116] 고사리는 맛난 것이어서 여러 궁전에 바치고 또 진상하는 나물이었다.[117]

고사리는 말려서 저장하고 필요할 때 먹었다. 고사리를 말리는 법은 다음과 같다. 3월에 딴 연한 고사리를 삶아 마른 재를 섞어 볕에 말렸다가 재를 씻어버리고 다시 볕에 말려 저장한다. 먹을 때마다 끓는 물에 담가 부드럽게 해서, 파·양념·기름장으로 볶아 익히면 맛이 좋다.[118] 고사리를 삶은 다음 마른 재를 섞어 볕에 말리고, 다시 재를 씻어 버리

---

114) 『世宗實錄』권75, 世宗 18년 12월 癸未(22일), 4-44.

115) 『世宗實錄』권204, 成宗 18년 6월 戊寅(10일), 11-222 ;『成宗實錄』권109, 成宗 10년 10월 丁酉(15일), 10-59 ;『成宗實錄』권196, 成宗 17년 10월 丁丑(6일), 11-146.

116) 『太宗實錄』권24, 太宗 12년 8월 庚申(8일), 1-646 ;『世宗實錄』권128, 五禮, 吉禮序例, 時日, 5-176.

117) 『世宗實錄』권6, 世宗 1년 12월 壬辰(22일), 2-356 ;『世宗實錄』권47, 世宗 12년 3월 丁卯(27일), 3-227 ;『成宗實錄』권4, 成宗 1년 4월 壬戌(14일), 8-487 ;『成宗實錄』권4, 成宗 1년 4월 乙丑(17일), 8-489.

118) 洪萬選, 『山林經濟』권2, 治膳, 蔬菜.

고 볕에 말려 저장하는 것이다.

고사리는 굶주림을 해소하는 데 도움을 줬다. 경기 양주에 거주하는
수군(水軍) 윤척산(尹滌山)이 어려서 어머니를 잃고 홀로 아버지와 살
면서 고사리를 채취하고 물고기를 잡아 조석으로 봉양했다.119) 고사리
를 먹어 굶주림을 면한다는 내용도 있다.

> 고사리가 살지니 굶주림을 면하겠고[蕨肥饑可療]
> 샘이 차가우니 목마름이 가시겠네[泉洌渴堪澆].120)

고사리로 굶주림을 해소할 수 있다는 의미이다. 구황에 고사리가 도
움이 됨을 알려 준다. 고사리가 단순히 나물의 역할만 하는 것이 아니
라 구황의 기능을 하고 있다는 것이다.

배 고플 때 고사리를 먹는다는 내용도 비슷한 의미이다. 고려시기에도
고사리로 배고픔을 해소하는 모습이 보인다. "잠시 은대에서 나와[暫出
銀臺署] / 죽각의 중을 찾아왔네[來尋竹閣僧] / 배 고프면 고사리 삶아 먹
고[飢餐宜煮蕨] / 부처 이야기에 등불 더 밝히네[禪話更添燈]."121) "알지
못해라 어느 곳이 술집인가[遣興未知何處酒] / 요기는 오직 이 산의 고
사리뿐일세[療飢唯賴此山薇]."122) 고사리가 구황식으로 의미를 가짐
을 알 수 있다.

주림을 달래기 위해 고사리를 캔다고 함은, 고사리가 구황식으로 의
미를 지녔음을 뜻한다. "귀를 씻으려 다시 동쪽 개울 물을 찾고[洗耳更

---

119) 『成宗實錄』권127, 成宗 12년 3월 己卯(5일), 10-197.
120) 鄭蘊, 『桐溪集』권1, 某里卜居 戊寅春.
121) 李奎報, 『東國李相國全集』권17, 又別成一首 謝惠燭.
122) 李奎報, 『東國李相國全集』권17, 黃驪旅舍有作.

尋東澗水] / 주림을 달래려 북쪽 산의 고사리를 캐었네[療飢薄采北山
薇].”123) 고사리가 구황식만이 아니라 시골 사람의 먹거리로 매우 중요
했다. “시골 사람의 생계는 산 위의 고사리로다[野人活計山上蕨].”124)
산에서 나는 고사리가 시골 사람의 생계에 매우 중요했음을 알 수 있
다. 아마도 구황식으로 기능했을 것이다.

고사리는 배부르게 하는 역할을 했다. “나그네에게 고사리 주어 배부
르게 하누나[付與覊人飽蕨薇].”125) 식료로서 고사리가 중요한 역할을
했음을 알려준다. 고사리는 요기를 가능케 하는 나물이었다.126)

고사리는 구황식으로서만이 아니라 통상의 반찬으로서도 중요했다.
고사리는 맛난 반찬이기 때문에 밥 먹을 때 고사리가 있으면 고기가 없
어도 괜찮다는 언급이 보인다.127) 들밥에도 고사리를 곁들이는 것이다.

집집마다 들밥 내가니 고사리가 향기로워라[家家野飯蕨芽香]
먹고 나서는 밭머리서 웃으며 얘기 나누네[饁罷田頭笑語長].128)

들밥의 반찬으로 고사리가 있었던 것이다. 봄의 반찬으로 늘상 고사
리가 있었다.129) 고사리는 비린 냄새를 없애준다고 여겼으며,130) 향미
가 있는 반찬이라고 했다.131) 고사리는 술 안주로도 좋은 반찬이었

---

123) 『續東文選』권7, 感懷(金時習).
124) 成俔, 『虛白堂詩集』권1, 田家詞 十二首.
125) 金壽恒, 『文谷集』권1, 次翁兒雨中韻.
126) 權鼈, 『海東雜錄』5, 本朝, 李滉, 春四詠.
127) 申欽, 『象村集』권17, 題李同年 海 果川別業八詠.
128) 徐居正, 『四佳詩集』권3, 田家.
129) 李應禧, 『玉潭遺稿』, 初夏 ; 李健命, 『寒圃齋集』권2, 次張進士 後載 壁上韻.
130) 金誠一, 『鶴峯逸稿』권1, 次濯熱亭韻.
131) 『東文選』권9, 田家四時(金克己).

다.132) 고사리를 냉이와 더불어 봄나물로 언급하기도 하고,133) 죽순과 함께 봄을 상징하는 나물로 여겼다.134) 고사리는 맛난 먹거리여서 선물로 제공하는 경우도 보인다.135)

봄철에 고사리가 돋아나는 것에 대해 다양하게 읊고 있다. 봄 산에 고사리가 살쪘다고 표현하기도 하고,136) 겨울 지나고 따뜻한 봄이 오면 고사리 순이 나와 살진다고 읊기도 했다.137) 복숭아 꽃이 질 무렵 고사리 싹이 돋아난다고 하며,138) 비 온 뒤에 고사리 싹이 돋아난다고 했다.139) 고사리는 비가 내린 뒤에 순이 살진다고 한다.140) 이 때문에 비 온 뒤가 고사리 꺾기에 좋은 때였다.141) 그리고 불탄 자리에서 고사리 싹은 유난히 잘 자랐다.142)

고사리를 캐기 위해 날씨가 맑은 날에 집 뒷산에 오른다고 표현했다.143) 3월에 고사리 줄기를 꺾었다고 언급하기도 하고,144) 4월에 뜯는다고 기술하기도 했다.145) 아무튼 고사리는 세기 전에 뜯어야 했다.146)

---

132) 金堉,『潛谷遺稿』권1, 原韻 ; 鄭宗魯,『立齋集』권1, 訪山家卽事.
133) 金昌協,『農巖集』권4, 卽事效劍南.
134) 權近,『陽村集』권10, 次魯중李同年 恒茂 詩韵 二首.
135) 李應禧,『玉潭遺稿』, 採薇送縣宰 縣宰果川倅李枌延原府院君光庭之子文科官至郡守 ; 李瀷,『星湖全集』권5, 謝申上舍惠蕨.
136) 徐居正,『四佳詩集』권20, 寄高同隣 台鼎.
137) 李原,『容軒集』권2, 次四佳亭詩 四首.
138) 奇大升,『高峯集』권1, 偶吟.
139) 尹善道,『孤山遺稿』권1, 對案 乙酉 ; 金昌協,『農巖集』권6, 崧陽書院.
140) 李玄逸,『葛庵集』권1, 江村遇雨.
141) 權鞸,『石洲集』권6, 村居雜題 二首 ; 李應禧,『玉潭詩集』, 萬物篇, 蔬菜類.
142) 柳夢寅,『於于集』권2, 頭流錄, 下車憩溪上.
143) 閔思平,『及菴詩集』권3, 有贈.
144) 金昌協,『農巖集』권1, 齋居有懷 述寄李樂甫 賀朝 申以開歲之約 用酬來章 仍藭反和.
145)『續東文選』권5, 田家詞十二首(成侃).
146) 李晩燾,『響山集』권1, 廣德次雲谷雜詠.

고사리는 싹이 나와 어릴 때 뜯어야 하는 것인데 늦으면 줄기가 강해져서 먹을 수 없는 것이다.

6. 나물[蔬菜] 및 기타

산채(山菜)도 구황식의 하나였다.[147] 산채는 산나물인데, 구체적으로 어떤 나물을 가리키는지는 명확하지 않다. 중종 34년(1539) 4월, 안주 영위사 호조 판서 윤인경(尹仁鏡)이 복명해서, 서방이 기근으로 고생하고 있는데, 정주(定州) 이서가 더욱 심하다고 했다. 수확이 절망적인데, 민간에서는 산채(山菜)와 태두(太斗)를 먹거리로 삼으며 나머지는 오히려 초식(草食)도 이어가지 못하고 있다고 발언했다.[148] 굶주린 이들이 산채를 먹고 있음을 알 수 있다. 명종 3년(1548) 3월, 청하현 민이 오로지 송피와 산채 등으로 어렵게 연명하고 있다.[149] 봄철에 청하현민이 산채를 구황식으로 먹고 있는 것이다. 산채는 산나물을 뜻하지만 어떤 특정 식물을 지칭하는지 알 수 없다.[150]

소채(蔬菜)는 푸성귀 모두를 가리키는 것으로 보인다. 산에서 나는 나물도 포함하고 들에서 뜯는 나물도 포함하고 있는 것으로 보인다. 소채 역시 구황식으로 사용됨을 여러 자료가 말해주고 있다. 성종 13년(1482) 4월, 국왕이 평안도 관찰사를 인견하면서, 지금은 산야(山野)의 소채(蔬菜)가 이미 자라고 있고, 양맥이 장차 익어가고 있어 비록 생리

---

147) 산채는 산에서 나는 야생 나물을 가리킨다. 반면 野菜는 들에서 얻을 수 있는 소채를 의미하는 것으로 여겨진다.
148) 『中宗實錄』권90, 中宗 34년 4월 癸卯(6일), 18-267.
149) 『明宗實錄』권7, 明宗 3년 3월 庚子(25일), 19-578.
150) 산채에는 참나물, 곰취, 두릅은 물론 도라지와 더덕, 고사리 등도 포함될 것이다.

(生理)가 있지만, 지난해 가뭄이 매우 심하므로 유의해 구민(救民)하라고 지시하고 있다.[151] 산야에서 자라는 소채가 구황식이 됨을 알 수 있다. 산야의 소채란 표현에서 알 수 있듯이 산만이 아니라 들에서 채취하는 것도 포함된다.

채소(菜蔬) 역시 구황식임을 확인할 수 있다. 세종 27년(1445) 2월, 진제경차관이 시행할 사항에 초식(草食)은 겨울철에 벌써 다 먹고 지금 해가 긴 때를 당하여 단지 진제장(賑濟場)의 미곡은 부족해 더덕[山蔘]·도라지[桔梗]·채소를 많이 캐서 섞어 먹게 하라는 것이 보인다.[152] 여기의 채소는 사람이 재배하는 것이 아니라 자연적으로 자라는 것을 가리킨다.

채소가 구황식임은 다른 자료에서도 확인할 수 있다. 중종 36년 12월, 구황경차관이 내려 가서 민간을 구황하는데 도토리·채소 등의 유무를 모두 동일하게 맞추려 하면 도리어 폐단이 있을 것이니 편의에 따라 조치해 폐가 없도록 하라고 지시했다.[153] 구황경차관이 구황용 채소 등의 유무를 점검함을 읽을 수 있다. 여기의 채소는 자연적으로 성장하는 것을 가리키는 것으로 이해된다.

채엽(菜葉)도 구황식물로 보인다. 명종 9년 7월, 호조에서 계문한 내용이다. 올해는 지난해보다 심한 흉황이라고 하면서, 먹을 수 있는 곡엽(穀葉)·채엽(菜葉) 등을 때맞춰 거둬 저장해 가을·겨울을 방어해야 한다는 것이다.[154] 채엽은 채소의 잎을 가리키는 것으로 보이는데, 아마도 야생

---

151) 『成宗實錄』권140, 成宗 13년 4월 辛亥(13일), 10-319.
152) 『世宗實錄』권107, 世宗 27년 2월 丁未(3일), 4-606.
153) 『中宗實錄』권97, 中宗 36년 12월 壬子(1일), 18-531.
154) 『明宗實錄』권17, 明宗 9년 7월 壬子(14일), 20-217.

푸성귀의 잎으로 여겨진다. 구체적인 식물의 이름은 확인하기 어렵다.

채근(菜根)도 구황식의 하나였다. 성종 1년 6월, 지난해 가물고 실농해서, 나물 뿌리[菜根]를 씹어 먹고 나무껍질[木皮]을 벗겨 먹으면서 연명(延命)하고 있음을 언급하고 있다.155) 채근의 대상이 된 식물 역시 특정하기 어렵지만, 도라지·더덕의 가능성이 높다고 여겨진다.

산나물도 가치있는 것이어서 선물로 제공하는 예가 많이 보인다. 웅상인(雄上人)이 용문산에서 나는 나물을 이행(李荇)에게 선물로 보내주었다.156) 이행이 직경(直卿) 홍언충(洪彦忠)에게 산나물[山蔬]을 선물로 보내주었다.157) 산나물이 귀한 것임을 알 수 있다. 산인(山人) 영숙(靈淑)이 이식(李植)에게 산나물[山菜]을 보내 준 일도 있었다.158) 그리고 수다사(水多寺)의 승려가 김종직에게 6종의 채소[六種菜]를 보내온 일도 있었다.159) 사찰의 승려가 선물하는 것으로 보아 산채일 가능성이 높다. 산채는 선물의 대상이 될 정도로 가치있는 먹거리였다.

기타 구황식물로 다양한 것이 언급되어 있다. 우선 천금목(千金木)160)·유목피(楡木皮, 느릅나무 껍질)가161) 보인다. 선조 27년 2월, 윤승길(尹

---

155) 『成宗實錄』권6, 成宗 1년 6월 丁巳(10일), 8-509.

156) 李荇, 『容齋集』권1, 答雄上人 齡龍門山蔬 兼以蠟燭見遺.

157) 李荇, 『容齋集』권6, 餽直卿山蔬 兼示公碩.

158) 李植, 『澤堂集』권6, 次韻謝山人靈淑送山菜詩.

159) 金宗直, 『佔畢齋集詩集』권15, 水多寺僧學誼送六種菜.

160) 천금목(千金木)은 옻나뭇과의 낙엽 활엽 소교목이다. 줄기는 높이가 7미터 정도이고 가지가 굵으며, 잎은 어긋나고 7~13개의 작은 잎으로 된 우상 복엽이다. 여름에 흰 꽃이 원추(圓錐) 화서로 피고 열매는 편구형의 핵과(核果)로 누런 갈색 털로 덮이고 10월에 익는다. 잎에 진디, 나무진디 따위가 기생하여 혹같이 돋는 것을 '오배자'라고 하고, 약재·염료·잉크 원료로 쓴다. 산기슭과 골짜기에 나는데 한국, 일본, 중국, 인도 등지에 분포한다(네이버 국어사전(https://ko.dict.naver.com/)).

161) 느릅나무(楡木)는 느릅나뭇과의 낙엽 활엽 교목이다. 높이는 15미터 정도이며, 잎은 어긋나고, 긴 타원형으로 톱니가 있다. 3월에 종 모양의 푸른 자주색 꽃이 피고

承吉)의 발언에, 호조에서 납부를 독촉하는 천금목과 유목피는 기민을 위한 것이라고 했다.[162] 천금목과 유목피는 굶주린 민이 구황식으로 먹는 데 활용되는 나무인 것이다.

그리고 다양한 구황식물이 언급된 경우도 보인다. 중종 8년 3월, 한효원은 유목피(楡木皮) · 추목피(楸木皮)[163] · 가려손목피(加呂遜木皮) · 목적초(木賊草) · 토사자(免絲子)[164] · 명회목(明灰木) · 창이자(蒼耳子)[165] · 마자(麻子)[166] · 더덕[山蔘] · 칡뿌리[葛根]와 해산(海産)의 홍채(紅菜) · 황곽(黃藿) 등의 구황식물을 언급했다.[167] 마자는 삼의 씨앗으로 농작물이기 때문에 구황식물로 볼 수 없다. 도꼬마리[蒼耳子]는 주로 산에

열매는 날개가 있는 시과(翅果)로 5~6월에 익으며 전혀 털이 없다. 어린 잎은 식용하거나 사료로 쓰고 나무는 기구재나 땔감으로 쓰며, 나무 껍질은 약용 또는 식용한다. 한국, 만주, 사할린, 일본 등지에 분포한다(네이버 국어사전(https://ko.dict.naver.com/)). 느릅나무 일반에 대해서는 강판권, 2010 앞의 책, 684~691면 및 김태정, 1998 앞의 책(Ⅰ), 118~119면 참조.

162) 『宣祖實錄』권48, 宣祖 27년 2월 乙卯(6일), 22-217.
163) 추목(楸木)은 가래나뭇과의 낙엽 활엽 교목이다. 높이는 20미터 정도이며, 잎은 우상복엽으로 7~15개이다. 4~5월에 꽃이 피고 열매는 달걀 모양의 핵과(核果)로 9~10월에 익는다. 열매의 씨는 먹거나 약용한다. 산기슭이나 약간 습한 곳에서 자라는데한국, 만주 등지에 분포한다. 비교적 단단하고 결이 고와서 마루청, 세간, 총대 따위의 재료로 쓴다(네이버 국어사전(https://ko.dict.naver.com/)). 가래나무 일반에 대해서는 강판권, 2010 앞의 책, 148~153면 및 김태정, 1998 앞의 책(Ⅰ), 82~83면 참조.
164) 토사자(免絲子)는 말린 새삼의 씨다. 허리와 무릎이 시리고 아픈 데나 유정(遺精), 소갈(消渴), 설사, 눈이 어두워지는 증상 따위에 쓴다(네이버 국어사전(https://ko.dict.naver.com/)). 새삼은 메꽃과의 한해살이 기생 식물로 줄기는 누런 갈색의 철사 모양이며, 잎은 없다. 여름에 흰색 꽃이 가지 끝에서 자잘하게 피고 열매는 삭과(蒴果)로, '토사자'라고 하여 약용한다. 산과 들에 나는데 한국, 일본, 중국 등지에 분포한다(네이버 국어사전(https://ko.dict.naver.com/)). 새삼에 대한 전반적인 내용은 김태정, 1998 앞의 책(Ⅲ), 297면 참조.
165) 창이자(蒼耳子)는 도꼬마리의 열매를 한방에서 이르는 말이다. 두통, 피부병, 코염따위에 쓴다(네이버 국어사전(https://ko.dict.naver.com/)).
166) 마자(麻子)는 삼의 씨를 가리킨다.
167) 『中宗實錄』권18, 中宗 8년 3월 庚辰(11일), 14-649.

서 자라는 풀의 일종이다. 토사자(免絲子)는 새삼의 씨를 가리키는 데 새삼은 산과 들에 자라는 소채이다. 홍채와 황각은 해산물로 산에서 채취할 수 있는 것이 아니다. 가려손목피·명회목은 나무의 일종으로 보이나 정확히 할 수 없다. 목적초는 아마도 풀의 일종으로 보이나 실체를 알 수 없다. 명확히 산에서 얻을 수 있는 구황식물은 유목피·추목피·가려손목피·명회목·창이자·더덕·칡뿌리 등이다. 그런데 이들 구황식물 가운데 창이자·가려손목피·마자 등을 갈아 가루로 만들어 먹고서 혼미(昏迷)해지고 상(傷)함에 이르는 자가 많았다는 언급이 있다.[168] 나무 및 나무 열매를 잘못 먹어 해를 입는 수가 있었던 것이다.

여뀌[蓼花實]와[169] 도꼬마리[蒼耳實]를[170] 구황식물로 언급한 예도 있다. 선조 27년 10월, 열읍(列邑)에서 도토리·여뀌·도꼬마리 등을 납부하도록 독촉했다고 한다.[171] 여뀌는 물가의 식물이기 때문에 들의 야채(野菜)로 보아야 하고, 도꼬마리는 주로 산에 서식하므로 산채(山菜)로 보아야 할 것이다.

---

168) 『中宗實錄』권18, 中宗 8년 3월 庚辰(11일), 14-649.
169) 여뀌[蓼花實]는 마디풀과의 한해살이풀이다. 높이는 40~80cm이며 잎은 어긋나고 피침 모양이다. 6~9월에 꽃잎의 끝이 붉은색을 띠는 연녹색 꽃이 수상(穗狀) 화서로 피고 열매는 수과(瘦果)이다. 잎과 줄기는 짓이겨 물에 풀어서 고기를 잡는 데 쓴다. 잎은 매운맛이 나며 조미료로 쓰이기도 한다. 한국, 일본, 북미, 유럽 등지에 분포한다(네이버 국어사전(https://ko.dict.naver.com/)). 여뀌에 대한 전반적인 설명은 김태정, 1998 앞의 책(Ⅰ), 161~169면 참조.
170) 도꼬마리[蒼耳實]는 국화과의 한해살이풀이다. 줄기는 높이가 1.5미터 정도이고 온몸에 거친 털이 많으며, 잎은 삼각형으로 가장자리에 톱니가 있다. 여름에 노란 두상화(頭狀花)가 피는데 수꽃은 꼭지에 붙고 암꽃은 그 밑에 붙으며, 열매는 수과(瘦果)로 갈고리 모양의 가시와 짧은 털이 있다. 들이나 길가에 나는데 한국, 일본, 중국, 대만, 유럽, 북아메리카 등지에 분포한다(네이버 국어사전(https://ko.dict.naver.com/)). 도꼬마리에 대한 전반적인 설명은 김태정, 1998 앞의 책(Ⅳ), 218면 참조.
171) 『宣祖實錄』권56, 宣祖 27년 10월 丁未(3일), 22-358.

산에서 얻는 구황식물은 매우 다양했다. 그렇지만 필수 영양소를 지니고 있으며 다량 확보할 수 있는 구황식물은 일부였을 것이다. 이상에서 언급한 산나물이나 나무 등은 구황식물로 큰 역할을 한 것으로 보기는 힘들다.

7. 결어

우리는 산에서 다종다양한 구황식물을 확보할 수 있었다. 필수 영양소가 많은 구황식물은 기근이 들 때 매우 중요한 먹거리 구실을 할 수 있었다. 산에서 얻는 구황식물은 밤, 송피와 송엽, 도라지와 더덕, 칡과 고사리가 있었으며 각종 소채도 있었다. 실체를 정확히 알 수 없는 것도 꽤 여럿이었지만 중요성에서 떨어지는 것들이다.

구황식물 가운데 중요한 먹거리가 되는 열매는 도토리와 밤이었다. 도토리는 가장 대표적인 구황식물이었다. 밤 역시 풍부한 영양을 갖고 있어 구황식으로 큰 의미를 가졌다. 밤은 강원도와 평안도에서 풍부하게 생산된 것으로 보이며, 국가에서는 밤나무의 식재와 관리에 관심을 기울였다. 목실(木實)을 구황식으로 채취한다고 할 때 그것은 대체로 밤과 도토리였다고 생각된다.

도토리 다음으로 가장 중요한 구황식물은 소나무 껍질[송피]였다. 송피에서 가루를 얻어 그것을 가공해 먹거리로 만들었다. 그리고 솔잎 또한 가루로 만들어 식용으로 활용할 수 있었다. 목피(木皮) 역시 중요한 구황식물이었는데, 대개 송피를 가리키는 것으로 봄이 타당할 것 같다.

뿌리를 식용으로 할 수 있는 대표적인 구황식물은 도라지와 더덕이었다. 풍부한 영양가를 지니고 있어 매우 중요한 식량원으로 구실했다. 구황식물로 언급되는 초근(草根)은 주로 도라지와 더덕의 뿌리로 볼 수 있을 것 같다.

칡과 고사리 역시 구황식으로 중요했다. 일본인들이 먹거리로 적극 활용하는 것은 조선인에게 큰 시사를 줘서 칡과 고사리가 구황식으로 널리 활용되기에 이르렀다. 칡뿌리에서 얻은 앙금[葛粉]은 활용도가 높은 구황 식자재였다. 고사리는 나물로도 중요했지만 허기를 해결하는 데에도 큰 도움을 주었다. 고사리 뿌리에서 얻는 가루를 구황식으로 섭취할 수 있었다.

그밖에 산채·채소·소채·초엽·초근·초식으로 불리는 것도 구황식물로서 중요했지만 어느 식물을 가리키는지는 명확하지 않다. 기타 천금목·유목피·추목피 등의 나무도 구황식물이었으며, 토사자와 도꼬마리도 산에서 얻을 수 있는 구황식물의 하나였다. 그렇지만 중요성에서는 앞에 언급한 중요 구황식물에 크게 미치지 못했다.

우리의 산은 구황식물을 풍부하게 제공하는 중요한 터전이었다. 산에서 풍성한 구황식물을 얻을 수 있었기 때문에 흉년의 굶주림을 다소나마 해소할 수 있었다. 결국 구황식물 덕분에 연명하는 것이 가능했으며, 인구의 급감을 막을 수 있었다고 할 수 있다. 우리나라처럼 구황식물을 풍부하게 확보할 수 있는 생태환경을 지닌 공간은 세계에 흔치 않았다. 풍성한 구황식물이 있었기 때문에 농사가 여의치 못해도 상당히 버틸 수 있었으며, 또 외침으로 농사를 짓지 못하는 사태를 맞아서도 고생하면서 생존할 수 있었다.

조선후기에 가면 구황식물의 가공법도 발달하고 구황식물을 재배하는 작물로 전환시키는 일도 있었다. 활용하는 구황식물이 이전보다 훨씬 풍부해졌다고 할 수 있겠다. 주지하듯이 구황작물도 메밀과 무가 중심이던 것에서 감자와 고구마가 새로이 도입되어 매우 중요한 먹거리 구실을 함으로써 구황물의 전체 양이 크게 증가했다고 생각된다.

<자료>

(주요 용어 : 도토리, 소나무, 소나무 껍질)
경상도 진제경차관(賑濟敬差官)이 아뢰기를, "구황(救荒)하는 물건으로는 도토리가 제일이고, 소나무 껍질이 그 다음입니다. 그러나, 소나무는 벌채를 금지하는 법령이 엄하여, 기민(飢民)들이 이 껍질을 벗겨 먹지 못하고 있어 실로 염려할 일입니다. 민가 근처 잔산(殘山)의 꼬불꼬불한 소나무는 끝내 쓸모없는 목재가 되는 것이니, 기민들로 하여금 껍질을 벗겨 먹도록 허용하소서." 하니, 이를 호조로 하여금 검토하여 계달하게 했다. 호조에서 아뢰기를, "비록 벌채의 금지령을 엄중히 내려도, 그 금지를 무릅쓰고 베는 자들이 오히려 많은데, 하물며 이제 꼬불꼬불한 소나무의 작벌(斫伐)을 허용한다면, 구황을 빙자해, 장차 쓸 만한 소나무까지도 반드시 다 베게 될 것이니, 이는 의당 정지시켜야 합니다." 하여, 그대로 따랐다.
○慶尙道賑濟敬差官啓 救荒之物 橡實爲上 松皮次之 然禁伐松木之令嚴 而飢民未得剝皮而食 誠爲可慮 閭閻近地殘山盤屈松木 終爲無用之材 許令飢民剝皮而食 令戶曹磨鍊以啓 本曹啓曰 雖嚴令禁伐 冒禁斫伐者尙多 況今盤屈松木 許以斫伐 憑藉救荒 必將盡伐可用松木 宜停之 從之 (『世宗實錄』권63, 世宗 16년 2월 乙亥(27일), 3-546)

(주요 용어 : 소나무 껍질, 수재(水災), 한재(旱災), 이앙(移秧))
사간원(司諫院) 대사간(大司諫) 김수녕(金壽寧) 등이 상소(上疏)하기를,
" … 수재(水災)와 한재(旱災)는 다 천도(天道)에다 미룰 수 없으며, 또한 다 인사(人事)에다 책임지울 수 없는 것입니다. … 근래 국가에서 일이 많은데, 관

(官)에서는 저축한 양식이 적고, 또 민가(民家)에서는 사사로이 저축한 것이 없으니, 금년의 농사가 잘되지 못하면 유망(流亡)하는 사람이 반드시 많을 것입니다. 엎드려 보건대, 봄·여름 이래로 가뭄 기운이 매우 심한데, 전하(殿下)께서 애써서 노력하시고 부지런히 구휼(救恤)하시어 피전(避殿, 거처하는 궁전을 옮기는 것)하시고, 감선(減膳)하시며, 사전(祀典)을 두루 거행하시고 폐단이 되는 정사(政事)를 개혁하시며 원통한 옥사(獄事)를 다스리시기에 날로 겨를이 없으시고 매양 대신(大臣)들을 방문하여 백성의 폐단을 없애시기에 힘쓰시니, 인사(人事)를 닦았다고 이를 만한데도 천청(天聽)이 아직도 막혀 있고 고택(膏澤, 하늘의 은택. 곧 비)이 아직도 내리지 않습니다. 지금의 한재(旱災)는 여러 도(道)가 모두 비슷한데, 그러나 하삼도(下三道, 충청도·전라도·경상도)가 심합니다. 여름 보리[夏麥]를 이미 전혀 거두지 못해서 곳곳에서 모두 소나무 껍질[松皮]을 벗겨서 식량으로 삼습니다. 그리고 기장[黍]과 찰벼[稌]는 날로 볕에 타고 바람에 혼들려 모손(耗損)한 것이 이미 반수가 넘으므로 또한 가을에 거의 거두지 못할 것이나, 그러나 아침 저녁으로 비가 온다면 아직도 혹시 기대할 수가 있을 것입니다. 심지어 경상도(慶尙道)에서 더욱 심한데, 수전(水田)은 대개 많이 이앙(移秧)을 하여 벼를 거두기 때문에 앉아서 말라 죽기를 기다리고 있고 또 현재 양식도 없으니, 조운(漕運)의 길이 다시 막힐 것입니다. … "

○司諫院大司諫金壽寧等上疏曰 … 水旱之災 不可盡諉之天道 亦不可盡責之人事 … 比者 國家多事 官少儲峙 民無私畜 今歲不登 流亡必多 伏覩 春夏以來 旱勢太甚 殿下焦勞勤恤 避殿減膳 祀典徧擧 革弊政 理冤獄 日不暇給 每訪大臣 務去民瘼 人事可謂畢修矣 天聽尙阻 膏澤不下 今之旱災 諸道皆然 而下三道爲甚 夏麥已全然不收 在皆剝松皮爲食 而黍稌日炙風搖 耗已過半 亦殆無秋 然朝夕有雨 尙或可冀 至於慶尙一道 又有甚焉 水田類多 移秧取禾 故坐待乾死 且無見糧 則漕道更礙 … (『成宗實錄』권6, 成宗 1년 6월 己酉(2일), 8-504)

(주요 용어 : 칡뿌리[葛根], 솔방울[松子], 죽)

상당부원군(上黨府院君) 한명회(韓明澮)가 와서 아뢰기를, " … 신은 듣건대, 왜인(倭人)이 칡뿌리[葛根]를 먹는다 하기에 시험삼아 칡뿌리를 채취하다가 껍질을 벗기고 말려서 가루로 만들어 곡식 싸라기[穀糜]와 섞어서 죽(粥)을 만들어 먹었더니 배를 채울 만하였으며, 또 솔방울[松子]도 가루를 만들어서 싸라기와 섞어 먹으면 매우 좋습니다. 신이 일찍이 이를 썼었는데, 지금 이 방법을 사용해 흉년을 구제함이 좋겠습니다. 또 마을 안에서 유식한 사람을 선택하고 다섯 가구(家口)를 한 통(統)으로 만들어서 그 통 안의 인구(人口)의 다과(多寡)와 식물(食物)의 유무(有無)를 살펴 구휼하면, 때맞추어 구황(救荒)할 수 있을 것이며, 그 공로가 있는 자는 논하여 상을 주면 어떠하겠습니까?"하니, 전교하기를, "칡뿌리와 솔방울의 일은 내 생각에도 좋다고 여겨지니, 마땅히 즉시 시험하겠다. 사복시(司僕寺)로 하여금 칡뿌리 3말[斗]과 솔방울 2말을 채취하여 들여오게 하라. 다섯 가구를 통(統)으로 만드는 것과 논하여 상주는 일은 영돈녕(領敦寧) 이상과 의논하도록 하라." 했다.

○ 上黨府院君 韓明澮來啓曰 … 臣聞倭人食葛根 試取葛根 剝皮爆乾爲屑 和穀糜作粥食之 可以充腸 松子亦爲屑 和糜食之甚好 臣曾用之 今亦用此救荒爲便 且里中擇有識人 五家作統 察統內人口多寡 食物有無賑給 則可以趁時救荒矣 其有功勞者 論賞何如 傳曰 葛根與松子事 予意亦以爲好 當卽試驗 令司僕寺 葛根三斗 松子二斗採取以入 五家作統論賞等事 議于領敦寧以上 (『成宗實錄』권180, 成宗 16년 6월 戊戌(19일), 11-28)

(주요 용어 : 초식(草食), 더덕[山蔘], 칡)

함경도 진휼경차관(賑恤敬差官) 한효원(韓效元)이 치계(馳啓)하였다.

"흉년을 당한 각 고을에는 유리 걸식(流離乞食)하는 자가 많고, 그대로 남아 있는 자도 온 집안이 부종(浮腫)이 났으며, 혹은 온 집안 식구가 다 굶어 죽기도 하였습니다. 그러므로 미식(米食)과 염장(鹽醬)을 많이 실어다가 구제하였고, 이미 초식(草食)을 장만하였으나 겨울철에 거의 다 먹어 없어지고, 지금은 유목피(楡木皮)·추목피(楸木皮)·가려손목피(加呂遜木皮)·목적초(木賊草)·토사자(免絲子)·명회목(明灰木)·창이자(蒼耳子)·마자(麻子)·산삼

(山蔘)·갈근(葛根)과, 바다에서 나는 홍채(紅菜)·황곽(黃藿) 등을 썰어 볶아서 가루를 만들어 섞어 먹고 있는데, 창이자·가려손목·마자 등의 물건은 먹기만 하면 사람으로 하여금 현기증이 나게 하는데도 배를 채우기 위해 먹어서 상하게 되는 자가 많습니다.”

○ 咸鏡道賑恤敬差官韓效元馳啓曰 失農各官 流離行乞者多 其存接居生者 或闔門浮腫 或擧家餓死 故米食鹽醬 多數載行以救之 雖已備草食 冬節幾已喫破 今則以楡木皮·楸木皮·加呂遜木皮·木賊草·免絲子·明灰木·蒼耳子·麻子·山蔘·葛根 海産紅菜·黃藿等物 細切炮末交食之 蒼耳子·加呂遜木·麻子等物 則食之令人迷眩 然欲充腸而食 致傷者多矣 (『中宗實錄』권18, 中宗 8년 3월 庚辰(11일), 14-640)

조선전기 들에서 얻는 구황식물

1. 서언

구황식물에는 여러 종류가 있었으며 다양한 장소에서 그것을 확보하는 것이 가능했다. 산에서 채취하는 열매와 껍질, 줄기와 뿌리가 중요했지만, 들에서 얻을 수 있는 구황식물도 큰 의미가 있었다. 우리의 들에는 다종다양한 식물이 풍부하게 자라고 있으며, 그 중에는 식용으로 삼을 수 있는 것이 많고, 나아가 부식이나 반찬에 머무르지 않고 끼니로 활용할 수 있는 것도 적지 않았다.

여기에서는 구황식물 가운데 들에서 확보할 수 있는 것을 중심으로 검토하고자 한다. 들나물은 산에서 채취하는 나물과 혼용되기도 하고, 때로는 사람이 재배하는 채소와 같은 어휘로 사용하기 때문에서 혼란이 있을 수도 있지만, 가급적 명백한 들나물에 집중해서 살펴보고자 한다. 산에서 채취하는 구황식물은 필수 영양소를 다량 보유하는 수가 많지만, 들나물은 상대적으로 필수 영양소를 풍부하게 지닌 것이 드물었다. 그리고 들나물은 들에서 자라는 것이 많지만 물가나 습지에서 생장하는 것도 적지 않았다.

들나물과 산나물이 구분되는 점, 구황식으로 사용되는 들나물의 구체적인 종류, 들나물의 생태 특징, 들나물이 구황식으로 중시되는 사항, 들나물을 가공해 구황식으로 섭취하는 내용에 대해서 알아보고자 한다. 여기에서는 들나물이 반찬·부식·나물로 사용되는 것이 아니라 구황을 위한 주식으로 사용되는 것에 초점을 맞춰 살펴보도록 하겠다.

2. 들나물의 종류와 생태 특징

사람들은 들에서 많은 식물을 확보해 먹거리로 활용했다. 들에는 온갖 식물이 자라고 있는데, 그 가운데 식용으로 활용할 수 있는 것을 채취하여 사용한 것이다. 산에서 얻는 도라지·더덕·고사리·칡 등은 산나물이지 들나물로 볼 수는 없을 것이다. 여기서는 들나물을 중심으로 살피고자 한다.

들나물은 대부분 봄에 채취하여 식용으로 삼는다. 새싹이 나올 때 그것을 채취하는 것이다. 사람이 재배하는 채소가 주로 가을 혹은 여름에 수확하는 것과 구분되는 점이라 하겠다. 따라서 소채·채소를 봄에 채취하는 경우에는 대개 자연산이고, 가을에 수확하는 경우에는 재배일 가능성이 크다.[1]

들나물은 한자로 야채(野菜)로 표기하는 경우가 가장 일반적이다. 야채는 들나물로 산소(山蔬, 산나물)와 구분하고 있다. 국왕이 승정원을 통해 충청 감사에게 명해 이미 갖춘 건물(乾物) 외에 쉽게 얻는 산소·

---

1) 사료에서 소채 혹은 채소라고 일컫는 경우 야생식물과 재배식물 둘다를 포괄하는 경우가 많다. 따라서 소채·채소라고 하는 경우 어느 하나로 단정하는 것은 어려운 일이다.

야채라 할지라도 공진(供進)하지 말라는 조치를 취한 일이 있다.[2] 여기의 야채야말로 들나물로 볼 수 있을 것이다. 산소는 당연히 산에서 채취하는 산나물을 가리킨다.

야채와 산소의 구분은 종종 볼 수 있다.

> 연래에 나는 고기 먹을 분수가 안 되기에[年來食肉吾無分]
> 야채와 산소도 맛이 절로 좋기만 하네[野菜山蔬味自長].[3]

야채가 산소와 구분되고 있는 것이다. "흰 것을 사랑하노니 텁텁한 시골 막걸리[白愛村醪濁] / 푸른색이 보이나니 새로 돋는 야채 싹[靑看野菜新]."이라는[4] 시구에서도 야채라는 표현을 볼 수 있다. 들나물은 이처럼 야채로 표기하고 있다.

야속(野蔌)도 들나물을 가리킨다.

> 봄새는 안개 너머에서 지저귀고[春禽煙外語]
> 야속은 눈 속에서 싹이 트네[野蔌雪中芽].[5]

야속이 눈 속에서 싹이 튼다고 한다. "야속 맛있게 삶으니 늦은 식사에 알맞고[野蔌烹甘宜晚食]"에[6] 보이는 야속도 들나물을 가리킨다.

야채(들나물)는 원소(園蔬)와 구분된다. "큰 술잔으로 백 번 벌한들 내

---

2) 『世宗實錄』권99, 世宗 25년 1월 庚午(14일), 4-457(國史編纂委員會 影印本, 4冊, 457면을 의미함. 이하 같음).
3) 徐居正, 『四佳詩集』권29, 謝趙承春提學寄蒲筍.
4) 李崇仁, 『陶隱集』권2, 立春日小酌.
5) 申翊聖, 『樂全堂集』권2, 村居雜興.
6) 成運, 『大谷集』권上, 春日閑居書事.

어찌 두려워하리[百罰深杯吾豈怕] / 원소(園蔬)·야채(野菜)도 술안주 됨직하네[園蔬野菜酒堪佐]."[7] 여기에 보이는 원소는 재배하는 채소를 의미할 것이고 야채는 야생의 들나물을 가리킬 것이다. 이처럼 야생의 들나물인 야채는 산소(산나물)와 원소(재배 채소)와 구분되는 것이다.

들나물을 지칭하는 한자어는 이처럼 야채도 보이고, 야속도 보인다. 춘소(春蔬)라고 하는 경우도 대개는 봄나물을 가리키기 때문에 들나물일 가능성이 크다.

　　　　여관의 삿자리는 나그네의 졸음 부르고[旅軒風簟牽人睡]
　　　　들집 솥의 춘소는 주린 손님 위로하네[野鼎春蔬慰客飢].[8]

위에 보이는 춘소 역시 들나물일 가능성이 높다. 산나물 가능성도 물론 배제할 수 없지만, 재배하는 채소가 아닌 것은 분명해 보인다.

소채·채소로 불리는 식물은 그 종류가 매우 많았다. 크게 보면 인간이 재배하는 것이 있고, 자연산인 경우가 있으며, 자연산의 경우에도 산에서 나는 것이 있고 들에서 얻는 것도 있다. 동일 소채이지만 자연산도 있고 재배하는 경우도 있으며, 또 산과 들에서 함께 생장하는 것도 있다. 여기서는 가장 일반적인 사항을 기준으로 삼아 분류하고자 한다. 다음의 <표 1>은 여러 자료에서 소채·채소를 집합적으로 언급한 내용이다.

---

7) 李奎報, 『東國李相國全集』권15, 七月二十五日 善法寺堂頭設餞見邀 乞詩.
8) 李奎報, 『東國李相國全集』권7, 和宿峰城.

<표 1> 소채(蔬菜)·채소(菜蔬)의 구분

---

① 채포(菜圃)에서 얻는 것9) : 부추[韭], 배추[菘], 무[蕪菁], 무[蘿蔔], 상추[萵苣], <u>미나리[靑芹]</u>, 토란[白芋], <u>차조기[紫蘇]</u>,10) 생강[薑], 마늘[蒜], 파[蔥], <u>여뀌 [蓼]</u>11)

② 주소(廚蔬) 8가지12) : 토란[芋], 고사리[蕨], <u>미나리[芹]</u>, 배추[菘], <u>순채[蓴]</u>,13) 냉이[薺], 파[蔥], 생강[薑]

③ 소채류(蔬菜類)14) : 수박[西瓜], 오이[黃瓜], 토란[芋], 상추[萵苣], 파[蔥], 마늘 [蒜], 가지[茄子], 아욱[葵], 생강(生薑), 겨자[芥], 부추[韭], <u>차조기[紫蘇]</u>, 동아 [冬瓜], 고사리[蕨], <u>삽주[朮苗]</u>,15) <u>개자리[苜蓿]</u>,16) <u>순채[蓴]</u>

④ 채류(菜類)17) : 상추[萵苣], 더덕[沙蔘], 가지[茄子], 고사리[蕨], 오이[黃瓜], <u>미 나리[芹]</u>, 파[蔥], <u>마름[藻]</u>,18) 김[海衣], 석발(石髮), 다시마[昆布]

---

* 밑줄친 것은 들나물

---

9) 徐居正, 『四佳詩集』권51, 巡菜圃有作.

10) 차조기[紫蘇]는 꿀풀과의 한해살이풀이다. 높이는 30~100cm이며, 잎은 마주나고 달 걀 모양에 가장자리에 톱니가 있다. 8~9월에 연한 자주색 꽃이 잎겨드랑이나 줄기 끝 에서 피고, 열매는 둥근 모양의 수과(瘦果)를 맺는다. 잎과 줄기는 약재로 쓰고 어린잎 과 씨는 식용한다. 중국, 미얀마가 원산지이다(네이버 국어사전(https://ko.dict.naver.co m/)). 다소 생소한 들나물은 국어사전에 제시된 간단한 설명을 수록한다. 차조기에 대 한 좀더 자세한 설명은 김태정, 1998 『韓國의 資源植物』IV, 서울대 출판부, 67~68면 참조.

11) 여뀌[蓼]는 마디풀과의 한해살이풀이다. 높이는 40~80cm이며 잎은 어긋나고 피 침 모양이다. 6~9월에 꽃잎의 끝이 붉은색을 띠는 연녹색 꽃이 수상(穗狀) 화서로 피고 열매는 수과(瘦果)이다. 잎과 줄기는 짓이겨 물에 풀어서 고기를 잡는 데 쓴 다. 잎은 매운맛이 나며 조미료로 쓰이기도 한다. 한국, 일본, 북미, 유럽 등지에 분 포한다(네이버 국어사전(https://ko.dict.naver.com/)). 여뀌에 대한 좀 더 자세한 설 명은 김태정, 1998 위의 책(Ⅰ), 161~169면 참조.

12) 徐居正, 『四佳詩集』권3, 廚蔬八詠.

13) 순채(蓴菜)는 수련과의 여러해살이 수초(水草)다. 줄기는 원뿔 모양이고 물에 잠겨 있으며 잎은 어긋나고 물 위에 떠 있다. 7~8월에 어두운 붉은 자주색 꽃이 긴 꽃대 끝에 하나씩 피고 열매는 달걀 모양으로 물속에서 익는다. 어린잎은 식용한다. 한 국, 일본, 중국, 인도, 서아프리카, 북아메리카 등지에 분포한다(네이버 국어사전 (https://ko.dict.naver.com/)).

14) 李應禧, 『玉潭私集』, 萬物篇, 蔬菜類.

15) 삽주[朮苗]는 국화과의 여러해살이풀이다. 높이는 50cm 정도이며, 잎은 어긋나고

위의 <표 1>을 바탕으로 구분해 보면, 사람이 재배하는 채소에는 부추[韭], 배추[菘], 무[蕪菁, 蘿蔔], 상추[萵苣, 萵苣], 미나리[靑芹, 芹], 토란[白芋, 芋], 생강[薑], 마늘[蒜], 파[蔥], 수박[西瓜], 오이[黃瓜], 가지[茄子], 아욱[葵], 겨자[芥], 동아[冬瓜] 등이 있다. 산나물에는 고사리[蕨], 더덕[沙蔘] 등이 포함될 것이다. 그리고 들나물에는 미나리, 차조기[紫蘇], 여뀌[蓼], 순채[蓴], 냉이[薺], 삽주[朮苗], 개자리[苜蓿], 마름[藻] 등이 있다. 들나물도 재배하는 채소가 되는 수도 있다. 예컨대 미나리는 재배하기도 하기 때문이다. 야생의 들나물이 재배하는 채소로 전환되는 일은 시대의 흐름에 따라 확대되기 마련이다.

들나물 각각에 대해 문인(文人)들이 남긴 글을 통해 살펴보고자 한다. 미나리, 차조기, 여뀌, 순채, 냉이, 삽주, 개자리, 마름 등의 순서로 간략하게 언급할 것이다.

미나리[靑芹, 芹]는 나물로 자주 언급되고 있다.19) "물가 미나리 실

달걀 모양의 타원형이다. 7~10월에 연한 자주색을 띤 흰색 두상화(頭狀花)가 줄기 끝에 핀다. 어린잎은 식용하고 뿌리는 약용한다. 산과 들, 언덕에서 나는데 한국, 일본, 만주 등지에 분포한다(네이버 국어사전(https://ko.dict.naver.com/)). 삽주에 대한 좀 더 자세한 설명은 김태정, 1998 앞의 책(Ⅳ), 278면 참조.

16) 개자리[苜蓿]는 콩과의 두해살이풀이다. 높이는 30~60cm이며, 잎은 어긋나고 겹잎이다. 봄에 노란 잔꽃이 잎겨드랑이에서 피고 열매는 용수철 모양의 협과(莢果)를 맺으며 거름, 목초로 쓰인다. 유럽 원산의 귀화 식물로 들에 자라는데 경남, 전남, 제주, 평북, 황해 등지에 분포한다(네이버 국어사전(https://ko.dict.naver.com/)).

17) 韓致奫,『海東繹史』권26, 物産志1, 菜類.

18) 마름[藻]은 마름과의 한해살이풀이다. 진흙 속에 뿌리를 박고, 줄기는 물속에서 가늘고 길게 자라 물 위로 나오며 깃털 모양의 물뿌리가 있다. 잎은 줄기 꼭대기에 뭉쳐나고 삼각형이며, 잎자루에 공기가 들어 있는 불룩한 부낭(浮囊)이 있어서 물 위에 뜬다. 여름에 흰 꽃이 피고 열매는 핵과(核果)로 식용한다. 연못이나 늪에 나는데 한국, 일본, 중국 등지에 분포한다(네이버 국어사전(https://ko.dict.naver.com/)). 마름에 대한 좀 더 자세한 설명은 김태정, 1998 앞의 책(Ⅲ), 155면 참조.

19) 미나리에 대한 상세한 설명은 김태정, 1998 앞의 책(Ⅲ), 184면 참조.

처럼 흰데 살짝 진흙 묻었네[水芹絲白細隨泥]"라는[20] 것은 하나의 예이다. 미나리는 자연산도 있지만 재배하는 경우도 많았다. 미나리 재배를 암시하는 자료는 많다. 재배지는 당(塘)이나 전(田)으로 표현되는 경우가 있다. 근전(芹田),[21] 근당(芹塘)이 보이고,[22] 수근전(水芹田)[23] 역시 미나리꽝을 의미한다. 미나리는 물이 많은 곳에서 자라는 식물이다. 미나리가 진흙을 가리키는 니(泥)와 함께 언급하는 수가 많았다.[24] '이중근(泥中芹)'[25] 역시 진흙 속의 미나리를 가리킨다. 웅덩이에 물을 가두고 미나리를 심었다는 내용도 찾아진다.[26]

설날에 미나리의 생기가 돈다는 말이 있다.[27] 입춘에 미나리를 먹는다고 하므로[28] 봄철에 많이 식용으로 함이 분명하다. "가을엔 미나리는 쇠어서 향기가 없지만[秋來芹子老無香]"에서[29] 미나리는 가을에는 향이 없었음을 알 수 있다.

차조기[紫蘇]를 언급한 내용은 거의 찾아지지 않는다. "소반의 차조기 잎은 향기롭고도 매웁고[盤中蘇葉芳還辣]"라는[30] 구절에서 차조기의 잎이 나물의 구실을 하는 것으로 보이며, 향기롭고 매운 특성을 지닌 것으로 여겨진다.

20) 李敏求,『東州集詩集』권6, 立春日挑菜.
21) 李穡,『牧隱詩稿』권23, 蛙鳴.
22) 徐居正,『四佳詩集』권31, 九次蕃仲韻 二首.
23) 『中宗實錄』권57, 中宗 21년 9월 癸巳(13일), 16-528.
24) 徐居正,『四佳詩集』권13, 廚蔬八詠 ; 李承召,『三灘集』권4, 燕.
25) 李荇,『容齋集』권5, 讁居錄, 理蔬.
26) 鄭蘊,『桐溪集』권1, 種芹.
27) 李敏求,『東州集詩集』권18, 西湖錄7, 癸巳元日.
28) 趙絅,『龍洲遺稿』권4, 立春 二首.
29) 徐居正,『四佳詩集』권10, 園中雜興.
30) 成俔,『虛白堂詩集』권9, 題平壤風月樓壁 以別宣慰使到平壤作.

여뀌[蓼]는 1월에 싹이 나온다. 1월달에 "따뜻한 양기가 여뀌 싹을 길러 내고[溫陽滋養紅蓼芽]"라는[31] 표현에서 확인된다. 또 입춘에 새로 돋은 여뀌의 싹을 먹는다고 한다.[32] 여뀌는 이태원(利泰院)에서 나는 것이 가장 좋다고 한다.[33]

여뀌 꽃에 대해, "만 알갱이 좁쌀에 연지를 찍어[臙脂點萬粟] / 가느다란 가지에다 붙여 놓았네[糝綴纖枝條]."라고[34] 읊었다. 여뀌 꽃이 붉음은, "언덕에 누른 갈대 여뀌 꽃 붉구나[岸夾黃蘆蓼吐紅]"에서[35] 확인할 수 있다. 여뀌는 물가에서 서식했다. "붉은 여뀌 핀 물가에 해가 기우네[日斜紅蓼洲]"라거나,[36] "물가 가득 붉은 여뀌 강에 가을 깊어지니[滿汀紅蓼一江秋]"라는[37] 언급에서 볼 수 있다. 여뀌가 물가에서 서식함을 표현한 글은 여럿 찾을 수 있다.[38] 붉은 색과 물가를 함께 언급한 내용도 보인다. "찬 시내 굽이친 길 여뀌 꽃이 하 붉어라[徑轉寒溪苦蓼紅]"라는[39] 구절은 물가에서 자라며, 꽃이 붉음을 표현하고 있다.

순채[蓴]는 물가나 진흙에서 잘 자랐다.[40] 상주 공검지에서 순채가 난다고 한다.[41] 호남에서 생산되는 순채가 가장 좋고 해서(海西)가 그

---

31) 成俔, 『虛白堂詩集』권1, 田家詞 十二首.
32) 成俔, 『虛白堂補集』권2, 立春.
33) 許筠, 『惺所覆瓿藁』권26, 說部5, 屠門大嚼.
34) 成俔, 『虛白堂補集』권4, 題李泌所藏綵花圖 八首.
35) 奇大升, 『高峯集』권1, 同朴大均和圓機韻.
36) 成俔, 『虛白堂補集』권1, 扈駕觀稼奉敎次張寧漢江樓韻 三首.
37) 成俔, 『虛白堂風雅錄』권1, 詞體, 竹枝詞 十首.
38) 『東文選』권18, 叢石亭(辛蕆) ; 李賢輔, 『聾巖集續集』권2, 附錄, 愛日堂追次李晦齋韻(任虎臣) ; 具鳳齡, 『栢潭集續集』권2, 得金伯振在黃江驛書 因吟復 ; 權好文, 『松巖集續集』권1, 安生員和示 又次 ; 權好文, 『松巖集續集』권1, 登彈琴臺次前韻 ; 權好文, 『松巖集別集』권1, 次成公韻 贈裴秀才.
39) 張維, 『谿谷集』권30, 次韻寄題朴卓爾廣陵溪亭.
40) 李應禧, 『玉潭私集』, 萬物篇, 蔬菜類 ; 鄭曄, 『守夢集』권1, 次李天休 二首.

다음이었다.42) 순채는 잎이 작고, 줄기가 길었으며,43) 흰색이었다. "순채는 이슬을 띠어 유달리 눈보다 희고[蓴絲帶露專欺雪]"라거나,44) 가을에 "은 같은 순채, 옥 같은 회 차려놓은 강 마을에[銀蓴玉膾江村裏]"라는45) 데서 순채가 흰색임을 알 수 있다. 은빛으로 순채를 표현한 예는 더 찾을 수 있다.46)

순채의 줄기가 매끄러움은, "매끄러운 순채 줄기를 퍽 좋아해[絶愛蓴莖滑]"라거나47) "순채는 매끄럽고 부드럽네[蓴絲滑且柔]"라는48) 시구에서 확인된다. 그리고 순채는 가늘고 가벼웠다.49) "용의 침이 흘러다시 미끄러웁고[龍涎流更滑] / 옥의 진액 얼어 되레 향기롭구나[瓊液凍猶香]."라는50) 것은 미끄럽고 향기로움을 언급한 표현이다.

냉이[薺]도 중요한 들나물이다.51) 눈 녹은 언덕 머리에서 냉이 싹이 돋아났다.52) 봄볕이 따사로운 빈터의 일군 밭에서 빽빽하게 자라고 있었다.53) 이것은 봄철에 냉이가 풍성하게 자라고 있음을 알려주는 것이다. 냉이의 존재는 다음의 시구에서도 보인다. "어린아이는 쑥과 냉이를 뜯어서[稚子掘蒿薺] / 바구니에 담아 언덕길을 오르네[傾筐陟原

41) 李敏求, 『東州集全集』권3, 嶺南錄, 公儉池.

42) 許筠, 『惺所覆瓿藁』권26, 說部5, 屠門大嚼.

43) 李承召, 『三灘集』권4, 蓴.

44) 徐居正, 『四佳詩集』권2, 再和 五首.

45) 權近, 『陽村集』권7, 南行錄, 題友人村居 五首.

46) 李應禧, 『玉潭遺稿』, 奉贈蓮塘主人宋十四鄕丈 名珪.

47) 徐居正, 『四佳詩集』권13, 廚蔬八詠.

48) 安軸, 『謹齋集』권1, 永郞浦泛舟.

49) 徐居正, 『四佳詩集補遺』권1, 蓴菜歌.

50) 李承召, 『三灘集』권4, 蓴.

51) 냉이에 대한 상세한 설명은 김태정, 1998 앞의 책(II), 57~58면 참조.

52) 徐居正, 『四佳詩集』권2, 途中書所見.

53) 成俔, 『虛白堂詩集』권14, 步後園擷菜.

陌]."54) 이 시구는 어린 아이가 냉이를 뜯는 내용을 읊은 것이다. 냉이는 봄철 흔히 볼 수 있는 들나물이었다.

성현(成俔)은 1월 냉이의 모습을, "눈 온 뒤에 냉이 잎이 언덕에 깔리었네[雪後薺葉敷晴坡]"라고55) 표현했다. 눈 온 뒤 냉이잎은 파릇파릇했으며,56) 봄 냉이의 푸른 잎이 가지런했다.57) 1월 20일 경에 냉이를 뜯었다는 내용도 보인다.58) 냉이가 보리와 봄빛을 다툰다고 했다.59)

삽주[朮苗]에 대해서는 새벽 비에 돋아나고, 아침에 꺾는다는 표현과, 삶고 구워 조리한다는 시구가 보인다.60)

개자리[苜蓿]는 봄비 내리면 싹이 나왔다. 비 온 뒤에 개자리의 움이 튼다고 표현했다.61) 봄의 이슬비를 맞으며 개자리가 잘 자라고 있다고 읊었다.62) 2월에 개자리가 솟아난다고 묘사한 구절도 보이고,63) 또 봄날에 개자리를 캔다고 언급한 내용도 찾아진다.64) 개자리는 원주(原州)에서 나는 것이 줄기가 희고 매우 맛있었다.65)

마름[藻]은 물이 있는 곳에서 자란다. "벼랑 밑 맑은 물엔 마름이 푸르구나[崖下泓澄藻荇碧]"라는66) 표현에서 알 수 있다. 마름이 물가에

---

54) 成俔, 『虛白堂詩集』권2, 正月二十日 雨雪交作 庚寅年作.

55) 成俔, 『虛白堂詩集』권1, 田家詞 十二首.

56) 成俔, 『虛白堂詩集』권1, 田家詞 十二首.

57) 南孝溫, 『秋江集』권2, 登洪州山城二首.

58) 成俔, 『虛白堂詩集』권2, 正月二十日雨雪交作 庚寅年作.

59) 『續東文選』권8, 金藏臺二首(曺偉).

60) 李應禧, 『玉潭私集』, 萬物篇, 蔬菜類.

61) 徐居正, 『四佳詩集』권3, 雨後.

62) 成俔, 『虛白堂詩集』권12, 自郭山冒雨入宣川 二首.

63) 成俔, 『虛白堂詩集』권1, 田家詞 十二首.

64) 李應禧, 『玉潭私集』, 萬物篇, 蔬菜類.

65) 許筠, 『惺所覆瓿藁』권26, 說部5, 屠門大嚼.

66) 『續東文選』권4, 題四佳漢都十詠屛風(姜希孟).

서식함을 언급한 시구는 더 찾을 수 있다.[67] 물가의 마름은 물고기와 긴밀한 관계를 보였다. "마름엔 노는 고기 모여 있고요[密藻游魚聚]"라는 [68] 구절에서 볼 수 있다. 그리고 마름이 물가에 서식함을 표현한 문구는 더 찾을 수 있다.[69] 마름은 오리 등 물새와도 친밀했다. 마름을 좇아가는 오리를 표현하기도 했고,[70] 날던 기러기가 해가 저물자, "떼를 지어 밝은 마름 쪼며 장난을 치다[群戲唼淸藻]"라고도 읊었으며,[71] 오리가 마름을 쪼고 있음을 언급하기도 했다.[72]

위에서 언급한 것 이외에도 다양한 들나물을 확인할 수 있다. 쑥[蒿, 艾]은 중요한 들나물이었다.[73] 쑥의 존재를 확인시키는 자료는 흔하다. 1월 20일에 지은 시에서 어린 아이가 쑥을 뜯는 내용을 읊었다.[74] 입춘에 "푸른 봄을 맞이하여 섣달 눈이 사라지자[節屆靑陽臘雪乾] / 새로 돋은 여뀌 싹과 어린 쑥을 먹는구나[蓼芽蒿筍試新盤]."라고 언급했다.[75] 입춘에 쑥을 먹는다는 것이다. 봄에 쑥의 싹이 다투어 돋는다고 표현했으며,[76] 또한 쑥이 땅을 파랗게 덮고 있는 모습을 언급하기도 했다.[77] 쑥은 채소와 경합을 보였다.[78] "부지런히 채소를 돌보는데[辛勤

---

67) 『東文選』권7, 白鷺行(釋禪坦) ; 金宗直, 『佔畢齋集詩集』권5, 送善源還伽倻舊居 五首.
68) 申欽, 『象村集』권19, 秋思.
69) 徐居正, 『四佳詩集』권21, 蓮塘對客小酌 ; 金宗直, 『佔畢齋集詩集』권15, 和子健在郡舍與太守歡飮子美亦到 ; 成俔, 『虛白堂文集』권1, 涸轍鮒賦 ; 成運, 『大谷集』권上, 新居 ; 柳夢寅, 『於于集後集』권2, 頭流錄 ; 申欽, 『象村集』권8, 昭陽遷客行 竝序.
70) 李奎報, 『東國李相國全集』권1, 呈張侍郎自牧一百韻.
71) 李承召, 『三灘集』권8, 曹莊途中詠物 二首.
72) 李荇, 『容齋集』권5, 南遷錄, 差員騙迫上道八月十七到尙州 ….
73) 쑥에 대한 상세한 설명은 김태정, 1998 앞의 책(IV), 260~267면 참조.
74) 成俔, 『虛白堂詩集』권2, 正月二十日 雨雪交作 庚寅年作.
75) 成俔, 『虛白堂補集』권2, 立春.
76) 李廷龜, 『月沙集』권3, 戊戌朝天錄下, 大歧陽春賦.
77) 金宗直, 『佔畢齋集詩集』권1, 素沙院茅亭.
78) 丁若鏞, 『茶山詩文集』권6, 松坡酬酢, 端午日次韻陸放翁初夏閒居八首 寄淞翁.

제2부 산과 들과 바다의 구황식물 185

護薑葵] / 다북쑥이 방해할까 두렵네[恐有蓬艾妨].”라는[79] 언급도 그것
을 의미한다.

논밭이 전란으로 쑥대밭으로 변하는 일은 많았다. 고려말 왜구로 인
해 논밭이 태반이나 쑥대로 덮였으며,[80] 곳곳이 쑥대밭으로 변했다.[81]
조선에서도 임진왜란으로 인해 고향이 쑥대밭이 되었다고 하며,[82] 또
곳곳의 전답이 쑥대밭으로 변했다고 한다.[83] 쑥이 많이 생산되는 곳으
로 조선후기에 안산(安山)과 광주(廣州)가 유명했으며,[84] 또 해애(海艾)
로서 약에 쓰이는 것은 오직 경기(京畿)의 서해(西海) 및 황해도의 해변
몇 고을에만 있을 뿐이라고 했다.[85]

방풍(防風, 屏風)도 중요한 구황식물이었다.[86] 강릉에서 방풍이 많이
나며, 2월 해가 뜨기 전에 이슬을 맞으며 처음 돋아난 싹을 딴다고 한
다.[87] 여기에서 방풍싹을 채취함을 알 수 있다. 병풍나물(屏風菜)도 방
풍을 가리킨다.

> 맛 좋고 향기 좋은 병풍나물이[有美屏風菜]
> 시냇가 언덕 위를 가득 덮으니[亭亭滿澗岡]
> 잎사귀는 연잎만큼 커다란 데다[葉如蓮葉大]
> 줄기는 토란만큼 기다랗구나[莖似芋莖長].[88]

79) 具鳳齡, 『栢潭集』권1, 敬次先生韻 寄謝抱淸亭.
80) 李穡, 『牧隱詩稿』권29, 門生裴尙度來言海州風景.
81) 李穡, 『牧隱詩稿』권30, 李判官展來自安東 言倭賊又來.
82) 李山海, 『鵝溪遺稿』권4, 乞歸錄, 風樹樓.
83) 柳夢寅, 『於于集』권1, 西繡錄, 次德川東軒韻.
84) 李瀷, 『星湖僿說』권6, 萬物門, 採艾.
85) 李瀷, 『星湖僿說』권6, 萬物門, 採艾.
86) 김태정, 1998 앞의 책(III), 202면.
87) 許筠, 『惺所覆瓿藁』권26, 說部5, 屠門大嚼, 防風粥.
88) 成俔, 『虛白堂詩集』권13, 葛娃知嶺見屏風菜.

시냇가 언덕 위를 병풍나물이 덮고 있다고 하며, 잎이 크고 줄기가 길다고 했다. 이상에서 언급한 들나물 외에도, 비름[莧],[89] 원추리[萱],[90] 명아주[藜],[91] 씀바귀[茶][92] 등을 더 제시할 수 있다.

들나물은 여러 특성을 갖고 있다. 우선 불탄 곳에서 잘 자라는 속성을 지니고 있었다. 소채는 나무가 우거지면 무성하지 않고, 불 지른 곳에서 잘 자랐다. 많은 나물을 얻기 위해서는 산야에 불지를 필요가 있는 것이다. 산소(山蔬, 산나물)·야채(野菜, 들나물)는 나무가 우거진 사이에는 무성하지 않고, 불지른 곳에서 잘 자라는데 불지르는 것을 금하면 소채가 자라지 않는다는 언급에서 알 수 있다.[93] 나무가 우거지면 풀은 당연히 그늘에 놓이게 되므로 성장에 어려움이 있는 것이다. 불지르면 들과 산의 나물이 잘 자라는 것은 이치에 부합하는 사실이다.

불을 지르고 나면 그곳에서 나물이 잘 자란다는 내용은 다음의 표현에서도 알 수 있다. "봄 산을 태운 뒤로 새싹이 자라 나오자[春山燒後長新芽] / 곳곳마다 나물 캐는 노래는 떠들썩한데[處處傾筐採採歌]."[94] 봄 산을 태운 뒤 새싹이 자라 나오자 나물캐는 소리가 떠들썩하다는 것을 언급한 시구이다. 태운 뒤 새싹이 잘 자람은 산에 한정되지 않고 들

---

89)『成宗實錄』권129, 成宗 12년 5월 癸巳(19일), 10-216 ; 丁若鏞,『茶山詩文集』권5, 一日散步梅下 隱其榛蕪 … ; 김태정, 1998 앞의 책(Ⅰ), 180~181면.

90) 成俔,『虛白堂補集』권4, 題李泌所藏綵花圖 八首 ; 洪萬選,『山林經濟』권4, 治藥, 萱草 ; 김태정, 1998 앞의 책(Ⅴ), 141면.

91) 徐居正,『四佳詩集』권2, 用成少年 侃 詩韻 ; 徐居正,『四佳詩集』권41, 謝水鍾允上人 餉櫻桃 諸色餅 ; 丁若鏞,『茶山詩文集』권5, 一日散步梅下 隱其榛蕪 … ; 丁若鏞,『茶山詩文集』권3, 夏日述懷 奉簡族父吏曹參判 ; 김태정, 1998 앞의 책(Ⅰ), 173면.

92) 林椿,『西河集』권1, 雨中 次東坡感舊詩 ; 丁若鏞,『茶山詩文集』권3, 夏日述懷 奉簡族父吏曹參判 ; 김태정, 1998 앞의 책(Ⅳ), 315면.

93)『世宗實錄』권76, 世宗 19년 1월 壬辰(2일), 4-47.

94) 徐居正,『四佳詩集』권3, 春日 村家書事.

에서도 마찬가지였을 것이다.

눈이 녹은 뒤에 싹이 트는 점도 특징이다. "눈 녹은 언덕 머리에 냉이 싹이 돋아나니[雪盡原頭薺有芽] / 나물 캐는 아가씨들 길가에서 떠들어대라[路傍採女競喧譁]."[95] 냉이처럼 눈 녹은 언덕에 싹이 돋아나는 일은 흔했다. 봄나물이기 때문이다. 야속(野蔌)도 눈 속에서 싹이 튼다고 했다.[96] 들나물은 대부분 봄에 채취했다.

그리고 식물이기 때문에 비가 오면 성장 속도가 빠르기 마련이다. 성종 13년(1482) 4월, 경기 진휼사가 산군(山郡)을 순시하고서 비가 온 후 소채(蔬菜)가 자라고 있어 족히 기근을 해소할 수 있다고 계문했다.[97] 비가 온 뒤에 소채가 잘 자라고 있다는 것이다. 비 온 뒤에 식물이 잘 자라는 것은 당연한 이치로 보인다.

물가나 습지에서 자라는 구황식물인 미나리, 여뀌, 마름, 순채 역시 비슷한 특성을 지녔을 것이다. 수변식물도 눈 녹고 봄이 오면 싹이 나오는 것은 마찬가지였을 것이고, 다만 생장하기 위해서는 물이 풍부하게 공급되어야 했다.

가뭄이 심하면 들나물도 자랄 수 없었다. 정약용은 다산의 초당에 있을 때 크게 가물어 그 전해 겨울부터 이듬해 봄을 거쳐 입추(立秋)가 되도록까지 들에는 푸른 풀 한 포기 없이 그야말로 적지천리(赤地千里)였다고 언급했다.[98] 심하게 가물면, 벼는 물론 잡곡, 그리고 채소 · 과일도 자랄 수 없었으며, 명아주 · 비름 · 쑥도 모두 타서 죽었다.[99] 극단적으

95) 徐居正, 『四佳詩集』 권2, 途中書所見.
96) 申翊聖, 『樂全堂集』 권2, 村居雜興.
97) 『成宗實錄』 권140, 成宗 13년 4월 癸卯(5일), 10-315.
98) 丁若鏞, 『茶山詩文集』 권5, 采蒿 閔荒也 未秋而饑 野無靑草 婦人采蒿爲鬻 以當食焉.
99) 丁若鏞, 『茶山詩文集』 권19, 與金公厚 履載(己巳六月).

로 가물면 농작물은 물론 들나물도 생장할 수 없었다.

3. 들나물의 구황 기능

들나물[野菜]이 구황식으로 활용됨은 많은 자료에서 확인할 수 있다. 들에서 확보할 수 있는 구황식물은 야채(野菜), 소채(蔬菜), 채소(菜蔬), 여초(茹草), 채엽(菜葉), 초엽(草葉), 초실(草實), 초근(草根), 채근(菜根), 초식(草食) 등으로 일컬어지고 있다. 이들 표현에는 들나물이 포함되지만, 산나물이나 재배하는 채소도 포함하는 경우가 없지 않았다. 각각이 구황 기능을 맡았음을 확인하고자 한다.

야채(野菜)가 구황의 구실을 했음이 확인된다. 성종 13년(1482) 3월, 양맥(兩麥)이 익어가고 야채를 먹을 수 있으면 국가가 지급하는 곡식으로 민을 진대하는 것은 관찰사가 족히 할 수 있으니 별도의 진휼사가 필요없다고 언급했다.[100] 진휼사 없이 관찰사만으로 곡식 지급을 감당할 수 있다는 것인데, 양맥과 더불어 야채가 구황에 도움이 됨을 알 수 있다.

경상도는 다른 도보다 흉년이 심하지 않아, 야채가 바야흐로 자라면 민이 자활(自活)할 수 있다는 내용이 보인다.[101] 4월의 시점에서 야채가 자라고 있어, 구황에 활용할 수 있으므로 민이 스스로 살아갈 수 있다는 것이다. 야채가 구황에 도움이 됨을 알려 준다. 3월, 4월에 채취하는 야채는 들나물임이 분명하다.

소채(蔬菜)도 구황 기능을 했음이 다수의 자료에서 보인다. 소채는

---

100) 『成宗實錄』권139, 成宗 13년 3월 癸巳(25일), 10-312.
101) 『成宗實錄』권140, 成宗 13년 4월 戊申(10일), 10-317.

푸성귀 전체를 가리키는데, 산에서 나는 나물과 들에서 나는 나물을 모두 포함하는 것으로 보인다. 성종 13년 4월, 국왕이 평안도 관찰사를 인견하고서, 지금은 산야(山野)의 소채가 이미 자라고 있고, 양맥이 장차 익어가고 있어 비록 생리(生理)가 있지만, 지난해 가뭄이 매우 심하므로 관찰사에게 유의해서 구민(救民)하라고 지시했다.[102] 4월의 시점에서 산야에서 자라는 소채가 구황식이 됨을 알 수 있다. 성종 23년 4월, 노사신이 지금은 소채가 들에 가득하니 채취해 먹음으로써 족히 자활할 수 있다고 말했다.[103] 소채가 자활하는 데 도움을 주고 있는 것이다.

기민이 먹거리를 확보할 수 있도록 불태워 소채가 무성하도록 하는 조치가 취해짐에서도[104] 소채가 구황에 도움이 됨을 알 수 있다. 성종 13년 4월, 경기 진휼사의 계문에, 이제 비가 온 후 소채가 자라고 있어 족히 기근을 해소할 수 있다는 내용이 포함되어 있다.[105] 명종 15년(1560) 5월, 함경도 관찰사의 치계에서, 도내 각 고을은 연년 흉년이어서, 진제장을 설치했지만 모두 구맥(瞿麥), 피직(皮稷)으로 유명무실하므로, 궁민들은 소채를 채식(採食)하고 있지만 호구(糊口)를 하지 못하고 있다고 지적했다.[106] 구황식으로 소채가 널리 활용되고 있었다. 봄에 채취하는 것은 자연산이지 재배는 아닐 것이다. 자연산이라고 하더라도 모두 들나물로 볼 수는 없을 것이다. 산나물에 포함될 수 있기 때문이다.

8월에 채취하는 소채는 들나물이라 단정하기는 힘들지만, 가능성이 없는 것은 아니다. 성종 16년 8월, 경상도 진휼사 한치형의 계문 내용

---

102) 『成宗實錄』권140, 成宗 13년 4월 辛亥(13일), 10-319.
103) 『成宗實錄』권264, 成宗 23년 4월 壬寅(2일), 12-166.
104) 『世宗實錄』권76, 世宗 19년 1월 壬辰(2일), 4-47.
105) 『成宗實錄』권140, 成宗 13년 4월 癸卯(5일), 10-315.
106) 『明宗實錄』권26, 明宗 15년 5월 壬辰(27일), 20-556.

에, 1, 2홉의 쌀과 염장(鹽醬), 소채를 섞어 죽을 만들어 먹으면 요기할 수 있다는 것이 보인다.107) 선조 26년 8월, 국왕이 경성의 민이 기근으로 죽었다고 들었다면서, 소금을 배로 실어 분급하고 소채와 섞어 먹으면 살 수 있으니, 급하게 이행하라고 했다.108) 구황식으로 활용된 소채가 모두 자연산은 아니다. 소채는 자연산의 나물만을 가리키지 않고 재배하는 채소도 지칭하고 있다. 경상우도 절제사 안숭직(安崇直)이, 소채를 심는 것을 좋아해 외방에 수령으로 나가면 민의 집을 철거해 원포(園圃)를 만들어서 사람들이 크게 원망했다.109) 신감채(辛甘菜) 등 여러 종류의 소채는 장원서(掌苑署)·사포서(司圃署)로 하여금 흙집을 짓고 겨울 동안 기르도록 하는 조치가 있었다.110) 또 각사 노비로 하여금 살곳이의 남은 땅에 소채를 재배하도록 했다는 내용이 보인다.111) 이들 자료에 보이는 소채는 모두 재배하는 식물을 가리키는 예들이다. 재배하는 소채도 있지만 자연산의 소채도 있다. 구황식으로 봄에 채취하는 소채는 대체로 자연산일 가능성이 크다.

채소(菜蔬) 역시 구황식임을 확인할 수 있다. 세종 27년(1445) 2월, 진제경차관이 시행할 사항에 "초식(草食)은 겨울철에 벌써 다 먹고 지금 해가 긴 때를 당하여 단지 진제장(賑濟場)의 미곡만으로는 필시 굶주린 배를 채울 수가 없을 것인데, 그렇다고 한정이 있는 쌀을 더 주기도 역시 어려우니, 더덕[山蔘]·도라지[桔梗]·채소를 많이 채취해 섞어 먹게 할 것이다."라는112) 것이 보인다. 여기의 채소는 채취의 대상

---

107) 『成宗實錄』권182, 成宗 16년 8월 癸卯(25일), 11-50.
108) 『宣祖實錄』권41, 宣祖 26년 8월 丙午(25일), 22-82.
109) 『世宗實錄』권117, 世宗 29년 8월 乙酉(26일), 5-34.
110) 『燕山君日記』권58, 燕山君 11년 7월 癸卯(20일), 14-11.
111) 『中宗實錄』권41, 中宗 16년 2월 壬子(29일), 16-19.

으로서 구황식의 역할을 했다. 여기의 채소는 들나물만을 가리키지 않고 산나물도 포함하는 것으로 보인다.

금년이 기근이지만, 민생이 아사에 이르지는 않고 채소를 먹으며 연명하고 있다는 내용도 보인다.[113] 4월에 먹으면서 연명한 채소는 자연산으로 볼 수 있다. 채소가 구황식임은 다른 자료에서도 확인할 수 있다. 구황경차관이 민간을 구황하는데 도토리[橡實]·채소 등의 유무를 모두 동일하게 맞추려 하면 도리어 폐단이 있을 것이니 편의에 따라 조치해 폐가 없도록 지시했다.[114] 채소가 구황식임이 재차 확인된다.

영안도(永安道) 진휼사(賑恤使)가 가지고 가는 사목(事目)에 이르는 내용에, 영안도는 서리가 내리는 것이 너무 이르니, 모든 채소는 반드시 서리가 내리기 전에 채취하여 저장해야 한다는 것이 포함되어 있다.[115] 채소가 구황식임이 분명하다. 서리가 내리기 전에 채취한다는 점에서 볼 때 재배산일 가능성이 크다.

성종 16년 7월, 경상도는 한재(旱災)가 더욱 심하니 백성으로 하여금 먹을 수 있는 채소를 비축하게 하고 그 다과로 수령의 근만을 평가하자는 내용이 보인다.[116] 채소는 구황식이 분명하나, 자연산일 수도 있지만 7월의 시점에서 비축하는 것이므로 재배산일 가능성도 없지 않다. 6월, 7월에 채취하는 채소는 들나물일 가능성이 전혀 없는 것은 아니지만 재배한 식물일 가능성이 높다.

이처럼 채소 역시 소채와 마찬가지로 자연산과 재배산을 함께 가리

112) 『世宗實錄』권107, 世宗 27년 2월 丁未(3일), 4-606.
113) 『明宗實錄』권11, 明宗 6년 4월 戊辰(10일), 20-20.
114) 『中宗實錄』권97, 中宗 36년 12월 壬子(1일), 18-531.
115) 『成宗實錄』권180, 成宗 16년 6월 庚寅(11일), 11-25.
116) 『成宗實錄』권181, 成宗 16년 7월 辛亥(3일), 11-32.

키고 있다. 아래의 자료들은 재배하는 예를 보여준다. 연산군 11년 (1505) 3월, 경기 감사에게 명하여 순채(蓴菜)·파[葱]·마늘[蒜]·상추[萵]를 봉진(封進)하게 하고, 모든 채소는 각도로 하여금 뿌리채로 흙을 얹어서 마르지 않도록 하여 봉진하게 했다.[117] 경기 양주 지역에서 우박의 피해를 입은 백곡과 채소가 보인다.[118] 종포(種圃)의 채소를 언급하고 있다.[119] 이들 자료에 보이는 채소는 재배임이 분명하다.

채소에는 재배하는 것도 포함하고 있어 모두 들나물로 보는 것은 무리이다. 봄철에 채취하는 채소는 대체로 자연산일 것이며, 들나물만이 아니라 산나물도 부분적으로 포함될 것이다.

여초(茹草)를 구황식으로 삼은 예도 찾아진다. 세종 13년 10월, 좌사간 김중곤(金中坤) 등의 상소에서, 금년의 흉년은 전일과 같으니, 여초·도토리를 준비해 내세를 이어가고자 하는 이가 수를 셀 수 없다고 언급했다.[120] 여초는[121] 구황식이지만 도토리와 함께 언급되었으므로 자연산일 가능성이 높다.

채엽(菜葉)을 구황식으로 삼은 일도 있다. 올해는 지난해보다 심한 흉황이라고 하면서, 먹을 수 있는 곡엽(穀葉)·채엽(菜葉)·더덕[山蔘]·도라지[桔梗]·해채(海菜) 등을 때맞춰 거둬 저장해 가을·겨울을 대처해야 한다는 것이다.[122] 채엽은 말 그대로 소채·채소의 잎을 의미한다. 그렇지만 그것이 자연산인지 혹은 재배산인지는 명확하지 않다.

---

117) 『燕山君日記』권57, 燕山君 11년 3월 庚戌(25일), 13-691.
118) 『宣祖實錄』권190, 宣祖 38년 8월 戊辰(26일), 25-115.
119) 『世宗實錄』권99, 世宗 25년 3월 己未(4일), 4-466.
120) 『世宗實錄』권54, 世宗 13년 10월 甲辰(13일), 3-347.
121) 茹草는 실체를 알기 어렵지만 푸성귀를 가리킴은 분명해 보인다.
122) 『明宗實錄』권17, 明宗 9년 7월 壬子(14일), 20-217.

초엽(草葉)이 구황식으로 사용된 경우도 보인다. 초엽은 말그대로 풀의 잎을 의미한다. 재배하는 채소를 일컫는 말로 보기는 어려워 대개 자연산의 소채를 의미하는 것으로 봄이 타당할 것이다. 세종 6년 1월, 호조의 계문에, 강원도 기민을 대상으로 쌀과 콩을 주는데 초엽과 혼식하라는 것이 포함되어 있다.[123] 초엽을 쌀·콩과 섞어 먹도록 하는 것이다. 봄에 초엽을 섭취토록 하는 것으로 보아, 여기의 초엽은 자연산의 가능성이 높아 보인다.

영동현이 지난해 실농해서 먹을 것이 끊어진 이가 다수인데, 오로지 초엽(草葉)과 송피(松皮)에 의뢰하고 있다는 내용이 보인다.[124] 실농했으므로 곡식 농사는 물론 채소 농사도 여의치 못했을 것으로 보여, 여기의 초엽은 자연산으로 여겨진다. 평안도에서 8월 보름 이후 추운 비[寒雨], 서풍(西風)으로 농사가 부실하니, 내년 농작물이 익기 전에 구황물로 각 관은 초엽과 도토리를 채취해 준비할 것을 평안도 관찰사가 요청했다.[125] 여기의 초엽은 상실과 더불어 구황식물의 하나였다. 구황식으로 언급된 초엽은 자연산일 가능성이 높다. 초엽 역시 들나물·산나물 여부가 분명치 않다.

초실(草實)과 초근(草根), 채근(菜根)도 들나물과 깊은 관련을 갖고 있다. 우선 초실은 풀 열매임이 분명한데, 풀이 구체적으로 어떤 것인지가 명확하지 않다. 근년 흉년으로, 기근이 이어지고 있고, 화곡(禾穀)은 자라지 않고 있는데, 남방은 더욱 심해 민이 생업을 잃고 유리아표(流離餓莩)하고 있으며 죽(粥)을 이어가는 자가 백에 1, 2에 불과하고,

---

123) 『世宗實錄』권23, 世宗 6년 1월 辛巳(4일), 2-571.
124) 『世宗實錄』권74, 世宗 18년 8월 庚寅(27일), 4-28.
125) 『中宗實錄』권40, 中宗 15년 윤8월 己酉(24일), 15-687.

초실을 습득하고 송피를 벗겨 조석의 목숨을 이어가고 있었다.126) 초실로 연명하고 있으니 그것이 구황식임이 분명하다.

올해 여름 음우(陰雨)가 이어지고 맥의 이삭이 모두 썩고, 오곡의 씨앗 싹이 대부분 나오지 않았으며, 처음 나온 것은 썩었는데 산군(山郡)이 더욱 심해서 민인이 초실을 채집해 먹었다.127) 그리고 경상도좌도의 실농한 각 고을에서, 일무(一畝)의 수확도 없어서 민들이 오로지 초실을 기대하고 있다고 한다.128) 선조 22년, 조헌(趙憲)이 초실로 어렵게 먹고 살아가는 정상은 멀리서 듣는 사람도 놀라게 한다고 언급했다.129) 구황식으로 언급한 초실의 실체는 명확하지 않다. 초실은 대개 가을철에 습취하는 것으로 보인다. 초실은 들만이 아니라 산에서 채취하는 것이 포함되는 것으로 보아야 할 것이다.

초근(草根)도 구황식으로 자주 언급된다. 요동에 도망해 들어가려던 승려들이 금강산·오대산·묘향산 등에서 송피와 초근을 식량으로 삼아 생활하며 도업(道業)을 닦았다.130) 함경도 홍원 이북은 더욱 흉년이 들어 산업이 있는 자도 모두 초근과 목피(木皮)를 먹으면서 어렵게 생활하고 있었다.131) 초근이 굶주림을 돕는 것임이 분명하다.

중종 27년(1532), 근년에 번번이 농사철을 당하여 가뭄의 재변으로 해마다 흉년이 들어서 백성들이 굶주려, 초근 등으로 겨우 빈 배를 채우고 있다고 한다.132) 그리고 초근을 캐어 먹고 수피(樹皮)를 벗겨서 식

---

126)『世祖實錄』권8, 世祖 3년 7월 乙亥(14일), 7-210.
127)『世宗實錄』권16, 世宗 4년 6월 癸丑(28일), 2-486.
128)『明宗實錄』권17, 明宗 9년 12월 辛卯(25일), 20-251.
129)『宣祖修正實錄』권23, 宣祖 22년 4월 丁丑(1일), 25-578.
130)『世宗實錄』권12, 世宗 3년 5월 庚辰(19일), 2-433.
131)『中宗實錄』권18, 中宗 8년 3월 甲戌(5일), 14-648.
132)『中宗實錄』권73, 中宗 27년 5월 己未(12일), 17-370.

량을 대신하며, 남자는 온전한 바지가 없고 여자는 온전한 치마가 없으니, 강원도 고성군(高城郡)에 살고 있는 백성이 불쌍하다는 내용도 보인다.133) 구황식으로 초근을 활용하고 있는 것이다. 초근은 말 그대로 풀뿌리를 가리키는 데 아마도 더덕과 도라지를 중심으로 해서, 기타 여러 푸성귀의 뿌리를 가리키는 것으로 이해된다.134)

채근(菜根)도 중요한 구황식의 하나였다. 남편이 생업을 일삼지 아니하여 끼니가 없을 때에는 부인이 채근(菜根, 나물뿌리)을 삶아 조석을 때웠다는 내용이 보인다.135) 나물의 뿌리가 조석을 해결할 수 있다는 것이다. 초실·초근·채근이 구황식으로 활용되고 있는데, 거기에는 전부는 아닐지라도 들나물을 포함하는 수가 꽤 있었을 것으로 여겨진다.

구황식으로 초식(草食)이 언급된 예는 무수히 많다. 구황식으로 섭취한 초식이 식물인 것은 분명하지만 실체를 특정하기엔 어려움이 크다. 강원도 모두가 초식의 도움으로 겨우 목숨을 유지하고 있었다.136) 충해를 입은 함경도에서 7월부터 9월에 이르기까지 초식과 도토리를 채집·축적하느라 겨를이 없었다.137) 초식이 구황의 기능을 한 것이다. 또 아래의 자료에서도 그것을 알 수 있다.

곡식이 잘 자라고 화곡이 들에 널려 있음에도 비황(備荒)을 위해 초식을 수습하게 함으로써 추수할 겨를이 없게 하는 일이 있다. 들

---

133) 『明宗實錄』권26, 明宗 15년 1월 壬午(16일), 20-540.
134) 草根木皮로 표현하는 경우, 초근이 어떤 풀의 뿌리인지 알기 어렵지만, 들보다는 산에서 확보할 수 있으므로 산나물로 봄이 더 타당할 것이다. 아마 초근은 주로 더덕·도라지를 가리키는 것으로 보인다.
135) 宋時烈, 『宋子大全』권188, 皇考睡翁府君墓誌.
136) 『世宗實錄』권23, 世宗 6년 2월 壬子(6일), 2-577.
137) 『世宗實錄』권45, 世宗 11년 8월 己卯(5일), 3-193.

에 널려 있는 곡식은 도리어 도적과 금수가 먹는다.138)

비황을 위한 초식은 곧 구황식이다. 흉년을 맞은 황해도에 진제장을 설치해 초식과 장(醬)을 사용해 진휼했으며,139) 그리고 실농한 강원도에서 도망한 이들의 추쇄로 인해 연루된 많은 사람이 구황초식을 제대로 준비할 수 없었다.140) 여기서도 초식이 구황 역할을 한 것이다.

세조 12년(1466) 7월, 실농한 충청도 영춘현은 초식을 자산으로 삼았다.141) 성종 1년 6월, 심한 가뭄으로, 여러 고을의 선상 군사는 돌려 보내 초식을 준비하라는 내용이 보인다.142) 또 유지는 가뭄으로 해채(海菜) 및 산야(山野)에서 먹을 수 있는 초식을 많이 채취할 것을 주장했다.143) 중종 22년 7월, 가뭄과 흉년이 심한 경기 · 평안 · 황해 3도는 구황을 위해 초식 등을 다수 비납(備納)하도록 했다.144) 중종 23년 2월, 올해 흉황이 심해 민으로 입식(粒食)하는 자가 적고, 초식 또한 여유롭지 못하다고 영의정 등이 발언했다.145) 중종 24년 5월, 국왕의 전교에서, 다음과 같이 지시했다.

흉년을 구제하는 초식(草食) 거리를 미리 준비하게 하지만 지금 초식만 마련하게 한다면, 농사는 놓아두고 그것만 하느라 도리어 농사일에 방해가 될 것이니, 형편에 따라 조처하라.146)

138) 『世宗實錄』권90, 世宗 22년 8월 乙酉(16일), 4-312.
139) 『世宗實錄』권95, 世宗 24년 1월 辛未(9일), 4-391.
140) 『世宗實錄』권102, 世宗 25년 10월 癸未(2일), 4-512.
141) 『世祖實錄』권39, 世祖 12년 7월 己卯(10일), 8-31.
142) 『成宗實錄』권6, 成宗 1년 6월 庚戌(3일), 8-506.
143) 『成宗實錄』권6, 成宗 1년 6월 乙卯(8일), 8-507.
144) 『中宗實錄』권59, 中宗 22년 7월 丁亥(12일), 16-584.
145) 『中宗實錄』권60, 中宗 23년 2월 辛未(29일), 16-639.

초식이 흉년 구제의 역할을 한 것이다. 수령이 미리 구황의 대비를 하지 않고 기근이 이른 뒤에 초식을 준비한다고 대사헌이 비판했다.[147] 명종 2년(1547), 정부에서 마련한 구황책 22조에, 초식과 소금, 황각(黃角)을 예비할 것이 포함되어 있다.[148] 또 명종 9년 7월, 방비가 중요한 온성 지역에서 흉황이 극에 달했으니, 구황의 물자, 초식 등을 풀이 마르기전에 미리 저축해 놓았다가 기민을 진휼하라고 국왕이 지시했다.[149] 그리고 명종 14년, 가뭄이 심한 하삼도에서 초식을 비축하여 죽음을 면하고 있었다.[150] 선조 26년(1593) 9월, 진구(賑救)할 때 도토리[橡實]·송피(松皮)·초식 등으로 조처하도록 했다.[151] 이상의 자료에 보이는 초식은 구황에서 매우 중요함을 확인할 수 있다. 구황식으로 초식이 활용된다는 것은 이처럼 다수 찾아진다.

<표 2> 초식(草食)의 범주

초식에 포함된 내용	전거
소나무 껍질[松皮]	『成宗實錄』권6, 成宗 1년 6월 壬子(5일), 8-506.
도토리[橡實]	『世宗實錄』권25, 世宗 6년 8월 壬戌(20일), 2-618.
해채(海菜) 및 산야(山野)에서 먹을 수 있는 것	『成宗實錄』권6, 成宗 1년 6월 乙卯(8일), 8-507.
황각(黃角)·미역[藿]·참가사	『成宗實錄』권129, 成宗 12년 5월 癸巳(19일),

---

146) 『中宗實錄』권65, 中宗 24년 5월 戊戌(4일), 17-117.
147) 『中宗實錄』권92, 中宗 34년 10월 辛未(7일), 18-340.
148) 『明宗實錄』권6, 明宗 2년 8월 戊申(30일), 19-526.
149) 『明宗實錄』권17, 明宗 9년 7월 癸丑(15일), 20-217.
150) 『明宗實錄』권25, 明宗 14년 7월 丁丑(8일), 20-523.
151) 『宣祖實錄』권42, 宣祖 26년 9월 庚申(9일), 22-97.

리[細毛] · 바다나물[海菜]과 더덕[山蔘] · 도라지[桔梗] · 비름[莧菜] · 도토리[橡實]	10-216.
도토리 · 미역 · 황각(黃角) · 해채(海菜) · 콩깍지 · 콩잎 · 여뀌	『宣祖實錄』권54, 宣祖 27년 8월 丁未(2일), 22-320.
초식이 상율(橡栗)과 병칭	『世宗實錄』권45, 世宗 11년 8월 己卯(5일), 3-193.
산채(山菜)와 구분	『中宗實錄』권90, 中宗 34년 4월 癸卯(6일), 18-267.
도토리[橡實] · 소나무 껍질[松皮]과 구분	『宣祖實錄』권42, 宣祖 26년 9월 庚申(9일), 22-97.

초식의 범주는 매우 넓었다.152) 들나물만이 아니라 산에서 확보할 수 있는 다양한 것도 포함하고, 해조류까지 포함하고 있다(<표 2> 참조). 따라서 초식을 구황식으로 삼았다고 할 때, 들나물만을 지칭하는 것은 아니다. 그렇지만 들나물이 포함됨은 분명할 것이다.

이상에서 보았듯이 구황식으로 활용되는 들나물은 여러 어휘에 포함되어 있었다. 야채는 들나물로 보이며, 봄에 채취하는 나물은 자연산이 분명하지만 산나물도 포함되는 경우가 많아 전적으로 들나물로 볼 수는 없을 것이다. 소채와 채소는 자연산과 재배산이 모두 포함되므로 들나물만을 가리킨다고 할 수는 없겠다. 그렇지만 들나물이 포함되는 것은 분명하다. 봄철 채취하는 소채 · 채소에는 들나물이 포함될 수 있을 것이다. 여초 · 채엽 · 초엽 역시 들나물로만 볼 수는 없을 것 같다. 초실 · 초근 · 채근은 들나물은 물론 산나물도 포함되는 경우가 많아 보인다. 구황식으로 많이 언급된 초식은 포괄 범위가 매우 넓다. 산에서 확

---

152) 초식이 포함하는 내용에 일관성이 부족하다. 예컨대 초식에 송피와 상실이 포함되기도 하고 제외되기도 한다.

보하는 열매와 나물, 들에서 채취하는 것, 그리고 바다에서 채취하는 것, 때로는 재배하는 것까지 포괄하고 있다. 다양한 단어에 포함된 들나물이 구황식으로 널리 활용되고 있음은 분명하다.

4. 들나물의 가공과 섭취

들나물을 포함한 단어인 야채 · 소채 · 채소 · 여초 · 채엽 · 초엽 · 초실 · 초근 · 채근 · 초식이 구황식으로 큰 의미를 가졌음은 분명한 사실이다. 그렇지만 들나물은 필수 영양소를 많이 함유하지 않는 수가 대부분이다. 들나물은 대체로 잎과 줄기를 식용으로 하기 때문에 섬유질이나 비타민 등은 풍부하지만, 탄수화물 · 단백질 · 지방 등의 필수 영양소는 크게 부족하다. 따라서 일부를 제외한다면 들나물이 단독으로 끼니의 구실을 하는 것은 매우 어렵다. 열매나 뿌리를 활용할 수 있는 들나물이 많지 않기 때문이다. 차조기 · 마름 · 여뀌 등은 열매를 활용할 수 있지만, 많은 양을 확보하기는 힘들다.

들나물은 다양한 방식으로 조리되어 식용으로 전환되었다. 자연에서 채취하는 들나물은 주식보다는 부식 · 반찬으로 활용하는 수가 많았다. 그것은 데치거나 삶아 먹기도 하고, 또 생으로도 먹기도 하며, 각종 양념을 첨가해 맛을 향상시켜 먹을 수 있도록 하기도 했다.

구황식으로 들나물을 활용할 때 가장 흔한 조리법은 죽을 만드는 것이다. 들나물의 대부분은 죽을 쑤는 데 사용되었다. 세종 6년(1424) 1월, 호조의 계문에, 강원도 기민을 대상으로 삼아, 15세 이상은 매 5명당 하루에 쌀과 콩을 합하여 1되씩으로, 14세 이하는 매 10명당 하루에 쌀과 콩을 합하여 1되씩으로 이달 그믐날까지 나누어 주고, 초엽(草葉)으로 혼식하도록 하라는 내용이 포함되어 있다.[153] 초엽을 쌀·콩과 섞어 먹도록 하는 것이다. 죽을 만들어 섭취했을 것이다. 봄에 초엽을 섭취토록 하는 것으로 보아, 여기의 초엽은 자연산의 가능성이 높아 보인다.

1, 2홉의 쌀과 염장(鹽醬), 소채(蔬菜)를 섞어 죽을 만들어 먹으면 요기할 수 있다는 내용도 보인다.[154] 소채와 쌀·염장을 섞어 죽을 만들어 구황할 수 있다는 것이다. 소채를 구황식으로 활용하는 경우, 다소의 쌀과 염장에 소채를 넣고 끓여 죽을 만들었던 것이다. 소채만으로 굶주림을 해소하는 것은 어려운 것이다.

들나물이 구황식으로 중요함에도 불구하고, 『조선왕조실록』에서 구황식물인 들나물의 이름을 구체적으로 제시한 예는 매우 드물다. 쑥·비름·여뀌만이 확인된다. 들나물이 구황식물로서 매우 중시된 것에 비하면 의외로 여겨진다. 아래에서는 개별 들나물이 식용으로 활용되는 내용을 제시하고자 한다.

쑥[蒿·艾]이 구황식이 될 수 있는 가능성에 관해서 권극화(權克和)가 언급했다. 그는 쑥잎과 열매를 따서 물을 끓여 쌀과 소금을 타서 이를 먹으면 흉년을 구제하는 데 긴절(緊切)하다고 발언했다. 이것은 물론 효과가 문제되어 널리 활용되지는 않은 것으로 보인다.[155]

쑥으로 죽을 쒀서 먹는 것이 가능했다. 정약용은 쑥죽에 대해 다음과 같이 언급했다.

---

153) 『世宗實錄』권23, 世宗 6년 1월 辛巳(4일), 2-571.
154) 『成宗實錄』권182, 成宗 16년 8월 癸卯(25일), 11-50.
155) 『世宗實錄』권115, 世宗 29년 3월 戊子(26일), 5-14.

가을이 되기도 전에 기근이 들어 들에 푸른 싹이라곤 없었으므로
아낙들이 쑥을 캐어다 죽을 쑤어 그것으로 끼니를 때웠다.[156)

쑥은 죽을 만들 때 활용하는 중요한 들나물이었음을 알 수 있는데,
이것은 조선전기에도 통용되었을 것으로 짐작된다.

쑥을 국을 만드는 데 활용한 예는 다수이다. "이웃사람과 쑥국을 끓
여 함께 술을 마시기로 약속하다[約隣人煮艾會飮]."라는[157) 언급에서
쑥국을 확인할 수 있다. "김길보(金吉甫)와 윤공간(尹公斡)이 아들들과
와서 시냇가에 모여 쑥국을 끓이기에"라는[158) 데서도 쑥국을 볼 수 있
다. 그밖에 쑥국을 언급한 시구는 더 찾을 수 있다.[159) 쑥국은 즐겨 먹
으며 상당히 널리 보급된 음식임을 알 수 있다.

쑥은 떡을 만드는 데 사용하기도 했다. "푸른 쑥에 쌀가루 섞은 떡이
라(靑蒿雜粉餌)"에서[160) 쑥에 쌀가루를 섞은 떡을 언급하고 있다. 쑥은
봄철에 채취해 떡을 만들어 식용으로 했다.[161) 삼월 삼짇날은 속절일
(俗節日)인데, 제물로 쑥떡을 올린다고 한다.[162) 쑥 나물도 반찬으로 활
용되었다.[163) 쑥은 구황식으로 큰 의미를 지녔다고 판단된다.

비름[莧]도 중요한 구황식물의 하나였다. 성종 12년(1481) 5월, 호조

---

156) 丁若鏞, 『茶山詩文集』권5, 采蒿 閔荒也 未秋而饑 野無靑草 婦人采蒿爲鬻 以當食焉.
157) 李敏求, 『東州集詩集』권13, 約隣人煮艾會飮.
158) 李應禧, 『玉潭私集』, 聞金吉甫尹公斡與諸子來會溪邊湯艾.
159) 盧守愼, 『穌齋集』권5, 春晴 ; 李恒福, 『白沙集』권1, 子龍次韻見示 仍次却寄 ; 權韠,
   『石洲集』권8, 雜體, 述懷聯句 ; 趙絅, 『龍洲遺稿』권4, 立春 二首.
160) 金宗直, 『佔畢齋集詩集』권20, 三月三日以雨不出食靑蒿餠有感明日寒食.
161) 李穡, 『牧隱詩稿』권28, 謹成長句回韻三首 奉呈鐵原侍中座下 ; 徐居正, 『四佳詩集』
   권31, 三月二日 ; 金宗直, 『佔畢齋集詩集』권20, 三月三日以雨不出食靑蒿餠有感明
   日寒食.
162) 李植, 『澤堂集別集』권16, 雜著, 祭饌.
163) 成俔, 『虛白堂補集』권1, 與兼善如晦祭健顯兩陵仍遊東郊 壬子.

에서 구황에 대비해 준비할 사항을 언급하고 있는데, 그 가운데 황각(黃角)·미역[藿]·참가사리[細毛]·바다나물[海菜]과 산삼(山蔘)·도라지[桔梗]·비름[莧菜]·도토리[橡實]는 하나같이 구황(救荒)에 대처하는 긴요한 초식(草食)이니, 미리 많이 준비하라는 것이 포함되어 있다.164) 비름이 구황식물로 제시된 것이다.

조선전기 비름은 아주 친숙한 먹거리였다. "명아주·비름으로 빈창자나 채울 뿐이란다[只有藜莧撐空腸]."라는165) 시구에서 확인할 수 있다. 그리고 "전부터 비름·콩잎 먹는 창자로다[從前莧藿腸]"라거나,166) "평생에 명아주·비름나물로만 배를 채웠고[平生藜莧足撐腸]"라고도167) 하며, "굶주려 비름 먹은 창자 꼬르륵 거리네[飢覺莧腸鳴]"라고도168) 언급했다. 나물 중에서 천한 것이라고 하면서도169) 맛있다고도 지적했다.170) 비름도 죽을 만드는 데 활용되었을 것 같다. 비름은 구황식물로서 중요한 의미를 갖고 있었다.

여뀌[蓼]가 구황식물로 언급된 예는 다음과 같다. 선조 27년(1594) 8월, 진휼사 박충간(朴忠侃)이 비변사의 쌀과 콩이 부족하니 도토리·소금·미역·황각(黃角)·해채(海菜)·콩깍지·콩잎·여뀌[蓼實] 등의 각종 초식(草食)을 산지의 관리로 하여금 백성을 번거롭게 하지 말고 미리 준비하도록 요청했다.171) 또한 선조 27년 10월, 사헌부에서 초목의 열매를

164) 『成宗實錄』권129, 成宗 12년 5월 癸巳(19일), 10-216.
165) 徐居正, 『四佳詩集』권2, 用成少年 侃 詩韻.
166) 徐居正, 『四佳詩集』권31, 七月前韻.
167) 徐居正, 『四佳詩集』권41, 謝水鍾允上人 餉櫻桃 諸色餠.
168) 權好文, 『松巖集別集』권1, 又用前韻.
169) 鄭斗卿, 『東溟集詩集』권5, 鐵城錄5, 食莧.
170) 李敏求, 『東州集全集』권7, 板橋就元氏姊.
171) 『宣祖實錄』권54, 宣祖 27년 8월 丁未(2일), 22-320.

비축하여 구황(救荒)하는 밑천으로 삼는 것은 참으로 오늘날의 폐할 수 없는 일인데, 여러 읍에서는 민간에게 상수리[橡實]·여뀌[蓼花實]·도꼬마리[蒼耳實]를 책납(責納)하고 있다고 발언했다.[172] 두 자료에서 여뀌[蓼實, 蓼花實]가 중요한 구황식물의 위치에 있음을 알 수 있다.

여뀌는 양식이 될만한 것으로 보인다. "씀바귀·여뀌도 양식이 될 만하네[茶蓼可爲糧]"라는[173] 언급에서 확인할 수 있다. 그리고 여뀌는 생선회와 궁합이 잘 맞는다고 지적했다.[174] 여뀌의 열매는 가루로 만들어 죽을 쑬 수 있었을 것으로 추측된다.

쑥·비름·여뀌 등 들나물은 『조선왕조실록』에서 확인되는 구황식물이다. 거기에 보이지 않지만 구황식으로 중요했을 것으로 보이는 몇 가지를 들 수 있다. 우선 차조기[紫蘇]다. 차조기는 가을에 열매를 많이 맺으니 갈아서 죽을 끓여 먹을 수 있다고 한다.[175] 차조기의 열매를 다량으로 준비하기는 어려울지라도 죽을 만들어 먹을 수 있는 드문 들나물이었다. 차조기의 열매는 초실의 한 사례로 들 수 있을 것이다.

순채[蓴]도 식용으로 매우 중요했던 것으로 보인다. 순채는 남국의 산물인데, "야로가 부지런히 뜯어서[野老勤採得] / 가져다 내게 주니[持以贈故人] / 빛과 맛이 모두 특이하네[色味俱絶特]."라고[176] 서거정(徐居正)이 읊었다. 순채는 데쳐서 요리하기도 하고,[177] 삶기도 했다.[178] 순채의 줄기를 먹었음이 확인된다.[179] 순채 나물의 존재는, "갑자기 순

---

172) 『宣祖實錄』권56, 宣祖 27년 10월 丁未(3일), 22-358.
173) 林椿, 『西河集』권1, 雨中 次東坡感舊詩.
174) 徐居正, 『四佳詩集』권40, 溪邊小酌卽事二首 示玉如.
175) 李應禧, 『玉潭私集』, 萬物篇, 蔬菜類.
176) 徐居正, 『四佳詩集補遺』권1, 蓴菜歌.
177) 『東文選』권6, 蓴菜崔山人寄書請賦(陳澕).
178) 『續東文選』권6, 申參議未舟歸來亭首尾吟(姜希孟).

채 나물이 눈에 가득 쌓여서[忽有蓴絲來滿眼]"에서[180] 알 수 있다.

'순갱(蓴羹)'은[181] 순챗국을 가리킨다. 순챗국을 읊은 시구는 종종 볼수 있다.[182] 순챗국은 맛이 있었다.[183] 우정(雨亭)이란 인물이 권근(權近)에게 순챗국을 대접한 일이 있다.[184] 그리고 권필(權韠)이란 인물이호남을 유람하면서 4월에 순챗국을 먹은 일이 있다.[185] 순채는 농어회와 음식 궁합이 잘 맞았다. "가을바람 부는 고향엔 순채와 농어가 맛 좋으니[秋風故國蓴鱸美]"에서[186] 확인할 수 있다. 순채와 농어회를 함께먹는 내용은 흔히 찾을 수 있다.[187] 다양하게 활용된 순채는 죽을 만드는 데도 활용되었을 것으로 추측된다.

냉이[薺]는 국을 끓여 먹었다. "맛있는 냉이가 절로 나서 번성하니[甘薺自生繁] / 국거리 좋아 내 입에 맞네[宜羹中吾欲]."라는[188] 시구에서 확인할 수 있다. 냉잇국을 언급한 표현은 흔히 찾을 수 있으며,[189]봄나물로 냉이를 언급한 예도 있다.[190] 냉이나물과 냉잇국을 동시에

179) 徐居正, 『四佳詩集』권13, 廚蔬八詠.
180) 徐居正, 『四佳詩集』권3, 蓴菜.
181) 李奎報, 『東國李相國全集』권14, 友人家食蓴 ; 徐居正, 『四佳詩集』권9, 次麻川詩韻.
182) 權近, 『陽村集』권9, 次韵謝雨亭蓴羹見餉 二首 ; 徐居正, 『四佳詩集』권8, 再和 二首 ; 張維, 『谿谷集』권25, 送洪澤芳出守瑞山.
183) 李荇, 『容齋集』권3, 曹平甫 乞郡得嶺南之豐基 用燕寢凝淸香爲韻以別 五首.
184) 權近, 『陽村集』권9, 次韵謝雨亭蓴羹見餉 二首.
185) 權韠, 『石洲集』권7, 旅食鱸膾.
186) 閔思平, 『及菴詩集』권3, 次韻拜呈愚谷先生.
187) 李穡, 『牧隱詩稿』권7, 憶家山 ; 權好文, 『松巖集續集』권3, 次題柳應見書舍 ; 李睟光, 『芝峯集』권16, 續朝天錄, 龍泉館 ; 申欽, 『象村集』권17, 張翰 ; 張維, 『谿谷集』권33, 送朴丈明榑南歸.
188) 李奎報, 『東國李相國後集』권3, 次韻白樂天春日閑居 三月二十日作.
189) 徐居正, 『四佳詩集』권21, 寄趙提學 秋 廣津別墅 ; 成侃, 『虛白堂補集』권4, 薺花 ; 李荇, 『容齋集』권5, 南遷錄, 愁悶.
190) 金昌協, 『農巖集』권4, 卽事效劍南.

언급한 경우도 보인다. "봄 식탁에 냉이나물이 향기롭네[春廚薺菜香] / 국에 넣어 끓이면 아주 맛나고[和羹能悅口]."라는191) 언급이 그것이다. 냉이로 죽을 쒀서 먹을 수 있었던 것 같다.192)

삽주[朮苗]에 대해서는 새벽 비에 돋아나자 아침에 꺾으면서, "보드라운 잎은 구름빛을 쒼 듯[嫩葉雲光被] / 새 줄기는 이슬 기운에 젖었네[新莖露氣濃] / 삶으면 황금빛 띠고서 익고[煮罷黃金爛] / 구우면 푸른 옥을 쌓은 듯[炮成碧玉崇]."이라고193) 표현했다. 잎과 줄기를 삶고 구워 조리함을 알 수 있다. 삽주는 나물로서 유용했을 것이다.194)

개자리[苜蓿]는 구워 먹고, 삶아 먹었다. "구워서 먹으면 향긋하고 부드러우며[炮餤香滑極] / 삶아 먹으면 쓴맛 단맛이 섞이지[烹嚼苦甘專] … 좋은 나물 중에서 가장 으뜸일세[嘉蔬喜得先]."195) 이 구절에서 구워 먹고 삶아 먹는데, 개자리가 들나물 가운데 으뜸이었음을 확인할 수 있다.

소반 위의 개자리를 언급한 예가 많다. 목숙반(苜蓿盤),196) 반중목숙(盤中苜蓿),197) 춘반목숙(春盤苜蓿)198) 등이 그것이다. 모두 소반 위의

---

191) 徐居正, 『四佳詩集』권13, 廚蔬八詠.
192) 서종학, 2011『굶주림과 질병을 이겨낸 조상의 지혜 - 구황촬요 -』, 채륜, 164~165면 ; 洪萬選, 『山林經濟』권4, 治藥, 薺菜.
193) 李應禧, 『玉潭私集』, 萬物篇, 蔬菜類.
194) 삽주 뿌리를 환으로 만들어 먹거나 가루를 물에 타 먹으면 양식을 대신할 수 있다고 한다(서종학, 2011 앞의 책, 165~166면).
195) 李應禧, 『玉潭私集』, 萬物篇, 蔬菜類.
196) 權近, 『陽村集』권10, 謝韓弼善 尙德 惠牛心 ; 徐居正, 『四佳詩集』권2, 春坊入直 書懷錄示成謹甫 ; 徐居正, 『四佳詩集』권44, 寒食 ; 金宗直, 『佔畢齋集詩集』권19, 刑曹郎署送羊肉 ; 張維, 『谿谷集』권33, 和羅應瑞.
197) 李穀, 『稼亭集』권16, 次韻答順菴 ; 徐居正, 『四佳詩集』권13, 在烏府 答春坊諸學士 乞酒錢.
198) 李穡, 『牧隱詩稿』권8, 自詠 ; 尹斗壽, 『梧陰遺稿』권1, 益山彌勒寺 次金上舍 得地 宋

개자리 나물을 의미한다. "보이는 것은 푸른 소반에 개자리뿐이로다[只見靑盤堆苜蓿]"라는[199] 것과, "봄 쟁반에 향기로운 개자리를 햇살이 비추네[日照苜蓿春盤香]"라는[200] 것 역시 소반 위의 나물을 가리킨다고 여겨진다.

마름[藻]을 물가에서 뜯는 것은, "도랑에서 개구리밥·마름 뜯어서[行潦採蘋藻]"라는[201] 구절에서 확인할 수 있다. 시냇가에서 마름을 뜯는 사례는 여럿 찾아진다.[202] 마름은 제수(祭需)로도 사용된 것으로 보인다.[203]

방풍은 죽을 쑤는 데 활용했다. 곱게 찧은 쌀로 죽을 끓일 때, 처음 돋아난 방풍 싹을 따서 거기에 넣으면 훌륭한 죽이 될 수 있었다.[204]

미나리[芹]는 다양하게 가공해 먹었다. 미나리로 국을 만들어 먹는 것도 보이고, 김치를 만들기도 했다.[205] 식용으로 미나리가 가치가 있기 때문에 선물로 제공하는 경우가 많았다. 근저(芹菹)는[206] 미나리 김치를 의미하고, 근갱(芹羹)은[207] 미나리 국을 가리킨다. 미나리 국을 언급한 시가 여럿 확인된다.[208]

御史 象賢 韻.
199) 李奎報, 『東國李相國全集』권10, 腹皷歌 戲友人獨飮.
200) 權韠, 『石洲集』권2, 郊居 忽有詩思 命婢寬酒 詩成而酒不至.
201) 鄭斗卿, 『東溟集』권7, 柳掌令 籌 母夫人挽.
202) 李廷龜, 『月沙集』권2, 戊戌朝天錄上, 貞女祠 用西嶽廟韻 ; 李植, 『澤堂集續集』권5, 挽金恩津 友淹 母夫人 二首.
203) 車天輅, 『五山集』권4, 代尹靜春送其弟次野赴慶州府尹百韻 ; 金堉, 『潛谷遺稿』권9, 白休菴書院祭文.
204) 許筠, 『惺所覆瓿藁』권26, 說部5, 屠門大嚼, 防風粥.
205) 徐居正, 『四佳詩集』권51, 巡菜圃有作 ; 徐居正, 『四佳詩集補遺』권1, 丁未手稿, 種蔬.
206) 『世宗實錄』권112, 世宗 28년 4월 辛酉(24일), 4-667.
207) 徐居正, 『四佳詩集』권50, 寄金子固甕浦別墅 二首.
208) 徐居正, 『四佳詩集』권3. 訪金將軍林亭 ; 徐居正, 『四佳詩集』권50, 村廚八詠 ; 徐居正, 『四佳詩集』권51, 兒子福慶 構別墅於馬場里 邀予一遊 任西河 金光城亦來訪 喜作 ; 徐

들나물이 구황식으로 기능하기 위해서는 약간의 곡식과 섞어 죽을 쑤었을 것이다.[209] 명확히 죽을 쑤는 것이 확인되는 것은 쑥, 차조기, 냉이, 방풍 등이지만 나머지 들나물도 대체로 죽을 만들 수 있었을 것으로 보인다. 들나물은 필수 영양소가 적었기 때문에, 열매를 먹을 수 있는 차조기·마름·여뀌 등을 제외하면 독자적으로 끼니의 역할을 하기는 힘들었다.

들에서 나는 나물을 먹는 것은 주의할 점이 적지 않다. 비슷한 모습을 띠지만 유해한 독성을 지닌 수가 종종 있기 때문이다. 태종 16년 (1416), 몰이 사냥을 했는데, 대가(大駕)를 따르는 사람들 가운데 숙소에 이르러 독초를 잘못 먹고 갑자기 죽은 사람이 여섯 명이었으며, 약을 복용하여 살아난 사람이 두 명이었다. 나물을 먹은 지 순식간(瞬息間)에 황홀(恍惚)해져 정신을 차리지 못하고, 귀·눈·입·코에서 피가 흐르듯이 나왔다. 독초(毒草)의 이름은 망초(莽草)이고, 향명(鄕名)은 대조채(大鳥菜)인데, 뿌리는 개자리[苜蓿]와 같고 줄기는 쑥갓[茼菜]과 같았다.[210] 독초를 모르고 먹어서 큰 탈이 난 것이다.

세종 14년 3월, 독(毒)이 있는 나물을 먹고 죽은 사람이 두 명 있으므로, 병조에 명령하여 물고(物故)한 수군(水軍)의 예에 의하여 치부(致賻)하고 복호(復戶)하게 했다. 또 두루 군중(軍中)에 타일러서 이름을 모르는 야채(野菜)를 먹지 못하게 했다.[211] 잘 모르는 야채를 식용으로 하는 경우 이런 불상사가 일어나는 것이다. 들에는 많은 식물이 서식하고 있

居正,『四佳詩集』권51, 巡菜圃有作 ; 徐居正,『四佳詩集補遺』권1, 丁未手稿, 種蔬.
209) 곡식가루 없이 나물만 먹으면 살지 못한다고 한다(서종학, 2011 앞의 책, 158면).
210)『太宗實錄』권31, 太宗 16년 3월 丁酉(5일), 2-104.
211)『世宗實錄』권55, 世宗 14년 3월 庚申(1일), 3-373.

는데, 식용으로 활용할 수 있는 것도 많지만, 독초로서 피해를 주는 것도 적지 않았다.

경상도에서 독초를 먹어 사망한 일이 있었다. 중종 6년 5월 경상도에서 가뭄이 너무 심하여 밀·보리가 마르고 백성들은 먹을 것이 없어 파종을 하지 못하였는데, 백성이 너무 굶주려서, 독초를 끓여 먹고 배가 터져 죽은 일도 있었다.[212] 가뭄으로 굶주려 먹을 수 없는 독초를 먹고 사망한 것이다.

들나물은 식용으로 하기 위해서는 염장(鹽醬)이 필요했던 것으로 보인다. 강원도 기근민이 초식하는 데 반드시 염장을 기다려 먹어야 부종에 이르지 않는다는 내용이 있다.[213] 평안도가 기근으로, 사람이 모두 초식하는데 염장이 없으면 부종에 이른다고 했다.[214] 세종 24년 1월, 황해도가 실농해, 준비한 구황 초식과 장 1,500석으로 진제장을 설치해 곡진히 진휼하는 조치도 있었다.[215] 세종 27년 9월, 소금으로 장을 만들고 소채를 먹는다고 했다.[216] 초식은 반드시 염장과 섞어 먹은 연후에 부종에 이르지 않는다고 했다.[217] 선조 26년 8월, 국왕이 경성의 민이 기근으로 죽었으니, 소금을 배로 실어 분급하고 소채(蔬菜)와 함께 먹으면 살 수 있다고 하면서 급하게 조치하라고 지시했다.[218] 위의 여러 내용은 들나물을 섭취할 때 염장이 필요했음을 알려준다.

기민들이 나물을 먹기 위해 반드시 필요한 것은 염장이었다. 기민들

---

212) 『中宗實錄』권13, 中宗 6년 5월 庚申(11일), 14-514.
213) 『世宗實錄』권17, 世宗 4년 8월 己酉(25일), 2-494.
214) 『世宗實錄』권67, 世宗 17년 1월 戊戌(26일), 3-610.
215) 『世宗實錄』권95, 世宗 24년 1월 辛未(9일), 4-391.
216) 『世宗實錄』권109, 世宗 27년 9월 丙子(6일), 4-637.
217) 『世宗實錄』권113, 世宗 28년 8월 丁巳(22일), 4-698.
218) 『宣祖實錄』권41, 宣祖 26년 8월 丙午(25일), 22-82.

이 나물[菜]을 양식으로 삼는데, 소금을 치지 않으면 목에 넘어가지 않으므로 소금값이 갑절이나 오른다는 언급이 있다.[219] 나물을 먹는 데에는 염장이 절대적으로 필요한 것이다. 죽을 쒀서 먹을 때도 염장이 필요했다.

들나물은 식용으로 가치가 있어 선물의 대상이 되었다. 이옥여(李玉如)가 서거정에게 봄나물을 선물로 보내준 내용이 보인다.[220] 들나물이 먹거리로서 유용하므로 선물로 제공되는 것이다.

산나물인지 들나물인지 명확하지 않은 예도 있다. 입춘에 김종직(金宗直)이 생나물[生菜]을 첨정(僉正) 강귀손(姜龜孫)에게 보냈다.[221] 신흠(申欽)에게 이실지(李實之)가 새로난 나물[新蔬]을 보내 주었다.[222] 생채·신소가 산나물인지 들나물인지는 명확하지 않지만, 둘 다일 가능성도 없지 않다.

특정 들나물을 선물로 제공하는 예도 찾아진다. 순채는 선물로 구실하고 있었다. 이색이 순채를 선물로 받은 일이 있었다.[223] 야로(野老)가 서거정에게 순채를 가져다 준 일이 있으며,[224] 관찰사가 서거정에게 순채 나물을 선물로 제공한 일도 있었다.[225] 박서남(朴瑞男)이란 이가 김종직에게 순채를 보내준 것도 보인다.[226]

---

219) 丁若鏞, 『牧民心書』 賑荒 6조, 제4조 設施.
220) 徐居正, 『四佳詩集』 권50, 立春日 次李玉如韻 兼謝送春菜.
221) 金宗直, 『佔畢齋集詩集』 권10, 立春日以生菜呈姜僉正龜孫十二月二十日也.
222) 申欽, 『象村集』 권19, 謝李實之送新蔬.
223) 李穡, 『牧隱詩稿』 권22, 得西海金按廉蓴魚 代書致謝 ; 李穡, 『牧隱詩稿』 권29, 謝南京尹送蓴 ; 李穡, 『牧隱詩稿』 권32, 謝南京尹送蓴菜走筆 ; 李穡, 『牧隱詩稿』 권35, 衿州吟, 南在送蓴酒奏紙.
224) 徐居正, 『四佳詩集補遺』 권1, 蓴菜歌.
225) 權近, 『陽村集』 권7, 謝安觀察惠蓴.
226) 金宗直, 『佔畢齋集詩集』 권9, 居昌朴使君 瑞男 惠蓴.

미나리를 선물로 보내는 일도 많았다. 안준(安浚)이란 이가 서거정에게 미나리를 보내줬다.[227] 또 마을 사람이 서거정에게 미나리를 선물로 보냈다.[228] 고려시기에 이정(李程)이란 이가 이규보(李奎報)에게 미나리를 보냈다.[229] 미나리가 귀한 것임을 알려준다.

5. 결어

자연재해가 있거나 농정책의 실패로 인해 민인이 곤궁한 처지에 있을 때 구황식물을 찾게 되었다. 한반도 일대에는 다양한 구황식물이 있어서 흉황 극복에 큰 도움을 주었다. 산에도 많은 종류의 구황식물이 있었고, 바다에도 풍부한 구황식물이 있었다. 그리고 들에도 다채로운 구황식물이 많이 있었다. 들에서 얻는 구황식물은 들나물로 일컬을 수 있다.

들나물은 한자로 야채(野菜)·야속(野蔌)으로 표현했다. 산에서 채취하는 산나물인 산소(山蔬)와 구분되었고, 밭에서 재배하는 원소(園蔬)와도 구분되었다. 들나물은 대개 봄철에 채취해 식용으로 삼았다. 들나물의 종류는 매우 다양했다. 미나리, 차조기, 여뀌, 순채, 냉이, 삽주, 개자리, 마름, 쑥, 비름 등이 있었다. 이 가운데 물가나 습지에서 자라는 것은 미나리, 여뀌, 순채, 마름 등이었다. 들나물은 불탄 뒤에 풍부했으며, 비가 온 뒤에 잘 성장했다. 대개는 이른 봄부터 채취할 수 있었다.

구황식으로 활용된 들나물은 다양한 어휘로 표기되었다. 야채·소채

---

227) 徐居正, 『四佳詩集』권20, 安同隣 浚 送芹菜溪魚 謝之.
228) 徐居正, 『四佳詩集』권21, 謝村人送芹子.
229) 李奎報, 『東國李相國全集』권14, 次韻李程校書惠芹 二首李程 是李眉叟子也.

· 채소 · 여초 · 채엽 · 초엽 · 초실 · 초근 · 채근 · 초식 등이 그것이었다.
야채는 들나물을 전적으로 일컫는 용어이며, 소채와 채소는 들나물만
이 아니라 재배하는 것도 함께 일컬었다. 채엽이나 초엽, 그리고 초근
과 초실도 구황식으로 보인다. 초식도 자주 보이는데 구황 기능을 했
다. 이 어휘들은 전적으로 들나물을 가리키는 것은 아니어서, 산나물도
포함하는 수도 있고, 재배하는 것도 포함하는 수도 있었다. 물론 들나
물이 중요한 요소였음은 분명하다. 특히 봄에 채취하는 것은 들나물이
나 산나물이었다.

　모든 들나물이 구황식으로서 큰 의미를 가진 것은 아니었다. 들나물
은 섬유질과 비타민은 풍부했지만, 탄수화물 · 지방 · 단백질은 부족했
다. 들나물을 끼니로 삼기 위해서는 대개 곡식과 섞어서 죽을 만들었
다. 쑥이나 차조기 · 냉이 · 방풍 등은 죽으로 만들 수 있었을 것이다. 다
른 들나물도 죽을 만드는 데 활용했을 것으로 보인다. 곡식이 전혀 없
이 들나물만을 섭취하는 수도 있었겠지만 영양에 한계가 있었다. 때로
는 독성이 있는 풀을 섭취해 사망에 이르는 사고도 발생했다. 들나물을
섭취하고자 할 때 염장이 필요했다. 들나물은 먹거리로서 가치가 있기
때문에 종종 선물로 제공하는 수가 있었다.

　들나물은 이처럼 구황식물로서 매우 중요한 위치에 있었다. 풍부하
고 다양한 들나물은 아사(餓死)를 면하게 하는 중요한 요소였다. 특히
식량이 가장 부족한 봄철에 채취할 수 있는 들나물은 생존에 매우 긴요
했다. 이러한 들나물이 풍부하게 서식하는 것이 우리 생태환경의 중요
한 특징이라 하겠다. 들나물을 섭취해 아사를 면하고 생존하는 것은 사
회 유지의 바탕이 되고 국가 지속의 토대가 되는 것이다.

<자료>

(주요 용어 : 독초(毒草), 개자리[苜蓿])

보장산(寶藏山)에서 몰이하고, 저녁에 사천현(沙川縣)의 소요산(逍遙山) 아래에 머물렀다. 대가(大駕)를 따르는 사람들로서 숙소에 이르러 독초(毒草)를 잘못 먹고 갑자기 죽은 사람이 6인이었으며, 약을 복용하여 살아난 사람이 2인이었다. 임금이 죽은 상황을 물으니, 대답하는 자가 말하기를, "나물을 먹은 지 순식간(瞬息間)에 황홀(恍惚)해져 정신을 차리지 못하고, 귀·눈·입·코에서 피가 흐르듯이 나왔습니다." 했다. … 독초(毒草)의 이름은 망초(莽草)이고, 향명(鄕名)은 대조채(大鳥菜)인데, 뿌리는 개자리[苜蓿]와 같고 줄기는 쑥갓[苘菜]과 같았다.

○驅寶藏山 夕次沙川縣逍遙山下 隨駕人至宿所 誤食毒草 暴死者六人 服藥而生者二人 上問死狀 對之者曰 食菜瞬息間 恍惚不省 自耳目口鼻出血如流 … 毒草名莽草 鄕名大鳥菜 根如苜蓿 莖如苘菜 … (『太宗實錄』권31, 太宗 16년 3월 丁酉(5일), 2-104)

(주요 용어 : 도토리, 밤, 소채(蔬菜), 산나물[山蔬], 들나물[野菜])

임금이 말하기를, "『원전(元典)』에, '초목이 무성한 연후에 지기(地氣)가 수분이 있고 윤택해진다.' 했고, 또 흉년에는 도토리[橡]와 밤[栗]을 주워서 생활하기 때문에 산과 들을 불태우는 것을 금하는 것인데, 지금 헌의(獻議)하는 자가 말하기를, '흉년이 든 여러 도의 민생이 가엾으니, 진휼하여 살리는 방법으로써 마땅히 빈틈이 없어야 할 것입니다. 대개 산나물[山蔬]이나 들나물[野菜]은 백성들이 많은 도움을 받는데, 소채(蔬菜)의 성질이 무성한 숲이나 우거진 풀 사이에서는 성(盛)하지 아니하고 불태운 곳에서 푸르고 연하게 되는 것은 당연한 이치입니다. 각 고을의 수령들이 『육전(六典)』에 구애되어, 산과 들의 원습(原濕, 높고 마른 땅과 낮고 젖은 땅)을 구분하지 않고 모두 불태우는 것을 금하여, 소채가 나지 않게 만드니 참으로 염려됩니다. 각도로 하여금 소나무와 참나무 및 수목(樹木)이 무성하여 울밀한 곳은 종전대로 엄금하고, 그 나머지 산과 들에는 우선 금분(禁焚)을 정지하고 수령으로 하여금 불태울 만한 곳을 가려서 경칩(驚蟄) 때에 친히 불태워서 소채가 무성하게 하여, 주린 백성의 먹을 것을 돕게 하소서.' 하는데, 그 의논이 어떠한가." 했다.

○ 上曰 元典 草木茂盛 然後地氣滋潤 且於凶歲 拾橡栗以資其生 故禁焚山野 今獻議者云 凶歉諸道 民生可惜 賑活之術 當無遺策 夫山蔬野菜 民多賴之 蔬菜之性 不盛於茂林宿草之間 而青嫩於燒火之處 理之必然 各官守令拘於六典 不分山野原濕 竝皆禁焚 以致蔬菜不生 誠爲可慮 令各道其松橡及樹木茂密處 仍舊嚴禁 其餘山野 姑停禁焚 令守令擇可焚處 驚蟄處 親臨焚之 使蔬菜茂盛 以助飢民之食 其議何如 (『世宗實錄』권76, 世宗 19년 1월 壬辰(2일), 4-47)

(주요 용어 : 소채, 양맥)

평안도 관찰사(觀察使) 이숭원(李崇元)이 하직하니, 임금이 선정전(宣政殿)에 나아가 인견(引見)하고 말하기를, "감사(監司)의 임무(任務)는 백성을 구휼(救恤)하는 일이 큰 것이니, 경(卿)은 구황(救荒)하는 일에 마음을 다하라." 했다. … 임금이 말하기를, "이제는 산과 들에 소채(蔬菜)가 이미 나고 양맥(兩麥)도 장차 익게 되어서 비록 살아갈 방도가 있기는 하나, 지난해에 기근이 너무 심했으니, 경은 마땅히 백성을 구제하는 데 유의(留意)해야 할 것이다." 하자, 이숭원이 아뢰기를, "본도(本道)는 양맥(兩麥)이 비록 타도(他道)만은 못하나, 지난해보다는 나으며, 내달(5월) 보름이면 거의 먹을 수 있을 것입니다." 했다.

○ 平安道觀察使李崇元辭 上御宣政殿引見曰 監司之任 恤民爲大 卿其盡心救荒 … 上曰 今也山野蔬菜已生 兩麥將熟 雖有生理 然去年飢荒太甚 卿當留意救民 (李)崇元曰 本道兩麥 雖不如他道 猶勝於去年 來月望時 則庶可得食矣 (『成宗實錄』권140, 成宗 13년 4월 辛亥(13일), 10-319)

(주요 용어 : 염장(鹽醬), 소채(蔬菜), 죽)

경상도 진휼사(賑恤使) 한치형(韓致亨)이 와서 아뢰기를, "본도(本道)에서 관봉(官封, 관가에서 도장을 찍어 봉함)한 사곡(私穀)이 2만 4백여 석인데, 이는 반드시 1백 석 이상만 봉하라는 명령을 미처 듣지 못하고 그렇게 한 것이며, 지금 1백 석 이하를 제외하면 5천여 석에 지나지 아니하므로, 진구(賑救)하는 데 부족(不足)합니다. 더구나 처음 봉할 때 이미 본주(本主)의 용도(用度)를 계산하여 제외시켰으니, 이미 봉한 것은 비록 1백 석 이하라 하더라도, 청컨대 제외하지 말도록 하소서. 또 횡간(橫看) 가운데에 하루에 장정(壯丁)에게 주는 것이 쌀 5홉과 콩 5홉입니다. 신이 일찍이 1, 2홉의 쌀을 가지고 염장(鹽醬)과 소채(蔬菜)를 섞어 죽을 만들어 시험해 보았더니, 또한 요기(療飢)할 수 있었습니다. 해[歲] 전에는 수량을 감해서 주고, 농사일에 힘쓸 때를 기다려서 더 주는 일은, 청컨대 해조(該曹, 戶曹)와 함께 의논하소서." 했다.

○慶尙道賑恤使韓致亨來啓曰 本道官封私穀二萬四百餘石 此必未聞只封百碩以上之令而爲之也 今除百碩以下 則不過五千餘碩 於賑救不足 況其初封時已計除本主用度矣 其已封者 雖百碩以下 請勿計除 且橫看內 一日給壯者 米五合豆五合 臣嘗以一二合米和鹽醬蔬菜爲粥而試之 亦可以療飢矣 歲前則減數給之 俟其力農時加給事 請與該曹同議 (『成宗實錄』권182권, 成宗 16년 8월 癸卯(25일), 11-50)

(주요 용어 : 풀뿌리[草根], 나무 껍질[樹皮])

고성 군수(高城 郡守) 김한걸(金漢傑)이 상소하여 군폐(郡弊)를 진달했다. 김한걸의 상소는 다음과 같다. "고성군은 땅이 협소하고 통천(通川)과 간성(杆城)의 중간에 끼어 있습니다. 큰 내가 들 한복판을 지나고 있으므로 비를 만나면 침수(沈水)가 되고, 사면의 들판은 바다를 향해 열려 있어서 치우치게 바람을 많이 받습니다. 모래흙에 흑분(黑墳)이어서 밭벼가 자라지 않고, 질퍽거리고 썩어 문드러져 논벼가 결실하지 못합니다. 그러므로 풀뿌리[草根]를 캐어 먹고 나무껍질[樹皮]을 벗겨서 조석(朝夕)의 식량을 대신하며, 남자는 온전한 바지가 없고 여자는 온전한 치마가 없으니, 이 땅에 살고 있는 백성은 과연 불쌍합니다. 춥고 굶주리어 거의 다 죽게 된 백성에게 잔학한 정치는 또 극한 지경에 달하니, 하늘을 보고 울부짖으며 들녘으로 정처없이 떠돌아다녀서 오늘 한 집이 없어지고 내일이면 다섯 집이 없어져서, 길거리에 다니는 사람들이 방랑하고 곤핍한 백성을 보면 반드시 고성 백성이라고까지

합니다. …"

○高城郡守金漢傑 上疏陳郡弊 其疏曰 高城爲郡 壤地褊小 介在通川·杆城之
間 巨川經野 而遇水則沈 四郊面海 而受風偏多 沙土黑墳 而陸禾不茂 沮洳腐
爛 而水穗不實 故茹草根剝樹皮 以爲朝夕之給 而男無完袴 女無全裳 民之生於
此土者 可謂哀矣 夫以凍餒幾死之民 殘虐之政 又無所不用其極 呼號籲天 流離
中野 今日而一家亡 明日而五家亡 至使道路之人 見民流亡困頓者 則必曰高城
之民也 … (『明宗實錄』권26, 明宗 15년 1월 壬午(16일), 20-540)

조선전기 바다에서 채취하는 구황식물

1. 서언

조선전기 구황식물은 다양한 곳에서 확보할 수 있었다. 산과 들이 중요했지만 바다 역시 매우 큰 의미가 있었다. 우리의 서해안은 조수 간만의 차가 크고 개펄이 크게 발달하고 있기 때문에 연안 생태계가 풍성하며, 남해안과 동해안도 서해안보다는 못하지만 해조류가[1] 비교적 풍부한 편이다. 다수의 섬이 분포하고 있는 점도 다량의 바다 구황식물을 채취할 수 있는 바탕이 된다.

우리는 바다에서 다양하고 많은 먹거리를 얻을 수 있었다. 어패류 등 동물도 풍부했지만 해조류도 매우 다양했다. 황각, 미역, 다시마, 김 등이 대표적인 해조류였다. 그리고 산과 들에서 확보하는 구황식물과 달

---

[1] 해조류는 종전에는 식물로 분류했다. 그러나 새로운 연구 성과가 축적됨에 따라 현재에는 생물을 3역 6계통으로 분류하고 있다. 이에 따르면 해조류는 진핵생물역의 원생생물에 해당한다. 반면 『조선왕조실록』에는 해조류를 산과 들의 다양한 구황식물과 동일한 범주로 묶어 언급하는 사례가 많이 보인다. 이것은 해조류를 산과 들의 구황식물과 동질의 성격을 갖는 것으로 이해한 것이다. 이 글에서는 엄밀성보다는 사회통념을 고려해 해조류를 종전과 같이 식물로 일컫고자 한다.

리 절기의 구애를 상대적으로 적게 받았다.

이 글에서는 구황식으로 활용된 바다 해조류를 집중적으로 조명하고자 한다. 해조류가 구황식으로 중시되는 점을 확인하고, 구황식으로 활용된 해조류의 종류를 파악하고 그것의 생산처와 채취, 그것을 가공해 섭취하는 방법 등을 차례로 살피고자 한다. 바다의 해조류가 구황식으로 큰 의미를 지녔음을 강조하고자 한다.

2. 해조류의 구황 기능

바다에서는 다양한 먹거리를 확보할 수 있었다. 바다에서는 물고기와 조개류 등도 확보할 수 있었다. 해조류로 표현되는 것도 채취의 중요 대상이었다. 해조류 가운데 황각(黃角), 곽(藿, 미역)이 가장 중시되었다. 해조류는 다양한 계절에 채집하는 것이 가능했다. 산과 들에서 확보할 수 있는 것이 봄·가을에 집중되었던 것과 구분되었다. 구황식물을 먹을 수 있도록 돕는 소금 역시 바다에서 얻을 수 있었다.

바다에서 확보할 수 있는 구황물로 언급되는 것에 해채(海菜)·해물(海物)·해산(海産)이 있다. 해채를 언급한 자료부터 살피도록 하겠다. 성종 1년(1470) 집의(執義) 유지(柳輊)의 계문에, 금년이 가뭄이므로 구황물로서 해채를 많이 채취할 것을 주장하는 내용이 포함되어 있다.[2] 가뭄 시에 구황물로서 해채가 중요함을 알 수 있다. 명종 2년(1547) 국왕이 전교한 내용에 다음의 내용이 담겨 있다.

---

2) 『成宗實錄』권6, 成宗 1년 6월 乙卯(8일), 8-507(國史編纂委員會 影印本 8册, 507면을 의미함. 이하 같음).

황해도 산간 지방이 지난 해의 흉황(凶荒)으로 백성들이 모두 흩
어져 해채(海菜)로 살아간다고 한다.[3]

해채가 흉황을 당한 백성들의 먹거리로서 중요함을 알 수 있다. 명
종 9년 호조의 계문에, 먹을 수 있는 해채 등을 때맞춰 거둬 저장해 가
을·겨울을 대비해야 한다는 내용이 들어 있다.[4] 해채가 구황식으로
큰 의미를 지녔음을 알 수 있다. 그러나 구황식으로 사용되는 해채가
바다에서 채취하는 나물인 것은 분명하지만 정확한 실체를 언급하고
있지 않다.

구황물로 해물(海物)이 언급된 예도 상당히 많다. 함길도 4진(鎭)의
인민이 수어(水魚)와 해물을 채취해 생업의 밑천으로 삼고 있었다.[5] 해
물의 실체는 알기 어렵지만, 수어와 대비해 해물을 언급했으므로 그것
은 주로 해조류를 지칭할 것으로 여겨진다. 성종 17년 경상도 관찰사가
치계한 내용에, 경상도가 실농해서, 경상도 연해민들은 해착(海錯, 바
다에서 나는 먹을 물건)에 의거해서 살아가고 있어 기곤(飢困)에 이르
지 않으며, 해물을 채취하는 것이 매우 쉽다는 언급이 있다.[6] 연해민들
이 해물을 채취하면 기근에 이르지 않음을 확인할 수 있다.

해물에는 어떤 것이 포함되는지 궁금하다. 세종 25년(1443) 함길도 도
관찰사 정갑손(鄭甲孫)에게 유시한 내용에, 구황물 중 가을철에 준비할
수 있는 것은 이미 늦었으나 어곽(魚藿) 등 해물은 오히려 갖출 수 있으
니 기간에 맞춰 저축해서 후회가 없도록 하라는 것이 보인다.[7] 어곽 등

---

3) 『明宗實錄』권5, 明宗 2년 5월 辛未(21일), 19-507.
4) 『明宗實錄』권17, 明宗 9년 7월 壬子(14일), 20-217.
5) 『世宗實錄』권87, 世宗 21년 11월 庚午(26일), 4-255.
6) 『成宗實錄』권187, 成宗 17년 1월 庚午(23일), 11-91.

의 해물이란 표현에서 해물에는 물고기와 미역이 포함됨을 알 수 있다.

해물은 구황식만이 아니라 평소에도 중요한 먹거리였다. 경상도 관찰사가 식중독으로 인해 해물 채취를 일체 금하게 했다고 치계(馳啓)하니, 우승지가 연해민이 도움받아 살아가는 것은 해물이니 채취를 금할 수 없다고 주장했다.[8] 평소에 연해민은 해물의 도움을 받아 살아가고 있음이 확인되는 것이다. 곤궁할 때는 더욱 해물이 중요한 먹거리가 된다.

해물은 구황식 또는 평소 먹거리로 중요하기 때문에 그것을 채취하는 것을 전하는 자료는 많다. 문종 즉위년(1450) 경상도 고성현((固城縣) 사람 11명이 우도(牛島)에 가서 해물을 채취한 일이 있으며,[9] 세조 12년(1466) 고성 사람이 해물 채취로 인해 왜적과 만나서 피해를 입은 사건이 있었다.[10] 해물은 해조류만을 의미하는 것이 아니라 어류도 포함하고 있다. 해물은 구황식으로 중요하고, 평소의 먹거리 원천으로서도 큰 의미를 갖고 있었다. 때문에 해물을 채취하는 것을 언급한 자료가 많은 것이다.

해산(海産)으로 표현되는 것도 구황식으로 중요했다. 함경도에서 쌀과 염장(鹽醬)·초식(草食)이 떨어지자 해산을 먹고 있었다.[11] 해산의 채취가 모두 구황식을 마련하기 위한 것은 아니지만 그렇게 활용될 소지가 크다. 세종 8년 예조 참의 김효순(金孝純)이 충청도 태안 사람이 해산을 채취하다 적선 1척을 만난 일이 있다고 언급했다.[12] 태안 사람

---

7)『世宗實錄』권102, 世宗 25년 11월 庚午(19일), 4-525.

8)『成宗實錄』권276, 成宗 24년 4월 壬戌(28일), 12-305.

9)『文宗實錄』권1, 文宗 즉위년 5월 戊申(5일), 6-234.

10)『世祖實錄』권39, 世祖 12년 8월 庚申(21일), 8-37.

11)『中宗實錄』권18, 中宗 8년 3월 庚辰(11일), 14-649.

12)『世宗實錄』권34, 世宗 8년 11월 乙卯(26일), 3-50.

이 해산을 채취하는 사례이다. 세종 21년 각 포의 선군은 일이 없을 때에는 소금을 굽고 해산을 채취하는 것을 편의대로 행한다는 내용이 보인다.[13]

해산이 풍부하다는 언급은 종종 보인다. 함길도 연변의 각 진(鎭)은 토지가 비옥하고 해산물이 풍부해 민들이 생을 즐기고 있었다.[14] 함길도 연변에 해산물이 풍부해서 민들이 편리하게 살아감을 알 수 있다. 성종 7년 이조에서 계문한 내용에, 평안도 용천군 미라산(彌羅山)의 땅에 해산이 있다는 언급이 있다.[15] 미라산 부근에 해산이 풍부했음을 예상할 수 있다.

연해민은 풍부한 해산을 채취해 살아간다고 한다. 연해민들이 농업에 종사하지 않고 배를 타고 해산물을 채집해 살아가고 있다는 언급이 보인다.[16] 제주민도 해산을 삶의 바탕으로 삼고 있었다. 중종 15년(1520) 남곤(南袞)이 제주인은 해산물을 가지고 생리(生利)로 삼고 있다고 발언했다.[17] 바다의 곳곳에 해산이 있어 주변인들이 먹거리로 삼고 있음을 알 수 있다. 해산은 평소의 먹거리로서 의미가 컸지만 구황식으로서도 중요했을 것이다.

해산의 범주에는 홍채(紅菜)·황각(黃角)이 포함되었음이 분명하다. 중종 8년 함경도 진휼경차관의 치계에 이르기를, 지금은 쌀과 염장·초식이 다 떨어져 해산의 홍채(紅菜)·황곽(黃藿) 등을 먹고 있다고 한다.[18] 해산인 홍채와 황각이 구황에 요긴하게 활용되고 있는 것이다.

---

13) 『世宗實錄』권86, 世宗 21년 7월 丙寅(20일), 4-227.
14) 『世宗實錄』권97, 世宗 24년 8월 辛亥(24일), 4-433.
15) 『成宗實錄』권74, 成宗 7년 12월 甲午(25일), 19-402.
16) 『成宗實錄』권204, 成宗 18년 6월 戊子(20일), 11-226.
17) 『中宗實錄』권40, 中宗 15년 10월 壬寅(18일), 15-698.

해산에는 다양한 내용이 포함될 것이다. 물고기도 있을 것이고, 해조류도 있을 것인데, 여기서는 홍채와 황곽을 들고 있다.

바다에서 얻을 수 있는 먹거리로 해채 · 해물 · 해산 등이 보이는데, 해채는 분명히 해조류로 보이며, 해물과 해산에서는 해조류만이 아니라 물고기와 조개류도 포함하고 있다고 볼 수 있다. 해채 · 해물 · 해산이 구황에 중요하므로 거기에 포함된 해조류 역시 구황식으로 큰 의미를 가졌다고 할 수 있다. 해조류의 구체적인 종류를 기술하는 여러 사례가 보인다.

세종 19년 충청도에 기근이 심해서 도순문진휼사를 보내는데 그 사목에, 도내의 계수관(界首官)과 천안 등에 따로 진제장을 설치하고 쌀죽[米粥]과 황각과 미역[菜藿] 등을 주도록 하는[19] 내용이 포함되어 있다. 진제장 진휼음식으로 사용된 황각과 채곽은 바다에서 얻을 수 있는 것이다.

황각 · 청각(靑角)[20] · 석맥(石脈) · 우모(牛毛)[21] · 해홍(海紅)[22] 등이

---

18) 『中宗實錄』권18, 中宗 8년 3월 庚辰(11일), 14-649.

19) 『世宗實錄』권76, 世宗 19년 1월 癸卯(13일), 4-50.

20) 청각은 녹조류 청각과의 해조인데, 높이는 15~40cm이며, 식물체는 짙은 녹색을 띠고 세포성 격막이 없어 원형질이 모두 연결된 비세포성 다핵체를 이루고 있다. 김장 때 김치의 고명으로 쓰기도 하고 그냥 무쳐 먹기도 한다. 파도의 영향을 적게 받는 깊은 바다에서 자라는데 전 세계에 널리 분포한다(네이버 국어사전(https://ko.dict.naver.com/) 참조). 이하 해조류에 대한 간략한 설명은 네이버 국어사전을 활용하고자 한다.

21) 우모는 우무인데, 우뭇가사리 따위를 끓여서 식혀 만든 끈끈한 물질로서 음식이나 약 또는 공업용으로 쓴다(네이버 국어사전(https://ko.dict.naver.com/) 참조).

22) 해홍은 명아줏과의 한해살이풀로, 높이는 30~60cm이며, 가지가 많이 갈린다. 잎은 뭉쳐나고 선 모양이다. 7~8월에 노란빛을 띤 녹색 꽃이 잎겨드랑이에 3~5개씩 모여 피고 열매는 포과(胞果)이다. 어린잎은 식용하며 바닷가에서 자라는데 북반구, 오스트레일리아 등지에 분포한다(네이버 국어사전(https://ko.dict.naver.com/) 참조).

먹을 수 있는 해채로 언급한 기록도 있다.[23] 바다에서 채취해 먹을 수 있는 해조류로 다섯 가지가 지적된 것이다. 황각·미역[藿]·참가사리[細毛][24]·바다나물[海菜] 등이 구황(救荒)에 대처하는 긴요한 초식(草食)이라는 내용도 보인다.[25] 황각·미역·참가사리·해채가 바다의 구황식으로 언급되고 있다.

이처럼 바다에서 확보할 수 있는 구황식물은 다양했다. 이 가운데 대표적인 것은 황각과 미역이었지만, 그밖에 청각·석맥·우모·해홍·세모(참가사리) 등도 있었다.

바다에서 얻는 구황 먹거리의 구체적인 것으로 우선 황각을 들 수 있다. 세종 5년 호조에서 다음과 같이 계문하자, 국왕이 따랐다.

> 흉년을 구제하는 물건은 황각만한 것이 없으니, 청컨대, 그것이
> 생산되는 황해도의 각 고을로 하여금 많이 채취(採取)하여 본도(本
> 道)의 배로 운반해 와서 흉년을 구제하게 하소서.[26]

구황물로 황각만한 것이 없다는 지적이다. 아마 바다에서 얻을 수 있는 구황식물로서 가장 중요하고 대표적인 것이 황각이었던 것으로 보인다.

황각이 구황식으로 언급된 사례는 매우 흔하다. 태종 15년(1415) 경기

---

23)『世祖實錄』권1, 世祖 1년 7월 丁酉(24일), 7-74.
24) 세모는 홍조류 풀가사릿과의 해조이다. 불등풀가사리와 비슷한데 높이는 5~15cm
이고 원기둥 모양으로 규칙적으로 가지를 뻗으며, 어두운 자주색을 띤다. 풀, 직물,
공예품의 원료로 쓴다. 한국의 동해안·남해안, 일본 등지에 분포한다(네이버 국어
사전(https://ko.dict.naver.com/) 참조).
25)『成宗實錄』권129, 成宗 12년 5월 癸巳(19일), 10-216.
26)『世宗實錄』권21, 世宗 5년 8월 丁丑(29일), 2-554.

제2부 산과 들과 바다의 구황식물 223

연해 교동에 거주하는 민이 충청도에서 황각을 채취해 흉년에 대비할 것을 청하자, 허락했다.[27] 황각이 흉년 대비를 위해 중요한 것임을 지적한 것이다.

세종 1년 호조의 계문에, 구황물은 때맞춰 미리 준비해야 하는데, 황각 등은 손실경차관으로 하여금 실농한 각 호에 수축(收蓄)케 해서 내년의 구황에 대비해야 한다는 내용이 보인다.[28] 황각을 비축해 내년의 구황에 대비하려는 것이다. 세종 9년 경기 감사가, 한창 농사철인 5, 6월에 가뭄이 들어 내년의 구황을 대비하지 않을 수 없으니, 각 포(浦)의 배를 정비해 오는 7월 보름 이후 황해도에 가서 황각을 채취하는데 좌우도 수영(水營) 각 300석, 각 포는 각 200석을 저축해 내년 봄 기민을 구제하라고 계문하자, 국왕이 따랐다.[29] 황각이 기민 구제를 위해 사용되는 것이다. 세종 19년 경기 감사가 번상 선군을 사역해 황각을 채취해 내년의 구황에 대비할 것을 청하자, 이를 따랐다.[30] 황각이 구황 대비로서 의미를 갖는 것이다. 이상에서 알 수 있듯이 세종대의 여러 기록은 황각이 구황하는 데 매우 중요한 해조류임을 지적하고 있다.

문종 1년 의정부가 황해도 각 포에 비축하는 구황 잡물 내에 황각·도토리는 흉년에만 먹을 수 있는 것이 아니니, 풍흉을 막론하고 비축할 것을 청하자, 국왕이 따랐다.[31] 황각은 흉년에 중요하지만 예년에도 먹을 수 있다는 것이다. 세조 1년 의정부가 황각 등 먹을 수 있는 해채를 당번 선군을 발동해 채취해 말려서 비축할 것을 계문했다.[32] 황각을 비

27) 『太宗實錄』권30, 太宗 15년 7월 辛丑(6일), 2-74.
28) 『世宗實錄』권5, 世宗 1년 8월 癸未(11일), 2-331.
29) 『世宗實錄』권36, 世宗 9년 6월 癸未(26일), 3-80.
30) 『世宗實錄』권78, 世宗 19년 9월 癸卯(16일), 4-106.
31) 『文宗實錄』권9, 文宗 1년 8월 庚辰(15일), 6-422.

축하도록 한 것이다. 성종 12년 호조가 오랜 가뭄으로, 경기와 하삼도에서 종자가 땅에 들어가지 못하였으니, 황각 등 구황에 긴요한 초식을 다량 미리 준비할 것을 계문하니, 국왕이 따랐다.[33] 문종·세조·성종대 기록 역시 황각이 중요한 구황식임을 지적한 것이다.

중종 6년 경기 관찰사가 도내에 비축한 구황이 여유가 있는데, 염과 황각이 심히 많으니, 청컨대 이 구황의 여유분을 각 고을의 향교에 지급해 서책을 준비하도록 하라고 계문하니, 국왕이 따랐다.[34] 구황에 대비해 황각을 비축하고 있음을 알 수 있다.

명종 2년 영의정 등이 빈청에서 모여 구황 22개 조를 마련하였는데, 그 내용에 황각을 미리 준비하라는 것이 포함되어 있다.[35] 황각이 구황을 위해 중요한 것임을 알 수 있다. 명종 3년 삼공이 의논해서 계문한 내용에, 충청도의 각 관에서 곡식이 많은 곳 및 민간의 사사로운 저축분을 그 수를 미리 계산하고, 황각 등을 추이에 따라 분급하면 구활(救活)할 수 있다는 것이 들어 있다.[36] 구황을 위해 황각이 활용되는 것이다. 명종 8년 간원이 경기·황해도·청홍도는 소금과 황각을 운반해 유민에게 지급하고 채소와 함께 먹게 한다면 연명할 수 있으니 수송할 것을 계문하자, 국왕이 좋다고 했다.[37] 황각이 연명에 도움이 되는 것이다.

선조 14년(1581) 호조에서 오래된 기름[陳油], 황각, 과실 등을 팔기를 청하자, 전교하기를 진유는 사용할 수 있다면 관학에 지급하고, 황

---

32) 『世祖實錄』권1, 世祖 1년 7월 丁酉(24일), 7-74.
33) 『成宗實錄』권129, 成宗 12년 5월 癸巳(19일), 10-216.
34) 『中宗實錄』권14, 中宗 6년 8월 壬午(5일), 14-528.
35) 『明宗實錄』권6, 明宗 2년 8월 戊申(30일), 19-526.
36) 『明宗實錄』권7, 明宗 3년 2월 辛未(24일), 19-573.
37) 『明宗實錄』권14, 明宗 8년 5월 乙丑(20일), 20-134.

각은 경기에 보내 구황토록 하라고 했다.38) 황각이 구황을 위해 사용되는 것이다. 선조 26년 한성부에서 근일 기민이 날로 증가해, 경성의 진제장에 모여드니, 황해도의 황각과 염을 각각 천여 석 운반해서 보충의 자산으로 삼도록 하라고 계문하니, 국왕이 따랐다.39) 황각이 기민 구제에 쓰이는 것이다. 선조 27년 진휼사 박충간(朴忠侃)이, 근일 진제장에서 먹은 자가 사(士)·서인(庶人) 합 11,108명이고, 비변사의 미두가 이미 고갈되어, 몇 달의 사용을 감당할 수 없으므로 황각 등을 생산되는 고을에서 편의에 따라 미리 준비할 것을 계문하자, 국왕이 이를 따랐다.40) 황각이 진휼할 때 중요한 먹거리가 되는 것이다.

이이(李珥)도 황각이 흉년에 빈민 구제의 중요한 소재임을 언급하고 있다. 각 진포(鎭浦)의 수군(水軍)에게 다달이 약간 명을 제외하고 소금과 황각을 바치게 하여, 흉년에 빈민(貧民)을 구제하는 밑천을 삼을 것을 언급하고 있다.41) 유성룡(柳成龍)도 기근이 심한 곳을 진휼하기 위해 황각을 나눠줄 것을 제안하고 있다.42)

황각은 홍조류(紅藻類)에 딸린 바닷말인데, 청각의 한 가지로서, 빛깔이 누렇다. 몸이 너덧번 가랑이가 져서 사슴의 뿔과 비슷하며, 김장 때 김치의 속 양념으로 쓰거나, 무쳐먹기도 한다.43) 요즈음은 청각이 널리 사용되고 있는 것과 달리 조선전기에는 황각이 광범위하게 활용되었다.

---

38) 『宣祖實錄』권15, 宣祖 14년 1월 乙亥(10일), 21-370.
39) 『宣祖實錄』권44, 宣祖 26년 11월 乙丑(15일), 22-123.
40) 『宣祖實錄』권54, 宣祖 27년 8월 丁未(2일), 22-320.
41) 李珥, 『栗谷全書』권11, 答成浩原 丙子.
42) 柳成龍, 『西厓集』권7, 條陳時事啓 癸巳冬.
43) 네이버 한국고전용어사전(https://terms.naver.com/) 참조.

바다의 구황식물로서 자주 언급되는 것으로 황각 이외에 곽(藿, 미역)이 있다. 미역은 우리나라 곳곳에 있는 것이다. 세종 29년 예조참의 이선제의 상서에서, 미역은 타국에는 없지만, 우리 동방에는 곳곳에 모두 있으며 제주에서의 생산이 더욱 많다고 언급했다. 그리고 미역이 풍부함은 하늘의 혜택으로 보았다.[44]

세종 1년 호조가 계문에서, 구황물은 때맞춰 미리 준비해야 한다고 전제하고서, 미역 등을 손실경차관이 실농한 각 호(戶)에게 수축(收蓄)하게 해서 내년의 구황에 대비해야 할 것이라고 하니, 국왕이 각각 생산처에 따라 편의대로 미리 준비하되 민폐를 일으키지 말도록 했다.[45] 미역이 구황물임을 나타낸 것이다.

세종 19년 국왕이 충청도 기근이 심함을 염려해서, 충청도 도내 계수관 등에 별도로 진제장을 설치하고 채곽(菜藿) 등을 지급하도록 했다.[46] 진제장에서 미역을 제공하는 것이다. 세종 25년 함길도 도관찰사에게 유시한 내용에, 가을철 준비할 수 있는 구황물은 이미 늦었다고 하면서 어곽(魚藿) 등 해물(海物)은 준비할 수 있다는 것이 들어 있다.[47] 미역을 구황물로 준비하고 있는 것이다.

성종 12년 호조의 계문에, 지금 오랫동안 비가 오지 않아서, 경기와 하삼도에서 종자가 땅에 들어가지 않는다고 하면서, 구황의 여러 사항을 제시하였는데, 그 중에 미역 등은 구황의 초식으로 긴요하니 많은 양을 미리 준비하라는 것이 포함되어 있다.[48] 미역이 구황에 요긴한 것이다.

44) 『世宗實錄』권117, 世宗 29년 9월 壬子(23일), 5-38.
45) 『世宗實錄』권5, 世宗 1년 8월 癸未(11일), 2-331.
46) 『世宗實錄』권76, 世宗 19년 1월 癸卯(13일), 4-50.
47) 『世宗實錄』권102, 世宗 25년 11월 庚午(19일), 4-525.
48) 『成宗實錄』권129, 成宗 12년 5월 癸巳(19일), 10-216.

중종 8년 함경도 진휼경차관이 치계한 내용에서, 실농한 각 고을에서 유리행걸(流離行乞)하는 이가 많아서 미식염장(米食鹽醬)을 다량 실어 날라 구제하고 있는데 이미 초식을 준비했지만 동절에 이미 다 먹어 버렸으므로 지금은 미역 등을 먹고 있다고 언급했다.[49] 구황식으로 미역을 활용하고 있는 것이다.

조선후기 황정(荒政)에서 진휼할 때 죽미(粥米)를 비롯하여, 소금·장·미역도 참작해 분급하고 있다.[50] 진휼에서 미역이 중요함을 확인시키는 것이다. 정약용(丁若鏞)도 진휼하는 경우, 진청(賑廳)을 설치한 다음 가마솥을 갖추고 소금·간장·미역과 마른 새우를 갖추도록 했다.[51] 미역이 진휼에서 매우 중요함을 확인할 수 있다.

위백규(魏伯珪)도 "생선·소금·김·미역은 관아의 창고에 직접 쌓아 두거나 사창에 나누어 비축하여 진휼하는 용도로 삼으면 백성들을 대대적으로 구제할 수 있다."라고 했다.[52] 미역이 진휼하는 데 요긴함을 언급한 것이다.

황각과 곽 이외에 언급되는 해조류도 여럿 보인다. 홍채도 그 가운데 하나이다. 중종 8년 준비한 초식은 겨울에 다 먹어서, 지금은 홍채 등을 가루로 만들어 먹는다고 언급했다.[53] 그밖에 청각(靑角),[54] 석맥(石脈),[55] 우모(牛毛),[56] 해홍(海紅),[57] 세모(細毛)[58] 등도 구황식으로 중요했지만,

49)『中宗實錄』권18, 中宗 8년 3월 庚辰(11일), 14-649.
50)『萬機要覽』, 財用篇5, 荒政, 外邑分賑式 一朔三巡.
51) 丁若鏞,『牧民心書』, 賑荒 6조, 제4조 設施, 乃設賑廳 乃置監吏 乃具錡釜 乃具鹽醬 海帶乾鰕.
52) 魏伯珪,『存齋集』권19, 雜著, 政絃新譜, 海島.
53)『中宗實錄』권18, 中宗 8년 3월 庚辰(11일), 14-649.
54)『世祖實錄』권1, 世祖 1년 7월 丁酉(24일), 7-74.
55)『世祖實錄』권1, 世祖 1년 7월 丁酉(24일), 7-74.
56)『世祖實錄』권1, 世祖 1년 7월 丁酉(24일), 7-74.

김[海衣]은 구황식으로서는 큰 의미를 갖지 않은 것으로 보인다. 김은
다만 맛있고 영양가 높은 해초이며, 반찬으로서는 큰 의미를 지녔을 것
이다.59) 감태·파래·다시마 등의 해조류도 식용으로 활용되었지만 구
황식으로 중요한 위치에 있지 않은 것으로 보인다. 바다 해조류로서 구
황에 가장 널리 활용된 것은 황각과 미역(곽)이었다. 다른 것들도 사용
되었겠지만 양자에는 미칠 수 없었다.

3. 구황 해조류의 생산처와 채취

해조류는 다시마·미역·톳·실말 등의 갈조류와 김·우뭇가사리 등
의 홍조류, 그리고 파래 등의 녹조류 세 가지로 크게 구분된다. 우리나
라에 서식하는 500여 종 해조류 중 50여 종이 식용으로 이용되고 있다.
우리나라 사람이 즐겨 먹는 해조류는 김, 미역, 다시마, 파래, 톳, 마자
반, 청각 등이다.60) 이 가운데 구황식으로 중요한 것은 황각과61) 미역
이었다.

허균(許筠)은 해조류에 대해 풍부하게 설명하고 있다. 홍채(葒菜)는
경기도 해포(海浦)에서 나는 것이 매우 좋다는 것, 황각은 해서(海西)에
서 나는 것이 매우 좋다는 것, 청각은 서해에는 모두 나는데 해주(海州)
와 옹진(瓮津)에서 나는 것이 가장 좋다는 것, 참가사리[細毛]는 서해에

---

57) 『世祖實錄』권1, 世祖 1년 7월 丁酉(24일), 7-74.

58) 『成宗實錄』권129, 成宗 12년 5월 癸巳(19일), 10-216.

59) 柳得恭, 『古芸堂筆記』권4, 三種海草.

60) 네이버 지식백과(https://terms.naver.com/), 해조류 항목 참조.

61) 황각은 현대 사전류에 보이는 해조류 설명에서 그다지 중시하고 있지 않다. 황각이
중시되지 않는 이유를 알기 어렵다.

는 모두 나는데 해서(海西)에서 나는 것이 가장 좋다는 것, 또 우무[牛毛]라는 것이 있는데 열을 가하면 녹는다는 것, 다시마[昆布]는 북해(北海)에서 나는 것이 가장 좋다는 것, 올미역[早藿]은 삼척에서 정월에 딴 것이 좋다는 것, 감태(甘苔)는 호남에서 나는데 함평·무안·나주에서 나는 것이 썩 맛이 좋아 엿처럼 달다는 것, 해의(海衣, 김)는 남해에서 나는데 동해 사람들이 주먹으로 짜서 말린 것이 가장 좋다는 것 등을 지적했다.62) 우리는 삼면이 바다이기 때문에 곳곳에 해조류가 있지만 그 가운데 가장 양질의 것이 생산되는 곳을 지적한 것이다. 황각, 청각, 세모는 모두 서해에서 나는 것이 가장 좋은 것으로 보고 있음이 주목된다.

이익(李瀷)은 울릉도의 미역이 좋다고 언급했으며, 황해도 서쪽은 해산물의 이익이 많다는 점도 지적하고 있다.63) 홍양호(洪良浩)는 함경도의 경우, 다시마와 미역은 바닷속의 암초에서 나는데, 오직 명천 지방 및 경흥의 수서라곶(西水羅串)에만 있다고 보았다.64) 다시마와 미역은 바닷속의 암초에서 나는 것이라고 이해한 것이다.

정약용은 해조류에 대해 다음과 같이 설명했다. "미역[海帶]이라는 물건은 바위 틈에 뿌리를 박고 바닷물 바닥에 잎사귀를 펴는데, 야들야들하고 휘청거려서 바람에 이끌리며 약해서 쉽게 꺾어진다. 만약 여름과 가을 즈음에 잎이 활짝 펴졌을 때 알맞게 베어 말렸으면 미역이 풍년이 들었다고 일컫지만, 만약 급한 바람과 괴상한 비가 때 아니게 발작해서 풍파가 돌에 부딪치면 연약한 잎이 부서진다. 그리고 장맛비가

---

62) 許筠, 『惺所覆瓿藁』권26, 說部5, 屠門大嚼, 蔬菜之類.
63) 李瀷, 『星湖僿說』권8, 人事門, 生財.
64) 洪良浩, 『耳溪集外集』권12, 北塞記略, 孔州風土記.

여러 날 오고 무더위가 가시지 않으면 미역은 흉년이 된다."[65] 미역이 바위틈에 뿌리를 박고 바닷물 바닥에 잎사귀를 펴고 있다는 것을 언급하고 있다. 야들야들하고 휘청거려 바람에 이끌리며 약해서 쉽게 꺾어진다고 보았다. 급한 바람과 괴상한 비로 인해 풍파가 돌에 부딪치면 연약한 잎이 부서진다는 것, 그리고 장맛비가 이어지고 무더위가 지속되면 미역은 흉년이 든다는 것을 지적했다. 해양을 절수하는 곳은 대개 바닷가에 바위가 있어 고기를 잡고 미역을 딸 수 있는 곳이었다.[66]

해조류는 삼면 바다 곳곳에 있지만, 자료에서 언급하는 내용은 다채롭다. 우리는 삼면이 바다이기 때문에 자염(煮鹽)하기 좋으며, 물고기 잡고 미역을 채취하는 것도 좋다고 하면서 미역은 다른 나라에 없는 것으로, 우리나라에만 곳곳에 있다고 보는 기록이 있다.[67] 미역의 풍부함을 자부하고 있는 것이다.

바다 및 연안에서 구황물을 채취하는 것을 전하는 내용은 풍부하다. 태종 7년(1407) 충청도 관찰사의 보고에 따르면, 수군첨절제사 노중제(盧仲濟), 도만호 송전(宋琠) 등이 병선을 거느리고 바다에 나와 구황물을 채취하고 또 전라도 왜구를 탐색해 군산도에 이르러 태풍을 만나 상패(傷敗)했다고 한다.[68] 바다에서 병선을 거느리고 구황물을 채취하고 있다. 성종 18년 이극배(李克培)의 논의 중에, 연해민들이 농업에 종사하지 않고 배를 타고 해산물을 채집해 살아가고 있다는 내용이 보인다.[69] 연해민들이 해물을 채취해 살아감을 알 수 있다.

---

65) 丁若鏞, 『經世遺表』권14, 均役事目追議一藿稅.
66) 宋浚吉, 『同春堂集別集』권4, 經筵日記, 庚子年 四月 二日.
67) 『世宗實錄』권117, 世宗 29년 9월 壬子(23일), 5-38.
68) 『太宗實錄』권14, 太宗 7년 7월 辛巳(30일), 1-409.
69) 『成宗實錄』권204, 成宗 18년 6월 戊子(20일), 11-226.

당연히 섬에서도 많은 해물을 확보할 수 있었다. 경상도 고성현 사람 11명이 우도에서 해물을 채취한 일이 있고,[70] 또 장자도에서 해물을 채취한 일이 있었다.[71] 강원도 통천 동쪽 50여리 지점에 있는 난도(卵島)는 해물이 풍부한 곳으로 알려져 있었다.[72] 이처럼 우도·장자도·난도 등에서 해물을 채취한 것이다. 다른 섬에서도 해물을 채취하는 일이 성행했을 것임은 자명한 일이다.

제주도의 경우 당연히 해산물이 풍부했다. 중종 15년(1520) 남곤(南袞)이 제주 인은 해산물을 가지고 생리(生利)로 삼는데 진상이 많기 때문에 민이 감당하지 못하고 도산하니, 견감(蠲減)함이 좋다고 발언했다.[73] 제주 사람들이 해산물로 살아가고 있는 것이다. 미역이 곳곳에서 생산되지만 제주도에서의 생산이 더욱 많다는 지적도 보인다.[74]

황해도 역시 풍부한 해조류를 자랑하는 듯 하다. 황각의 생산이 풍부한 곳 가운데 하나가 황해도였다. 세종 5년(1423) 호조에서 황해도 각 관에게 황각을 많이 채취해 실어와 구황토록 하라고 계문하자, 국왕이 수용했다.[75] 황각은 황해도에서 많이 생산되는 것을 알 수 있다. 선조 26년(1593) 한성부에서 근일 기민이 날로 증가해, 경성의 진제장에 모여드니 황해도의 황각과 염을 각각 천여 석씩 급히 운반해서 보충의 자산으로 삼도록 하라고 계문하니, 국왕이 따랐다.[76] 황해도의 황각을 경성으로 운송토록 한 것이다. 황해도가 황각의 생산이 많은

70) 『文宗實錄』권1, 文宗 즉위년 5월 戊申(5일), 6-234.
71) 『成宗實錄』권209, 成宗 18년 11월 乙丑(30일), 11-268.
72) 『中宗實錄』권11, 中宗 5년 5월 乙亥(21일), 14-440.
73) 『中宗實錄』권40, 中宗 15년 10월 壬寅(18일), 15-698.
74) 『世宗實錄』권117, 世宗 29년 9월 壬子(23일), 5-38.
75) 『世宗實錄』권21, 世宗 5년 8월 丁丑(29일), 2-554.
76) 『宣祖實錄』권44, 宣祖 26년 11월 乙丑(15일), 22-123.

곳으로 보인다.

함길도 역시 해산물이 풍부한 곳으로 언급되고 있다. 세종 21년 함길도 4진의 인민이 수어(水魚)와 해물(海物)을 잡아 생업의 밑천으로 삼고 있다는 언급이 있다.[77] 세종 24년 병조에서 계문한 내용에, 함길도 연변의 각 진은 토지가 비옥하고 해산물이 풍부해 민들이 생을 즐기고 있다는 것이 언급되어 있다.[78] 함길도 연변에 해산물이 풍부함을 알려준다.

『세종실록지리지』를 근거로 대표적인 구황물인 황각과 미역의 생산 지역을 살펴보면 다음과 같다.

<표 1> 『세종실록지리지』에 보이는 황각(黃角)

궐공조(厥貢條)에 황각이 기재된 도	토공조(土貢條)에 황각이 기재된 군현
경기	
충청도	서천군, 남포현, 비인현, 태안군, 서산군, 결성현
전라도	
황해도	해주목, 옹진현, 장연현

황각은 도의 총론에서는 궐공조(厥貢條)에 기재되어 있고, 군현에서는 토공조(土貢條)에 보인다. 도를 기준으로 보면, 경기·충청도·전라도·황해도가 황각을 공물로 부담한 것을 알 수 있다. 북쪽의 평안도와 함길도, 동쪽의 강원, 동남의 경상도에는 상대적으로 황각의 생산이 부진한 것으로 보인다. 군현 단위에서 황각을 많이 언급한 도는 충청도와 황해도다. 이곳에서 생산되는 황각이 공물로 중앙에 납부되었음을

---

77) 『世宗實錄』 권87, 世宗 21년 11월 庚午(26일), 4-255.
78) 『世宗實錄』 권97, 世宗 24년 8월 辛亥(24일), 4-433.

알 수 있다. 물론 다른 도에서도 황각이 생산되었겠지만, 충청도·황해도에서 양질의 황각이 풍부하게 생산된 것으로 볼 수 있겠다. 태종대의 기록에서도 전라도·충청도에서 생산되는 황각을 언급하고 있다.[79]

미역은 황각보다 광범위한 지역에서 생산된 것으로 보인다. 태종대 경상도·강원도에서 생산되는 미역을 도의 감사(監司)가 상납토록 하고 있다.[80]

<표 2> 『세종실록지리지』에 보이는 미역[藿]

궐공조(厥貢條)에 미역이 기재된 도	토공(土貢)·토산조(土産條)에 미역이 기재된 군현
경상도	울산군, 흥해군, 동래현, 장기현, 영일현, 청하현, 영해도호부, 영덕현, 진주목, 김해도호부, 창원도호부, 곤남군, 고성현, 거제현, 사천현, 하동현, 칠원현, 진해현(粉藿)
전라도 (粉藿, 常藿, 早藿)	해진군(粉藿, 常藿), 영암군(粉藿), 강진현(常藿), 광양현, 장흥도호부(常藿, 粉藿), 순천도호부(粉藿), 보성군(常藿), 낙안군(粉藿), 고흥현(粉藿), 정의현, 대정현
강원도	강릉대도호부, 양양도호부(常藿), 삼척도호부, 평해군(常藿), 울진현, 간성군, 고성군, 통천군(常藿), 흡곡현(常藿)
함길도	함흥부, 정평도호부, 북청도호부, 경원도호부, 단천군, 종성도호부, 부령도호부

* 밑줄 친 군현은 토산조에 미역이 기재된 경우(그렇지 않은 군현은 토공조에 기재)

도를 기준으로 보면 궐공조(厥貢條)에 미역이 기재된 도는 경상도·전라도·강원도·함길도이다. 이들 4개 도에서만 미역을 도 차원의 공물로 바친 것으로 보인다. 반면 황해도와 평안도·충청도·경기는 미역의 생산이 부진한 것으로 보인다. 군현을 중심으로 보면, 곽(藿)은 경상

---

79) 『太宗實錄』권25, 太宗 13년 6월 丁丑(30일), 1-675.
80) 『太實錄』권25, 太宗 13년 6월 丁丑(30일), 1-675.

도·전라도·강원도·함길도에 많이 기재되어 있다. 반면 충청도·평안도·황해도와 경기에는 기재된 군현이 없다. 이렇게 본다면 미역은 경상도·전라도·강원도·함길도가 가장 많이 생산되었으며, 반면 충청도·평안도·황해도와 경기는 생산이 많지 않은 곳으로 볼 수 있다.

기재된 형식을 보면, 도 단위에서는 궐공조에 수록되어 있으며 군현 단위에서는 토공조(土貢條)에 기재됨이 보통이나, 함길도의 군현과 다른 도 일부 군현의 경우 토산조(土産條)에 기재되어 있다. 토공은 공물을 의미하고, 토산은 생산처를 가리키는 것으로 볼 수 있다. 함경도의 경우는 토산으로 언급되고, 토공으로 표현하고 있지 않아, 생산은 되지만 미역의 공물 부담은 없었던 것으로 판단된다. 미역을 다수의 지역에서는 곽(藿)으로 표기하고 있으며, 일부 지역에서는 상곽(常藿), 조곽(早藿), 분곽(粉藿) 등으로 구분하고 있다. 품질이 보통인 미역이 상곽이고, 일찍 따서 말린 미역이 조곽, 품질이 좋은 미역이 분곽이라고 구분한 것이 보인다.[81]

해물은 채취하기가 쉽다고 표현하고 있다. 성종 17년 경상도 관찰사가 치계한 내용에, 해물을 채취하는 것은 매우 쉬워서 장록(獐鹿)을 사냥하는 것에 비할 바 아니라는 것이 들어 있다.[82] 해산물을 채취하는 것은 노루와 사슴을 사냥하는 것보다 훨씬 용이한 일이라는 것이다. 사냥에 비하면 쉽겠지만 그것도 그리 쉬운 일은 아니었다.

해채를 채취하는 것이 쉬운 일이 아니었음을 고려말 이색(李穡)이 지적하고 있다. 이색이 강릉 최상(崔相)이 해채(海菜)를 자신에게 보내자 다음과 같은 시를 읊고 있다.

---

81) 네이버 한국민속대백과사전(https://terms.naver.com/), 미역 항목 참조.
82) 『成宗實錄』권187, 成宗 17년 1월 庚午(23일), 11-91.

외딴섬에 봄빛은 멀기만 하고[絶島春光遠]
거센 바람에 파도는 드높아서[狂風浪勢揚]
미역 따기란 쉬운 일이 아닐 테라[採來非易得]
조용히 씹노라니 맘이 아득해지네[細嚼意蒼茫].[83]

이색은 거센 바람, 높은 파도를 헤치고 해채를 딴다고 언급하면서 고
마움을 나타냈다.

남효온(南孝溫)은 "바위 앞에는 미역 캐고[巖前采藿] / 바위 면에는
대합 캐네[巖面采蛤]."라고 읊고 있다.[84] 바위에 붙어 있는 미역을 따
고 있음을 언급한 것이다.

조선후기 채제공도 해산물 채취에 관해 언급하고 있다. 그가 방문한
만리도(萬里島)에서 채취하는 모습을 읊은 시가 전한다.

홍합이며 검은 미역이 자라나서[紅蛤與皁藿]
자리 곁에 더부룩이 널려 있도다[離離羅座側]
웃으면서 팔을 뻗어 따보려 하다[一笑送臂摘]
파도가 차가워 팔을 다시 움츠린다[波寒臂更跼]
어부가 갑자기 옷을 벗어젖히고서[漁漢忽裸體]
만 장 깊은 푸른 바다로 뛰어들어[躍投萬丈碧]
검은 상투를 거꾸로 물속에 처박으니[烏髻倒能揷]
눈 깜짝할 새에 어디로 간 자취도 없다[瞥然無去跡]
잠시 뒤에 파도 헤치고 숨을 내뿜으니[俄頃出波吒]
생복이 번쩍이며 손아귀에 가득하네[生鰒燦盈握]
곧바로 늙은 용의 입술을 더듬어서[直搜老龍吻]
애오라지 이것으로 가족을 봉양하니[聊以資事育]

---

83) 李穡, 『牧隱詩稿』권9, 奉謝江陵崔相惠海菜.
84) 南孝溫, 『秋江集』권1, 題四仙亭.

사람이 먹고사는 일이 아니었다면[人如非口腹]

죽음을 무릅쓰고 어찌 이 일을 하랴[捐死豈此業].85)

　　어부가 옷을 벗고 바다 물속에 거꾸로 들어가 채취하는 것을 언급했다. 가족 부양 때문에 죽음을 무릅쓰고 이 일을 한다는 것이다. 어부가 생복을 따고 있지만 미역 역시 물속에 들어가야 딸 수 있었을 것이다. 가까이에 미역이 자라고 있지만 팔을 뻗어 딸 수는 없으며, 어부가 물에 들어가서 따는 것이었다는 언급에서 엿볼 수 있다.

　　다시마와 미역은 파도 속으로 배를 타고 나가 수면에 생선 기름을 뿌리면 물밑까지 환히 보이니, 이때 장대로 거둬들인다는 기술도 보인다.86)

　　해채는 산나물이나 들나물과 달리 겨울철에도 채집하는 것이 가능했다. 산과 들에서 확보할 수 있는 구황물이 봄과 가을에 집중되었던 것과 구분되었다. 세종 25년 11월, 함길도 도관찰사 정갑손(鄭甲孫)에게 유시한 내용에, 구황물 중 가을철에 준비할 수 있는 것은 이미 늦었으나, 어곽(魚藿) 등 해물은 오히려 갖출 수 있으니 기간에 맞춰 저축해서 후회가 없도록 하라는 것이 보인다.87) 어곽 등의 해물은 11월에도 마련할 수 있다는 것이다. 산이나 들에서 11월에 확보할 수 있는 구황물은 별로 없을 것이다. 11월은 김을 채취하는 절기인데 반해, 미역과 다시마 채취의 적기는 아닌 것으로 보이나, 그래도 채취할 수는 있었을 것이다.88)

---

85) 蔡濟恭,『樊巖集』권7, 望美錄下, 同玉壺公浮海 訪萬里島.
86) 洪良浩,『耳溪集外集』권12, 北塞記略, 孔州風土記.
87)『世宗實錄』권102, 世宗 25년 11월 庚午(19일), 4-525.
88) 현대에서는 김은 겨울이 제철로 채취기는 12~3월이며, 미역은 5~7월에 채취하

해채와 해물의 채취 시기를 시사하는 내용이 찾아진다. 성종 1년 6월, 집의 유지(柳輊)가 금년이 가뭄이므로, 구황물로서 해채를 많이 채취할 것을 주장하고 있는데,[89] 6월의 시점에서 해채를 채취할 가능성을 볼 수 있다. 명종 2년 5월, 국왕이 전교한 내용에, 황해도 산군은 지난해 흉황으로 백성이 모두 유이해 해채로 살아가고 있다는 것이 포함되어 있다.[90] 5월에 해채를 채취해 먹고 있는 것이다. 해채는 이처럼 5월, 6월에도 채취하고 있었던 것이다. 해채는 황각과 미역이 중심이겠지만 다른 것도 거기에 포함되었을 가능성이 없지 않다.

세종 21년 11월, 함길도 4진의 인민이 수어(水魚)와 해물(海物)을 잡아 생업의 밑천으로 삼고 있다.[91] 해물을 11월의 시점에서 생업의 바탕으로 삼고 있다는 언급에서 11월에 해물을 채취해 섭취하고 있었다고 여겨진다. 성종 17년 1월, 경상도 관찰사가 치계한 내용에, 경상도가 실농했지만, 경상도 연해민들은 해착(海錯, 海物)에 의거해서 살아가고 있어 기곤(飢困)에 이르지 않는다는 것이 보인다.[92] 1월의 시점에서 해물에 의거하고 살아가고 있다는 것에서 1월에도 해물을 채취하고 있었음을 알 수 있다. 세조 12년 8월, 경상도 고성 사람이 상언한 내용에서, 금년 2월 고을 사람 정자수(丁自守) 등이 해물 채취로 인해 왜적과 만나서 피해를 입은 일을 언급하고 있다.[93] 2월에 해물을 채취하고 있는 것이다. 해물을 4월에 채취한 일도 보인다. 세종 8년 11월, 예조 참의 김

고, 다시마는 6~8월에 채취한다(네이버 음식백과(https://terms.naver.com/), 해조류 항목 참조). 본문에서 언급한 달은 모두 음력이다.
89) 『成宗實錄』 권6, 成宗 1년 6월 乙卯(8일), 8-507.
90) 『明宗實錄』 권5, 明宗 2년 5월 辛未(21일), 19-507.
91) 『世宗實錄』 권87, 世宗 21년 11월 庚午(26일), 4-255.
92) 『成宗實錄』 권187, 成宗 17년 1월 庚午(23일), 11-91.
93) 『世祖實錄』 권39, 世祖 12년 8월 庚申(21일), 8-37.

효순(金孝純)이, 4월 충청도 태안 사람이 해산을 채취하다 적선 1척을 만났는데 군인 3명을 잡아 돌아 갔다는 내용을 언급하고 있다.[94] 4월에 해산을 채취한 것을 알 수 있다. 해물·해산의 채취 시기는 1월, 2월, 4월, 11월 등 다양하다. 해물·해산으로 일컫고 있어 해조류라고 단정할 수는 없지만 그것이 포함되어 있다고 생각된다.

황각의 채취 시기는 정확하게 언급하는 내용이 보이지 않지만, 시점을 시사하는 자료에서 추측할 수 있다. 태종 15년 7월, 경기 연해에 거주하는 민이 충청도에서 황각을 채취해 흉년에 대비할 것을 청하자 허락한 일이 보인다.[95] 세조 1년 7월, 의정부가 황각 등 먹을 수 있는 해채를 당번 선군을 발동해 채취해 말려서 비축할 것을 계문했다.[96] 황각을 7월 무렵에 채취할 수 있음을 알려주는 내용이다. 세종 9년 6월, 경기 감사가, 한창 농사철인 5, 6월에 가뭄이 들어 내년의 구황에 대비하지 않을 수 없다고 하면서 각 포의 배를 정비해 오는 7월 보름 이후 황해도에 가서 황각을 채취할 것을 청한 일이 있다.[97] 7월 보름 이후 황각을 채취함을 알려준다. 황각은 대체로 7월부터 채취한 것으로 볼 수 있다.

8월에 황각을 채취함을 시사하는 내용도 여럿 보인다. 세종 1년 8월, 황각을 실농한 각 호에게 비축해 내년의 구황에 대비토록 한 일이 있다.[98] 8월 무렵이 황각을 채취하는 절기임을 암시하는 것이다. 세종 5년 8월, 황각을 황해도 각 관에게 많이 채취하도록 한 예도 있다.[99] 문

---

94) 『世宗實錄』권34, 世宗 8년 11월 乙卯(26일), 3-50.
95) 『太宗實錄』권30, 太宗 15년 7월 辛丑(6일), 2-74.
96) 『世祖實錄』권1, 世祖 1년 7월 丁酉(24일), 7-74.
97) 『世宗實錄』권36, 世宗 9년 6월 癸未(26일), 3-80.
98) 『世宗實錄』권5, 世宗 1년 8월 癸未(11일), 2-331.
99) 『世宗實錄』권21, 世宗 5년 8월 丁丑(29일), 2-554.

종 1년(1451) 8월, 의정부가 황해도 각 포에 비축하는 구황 잡물인 황각을 흉년에만 먹을 수 있는 것이 아니니, 풍흉을 막론하고 비축할 것을 청하고 있다.[100] 황각을 채취하는 절기를 알려주는 내용이다.

7월과 8월이 황각을 채취하는 중요한 시기로 보이는데, 9월에도 채취가 이어진 것 같다. 세종 19년 9월, 경기 감사가 번상 선군을 사역해 황각을 채취해 내년의 구황에 대비할 것을 청한 일에서[101] 알 수 있다. 이렇게 본다면 황각은 7월과 8월이 채취하는 적기이고 9월에도 이어진 것으로 볼 수 있겠다.

미역의 채취 시기는 5월부터 가능했던 것으로 여겨진다. 성종 12년 5월, 호조에서 지금 오랫동안 비가 오지 않아서, 구황물을 갖춰야 하는데 미역 등을 많이 미리 준비할 것을 계문하고 있다.[102] 5월부터 미역을 채취하는 것이 가능했음을 시사하고 있다. 8월에 미역의 채취가 이루어지고 있음을 알려주는 예도 있다. 세종 1년 8월, 호조가 미역 등을 실농한 각 호에게 비축하도록 해서 내년의 구황에 대비할 것을 주장한 일이 있다.[103] 8월 무렵에 미역을 채취하고 있음을 암시하는 것이다. 선조 27년 8월, 진휼사가 미역 등을 생산지 관원으로 하여금 민력을 번거롭게 하지 말고 편의에 따라 미리 준비할 것을 계문하고 있다.[104]

그러나 다소 절기가 늦은 시점에도 미역을 채취할 수 있었던 것으로 보인다. 세종 25년 11월, 함길도 도관찰사에게 유시한 내용에, 가을철 준비할 수 있는 구황물은 이미 늦었다고 하면서 어곽(魚藿) 등 해물(海

100) 『文宗實錄』권9, 文宗 1년 8월 庚辰(15일), 6-422.
101) 『世宗實錄』권78, 世宗 19년 9월 癸卯(16일), 4-106.
102) 『成宗實錄』권129, 成宗 12년 5월 癸巳(19일), 10-216.
103) 『世宗實錄』권5, 世宗 1년 8월 癸未(11일), 2-331.
104) 『宣祖實錄』권54, 宣祖 27년 8월 丁未(2일), 22-320.

物)은 준비할 수 있다는 점이 언급되어 있다.[105) 11월 늦은 때임에도 미역의 채취가 가능했던 것을 알 수 있다. 조선후기 정약용(丁若鏞)은 미역은 여름과 가을 즈음에 잎이 활짝 퍼졌을 때 베어 말리는 것으로 언급하고 있다.[106) 정약용은 다른 글에서 미역은 초가을에 싱싱한 것을 구해다 저장해야 한다고 지적하고 있다.[107) 미역은 이상에서 엿볼 수 있듯이 여름에서 가을에 걸쳐 수확하는 것인데, 이르면 5월부터 채취를 시작했던 것 같으며 11월 겨울에도 채취가 가능했던 것으로 판단된다. 심지어 올미역은 1월에 채취한 것이다.[108)

해조류를 채취하는 주체는 다양했다. 우선 징발된 선군(船軍)이 채취하는 일이 자주 보인다. 태종 6년 선군의 둔전(屯田)·채곽(採藿)·포어(捕魚)의 역을 파하라고 명했다.[109) 선군이 미역 채취의 역을 부담하고 있음을 알 수 있다. 세종 21년 각 포의 선군은 일이 없을 때에는 소금을 만들고 해산을 채취하는 것을 편의대로 행한다는 내용도 보인다.[110) 선군이 해산을 채취하는 것이다. 세종 19년 경기 감사가 번상 선군에게 황각을 채취해 내년의 구황에 대비할 것을 청하자 따랐다.[111) 번상한 선군이 황각을 채취하고 있는 것이다. 선군이 채취한 해조류는 관에 비치해 필요할 때 활용했을 것이다.

세조 1년 의정부가 계문한 내용에, 황각·청각·석맥(石脈)·우모(牛毛)·해홍(海紅) 등 먹을 수 있는 해채를 당번 선군을 발동해 채취해 말

105)『世宗實錄』권102, 世宗 25년 11월 庚午(19일), 4-525.
106) 丁若鏞,『經世遺表』권14, 均役事目追議一藿稅.
107) 丁若鏞,『牧民心書』, 賑荒6조, 제4조 設施.
108) 許筠,『惺所覆瓿藁』권26, 說部5, 屠門大嚼, 蔬菜之類.
109)『太宗實錄』권11, 太宗 6년 4월 庚辰(20일), 1-355.
110)『世宗實錄』권86, 世宗 21년 7월 丙寅(20일), 4-227.
111)『世宗實錄』권78, 世宗 19년 9월 癸卯(16일), 4-106.

려서 비축할 것이라는 것이 포함되어 있다.112) 이이도 각 진포의 수군이 황각을 채취해 바치게 하는 것을 언급하고 있다.113)

수영(水營)과 포구(浦口)에서도 해물을 채취하는 것이 보이는데, 이 경우도 대부분은 선군이 담당했을 것이다. 세종 9년 경기 감사가, 가뭄이 들었으니 각 포에서 배를 수리해 황해도에 가서 황각을 채취하는데 좌우도 수영 각 300석, 각 포는 각 200석을 저축해 내년 봄 기민을 구제하라고 계문하니, 국왕이 따랐다.114) 수영과 각 포에서 황각을 채취하는 일을 맡은 것은 선군이었을 것이다. 문종 1년 의정부가, 황해도 각 포에 비축하는 구황 잡물 내에 황각·도토리는 흉년에만 먹을 수 있는 것이 아니므로 풍흉을 막론하고 비축할 것을 계문하자, 국왕이 따랐다.115) 역시 포에 있던 수군이 황각 채취의 일을 맡았을 것이다. 수영이나 포에 비축하고 있다가 궁핍한 상황이 되었을 때 구황에 사용되었을 것이다.

관에서 구황물로 해채를 준비하는 경우가 보이는데, 이때 선군이나 일반 민인이 그 일을 담당했을 것이다. 선조 27년 진휼사가, 비변사의 쌀과 콩이 부족해 황각 등을 생산되는 고을에서 편의에 따라 미리 준비할 것을 계문하자 국왕이 따랐다.116) 생산되는 고을에서 준비토록 한 것으로 보아 민인이 동원되어 채취했을 것이다. 관이 주도해 해물을 채취하는 경우, 주변 민인이 동원되는 일이 흔했을 것이다. 주변의 수군·선군이 동원되는 일도 있었음을 물론이겠다.

112) 『世祖實錄』권1, 世祖 1년 7월 丁酉(24일), 7-74.
113) 李珥, 『栗谷全書』권11, 答成浩原 丙子.
114) 『世宗實錄』권36, 世宗 9년 6월 癸未(26일), 3-80.
115) 『文宗實錄』권9, 文宗 1년 8월 庚辰(15일), 6-422.
116) 『宣祖實錄』권54, 宣祖 27년 8월 丁未(2일), 22-320.

민인들이 생존을 위해 구황물로 해물을 채취하는 일은 가장 일반적이고 흔한 일이었다. 태종 15년 7월, 경기 연해 교동(喬桐)에 거주하는 민이 충청도에서 황각을 채취해 흉년에 대비할 것을 청하자, 허락했다.[117] 교동에 사는 민이 충청도까지 가서 황각을 채취한 것이다. 세종 1년 호조에서, 구황물은 때맞춰 미리 준비해야 한다고 하면서, 미역 등은 손실경차관이 실농한 각호에게 수축(收蓄)케 할 것을 계문하자, 국왕이 각각 생산처에 따라 편의대로 미리 준비하되 민폐를 일으키지 말도록 했다.[118] 실농한 민호가 구황물을 마련토록 한 것이다. 세종 8년 예조 참의 김효순(金孝純)이 4월 충청도 태안 사람이 해산을 채취하다 적선 1척을 만난 일을 언급했다.[119] 태안 사람이 해산을 채취하고 있는 것이다. 민인들이 구황물을 확보하고자 해조류 채취에 나서는 일은 일상이었을 것이다.

4. 구황 해조류의 가공 · 섭취 및 가치

해조류를 구황식으로 삼을 때 가공하는 방법은 두 가지가 있었던 것으로 보인다. 하나는 가루로 만들어 먹는 것이고, 다른 하나는 죽을 쒀서 먹는 것이다. 기타 반찬으로 먹는 것도 있다. 김이 대표적인 반찬이었다.

중종 8년(1513) 함경도 진휼경차관이 치계한 내용에서, 실농한 각 고을에서 유리행걸하는 이가 많으며, 이미 초식(草食)을 겨울에 다 소비해

---

117) 『太宗實錄』권30, 太宗 15년 7월 辛丑(6일), 2-74.
118) 『世宗實錄』권5, 世宗 1년 8월 癸未(11일), 2-331.
119) 『世宗實錄』권34, 世宗 8년 11월 乙卯(26일), 3-50.

버려서, 지금은 바다에서 나는 홍채(紅菜)·황곽(黃藿) 등을 잘게 썰어 말려 가루로 만들어 먹고 있다고 언급했다.[120] 썰어서 말려 가루로 만들어 먹었다는 것이다. 곤궁할 때에 해조류 가루를 섭취하는 방식이다.

미역과 새우로 죽을 만들어 궁한 이에게 제공하는 방법도 있다.[121] 그리고 소금과 황각, 송기[松皮]와 솔잎[松葉]을 섞어서 굶주린 백성을 구제하는 방법을 언급한 기록도 보인다.[122] 구체적으로 어떻게 가공해 제공했는지는 분명치 않다. 가루로 만들거나 혹은 죽을 만들었을 것이다. 죽을 쒀서 먹는 것이 타당해 보인다.

해의(海衣, 김)는 바다에서 건져 볕에 말려 종이처럼 얇게 만들어서 불에 구워 먹는데 맛이 매우 좋으며, 태포(苔脯, 파래)는 말려서 먹을 수도 있다고 했다.[123] 김과 파래가 반찬으로 유용함을 언급한 것이나, 구황식으로는 널리 활용되지 않은 듯하다.

해조류를 가공해 먹는 대표적인 음식은 미역국이었다. 미역은 구황식만이 아니라 평소에도 중요한 먹거리였다. 미역은 양질의 국을 만드는 좋은 식자재였다. 금강산 유람을 떠난 남효온(南孝溫)은 노비를 시켜 미역을 따서 국을 끓이게 해 점심을 먹은 일이 있었다.[124] 노비가 미역을 따서 어렵지 않게 국을 끓이고 있던 것이다. 미역국은 만드는 것이 어렵지 않으면서도 좋은 먹거리 구실을 했다.

미역국이 맛있음은 노수신(盧守愼)도 다음과 같이 묘사했다.

---

120) 『中宗實錄』권18, 中宗 8년 3월 庚辰(11일), 14-649.
121) 丁若鏞, 『牧民心書』, 賑荒 6조, 제4조 設施.
122) 柳成龍, 『西厓集』권6, 賑救飢民狀.
123) 柳得恭, 『古芸堂筆記』권4, 三種海草.
124) 『續東文選』권21, 遊金剛山記(南孝溫).

흰누룩으로 빚은 막걸리는 달보드레하고[白麴香醪嫩]
맛 좋은 국엔 좋은 미역이 기다랗겠지[賠羹粉藿長].125)

정약용이 중흥사에서 하루밤 잘 때 배가 고프니 미역국이 달다고 언급했다. "노곤하여 산부들 자리에 앉고[倦就山蒲席] / 배가 고파 미역국 달기도 하다[飢甘海菜羹]."126) 미역국은 평소에도 흔히 먹을 수 있는 국이었다.

미역은 해산을 한 부인이 국으로 끓여 먹는 중요한 먹거리였다. 이익은 미역이 산부(産婦)에게 선약이 된다고 지적했다. 그는 미역이 산부의 선약이 된다는 것은 동방의 풍속에서 중요한 처방이라고 언급했다.127) 미역국은 산후에 반드시 처방으로 써야 하는 것으로 지적하고 있다. 부인이 해산할 달이 되면 우선 미역부터 마련해 두었다가 해산을 하고 나서 국을 끓여 쌀밥을 말아 계속 이어서 먹도록 했다는 것이다.128)

산모가 미역의 도움을 받는 것은 고래에서 얻은 교훈이라는 인식이 자리했다. "어미 고래는 새끼를 낳을 때가 되면 반드시 미역이 많은 바다를 찾아 실컷 배를 채우는데, … 산모가 미역의 도움을 받는 것 역시 고래에게서 얻은 교훈이다."라는129) 것이 그것이다.

젖먹이는 여자에게는 미역이 소중한 것이어서 정약용이『대전통편(大典通編)』을 인용해서 "젖먹이는 여자에게는 매일 식구를 계산하여

---

125) 盧守愼, 『穌齋集』권4, 寄海南宰 尹恬.
126) 丁若鏞, 『茶山詩文集』권2, 宿中興寺.
127) 李瀷, 『星湖僿說』권17, 人事門, 本草.
128) 柳得恭, 『古芸堂筆記』권4, 三種海草.
129) 成大中, 『青城雜記』권5, 醒言, 어미 고래의 교훈.

쌀을 지급하고, 간장과 미역[藿, 海帶]을 함께 지급한다."라고 주장했다.[130] 조선말기 이유원(李裕元)은 "해곽은 부인이 해산을 하고 나서 국으로 끓여 먹는다."고 언급했다.[131] 미역국은 해산한 부인에게 반드시 먹도록 해야 하는 음식으로 알려져 있었던 것이다.

정약용은 해조류가 맛있기는 하지만 산나물보다는 못하다고 언급했다.

> 해채(海菜) 종류는 비록 가지가지라도[海菜雖種種]
> 비릿해서 치잘 것이 못 되고[腥鹵不足數]
> 향기롭고 맛있기는 산나물이라[山蔬信香美].[132]

해채는 종류가 많지만 비릿해서 산나물의 향기와 맛에 미치지 못한다는 것이다.

해조류를 잘못 먹어서 사망하는 일이 발생하기도 했다. 말하자면 식중독이었던 것이다. 성종 24년(1493) 경상도 관찰사가, 웅천에 사는 공약명(孔若明) 등 24인이 석화(石花)·생곽(生藿)을 먹고 폭사해서, 연해 수령으로 하여금 해물 채취를 일체 금하게 했다고 치계한 일이 있다.[133] 미역을 먹어서 탈이 난 것이라기보다는 굴(석화) 때문에 사망에 이른 것으로 추정된다. 그렇지만 해산물을 잘못 먹어 탈이 나는 수가 있었음은 분명한 일이다.

진제장에서 제공하는 것에 해조류가 포함되어 있다. 세종 19년

---

130) 丁若鏞, 『牧民心書』, 愛民 6조, 제2조 慈幼.
131) 李裕元, 『林下筆記』권28, 春明逸史, 海帶.
132) 丁若鏞, 『茶山詩文集』권5, 和蘇長公東坡八首 次韻.
133) 『成宗實錄』권276, 成宗 24년 4월 壬戌(28일), 12-305.

(1437) 충청도에 기근이 심했을 때 도내의 계수관(界首官)과 천안 등에 따로 진제장을 설치하고 쌀죽과 황각·미역 등을 주도록 했다.134)

명종 8년(1553) 간원이, 경기·황해도·청홍도는 소금과 황각을 운반해 유민에게 지급하고 채소[菜]와 함께 먹게 한다면 연명할 수 있으니 수송토록 하라고 계문하자, 국왕이 옳다고 했다.135) 황각을 유민에게 제공해 연명토록 한 것이다.

선조 37년(1604) 황해도 감사가, 연안과 배천 지역 일대가 흉년으로 민이 먹기가 어렵다고 하면서, 황각·소금을 별도로 준비해 분급할 것을 계문했다.136) 황각과 소금을 기근 시에 제공하는 것이다. 해홍(海紅)과 황각을 기근이 심한 곳에 나누어 줘서 구제하라는 내용도 보인다.137)

해조류는 먹거리로서 가치가 있기 때문에 선물로 제공하는 경우가 적지 않게 보인다. 고려말 이색(李穡)은 강릉의 관원이 해채(海菜)를 보내 준 것에 감사하는 시를 지었다. "해채를 해마다 보내 주어[海菜年年送] / 산재에서 날마다 먹으니[山齋日日嘗] / 처음엔 흐린 눈이 맑아짐을 알았고[始知淸病目] / 점차로 시상이 윤택해진 게 기뻐라[漸喜潤詩腸]."138) 해채를 보내준 것에 대해 매우 고마워하는 마음을 볼 수 있다. 탐라 수령이 미역을 보내준 것에 대해 이행(李荇)이 시를 짓고 있다.

하찮은 몸 육식이 부끄럽더니[微軀慚肉食]

---

134)『世宗實錄』권76, 世宗 19년 1월 癸卯(13일), 4-50.
135)『明宗實錄』권14, 明宗 8년 5월 乙丑(20일), 20-134.
136)『宣祖實錄』권181, 宣祖 37년 11월 戊寅(2일), 24-690.
137) 柳成龍,『西厓集』권7, 條陳時事啓 癸巳冬.
138) 李穡,『牧隱詩藁』권9, 奉謝江陵崔相惠海菜.

진미를 그대가 고맙게 보냈구려[異味荷吾曹]

술 마실 땐 산의 깔자리 좋고[佐酒宜山菌]

국거리로 바다 풀이 제격일세[調羹得海毛].139)

    국거리로 미역이 매우 좋음을 언급한 것이다. 이이명(李頤命)도 전라도 영암 군수가 멀리서 보내준 미역에 대해 사례하는 시를 짓고 있다. "향기로운 국은 좋은 미역이 보드랍구려[香羹海藿柔]"라고140) 읊었다. 해채·미역은 먹거리로서 가치가 있어서 이처럼 선물로 제공되는 수가 많았다.

    미역은 식료로서 의미가 있기 때문에 특정 역(役)을 진 사람들에게 사여하기도 했다. 세종 8년 호조에서, 와장(瓦匠)·조역인(助役人)에게 지급하는 미역과 장은 각사의 오래된 장 및 사재감·의영고의 오래된 어곽(魚藿)으로 지급하라고 계문하니, 국왕이 따랐다.141) 미역이 먹거리로서 상당히 중요했기 때문에 제공한 것으로 볼 수 있다. 선조 33년 내관(內官) 및 사관(史官)을 보내 총호사(摠護使) 이하에게 술을 베풀고, 공장(工匠)·서리(書吏)·역부(役夫) 등에게 소금과 미역을 차등있게 사여했다.142) 산모에게 사여한 예도 있다. 선조 9년 3월, 영남(嶺南) 정병(正兵)의 처가 정월 그믐에 1남, 2월 3일에 2남을 낳았는데 모자(母子)가 모두 건재하므로, 국왕이 미염장곽(米鹽醬藿)을 지급하도록 명하였다.143) 미역 등의 해조류는 소중한 것이므로 사여되는 수가 많았다.

---

139) 李荇,『容齋集』권2, 答耽羅使君李太叟以香簟 海藿 竹簟見遺索詩 二首.

140) 李頤命,『疎齋集』권4, 靈巖郡守遠餉蜂淸粉藿 作詩謝之 八月.

141)『世宗實錄』권31, 世宗 8년 2월 癸巳(29일), 3-12.

142)『宣祖實錄』권131, 宣祖 33년 11월 丙寅(26일), 24-154.

143)『宣祖實錄』권10, 宣祖 9년 3월 癸丑(20일), 21-337.

해조류의 가치는 『만기요람(萬機要覽)』을 통해 추정할 수 있다.

<표 3> 해조류의 가치 비교(『만기요람』 참조)[144]

해조류 종류	가치	비교 환산
황각(黃角) 1근	4전 8푼	48
우무[牛毛] 1근	6전	60
다시마[多士麻] 1근	7전 9푼	79
감태(甘苔) 1근	1냥 4전	140
미역귀[藿耳] 1근	6전 6푼	66
참가사리[細毛] 1근	9전	90
김[海衣] 1첩	3냥 6전	360
곤포(昆布, 다시마의 일종) 1근	8전 7푼	87
소금 1석	8냥	800

해조류가 같은 1근이라고 하더라도, 감태가 1냥 4전으로 가장 비싸고, 반면 황각은 4전 8푼으로 값이 저렴하다. 미역귀는 6전 6푼으로 비싼 편은 아니라고 하겠다. 이런 내용은 조선후기 해조류의 가치를 알려주는 것인데, 조선전기에도 비슷하지 않았을까 한다.

해조류는 가치 있는 것이어서 교역의 대상물이 되었다. 경상도 영해부사 박돈의(朴敦義)가 물고기와 미역을 강제로 팔아 이익을 취한 일이 있었다.[145] 미역이 상품으로서의 가치를 지니고 있어 교역물로 자리한 것이다.

조선후기에도 미역을 거래하는 상인이 있었다. 채제공이 "병든 육체는 쑥대 문 깊숙이 감추고[病殼深蓬戶] / 서울 편지는 미역 장수에게 맡기노라[京書倚藿商]."라고[146] 읊은 데서 미역 장수를 볼 수 있다. 그리

---

144) 『萬機要覽』, 財用篇1, 供上, 大殿, 逐日供上.
145) 『世宗實錄』권32, 世宗 8년 6월 戊辰(6일), 3-31.
146) 蔡濟恭, 『樊巖集』권7, 望美錄下, 有感.

고 그는 나루의 여인을 언급한 시에서 "남쪽 나루와 북쪽 나루에 살면서[家住南津與北津] / 생선 들고 미역 이고 성 안에서 파네[携魚戴藿賣城闉]."라고[147] 했다. 해조류 가운데 미역이 가장 중심되는 상품으로서의 위치에 있었음을 알려주는 것이다.

5. 결어

바다에서 생산되는 해조류는 중요한 구황식물의 하나였다. 우리는 삼면이 바다이기 때문에 해조류의 확보에서 매우 유리한 여건을 갖고 있었다. 그렇지만 바다가 멀거나 혹은 없는 곳에서는 해조류를 얻는 것은 쉬운 일이 아니었다.

바다에서 채취하는 구황물은 다양하게 언급하고 있었다. 해채(海菜)·해산(海産)·해물(海物) 등으로 일컫는 수가 많았다. 해조류를 종합적으로 언급한 경우 황각·미역·세모·청각 등 다양한 것을 가리키고 있었다. 그 가운데 구황에 가장 중요한 것은 황각과 미역이었다. 다른 해조류도 구황물로 의미를 지니기는 했지만 황각·미역에 미칠 수 없는 수준이었다. 그 중에서도 대표는 황각이었다. 김이나 다른 해조류는 반찬으로서는 의미가 있었지만 구황식으로서는 큰 중요성을 지니지 못했다. 해조류는 구황식만이 아니라 평소의 먹거리로도 널리 활용되었다.

해조류는 전국 곳곳에서 생산되었는데, 연안이나 도서, 제주도에서 풍부했다. 황각은 경기·충청도·전라도·황해도가 주 생산지로 보이

---

147) 蔡濟恭, 『樊巖集』권7, 望美錄下, 旅館無聊 戲用記俗體 以備陜州事實.

며, 특히 황해도가 중요한 산지였던 것으로 여겨진다. 반면 평안도·함길도·강원도·경상도는 상대적으로 황각의 생산이 부진한 것으로 보인다. 미역은 경상도·전라도·강원도·함길도에서 풍부하게 생산되었으며, 황해도·평안도·충청도·경기는 생산이 부진한 지역으로 판단된다. 해조류는 대개 바위에 붙어 있기 때문에 물속에 들어가서 채취하는 것으로 여겨진다. 채취하는 시기는 황각은 7월, 8월이 적기이며 9월에도 부분적으로 채취가 이루어졌을 것으로 보인다. 반면 미역은 여름에서 가을에 걸친 시기가 제철이지만 좀 더 이른 시기부터 늦은 시기까지 채취하는 것이 가능했던 것 같다. 해조류를 채취하는 것이 쉽지는 않았지만 노루·사슴을 사냥하는 것보다는 수월한 것으로 언급하고 있다. 해조류를 채취하는 이들로 자주 언급되는 부류는 선군(船軍)·수군(水軍)이었다. 관에서 해조류를 비축한 경우 소속의 민인이 동원되기도 했지만 선군이나 수군을 활용해 채취하기도 했을 것이다. 식량난에 시달리던 일반 민인들은 상시적으로 해조류를 채취해 먹거리로 삼았다.

해조류를 구황식으로 활용하는 경우, 가루로 만들어 먹는 것이 보이고, 죽을 쒀서 먹는 것도 보인다. 곡식을 사용하지 않고 새우나 소나무 껍질, 솔잎을 섞어 죽을 만들기도 했다. 가장 흔한 것은 황각과 미역에 약간의 곡물을 섞어 죽을 만들어 먹는 방식이었을 것이다. 해조류 먹거리 가운데 가장 흔히 언급되는 것은 미역국이었다. 미역은 구황식으로서도 의미가 있었지만 평상시의 먹거리로도 중요했다. 특히 해산한 부인이 반드시 먹어야 하는 먹거리로 인식되었다. 해조류를 먹다가 식중독으로 사망에 이르는 수도 있었던 것 같다. 국가에서 진휼하는 경우 황각이나 미역을 제공하는 경우가 많았다. 해조류는 먹거리로서 가치가 있기 때문에 선물로 제공되는 수도 있었으며, 국가에서 하사하는 물품이 되기도 했다. 해조류는 상거래에서 자주 언급되는 물품이었는데, 식료로서 가치가 높았기 때문이었다.

조선전기 식량의 어려움에 처했을 때 각종 구황식물을 찾았는데, 산과 들만이 아니라 바다도 중요한 장소였다. 바다에서 얻을 수 있는 구황 해조류는 육지의 산과 들과 달리 계절의 영향을 다소 덜 받았던 것으로 보인다. 산과 들에서 구황식물을 확보할 수 없던 시점에서도 바다에서 해조류를 채취함으로써 생존할 수 있었던 것이다. 양질의 물품을 확보하려면 채취의 적기를 지켜야 했지만 그렇지 않다면 채취 시기에 다소 여유가 있었던 것 같다. 구황식으로 활용할 수 있는 해조류가 풍부했기 때문에 민인은 생존에 큰 도움을 받을 수 있었다고 하겠다. 우리의 산과 들, 바다는 이처럼 풍부한 구황식물을 제공하고 있었기 때문에 민인들은 흉년을 맞이해도 어느 정도 버티고 생존할 수 있었다.

<자료>

(주요 용어 : 황각, 구황(救荒))
경기 감사(監司)가 계하기를, "한창 농사철을 당한 5, 6월이 가물어서, 내년의 흉년 구제[救荒]를 예비하지 않을 수 없으니, 각 포구로 하여금 배를 정비하게 하여 오는 7월 보름 후에는 황해도에 가서 황각(黃角)을 채취하도록 하는데, 좌·우도 수영(水營)에 각각 300석씩, 각 포구에 200석씩 저축하였다가 내년 봄에 굶주린 백성들을 구제하도록 하기를 청합니다." 하니, 그대로 따랐다.
○京畿監司啓 當盛農時 五六月旱 來年救荒 不可不備 請令各浦粧船 來七月望後 往黃海道採黃角 左·右道水營各三百石 各浦各二百石儲畜 以救來春飢民 從之 (『世宗實錄』권36, 世宗 9년 6월 癸未(26일), 3-80)

(주요 용어 : 소금, 미역)

예조 참의(禮曹 參議) 이선제(李先齊)가 상서(上書)하기를, "신이 역대 제왕(帝王)들의 재물(財物) 다스리는 길을 살펴보건대 네 가지가 있으니, 이른바 전조(田租)를 받는 길, 술을 전매(專賣)하는 길, 소금을 전매하는 길, 차[茶]를 전매하는 길입니다. 전조(田租)는 풍년과 흉년이 있으므로 세납이 많고 적음이 있어서 국가의 씀씀이가 때로는 부족하고, 백성의 살기가 이로써 넉넉하지 못하게 되므로, 이에 세 가지 전매(專賣)의 의논이 생기게 된 것으로서, 이는 모두 부득이한 것이었습니다. … 대저 소금은 우리 민의 일상생활에 하루라도 없을 수 없는 것인데, 천지간에 없는 곳이 없는 소이입니다. 하물며 우리나라는 삼면(三面)이 바다에 닿아서 모두 소금을 끓여 만드는[煮鹽] 땅이 되니 더 말할 것 있습니까. 자염만이 그러할 뿐 아니라, 고기잡이와 미역 따기도 역시 마찬가지입니다. 이제 보고 들은 것으로 말씀하면, 가마솥으로 달여서 하루 밤낮을 지내서 하얗게 나오는 것은 동해(東海)의 소금이고, 진흙으로 솥을 만들어 혹은 하루에 두 번이나 달여 짜게 만든 것은 서남(西南)의 소금인데, 서남(西南)에서는 노역(勞役)이 조금 헐하면서 성과는 동해(東海)의 갑절이나 됩니다. 또 고기잡이에도 역시 기술이 많은데, 혹 살[箭]을 엮어 잡기도 하고, 혹은 그물로 잡기도 하고, 혹은 배를 타고 바닷물을 따라 낚아 잡기도 하여, 잡는 수량이 많고 적음의 차이가 있으나, 서남(西南)이 더욱 많은데 그 대략이 이러합니다. 미역은 다른 나라에는 없는 것으로서 오직 우리 나라에만 곳곳에 다 있는데, 제주(濟州)에서 나는 것이 더욱 많아서, 토민(土民)이 쌓아 놓고 부자가 되며, 장삿배가 왕래하면서 매매하는 것이 모두 이것입니다. 이 세 가지(소금·물고기·미역)는 하늘이 내고 땅이 낳은 것인데, 하늘과 땅이 유독 우리 나라에만 후하게 하여 준 것이니, 실로 우리나라의 진기한 재물입니다. …" 했다.

○禮曹參議李先齊上書曰 臣歷觀帝王理財之道有四焉 曰田租也 榷酤也 榷鹽也 榷茶也 田租則歲有豊凶 租有多寡 國用有時而不足 民生以之而不裕 於是有 三榷之議焉 是皆不得已也 … 大抵鹽者 吾民之日用 不可一日闕 所以天地間 無地無之 況我東方三面濱海 皆爲煮鹽之地乎 不唯煮鹽爲然 捕魚採藿 亦猶是 也 今見聞言之 用釜鐵而煎 經日夜而出素者 東海之鹽也 塗泥爲釜 或一日而再 成鹹者 西南之鹽也 西南勞役稍歇 功倍於東海矣 且捕魚亦多術焉 或用結箭 或

用網罟 或操舟入海 從流漁釣 其所獲亦有多寡之殊 而西南尤多 其大致如此 夫
藿者 他國之所無 獨於東方 處處皆有之 濟州所産尤繁 土民之居積致富 商船之
往來販鬻 皆用此也 是三者 天生之地産之 天地獨厚於我國 實東方之奇貨也 …
(『世宗實錄』권117, 世宗 29년 9월 壬子(23일), 5-38)

(주요 용어 : 구황(救荒), 황각(黃角), 해채(海菜))

의정부(議政府)에서 호조(戶曹)의 정문(呈文)에 의거하여 계문했다.

"이제 벼가 이삭이 팰 때를 당하여 비바람이 순조롭지 못하니, 명년의 구황
(救荒)을 염려하지 않을 수 없습니다. 청컨대 각 도의 관찰사(觀察使)로 하여
금 이를 고찰하여 저축, 대비토록 해야 합니다.

1. 구황(救荒)에 쓸 만한 도토리[橡]·밤[栗]·더덕[山蔘]·도라지[苦薏] 등
의 물품을 때에 맞춰 채취하여 전의 갑절을 준비하게 하는데, 무지한 백성이
죄책(罪責)을 면하려고 혹은 천금목(千金木)의 나뭇잎 따위로 구차하게 부과
된 수량을 충당하는 등 한갓 소요(騷擾)만 이루곤 하니, 긴요하지 않은 잡물
(雜物)은 준비하지 말도록 해야 합니다. …

1. 황각(黃角)·청각(靑角)·석맥(石脈)·우모(牛毛)·해홍(海紅) 같은 먹을 만
한 해채(海菜)를 당번(當番) 선군(船軍)을 동원시켜 이를 채취해서 햇볕에 말
려서 저축, 대비케 해야 합니다. …

○議政府據戶曹呈啓 今當禾穀發穗之時 風雨不調 明年救荒不可不慮 請令諸
道觀察使考察儲備 一 救荒可用如橡·栗·山蔘·苦薏等物 趁時採取 倍前準備
無知之民 要免罪責 或用千金木葉之類 苟充課數 徒致騷擾 其不緊雜物 勿令準
備 … 一 如黃角·靑角·石脈·牛毛·海紅等 可食海菜 發當番船軍 採取曬乾儲
備 … (『世祖實錄』권1, 世祖 1년 7월 丁酉(24일), 7-74)

(주요 용어 : 굴[石花], 생미역[生藿], 해물)

경상도 관찰사(觀察使) 이계남(李季男)이 치계(馳啓)하기를, "웅천(熊川)에
사는 공약명(孔若明) 등 24명이 굴[石花]과 생미역[生藿]을 먹고 서로 잇달
아 폭사(暴死)했는데, 이는 반드시 독(毒)을 만난 것입니다. 신(臣)이 연해(沿

海)의 수령(守令)으로 하여금 일절 해물(海物)을 채취하는 것을 금하도록 했습니다." 하니, 정원(政院)에 전교(傳敎)하기를, "어찌 굴과 생미역이 사람을 죽였겠는가? 이는 반드시 복[河豚]을 먹은 것이다. 만약 이 때문에 해물의 채취를 금한다면 연해(沿海)의 백성들이 자생(資生)할 바를 잃게 될 것이다. 감사(監司)로 하여금 치사(致死)한 까닭을 자세히 물어 보게 하는 것이 어떻겠는가?" 했는데, 우승지(右承旨) 한사문(韓斯文)이 아뢰기를, "굴은 여름철이 되면 매우 충실(忠實)해지나, 복이 알을 낳기 때문에 먹을 수가 없는데, 지금 죽은 사람들이 이것을 먹은 것으로 생각됩니다. 연해(沿海)에 사는 백성들이 의뢰해 살아가는 것이 해물(海物)이니, 채취를 금할 수가 없습니다." 하자, 전교하기를, "감사(監司)에게 하서(下書)하여 치사(致死)한 까닭을 자세히 물어보게 하고, 해물의 채취를 금하지 말도록 하라." 했다.

○慶尙道觀察使李季男馳啓曰 熊川居孔若明等二十四人 啗石花·生藿 相繼暴死 此必遇毒也 臣令沿海守令 一禁採海物者 傳于政院曰 豈石花·生藿殺人乎 此必食河豚也 若以此禁採海物 則沿海之民 失其所資矣 令監司詳問致死之由何如 右承旨韓斯文啓曰 石花至夏節甚實 然河豚遺子 故人不得食 今之死者 意食此耳 沿海之民 所賴以生者海物 不可禁採 傳曰 其下書監司 使之詳問致死之由 勿禁採海物 (『成宗實錄』권276, 成宗 24년 4월 壬戌(28일), 12-305)

제3부

구황식물의 가공과 섭취

제1장 조선전기 염장(鹽醬)의 중요성과 구황식물

제2장 조선전기 죽(粥)의 효용성과 구황식물

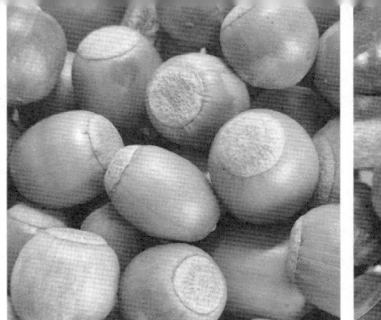

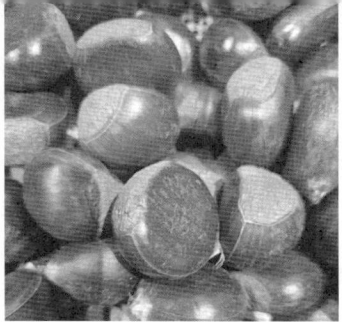

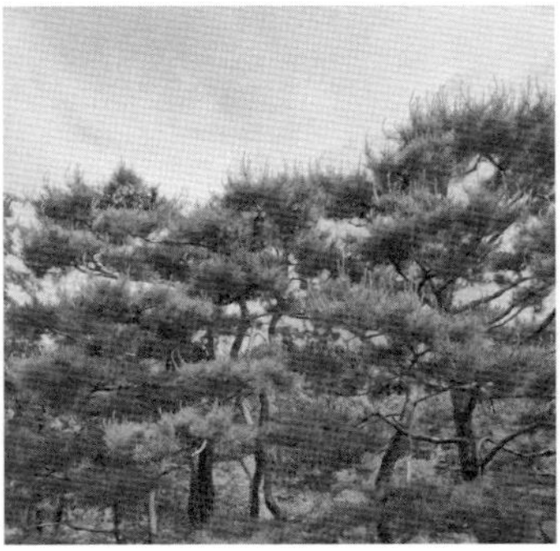
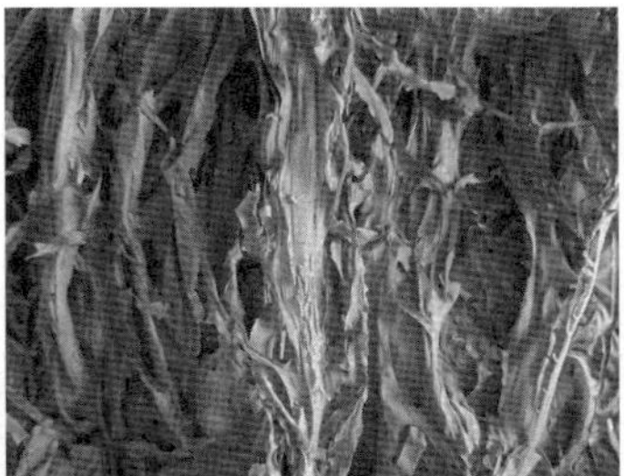
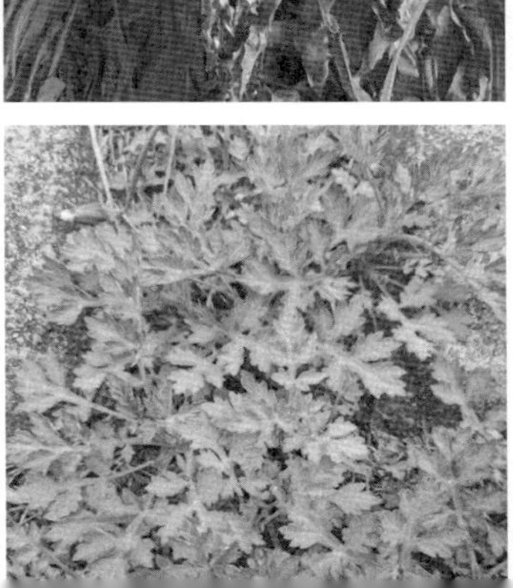

조선전기 염장(鹽醬)의 중요성과 구황식물

1. 서언

곡식이나 식량 사정이 여의치 못하면 산과 들, 바다에서 여러 종류의 구황식물을 확보해 먹거리로 하지 않으면 안 되었다. 구황식물을 섭취하기 위해서는 가공이 중요한데 그때 반드시 필요한 것이 염장(鹽醬)이었다.[1] 염장으로 가공하지 않으면 구황식물은 먹는 것이 매우 어려웠다. 구황식물만이 아니라 재배하는 곡식이나 채소를 식용으로 하기 위해서도 염장이 필요한 경우가 많았다. 간을 맞추고 맛을 내는데, 또 무기질 영양소를 공급하는 데 염장은 매우 중요했다.

주지하듯이 소금은 일찍부터 식용으로 활용되었는데, 삼면이 바다인 한반도의 여건 덕분에 비교적 용이하게 소금을 확보할 수 있었다. 소금 자체를 활용해 식자재를 요리하기도 하지만 소금을 콩과 섞어 장을 만들어 활용하기도 했다. 장은 영양이 풍부하며, 열량을 증대시키고 음식을 다양하게 가공할 수 있도록 한다. 장을 담그면 액즙은 간장이

---

1) 鹽醬은 소금과 장을 함께 일컫는 말로 보인다. 때로는 소금으로 만든 장을 가리키기도 하는 듯 하지만 명확하지 않다.

되고, 찌꺼기는 된장이 된다.

조선전기 염장은 필수적인 식료였다. 평상시의 경우에도 식용으로 널리 사용되었지만 흉년이 드는 경우 구황을 위해선 더욱 절실하게 필요로 했다.[2] 진휼곡을 받거나 구황식물을 확보하는 경우 염장을 섞어 가공·섭취하는 것이 보통이었다.

이 글에서는 소금에 대해 개략적으로 살펴본 뒤, 다채로운 용도를 위해 소금과 콩을 섞어 장을 담그고 있음을 알아보고자 한다. 또 염장이 진휼곡의 가공이나 구황식물의 섭취에서 매우 중요했음을 구명하고자 한다. 염장이 결여된 진휼은 있을 수 없으며, 확보한 구황식물도 염장이 없다면 제대로 섭취할 수 없음을 분명히 하고자 한다.

2. 소금의 중요성과 생산

소금은 신진대사를 돕고 생리작용을 원활히 하는 데 필수적인 성분을 제공한다. 그렇기 때문에 소금은 사람들의 삶에 있어서 반드시 필요한 귀한 식료였다. 소금은 민용(民用)에 절실해서 하루도 없을 수 없다고 하며,[3] 또 소금은 우리 민의 일용(日用)에 하루라도 없을 수 없다고도 표현했다.[4] 태조 7년(1398) 1월, 경상도 도관찰사가 어염(魚鹽)은 국

---

2) 조선후기에도 구황에 소금이 중요했음을 주목한 연구가 있다(金昊鍾, 2000 「朝鮮後期 荒年에 있어서 鹽의 위상」『李樹健敎授停年紀念 韓國中世史論叢』, 論叢刊行委員會). 흉황을 맞이했을 때 소금이 매우 중요함을 지적하는 소중한 성과이지만, 구황식물에 초점을 둔 작업은 아니다.
3) 『太宗實錄』권22, 太宗 11년 11월 辛巳(24일), 1-611(國史編纂委員會 影印本, 1册, 611면을 의미함. 이하 같음).
4) 『世宗實錄』권117, 世宗 29년 9월 壬子(23일), 5-38.

용에 보탬이 되고 민생에 긴급하여 폐할 수 없다고 언급했다.5) 여기에서 물고기와 함께 언급되었지만 소금이 민생에 중요한 것임을 분명히 알 수 있다.

소금은 평상시만이 아니라 흉년을 구제하는 데도 매우 중요했다. 소금이 흉년을 구제하는 데 있어 가장 긴요하다는 언급이6) 그것을 의미한다. 그리고 곡식이 부실해져 민인이 초식으로 연명할 때 소금이 없으면 굶주림을 채울 수 없다고도 했다.7) 소금이 구황에 중요한 역할을 함을 확인할 수 있다.

소금은 일상은 물론 구황에서 매우 긴요한 것이기 때문에 오곡 다음으로 중요하다고 지적했다. 태종대 호조판서 박신(朴信)은 소금은 민이 자뢰(資賴)해 살아가는 것으로 그 중요함이 오곡 다음이라고 발언했다.8)

소금만이 아니라 장도 구황에 필수적이어서 그 중요성을 함께 언급하기도 했다. 집의(執義) 유지(柳輊)는 구황의 여러 사항를 제시하면서, 구황물은 소금과 장만한 것이 없다고 지적했다.9) 소금만이 아니라 장도 구황에 중요한 것이다.

염장이 구황에 매우 중요함은 자주 언급되고 있다. 성종 12년(1481) 5월, 호조에서, 지금 오래 비가 오지 않아 경기 및 하삼도에 종자가 흙에 뿌리를 내리지 못하고 있으니, 구황을 미리 준비해야 하는데, 소금은 구황의 가장 긴요한 것이고 장도 구황에 중요한 것이라고 계문했다.10) 성종 16년 6월, 경기 관찰사 어세겸이 계문한 구황절목 내용 중

---

5) 『太祖實錄』권13, 太祖 7년 1월 己未(11일), 1-114.
6) 『世宗實錄』권74, 世宗 18년 7월 己亥(6일), 4-21.
7) 『光海君日記(正草本)』권76, 光海君 6년 3월 壬午(30일), 32-293.
8) 『太宗實錄』권28, 太宗 14년 9월 戊寅(8일), 2-35.
9) 『成宗實錄』권6, 成宗 1년 6월 乙卯(8일), 8-507.

에, 구황에는 염장이 가장 중요하다는 것이 포함되어 있다.[11] 소금 및 소금을 가공한 장은 당시인의 일상적인 삶에 있어서는 물론 흉황을 맞아 식량난에 처했을 때도 없어서는 안 되는 식자재였다.

우리나라는 삼면이 바다이기 때문에 소금의 생산에서 매우 유리했다. 삼면의 바다에서 어염의 이익을 넉넉하게 취할 수 있었으며,[12] 또 삼면이 바다이기 때문에 자염(煮鹽)하기 좋은 곳이라는 인식이 보였다.[13] 사실 우리는 바다에 대한 접근성이 좋아 소금 생산에서 매우 유리한 조건을 갖고 있었다.

바닷가 모든 곳이 소금 생산에 유리했지만 지역에 따라 약간의 차이가 있었다. 평안도는 상대적으로 소금의 생산이 부진했던 것으로 보인다. 평안도는 전지가 메말라서 전연 생산물이 없는데, 비단 화곡(禾穀)뿐만 아니라, 바다의 소금 또한 얻어먹지 못하여 생활하기가 곤란하고 고통스럽지만, 반면 함길도 연변의 각 진(鎭)은 토지가 비옥하며 해산물도 많아서 백성들이 그 삶을 즐기고 있다는 내용이 보인다.[14] 평안도는 소금이 풍부하지 못한 데 반해 함길도는 해산물이 많다고 하는 것이다. 해산물에는 당연히 소금도 포함될 것이므로 함길도는 소금의 생산이 평안도보다 넉넉했음을 알 수 있다.

소금이 비교적 풍부하게 생산되지만 그렇지 않은 지역도 있었다. 그 가운데 하나가 영서 지방이다. 세종대 강원도 경차관 황보인은 소금이 영서에는 없다고 언급했다.[15] 내륙 지역인 영서에 소금이 생산되지 않

---

10) 『成宗實錄』권129, 成宗 12년 5월 癸巳(19일), 10-216.
11) 『成宗實錄』권180, 成宗 16년 6월 壬辰(13일), 11-26.
12) 『太祖實錄』권13, 太祖 7년 1월 己未(11일), 1-114.
13) 『世宗實錄』권117, 世宗 29년 9월 壬子(23일), 5-38.
14) 『世宗實錄』권97, 世宗 24년 8월 辛亥(24일), 4-433.

는 것은 당연했다.

그리고 해안가와 달리 산골에는 상대적으로 소금이 귀했다. 영동의 인제·양양 등 고을에는 은신할 만한 산이 많고, 또 거주하고 경작할 만한 땅이 있어 타도의 사람들이나 본읍의 사람들이 일부 들어가 살고 있었지만, 소금이나 장이 떨어지자 살 수 없어 다시 나오는 자들이 많았다.16) 산골에는 염장이 부족할 수밖에 없을 것이다.

조선초『세종실록지리지(世宗實錄地理志)』에는 소금 생산과 관련한 내용이 전한다(<표 1> 참조).

<표 1>『세종실록지리지』 '염(鹽)' 관련 내용

도	소금 생산 관련 내용	합계
경기	광주목(鹽所 1, 盆 1), 남양도호부(염소 44), 안산군(염소 5), 양성현(염소 1), 부평도호부(염소 7), 강화도호부(염소 11), 인천군(염소 6), 김포현(염소 2), 교동현(염소 3), 통진현(염소 3)	염소 83 염분 1 (군현 10)
충청도	직산현(염소 1, 분 6), 서천군(염소 2, 분 22), 남포현(분18, 鹽井 2), 비인현(염분 20, 염정 1), 홍주목(염소 1, 분 13), 태안군(염분 11, 염정 16), 서산군(염소 1, 염정 2, 분 3), 면천군(염소 1, 분 36), 해미현(염소 1), 당진현(염소 35), 보령현(염소 3, 분 18)	염소 45 염분 147 염정 21 (군현 11)
경상도	경주부(염소 1), 울산군(염소 3), 홍해군(염소 1), 동래현(염소 3), 기장현(염소 1), 장기현(염소 1), 영일현(염소 1), 청하현(염소 3), 영해도호부(염소 2), 영덕현(염소 1), 진주목(염소 1), 김해도호부(염소 2), 창원도호부(염소 3), 곤남군(염소 3), 고성현(염소 2), 거제현(염소 4), 사천현(염소 2), 하동현(염소 1), 칠원현(염소 1), 진해현(염소 3)	염소 39 (군현 20)
전라도	만경현(염소 1), 옥구현(염소 1), 부안현(염소 1), 나주목(염소 35), 영암군(염소 3), 영광군(염소 1, 분 113), 무장현(염소 1), 함평현(염소 4), 광양현(염소 2), 순천도호부(염소 9), 보성군(염소 1), 낙안군(염소 1)	염소 60 염분 113 (군현 12)

15)『世宗實錄』권17, 世宗 4년 8월 己酉(25일), 2-494.
16)『光海君日記(正草本)』권80, 光海君 6년 7월 丁巳(7일), 32-321.

황해도	안악군(염소 7, 분 12), 해주목(염소 4, 분 33), 옹진현(염소 9, 분 82), 장연현(염소 1, 분 3), 강령현(염소 8, 분 29), 연안도호부(염소 3, 분 51), 풍천군(염소 4, 분 16), 은율현(염소 1, 분 6), 장련현(염소 3, 분 14)	염소 40 염분 246 (군현 9)
강원도	강릉대도호부(염분 23, 연곡염분 5, 우계염분 20), 양양도호부(염분 22, 동산현염분 18), 삼척도호부(염분 40), 평해군(염분 46), 울진현(염분 61), 간성군(염분 17, 열산염분 6), 고성군(염분 12, 안창염분 11), 통천군(염분 36), 흡곡현(염분 3)	염분 320 (군현 9)
평안도	평양부(염소 2, 분 18), 증산현(염소 2, 분 18), 함종현(염소 3, 분 41), 삼화현(염소 4, 분 30), 용강현(염소 2), 안주목(염소 1, 분 11), 숙천도호부(염소 1, 분 17), 영유현(염소 4, 분 103), 정주목(염소 1, 분 12), 용천군(염소 3, 분 27), 철산군(염소 4, 분 8), 곽산군(염소 1), 수천군(염소 2, 분 9), 선천군(염소 2, 분 4)	염소 32 염분 298 (군현 14)
함길도	함흥부(염분 27), 북청도호부(염분 20), 영흥대도호부(염분 22), 예원군(염분 14), 안변도호부(염분 24), 의천군(염분 9), 용진현(염분 11), 길주목(염분 27), 경원도호부(염분 15), 단천군(염분 17), 경성군(염분 21), 경원도호부(염소 2), 회령도호부(염소 1), 종성도호부(염소 3), 온성도호부(염소 6), 경흥도호부(염소 2), 부령도호부(염소 1)	염소 15 염분 207 (군현 17)
전체	102개 군현	염소 314 염분 1,332 염정 21

전국 곳곳에 소금 생산 시설이 있음을 확인할 수 있다. 염소(鹽所)는 전국 314개였는데, 가장 많은 도는 경기(83), 전라도(60)이며, 가장 적은 도는 함길도(15), 강원도(0)이다. 반면 염분(鹽盆)이 가장 많은 도는 강원도(320), 평안도(298), 황해도(246)이고, 가장 적은 도는 경기(1), 경상도(0)이다.[17] 전국 330여 개 군현 가운데 102개 군현에서 소금이 생산되고 있었다. 대략 1/3에 해당하는 군현에서 소금이 생산되는 것인데, 아

---

17) 염분 수는 실제와는 거리가 있는 것으로 보인다. 대부분의 염소에는 염분이 설치되어 소금을 생산했는데, 『世宗實錄地理志』는 염분을 빠짐없이 기재한 것으로 보이지 않는다.

마도 해안가 대부분의 군현에 해당할 것이다. 소금을 생산하는 군현의 수는 경상도(20), 함길도(17)가 많은 편이고, 강원도는 가장 적다(9).[18]

소금 생산을 담당하는 중심은 선군(船軍)·수군(水軍)과 염간이었다.[19] 자염(煮鹽)을 담당해온 이들이 선군이었는데, 호급둔전법(戶給屯田法)을 세우면서 자염 역을 금지시키는 조치가 있었다. 선군이 영전(營田)·자염·착어(捉魚) 등에 역사되어 왔는데 태종 7년(1407) 모두 금지시켰다.[20] 세종 7년(1425) 호조가 강원도 영동 각 포의 선군은 타역(他役)도 없고 또 영전(營田)도 없다고 하면서, 3월부터 8월까지 야철, 9월부터 다음해 2월까지 자염하도록 계문하자, 국왕이 따랐다.[21] 태종 7년 선군에게 소금 생산의 역을 덜어주었다가, 세종 7년 강원도에서 다시 사역하는 것인데, 소금의 생산에서 선군이 중요한 구실을 했음은 분명한 사실이다.

성종 3년 7월, 진휼사 한명회가 올린 사목에, 경기의 기근이 더욱 심하니, 예장조묘(禮葬造墓)하는 선군(船軍)을 반으로 줄이고 그들에게 소금을 만들고 해채를 채집해 구황토록 하라는 내용이 포함되어 있다.[22] 성종 16년 6월, 경기 관찰사 어세겸이, 구황에는 염장이 가장 중요한데, 소금을 만드는 수군이 48명뿐이니 심히 부족하다고 언급했

---

18) 조선전기 소금 생산 전반에 대해서는 다음의 논문이 참고된다. 劉承源, 1979「朝鮮初期의 鹽干」『韓國學報』17 ; 朴平植, 1997「朝鮮前期 鹽의 生産과 交易」『國史館論叢』76 ; 권영국, 1998「조선초 鹽業政策과 생산체제」『史學研究』55·56합집.

19) 기왕의 연구에서 밝혀진 바와 같이, 이들 외에도 국가가 설치하고 소유한 官鹽盆에서 생산하는 경우도 있고, 사사로이 소금을 생산하면서 염세를 부담하는 이들도 있었다. 후자는 다른 생업을 가지면서 소금 생산을 겸한 것으로 이해된다. 여기에서는 염간과 수군의 소금 생산에 한정해 살펴보고자 한다.

20) 『太宗實錄』권13, 太宗 7년 1월 丁卯(12일), 1-382.

21) 『世宗實錄』권28, 世宗 7년 4월 乙丑(26일), 2-667.

22) 『成宗實錄』권20, 成宗 3년 7월 甲子(29일), 8-676.

다.[23] 선군과 수군이 소금 생산을 담당하고 있음을 알 수 있다. 선군·수군이 생산하는 소금은 대개 구황염(救荒鹽)으로 사용되었다.[24]

수군·선군보다 소금 생산에서 더 중요한 역할을 담당한 이들은 염간(鹽干)이었다. 소금 생산의 중심층인 염간은 소금을 생산해서 국가에 바쳤다. 세종 1년 10월, 황해도 감사가, 염간 1년의 매호 공염(貢鹽)이 24석이나 되어 심히 고통스러워하므로 반을 감해달라고 계문하자, 다시 논의토록 했다.[25] 황해도 염간의 1년 공염 부담이 24석에 이르고 있음을 알 수 있다.

세종 9년까지 강원도 각 고을의 염간은 1명당 해마다 20석을 부담한 것으로 보인다. 세종 9년 4월, 강원도 감사가, 강원도 영동 각 고을의 공염으로 염간 매 1명당 해마다 20석을 징수하고 있는데, 근래 연변의 금송(禁松)이 엄해 먼 곳에서 땔나무 하기 때문에 우마가 힘들며, 매년 세염(稅鹽)의 액수를 채우지 못해 심히 고통스러워하니 반으로 줄여 매년 1명당 10석을 넘지 않게 해서 민생을 편하게 할 것을 계문하자, 염세 감반을 허용했다.[26] 강원도 염간이 납부하는 20석은 큰 부담이 되어 이때에 와서 1/2로 줄여 10석을 넘지 않도록 조치한 것이다.[27]

기근으로 염간의 공염 부담을 줄여주는 조치가 있었다. 세종 30년 1월, 기근으로 인해 황해도 염간의 공염 1/3을 감했다.[28] 염간이 소금 생산의 중심 역할을 하고 있음을 알 수 있다. 염간은 매년 일정액의 공염

23) 『成宗實錄』권180, 成宗 16년 6월 壬辰(13일), 11-26.
24) 劉承源, 1979 앞의 논문 참조.
25) 『世宗實錄』권5, 世宗 1년 10월 乙未(24일), 2-342.
26) 『世宗實錄』권36, 世宗 9년 4월 壬午(24일), 3-69.
27) 염간이 소금을 생산해 국가의 鹽倉에 납부해야 할 양은 세종대에는 20~24석, 세종 말년에는 10석, 성종 연간에는 8석으로 책정되어 있었다(劉承源, 1979 앞의 논문).
28) 『世宗實錄』권119, 世宗 30년 1월 庚寅(3일), 5-48.

(貢鹽)을 국가에 납부해야 했다.[29]

　흉년으로 필요한 소금의 양이 늘어나자 염간이 아니어도 소금 굽기를 지원하는 자는 세금을 징수하지 말도록 조치했다. 다음은 세종 18년 7월, 충청도 감사에게 구황을 위해 전지(傳旨)한 내용이다,

　　　소금이 흉년을 구제하는 데 있어 관계되는 바가 가장 긴요하니, 연변 지방 각 고을에 그다지 필요하지 않은 군인과 역(役)이 없는 평민 및 관노(官奴) 등으로 하여금 모두 소금을 생산하게 하여 흉년 구제에 대비하게 하고, 또 본디 염간(鹽干)이 아닐지라도 소금 생산을 자원하는 사람에게는 세금을 징수하지 말 것이다.[30]

　소금 생산의 증대를 도모하려는 조치였다. 소금 생산은 염장관(鹽場官)이 관리하고 있었다. 태종 11년 11월, 사간원이, 국가가 염장관을 설치해 소금을 생산하도록 해 민의 포화(布貨)와 바꾸도록 해서 민이 심히 편하게 여겼는데, 기축년(태종 9) 이래 소금으로 쌀을 바꾸는데 빈핍한 민은 그 이익을 얻을 수 없으며, 심원한 곳에 있는 자는 쌀 운반이 어려우므로 이전처럼 주저(紬苧)·정포(正布)·저화(楮貨)로 바꿀 수 있게 하자고 상소하니, 미(米)·포(布)·저화(楮貨)로 편리한 대로 바꿀 수 있도록 했다.[31] 소금을 쌀에 한정하지 말고 미·포·저화로 바꿀 수 있도록 조치한 것인데, 염장관이 소금 생산과 배분을 관장하고 있음을 알리는 것이다.

　소금 생산은 염장관이 관장했는데, 세종 대 염장관을 혁파하고 수령

29) 劉承源, 1979 앞의 논문 ; 朴平植, 1997 앞의 논문 ; 권영국, 1998 앞의 논문.
30) 『世宗實錄』권74, 世宗 18년 7월 己亥(6일), 4-21.
31) 『太宗實錄』권22, 太宗 11년 11월 辛巳(24일), 1-611.

이 대신하도록 조치했다. 세종 18년 10월, 여러 도의 염장관을 혁파하고 고을 수령으로 하여금 겸해 맡도록 한 것이 그것이다.[32] 조선초 소금 생산 및 관리를 위해 염장관을 두었다가 그것이 안정되자 혁파하고 수령이 맡도록 한 것으로 보인다.

조선전기 소금을 생산하는 일반적인 방식은 자염(煮鹽)이었다. 바닷물을 끓여 물을 증발시켜 소금을 만드는 것이었다. 자염수군(煮鹽水軍)이란 표현에서[33] 알 수 있다.

소금의 생산은 기본적으로 자염의 방식을 취하는데 자염을 위한 시설이 염분(鹽盆)이었다. 태종 1년 2월, 지난 겨울에서 이번 달에 이르도록 동해에 대풍이 불어 염분 다수가 표몰되었다는 것에서[34] 염분의 존재를 확인할 수 있다.

소금을 만들기 위해 염분을 설치했더라도 시목(柴木)이 없으면 소금을 생산할 수 없었다. 중종대 시강관 한효원(韓效元)이 함경도는 식염(食鹽)이 가장 귀해서, 본인이 일찍이 염분(鹽盆)을 설치하여 소금을 만들려 했으나 시목이 없어 뜻을 이루지 못했다고 발언했다.[35] 소금의 생산에서 시목이 중요함을 알 수 있다.

소금의 가격은 변동이 심했다. 세종 11년 9월, 염 1석=정포 1필=저화 1장=동전 2문이었다.[36] 세종 12년 2월, 호조가, 경외(京外)에서 모두 면포 1필은 정포 2필인데, 각 도에서 무염(貿鹽)할 때 면포 1필은 염 3석 9두로, 정포 1필은 염 1석 3두여서 불합리하므로 지금부터 면포 1

---

32) 『世宗實錄』권75, 世宗 18년 10월 癸亥(1일), 4-33.
33) 『成宗實錄』권180, 成宗 16년 6월 壬辰(13일), 11-26.
34) 『太宗實錄』권1, 太宗 1년 2월 己未(30일), 1-197.
35) 『中宗實錄』권18, 中宗 8년 8월 癸卯(8일), 14-670.
36) 『世宗實錄』권45, 世宗 11년 9월 丙寅(23일), 3-198.

필은 염 2석 6두로 할 것을 계문하자, 국왕이 따랐다.[37] 면포의 가치가 높게 평가된 것을 현실에 맞춰 조정한 것이다. 면포 1필=정포 2필이고, 면포 1필=소금 2석 6두, 정포 1필(=면포 1/2필)=염 1석 3두로 정리한 것이다. 세종 11년 9월보다 염가가 하락하고 포의 가치가 상승했음을 알 수 있다.

흉년이 들면 곡식이 귀하고 상대적으로 소금의 값이 하락하는 법이다. 세종 26년 7월, 충청도 태안 등에서 한재(旱災)가 심해, 미 1두로 소금 21두를 얻고, 대맥 1두로 소금 17두를 얻는다고 했다.[38] 평소라면 미 1두는 소금 21두에 미치지 못함은 당연할 것이다. 태안 등에 한재가 심해 미맥(米麥) 값이 폭등하고, 염가가 폭락한 것이다.

소금 값은 해변과 산군 사이에 차이가 컸다. 중종 12년 12월, 헌부에서, 해변의 각 고을은 염천곡귀(鹽賤穀貴)해서 염 1두가 조 1두이고, 반면 산군은 염귀곡천해서 염 1두가 조 2두인데, 해변과 산군은 마땅히 같아야 한다고 계문했다.[39] 해변과 산군의 소금 값이 두 배의 차이가 남을 지적하고 있다.

소금의 도움은 전국의 민인이 받는 것이지만, 다른 생업이 부진한 곳에서는 전적으로 소금이 중요했다. 성종 9년 11월, 홍문관 부제학 성현(成俔) 등의 상소에서, 강원도는 산천(山川)이 험악하고 토지가 메말라서, 여러 해 동안 풍년이 들지 못하여 사람들이 자주 굶주리게 되므로, 바닷가에서는 전적으로 어염(魚鹽)에 의지하고 있다고 언급했다.[40] 강

---

37)『世宗實錄』권47, 世宗 12년 2월 乙亥(4일), 3-215.
38)『世宗實錄』권105, 世宗 26년 7월 乙亥(28일), 4-572.
39)『中宗實錄』권31, 中宗 12년 12월 己未(18일), 15-370.
40)『成宗實錄』권98, 成宗 9년 11월 丁亥(30일), 9-669.

원도 바닷가에서 어염의 도움을 크게 받아 살아가고 있음을 알 수 있다. 섬에서도 어염으로 생활하고 있다. 전라도 연해에 거처하는 민이 요역을 피하고자 섬에 잠입해 들어가 어염에 의지해 살아가고 있다는 데서[41] 알 수 있다.

소금을 많이 사용하는 시기는 3, 4월과, 7, 8월이었다. 연산군 3년(1497) 9월, 경기 관찰사의 계문에서, 민가에서 소금을 쓰는 시기가 3, 4월과 7, 8월이 가장 용도에 절실한데, 염분(鹽盆) 차사원(差使員)이 끓여 만든 소금[煮鹽]의 숫자를 감사(監司)에게 보고해서 감사가 허락을 해야 여러 고을에 나누어 수송하게 되므로 항상 적절한 시기에 미치지 못한다고 지적했다.[42]

3. 소금과 콩으로 장 담그기

소금은 음식의 부패와 변질을 막고 간을 맞추는 조미료이므로 발효 음식에 필수이다. 소금은 생명을 유지하는 데 반드시 필요한 무기질의 하나이며, 위액의 구성성분인 염산을 만들고 근육, 신경의 작용을 조절하는 등 여러가지 생리적 기능을 담당한다.

소금은 직접 사용하기도 하지만 콩과 결합해 장을 만들어 활용했다. 장은 무기질 소금과 달리 상당한 영양가가 있고, 음식맛을 고급화하기 때문에 매우 중요한 식료였다.

장을 담기 위해서는 우선 콩을 불려 삶고 찧은 뒤 메주덩이를 만들

---

41) 『成宗實錄』권247, 成宗 21년 11월 癸卯(25일), 11-668.
42) 『燕山君日記』권27, 燕山君 3년 9월 丙寅(28일), 13-282.

고, 그것을 매달아 말려 띄운다. 장을 담글 때는 메주를 깨끗이 씻어서 다시 하루 정도 말린다. 소독한 항아리에 깨끗이 씻은 메주를 차곡차곡 쌓은 다음 그 위에 소금물을 붓고, 고추·대추·숯을 넣은 다음 뚜껑을 사흘 동안 꼭 덮어 두었다가 햇볕을 쮠다. 40일 지나 고추·대추·숯은 건져 내고 간장독을 준비해서 체에 올려놓고 장을 뜬다. 혹은 장을 담가 60~100일이 지나서 맑은 간장을 뜬다. 체에 밭친 간장은 그대로 두기도 하고 달여서 거품을 걷어낸 다음 식혀서 붓기도 한다.[43]

장은 영양가가 높다. 콩에는 단백질이 38%나 있고, 리놀산·리놀렌산 등의 불포화 지방산이 많이 함유된 지방이 18%가 있어 영양상으로 우수한데, 이 콩을 이용하여 만든 된장도 영양이 풍부하다. 된장에는 100g당 열량이 128cal, 단백질 12g, 지방 4.1g, 탄수화물 14.5g, 회분 17.9g, 칼슘 122mg, 인 141mg, 철분 5.1mg이 함유되어 있고, 비타민 B1과 B2도 0.04mg, 0.2mg씩 함유되어 있다.[44]

장은 만드는 데 시간이 걸리므로 미리 준비해야 했다. 구황물로 소금과 장만한 것이 없는데, 장은 졸지에 마련할 수 없는 것이므로, 경외의 창고에서 오래된 콩을 쪄서 미리 장을 만들어야 했다.[45] 소금으로 장을 담궈 사용하려면 시간이 필요했다.

---

43) 현대 사회에서 콩과 소금, 물을 배합하는 비율은 다양하게 제시하고 있다. 메주 6kg, 소금 6kg, 물 18l로 장을 담그고 60일 경과 후 간장과 된장을 분리한다는 견해가 있다. 그밖에 콩 8kg, 소금 4kg, 물 18~20l라는 의견, 메주 1말, 소금 8kg, 물 30l라는 의견, 메주 10kg, 소금 6kg, 물 20l라는 의견, 콩 1말, 소금 5kg, 물 20l라는 의견 등 다양하게 제시되어 있다. 그리고 간장과 된장을 가르기하는 시점에 대해 장을 담근 뒤 45일, 50~60일, 88일 등 여러 가지로 주장되고 있다(유튜브의 장 담그기, 장 가르기 등 주제어 검색 내용 참조).

44) 『한국민족문화대백과사전(https://encykorea.aks.ac.kr/)』, 된장 항목 참조.

45) 『成宗實錄』권6, 成宗 1년 6월 乙卯(8일), 8-507.

장을 만드는 데 필요한 콩은 관에서 제공하는 경우가 많았다. 그 콩은 바로 수확한 것이 아니라 묵은 것이 중심이었다. 장 만드는 일은 도 단위로 진행되는 사례가 많았다. 우선 황해도가 보인다. 태종 11년 (1411) 11월, 풍해도 감사가 각 고을에 보관하고 있는 묵은 콩[陳豆] 500석으로 장을 담아 기민을 구휼할 것을 청하자, 국왕이 따랐다.[46] 풍해도(=황해도) 각 고을의 묵은 콩으로 장을 담도록 한 것이다.

황해도 참로(站路)에 보관된 황두로 장을 만들게 한 일도 있다.[47] 황해도에서 흉년 대비를 위해 장을 만드는 일은 빈번했다. 세종 28년 (1446) 8월, 황해도에 기근이 심하자 쌀 474,050석과 조장두(造醬豆) 46,236석과 소금 12,326석을 확보해 흉년을 구제하도록 했다.[48] 조장 두는 장을 담그는 콩을 가리키며 소금과 섞어 장을 만들도록 하는 것이다. 성종 2년(1471) 1월, 호조에서, 황해도의 실농한 여러 읍을 위한 구황으로 묵은 황두[陳黃豆]를 일찍이 1,000석을 지급했으며, 지금 또 묵은 장 390석을 지급해 진구(賑救)함이 어떠한가라고 계문하자, 국왕이 따랐다.[49] 구황으로 제공한 황두는 직접 소비하기도 했겠지만 장을 만들었을 가능성이 크다. 황해도에서 콩을 제공해 장을 담그는 일이 가장 빈번했던 것으로 보인다.

경상도에서도 여러 사례가 보인다. 태종 14년 7월, 경상도 도관찰사가 진제의 방책을 올렸는데, 경주·영천·영해 등은 가뭄이 더욱 심하니, 의창의 묵은 콩을 내서 민으로 하여금 장을 만들게 해 진제에 대비

---

46)『太宗實錄』권22, 太宗 11년 11월 壬午(25일), 1-611.
47)『太宗實錄』권35, 太宗 18년 1월 甲子(13일), 2-200.
48)『世宗實錄』권113, 世宗 28년 8월 甲辰(9일), 4-697.
49)『成宗實錄』권9, 成宗 2년 1월 癸未(10일), 8-546.

케 하라는 것이 포함되어 있다.50) 경상도 의창의 묵은 콩으로 민들에게 장을 만들게 하라는 의견을 올린 것이다. 관에서 콩을 제공하는 경우, 관이 직접 장을 만들기도 하고 민인이 스스로 만들기도 했다. 세종 즉위년 9월, 경상도에서 화곡이 풍수의 재앙으로 인해 모두 익지 않았는데, 스스로 살아갈 길이 없는 궁민(窮民)들에게는 마땅히 주군(州郡)의 묵은 콩을 각 고을에 나누어 주어, 그들로 하여금 장을 담게 해, 명년에 구휼(救恤)의 바탕으로 삼도록 했다.51) 내년의 구휼을 위해 빈민에게 콩을 제공해 스스로 장을 담도록 한 것이다.

평안도의 사례도 종종 보인다. 평안도에 기민 진제의 장이 부족하자, 콩 2,000석을 지급해 장을 만들도록 했다.52) 세종 28년 8월, 평안도 관찰사가 평안도에 금년 화곡이 부실하다고 하면서, 평안도에 묵은 콩 3,000석 및 황해도·경기 소금 800석을 지급해 장을 만들어 구황의 밑천으로 삼아야 한다고 계문하니, 호조와 의정부에 내려 논의하게 했다.53) 평안도의 콩과 황해도·경기의 소금으로 평안도 민을 위해 장을 담게 해 달라는 것이다.

충청도에서도 콩을 제공해 장을 담는 일이 보인다. 충청도의 농사가 부실하니, 군자(軍資)의 묵은 황두 700~800석을 제공하여 여러 포(浦)에서 생산한 소금을 사용해 장을 담아서 구황(救荒)하도록 했다.54) 세조 11년(1465) 1월, 충청도 관찰사가 충청도 여러 읍이 수재를 입어, 기근으로 곡식이 부족한 호가 10에 8, 9이니, 군자의 묵은 황두 3,000석,

---

50) 『太宗實錄』권28, 太宗 14년 7월 己卯(8일), 2-26.
51) 『世宗實錄』권1, 世宗 즉위년 9월 乙亥(28일), 2-271.
52) 『世宗實錄』권19, 世宗 5년 2월 戊午(7일), 2-524.
53) 『世宗實錄』권113, 世宗 28년 8월 丁巳(22일), 4-698.
54) 『世祖實錄』권2, 世祖 1년 8월 己酉(6일), 7-76.

소금 1,000석을 증액 지급해 민의 급함을 구제하라고 치계하자, 호조에서 장 담글 황두 800석, 소금 300석을 제공하라고 계문했다.[55] 군자의 황두와 소금을 함께 제공해 장을 만들도록 하는 것이다.

그밖에 북방 지역에서도 군자창과 의창의 묵은 황두로 장을 만들게 한 일이 있다. 세조 6년 4월, 병조에서 사민(徙民) 조건을 의논해 계문했는데, 여러 도의 군자·의창의 오래된 황두 각 100석(합 200석)으로 장을 만들어 정(丁)에 따라 균급(均給)하고 10년 뒤 갚도록 하라는 내용이 들어 있다.[56] 200석으로 장을 담도록 한 것인데, 10년 뒤에 갚도록 한 것으로 보아 진제가 아닌 환자[還上]였음을 알 수 있다.

여러 지역을 함께 언급한 경우도 보인다. 성종 12년 5월, 호조에서, 오랜 가뭄으로 경기와 하삼도에 종자가 흙에 뿌리를 내리지 못해서 구황의 일을 미리 대비해야 하는데, 여러 고을에서 장이 부족하면 군자별창(軍資別倉)의 콩과 구황의 소금을 적당히 지급하여 장을 만들게 하고, 그 숫자를 기록하여 계문(啓聞)하게 하라고 하니, 국왕이 따랐다.[57] 경기·하삼도에 흉년이 들어 미리 군자별창의 콩과 구황의 소금으로 장을 만들도록 한 것이다.

이처럼 관에서 콩과 소금을 제공해 장을 제조하고 있다. 도 단위로 장을 준비하는 일이 많았으며, 특히 황해도에서 빈번했다. 관에서 직접 장을 만들기도 하고, 민인이 스스로 만들도록 하기도 했다. 대개 관의 묵은 콩을 제공했으므로 비축 콩의 순환에 도움을 주었다.

장은 콩과 소금을 일정한 비율로 섞어서 만드는 것이다. 황해도에 기

55) 『世祖實錄』권35, 世祖 11년 1월 壬子(4일), 7-666.
56) 『世祖實錄』권20, 世祖 6년 4월 己巳(23일), 7-390.
57) 『成宗實錄』권129, 成宗 12년 5월 癸巳(19일), 10-216.

근이 심하자 조장두(造醬豆) 46,236석과 소금 12,326석을 제공해 흉년을 구제토록 한 일이 있는데,[58] 소금의 양을 기준으로 하면 콩이 약 3.75배가 준비되어야 장을 담글 수 있다는 계산이 된다.

콩 3,000석, 소금 800석의 비율도 확인된다. 평안도 관찰사가, 평안도 묵은 콩 3,000석 및 황해도·경기 소금 800석을 지급해 장을 만들어 활용하자고 건의했다.[59] 장을 만드는 비율이 콩 3,000석에 소금 800석이므로, 소금을 기준으로 보면 콩은 3.75배가 된다.

3.75와 다소 수치가 다른 예도 있다. 세종 28년 10월, 경기 황두 1,000석, 강원도 황두 640석, 소금 480석을 지급해 장을 만들어 구황토록 했는데,[60] 황두 1,640석에 소금 480석의 비율이니, 소금을 기준으로 보면 황두는 3.4배에 해당한다. 3.75와는 다소 차이가 나지만 일정한 비율로 콩과 소금을 섞어 장을 만들고 있음을 재삼 확인할 수 있다.

세조 11년 1월, 충청도 관찰사가, 충청도 여러 읍이 수재를 입어, 기근을 만나 군자의 묵은 황두 3,000석, 소금 1,000석을 지급할 것을 요청했으나, 호조에서 장 담글 황두 800석, 소금 300석을 제공하도록 계문했다.[61] 처음 요청한 3,000석, 1,000석은 3배의 차이가 있으나, 호조의 내용은 800석, 300석으로 크게 다르다. 황두 800두와 소금 300석이므로 소금을 기준으로 보면 콩은 2.67배가 된다. 이것은 상대적으로 소금이 콩보다 많이 지급된 것을 의미한다.

연산군 9년(1503) 4월, 경기 각 고을의 군자창의 묵은 황두 4,552석 및

---

58) 『世宗實錄』권113, 世宗 28년 8월 甲辰(9일), 4-697.
59) 『世宗實錄』권113, 世宗 28년 8월 丁巳(22일), 4-698.
60) 『世宗實錄』권114, 世宗 28년 10월 丙申(2일), 4-704.
61) 『世祖實錄』권35, 世祖 11년 1월 壬子(4일), 7-666.

남양·강화·인천·교동 등 별창의 구황염 300석을 백성에게 지급해 진구(賑救)하도록 했다.[62] 장 만드는 것을 전제로 지급한 것으로 보인다. 소금 300석으로 장을 담근다고 할 때 황두가 1,125석(300×3.75=1,125)이 필요로 하는 것이다. 따라서 나머지 3,000여 석의 황두는 진휼에 직접 소비되었을 가능성이 크다.

진휼하는 경우 소금이 많이 활용되었지만 장을 만들어 제공하는 예도 많았다. 그런데 장은 미리 만들지 않으면 안 되었다. 장을 담그는 데 일정한 시간이 소요되기 때문이다. 장을 만들면 간장과 된장을 함께 확보할 수 있으므로 양이 크게 늘어나고 따라서 많은 사람에게 혜택이 돌아갈 수 있는 것이다. 된장의 경우 영양가가 높아 진휼이 효과가 매우 컸을 것이다. 그렇기 때문에 관에서는 더욱 장을 만들어 진휼에 대비하고자 한 것이다. 게다가 장을 담그는 것이 묵은 콩을 해소하는 데 유효하므로 장의 제조에 더 많은 관심을 기울였다고 여겨진다.

4. 진제 곡식의 제공과 염장

채식만을 하면 부종이 발생하는 문제가 있다. 부종(浮腫)은 조직 내에 림프액이나 조직의 삼출물 등의 액체가 고여서 과잉 존재하는 상태를 의미한다. 부종이 발생하면 부풀어 오르고, 푸석푸석한 느낌을 갖게 되며, 누르면 피부가 일시적으로 움푹 들어간다.[63] 부종을 막기 위해서는 소금이나 장을 섭취하는 것이 필수적이다. 유리걸식(流離乞食)하는

---

62) 『燕山君日記』권49, 燕山君 9년 4월 庚子(4일), 13-556.
63) 네이버 지식백과(https://terms.naver.com/), 부종 항목 참조.

경우 부종에 이르는 자가 많았다. 중종 8년(1513) 3월, 함경도 진휼경차관 한효원(韓效元)이 흉년을 당한 각 고을에는 유리걸식하는 자가 많고, 그대로 남아 있는 자도 온 집안이 부종이 났으며, 혹은 온 집안 식구가 다 굶어 죽기도 했다고 치계했다.[64] 흉년을 당해 많은 사람들이 부종에 이른 것은 여러 이유가 있을 수 있지만 중요한 요인은 염장의 부족이었다.

부종을 막기 위해 염장이 있어야 한다는 지적은 종종 보인다. 세종 4년(1422) 강원도 경차관의 계문에서, 초식을 하는 경우 반드시 염장이 있어야 함을 다음과 같이 지적했다.

> 굶주린 백성들이 비록 초식하더라도 반드시 염장(鹽醬)을 먹어야만 부종(浮腫)에 걸리지 않는다.[65]

초식을 할 때 염장이 필요함을 알 수 있다. 부종 방지를 위해서는 염장이 필수적이었다.[66] 염장은 무기질을 공급하므로 이것이 결여된다면 신체의 기능에 문제가 생겨 부종이 발생하는 것이다.

실제로 진제하는 경우 장을 줄이면 부종에 이르렀다. 임강 현감 이명의(李明義)가 진제 미두(米豆) 및 장(醬)을 줄여서 지급해 민이 굶주려 죽고 부종함에 이르렀다고 장 60의 처벌을 받았다.[67] 굶주림은 미두의 부족 때문일 것이고, 부종에 이른 것은 장의 부족 때문일 것이다.

---

64) 『中宗實錄』권18, 中宗 8년 3월 庚辰(11일), 14-649.
65) 『世宗實錄』권17, 世宗 4년 8월 己酉(25일), 2-494.
66) 『世宗實錄』권67, 世宗 17년 1월 戊戌(26일), 3-610 ; 『世宗實錄』권113, 世宗 28년 8월 丁巳(22일), 4-698.
67) 『世宗實錄』권21, 世宗 5년 7월 戊戌(20일), 2-550.

부종을 무릅쓰고 염장을 먹지 않는 효자와 열녀는 높이 평가되었다. 조선전기 효자와 열녀는 대개 3년상을 치르고 여묘를 지키는 모습을 보였다. 그들은 염장을 입에 대지 않았다고 한다.

효자가 염장을 먹지 않았음을 전하는 기록은 매우 많다.[68] 태조대, 수원(水原) 생원(生員) 이조(李造)는 모친 상에 3년 동안 여묘살이를 하고 조석으로 죽을 먹을 뿐, 장(醬) · 염(鹽) · 채(菜) · 과(果)는 먹지 않았다.[69] 장과 염을 먹지 않았다는 것은 극도의 초라한 식사라고 하겠다. 연명하는 수준이라고 생각된다.

세종대 경상도 영천(永川)에 거주하는 전(前) 지대구군사(知大丘郡事) 정환(鄭還)은 어머니 상(喪)과 아버지 상을 잇따라 만나, 묘 곁에 막을 짓고 모시기를 무려 43개월을 계속하면서 채소와 과일을 먹지 아니하며, 소금과 장도 먹지 아니하고 슬퍼하기를 그치지 아니하니, 온 고을이 탄복했다.[70] 직산현에 거주하는 변포(卞袍)는 나이 11세에 아버지가 죽자 3년 동안 묘를 지키면서 염장을 먹지 않고 죽을 마셨다.[71] 중종대 김포(金浦)에 사는 유학(幼學) 홍한인(洪漢仁)이 13세에 어머니 상을 당해 염장을 먹지 않고 죽을 먹었다.[72] 13세의 어린 나이지만 죽을 먹을 뿐 염장을 먹지 않았다는 것이다. 망부를 위해 수절하는 열녀도 염장을 멀리하고자 했다.[73]

염장을 먹지 않으면 부종에 걸리는 것이지만 그럼에도 효자와 열녀

---

68) 본서 제3부 제2장 참조.
69) 『太祖實錄』권8, 太祖 4년 9월 丁未(16일), 1-82.
70) 『世宗實錄』권29, 世宗 7년 9월 丁未(11일), 2-692.
71) 『世宗實錄』권57, 世宗 14년 9월 戊辰(13일), 3-416.
72) 『中宗實錄』권101, 中宗 38년 12월 壬辰(22일), 19-29.
73) 『明宗實錄』권9, 明宗 4년 10월 乙丑(29일), 19-675.

는 염장을 먹지 않았던 것이다. 염장을 먹지 않음으로써 매우 초췌한 모습을 보였을 것은 당연한 일이겠다.

민인들이 먹을 것이 떨어진 경우 국가에서 다양한 방식으로 진휼을 펼쳤다. 진휼의 일환으로 다양한 식료를 지급했는데, 대부분의 경우 염장도 함께 제공했다. 물론 염장없이 곡식을 지급하는 경우도 있다.[74]

쌀과 염장을 지급한 사례는 흔히 볼 수 있다. 세종 1년 5월, 온천에서 목욕하는 병자에게 쌀과 염장을 사여했다.[75] 병자에게 제공한 것이므로 엄밀한 기민 진휼이라고 하기는 어렵지만 진휼의 성격을 띤 것은 분명해 보인다. 충청도 행대 감찰 김종서가 도내 각 고을의 기민 남녀가 장약(壯弱) 합 120,249명, 진제(賑濟) 미곡(米穀) 11,311석, 장 949석이라고 진휼 상황을 보고했다.[76] 기민에게 쌀과 장을 제공했는데, 1인당 미곡은 1.41두(말), 장은 1.2승(되)였으며, 미곡과 장의 구성을 보면, 미곡은 장의 11.92배에 달한다.

세종 19년 2월, 지난 겨울부터 보제원·이태원에 진제장을 설치해 사방에서 유이한 기민으로 먹을 것을 바라는 자를 진제하고 있는데, 각각 천여 인에 이르고 있었다. 매일 관에서 쌀을 1인당 1승 5홉을 제공하

---

74) 진제보다는 환자의 경우일 것이다. 恒産이 있는 민인의 경우 진제보다는 환자를 제공받아 뒷날 상환해야 했을 것이다. 조선초기 곡식을 진제·환자로 분급한 사례는 金勳埴, 1993 「朝鮮初期 義倉制度 硏究」, 서울대 박사학위논문, 241~252면이 참고된다. 그리고 염정섭, 2021 『농업기술과 한국문명』, 들녘, 254~256면에서는 진제장 운영과 환자 분급의 전반에 대해 종합적으로 기술하고 있다.
75) 『世宗實錄』권4, 世宗 1년 5월 乙巳(1일), 2-314.
76) 『世宗實錄』권4, 世宗 1년 5월 甲寅(10일), 2-315.
   <표> 세종 1년 5월 충청도 기민과 진제 미곡·장

기민 수	진제 미곡	장	1인당 지급 액	미곡/장 비율
남녀 壯弱 합 120,249명	11,311석 (=169,665두)	949석 (=14,235두)	미곡 1.41두 장 0.12두=1.2승	11.92 (미곡이 장의 11.92배)

고, 아울러 염장을 지급하고 있어서, 사방의 부종이 나서 죽게 된 사람들이 많이 와서 살아났다.[77] 진제장에서 기민들에게 제공하는 것이 쌀과 염장이었다.

세종 27년 1월, 진무 박승로(朴承老)와 한계미(韓繼美)를 성저 10리에 보내 기민을 순시하고 쌀과 장을 시여했다.[78] 세종 29년 2월, 실농한 사람들이 이동하면서 노숙하고 굶고 얼어 죽는 것을 염려해 경중과 외방의 관진(關津) 양쪽 언덕에 진제장을 설치하고, 관청에서 쌀과 장을 공급하여 구휼하도록 했다.[79] 굶주린 이들에게 쌀과 장을 제공한 것이다.

세조 5년 3월, 호조에 명해 군자(軍資) 미염(米鹽)으로 경기 인민을 진휼하도록 했다.[80] 중종 8년 3월, 함경도의 흉년을 당한 각 고을에 쌀과 염장(鹽醬)을 많이 실어다가 구제했다.[81] 궁민들에게 쌀과 염장을 실어다 구제한 사항을 확인할 수 있다.

기민을 진휼하는 경우, 쌀과 염장을 함께 제공하는 예가 매우 많았다. 기민들에게 직접 지급하기도 하지만 많은 경우 관에서 죽을 만들어 제공했을 것으로 여겨진다. 유리하는 기민을 진휼하는 경우 먹을 수 있도록 가공한 죽을 제공할 수밖에 없었기 때문이다.

죽미(粥米)와 염장으로 진휼하는 사례도 여럿 찾을 수 있다. 태종 16년(1416) 2월, 국왕이 경기의 굶는 사람들을 진제하는 데 주밀(周密)하

---

77) 『世宗實錄』권76, 世宗 19년 2월 甲子(4일), 4-52. 1인당 하루에 1승 5홉의 쌀을 제공하는 것은 다른 때보다 많은 것으로 보인다. 통상 하루에 4홉을 제공하는 것이 보통이었던 것으로 보인다(『世宗實錄』권19, 世宗 5년 1월 庚戌(28일), 2-523 ; 『世宗實錄』권23, 世宗 6년 1월 戊戌(21일), 2-574).
78) 『世宗實錄』권107, 世宗 27년 1월 己卯(5일), 4-602.
79) 『世宗實錄』권115, 世宗 29년 2월 甲寅(22일), 5-8.
80) 『世祖實錄』권15, 世祖 5년 3월 壬辰(10일), 7-316.
81) 『中宗實錄』권18, 中宗 8년 3월 庚辰(11일), 14-649.

게 하지 못할까 걱정하면서 여러 조치를 취했다. 이때 호조에서 노약(老弱)과 질병(疾病)으로 능히 스스로 관가에 와서 진제를 받을 수 없는 자에게 수령(守令)들이 죽미(粥米)와 염장(鹽醬)을 가지고 여리(閭里)로 친히 다니면서 인구를 계산하여 직접 주도록 했다.[82] 관에 와서 진제를 받을 수 없는 이들에게 수령이 죽미와 염장을 갖고 마을을 다니면서 직접 진휼토록 한 것이다. 여기의 죽미는 죽과 쌀을 의미하는 것으로 보인다. 직접 취사를 할 수 있는 이들에게는 쌀과 염장을 제공하고, 그것이 어려운 이들에게는 쌀과 염장으로 죽을 만들어 제공했을 것이다.

벌석군(伐石軍)으로 병을 얻은 이들에게도 죽미와 염장을 지급한 예가 보인다. 세종 4년 7월, 산릉 벌석군이 서습(暑濕)으로 인해 병을 얻은 자가 많으니, 병옥(病屋) 10여 칸을 짓고 승도로 하여금 염장·죽미를 가지고 치료하도록 했다.[83] 병든 이를 치료하고 먹였으므로 죽미는 쌀보다는 쌀죽의 의미를 담은 것으로 보인다.

쌀·콩·염장을 함께 지급하는 예도 여럿 확인할 수 있다. 콩과 소금을 함께 지급하는 경우, 장을 만들어 활용했을 가능성이 크다. 진제를 하면서 메주를 지급하는 사례는 매우 드문데, 미·두와 아울러 시(豉, 메주)를 지급한 예가 있다.[84]

세종 5년 1월, 각 도 진제경차관의 사목에, 경차관은 각 고을에 이르면 먼저 수령의 감결(甘結)을 취해, 미두·염장을 가지고 직접 사면 촌락에 이르러 기아가 심한 자는 즉시 진제할 것이 포함되어 있다.[85] 미

---

82) 『太宗實錄』권31, 太宗 16년 2월 己丑(26일), 2-103.
83) 『世宗實錄』권16, 世宗 4년 7월 乙丑(10일), 2-487.
84) 『世宗實錄』권3, 世宗 1년 3월 癸丑(9일), 2-308. 중국의 1승=우리 나라의 1승 6, 7홉으로, 중국의 되가 우리 것보다 크다고 한다.
     <표> 세종 1년 3월 진제 米·豆·豉(매 1명당 날마다 제공하는 양)

두와 염장으로 진제하도록 하는 것이다. 기민의 사정에 따라 미두와 염
장을 선택해 제공했을 것이다. 가장 열악한 경우, 미두와 염장으로 죽
을 쒀서 제공했을 것이고, 사정이 다소 나아 취사가 가능한 이들에게는
식자재만을 제공하고 스스로 식사를 준비하도록 했을 것이다.

세종 5년 1월, 진제를 위해 1일에 미두와 장을 다음의 <표 2>와 같
이 제공했다.[86]

<표 2> 세종 5년 1월 진제의 미(米)·두(豆)·장(醬)

구분	미(米)	두(豆)	장(醬)	미두/장
장남녀	4홉	3홉	1홉	7
11세에서 15세	2홉	2홉	반홉	8
10세에서 5세	2홉		반홉	4

남녀 1명에게 1일 미 4홉, 두 3홉, 장 1홉의 비율로 제공하는 것인데, 미
두와 장을 포함하고 있다. 임강 현감이 진제 미두(米豆) 및 장을 줄여서 지
급해 처벌받았지만,[87] 진제를 위해 미두와 장을 활용한 것은 분명하다.

다음의 <표 3>과 <표 4>는 각각 세종 6년 1월과 2월 강원도와 평
안도에서 진휼한 내용이다.

진제 규식	대상자	米·豆·豉(메주)	미두/시
을미년(태종 15) 호조의 공문으로 된 진제 규정	장남녀	미 4홉, 두 3홉, 豉 1홉	7(7:1)
	11세에서 15세까지	미 2홉, 두 2홉, 시 반홉	8(4:0.5)
	10세 이하 5세 이상	미 2홉, 시 반홉	4(2:0.5)
宋나라 富弼의 靑州 진제 규정	15세 이상	1승	
	15세 이하	5홉	
富弼의 賑濟 규정을 참작한 새로운 안	15세 이상	미 7홉, 두 6홉, 시 2홉	6.5(13:2)
	11세 이상	미 4홉, 두 3홉, 시 1홉	7(17:1)

85) 『世宗實錄』권19, 世宗 5년 1월 辛丑(19일), 2-521.
86) 『世宗實錄』권19, 世宗 5년 1월 庚戌(28일), 2-523.
87) 『世宗實錄』권21, 世宗 5년 7월 戊戌(20일), 2-550.

<표 3> 세종 6년 1월 강원도 진제 미·두·장[88]

구분	미	두	장	미두/장
15세 이상 1일 1인당	4홉	3홉	3홉(1홉?)	2.33(7:3)
11세에서 15세 1일 1인당	2홉	2홉	반홉	8(4:0.5)
2세에서 10세 1일 1인당	2홉		반홉	4(2:0.5)

<표 4> 세종 6년 2월 평안도 진제 미·두·장[89]

기민 수	진제 미두	장	1인당 지급액	미두/장
3,188 (남녀노소)	51석 5두 2승 =7,702승	4석 3두 2승 =632승	미두 2.42승(=24.2홉) 장 0.2승(=2홉)	12.19 (미두가 장의 12.19배)

모두 미두와 장을 함께 제공한 것이다. 별도로 장을 제공했으므로 콩은 장을 만드는 데 소비하지 않고 직접 식료로 활용했을 것이다.

세종 6년 3월, 호조에서, 지난 계묘년(세종 5) 경외(京外) 환자로 분급한 미두·잡곡은 총 1,198,589석이고, 진제의 미두·장은 총 47,294석이며. 평안도의 견감한 환자의 미두·잡곡은 총 59,707석이라고 계문했다.[90] 여기서는 환곡과 진제를 구분하고 있다. 환자는 원곡을 반납해야 하는 것이고, 반면 진제는 받은 이가 반납할 필요가 없는 것이다. 진제의 미두와 장의 합계인 47,294석은, 환자의 명목으로 제공하는 것보다 훨씬 적었다. 환자로 제공하는 것이 진제로 지급하는 것보다 25배에

---

88) 『世宗實錄』권23, 世宗 6년 1월 戊戌(21일), 2-574.
89) 『世宗實錄』권23, 世宗 6년 2월 辛酉(15일), 2-582.
90) 『世宗實錄』권23, 世宗 6년 3월 庚辰(4일), 2-584.
　　<표> 세종 5년 환자 미두와 진제 미두

계묘년(세종 5) 경외 환자 분급한 미두 잡곡	진제 米豆醬	평안도 견감한 환자 미두 잡곡	환자/진제
1,198,589석	47,294석	59,707석	25.34

달하고 있음이 주목된다.

세종 10년 1월, 경중과 성저 10리에 기민이 125명인데, 계묘년(세종 5)의 예에 의거해, 부근 동·서활인원(東·西活人院)의 관리에게 미두·염장을 나눠줘 진제하고, 나머지 기민 역시 이 예에 의거해 진휼토록 했다.[91] 활인원에서 미두와 염장으로 진휼하라는 것이다.

황해도 기민 진제경차관, 평안도 경차관 등이 떠날 때 인견한 세종이 그들에게, 친히 촌락 산곡 깊은 곳을 친히 다니면서 기아자가 있으면 미두·염장을 지급해 살게 할 것이며, 수령이 혹 굶어죽은 자 및 부종자를 은닉한 것을 보면 율에 따라 처단하라고 지시했다.[92] 경차관이 친히 기아자에게 미두와 염장을 지급해 살 수 있도록 지시한 것이다.

세종 16년 9월, 제주목에 흉년이 들어 미 300석, 콩 500석, 소금 50석을 운반해 진제했다.[93] 세종 27년 5월, 경기의 수원(水原)·안산(安山) 등에 사는 부정(副正) 최의(崔義) 등 1,034인이, 경기 감사 허후(許詡)가 민간을 순시하면서 궁한 사람을 진휼하고 가난한 사람을 도우며, 유식한 사람을 뽑아서 진휼관(賑恤官)으로 삼고는 구휼하는 일을 곡진(曲盡)하게 계획하여, 쌀·콩·소금·간장 등을 진휼관이 날짜를 계산하여 고루 나누어 주어, 필부필부(匹夫匹婦)라도 모두 주는 것을 받아 굶주림을 면했다고 상언해 칭송했다.[94] 경기 감사가 쌀·콩·소금·간장을 적절하게 활용해 진휼활동을 펼친 것이다.

세조 5년 1월, 기민(飢民) 가운데 유이(流移)하는 자를, 광나루[廣津]

91) 『世宗實錄』권39, 世宗 10년 1월 己酉(26일), 3-113.
92) 『世宗實錄』권39, 世宗 10년 2월 乙亥(23일), 3-117.
93) 『世宗實錄』권65, 世宗 16년 9월 癸巳(19일), 3-591.
94) 『世宗實錄』권108, 世宗 27년 5월 乙酉(12일), 4-619.

· 삼전도(三田渡) · 한강(漢江) · 임진(臨津) 등에서 도승(渡丞)으로 하여
금 안접(安接)시켜 보리가 익을 때까지 소재(所在)한 고을의 쌀 · 콩 · 소
금 · 장으로써 진휼(賑恤)하게 하도록 했다.95) 쌀 · 콩 · 소금 · 장으로 진
휼하고 있는 것이다.

　중종 36년(1541) 5월, 진휼청의 절목에, 가난이 더욱 심하여 스스로
살아갈 수 없는 자는 관가에서 진구(賑救)하지 않으면 유랑하다가 굶어
죽게 될 것이니, 각 고을의 수령이 몸소 점검하여 장년 · 노년 · 어린아
이를 분간하여 쌀 · 콩 · 염장(鹽醬) 따위의 물품을 절약하여 나누어 주
어, 유랑하다가 굶어 죽지 않게 할 것이 포함되어 있다.96) 진휼을 위해
쌀 · 콩 · 염장을 지급하도록 하는 것이다.

　선조 26년(1593) 10월, 호조에서 계문한 내용에, 내일[明日] 진휼로
나누어주는 곡식은 매 1인당 미태(米太) 합 3승, 소금 5홉이라고 했
다.97) 1인당 지급하는 곡식과 소금의 양을 알 수 있게 한다. 미태의 양
은 소금의 6배에 해당하고 있다.

　미두 · 잡곡과 장을 제공해 구휼하는 사례도 있다. 잡곡에는 기장 · 조
· 보리가 포함될 것이다.98) 세종 1년 5월, 기민과 진제 미두 · 잡곡 관련
내용은99) 아래의 <표 5>와 같다.

---

95) 『世祖實錄』권15, 世祖 5년 1월 戊戌(15일), 7-309.
96) 『中宗實錄』권95, 中宗 36년 5월 己亥(14일), 18-465.
97) 『宣祖實錄』권43, 宣祖 26년 10월 癸未(3일), 22-106.
98) 5곡은 통상 쌀, 보리, 조, 기장, 콩을 가리킨다. 잡곡으로 칭하는 경우 쌀은 제외되
　　는 것으로 여겨진다.
99) 『世宗實錄』권4, 世宗 1년 5월 壬申(28일), 2-319.

<표 5> 세종 1년 기민과 진제 미두 · 잡곡

지역	기민 수	진제 미두 · 잡곡 합	장	곡식 / 장	1인당 곡식, 장
경기 우도	11,124명	936석 (=14,040두)	215석 (=3,225두)	4.353	12.62승, 2.90승
황해도	4,891명	363석(미두) (=5,445두)	89석 (=1,335두)	4.079	11.13승, 2.72승
경기 좌도	5,661명	378석 (=5,670두)	101석 (=1,515두)	3.742	10.01승, 2.68승
강원도	44,139명	2,284석 (34,260두)	262석 (3,930두)	8.718	7.76승, 0.89승
계	65,815명	3,961석 (59,415두)	667석 (10,005두)	5.939	9.03승, 1.52승

　　진제를 위해 사용한 곡식은 미두와 잡곡으로 표현하고 있다. 1인당 곡식 9.03승, 장 1.52승을 제공해 곡식이 장의 5.939배가 된다.[100] 세종 6년 3월, 충청도 감사의 계문에 따르면, 지난 2월 초, 도내 단양 · 청풍 등 37읍의 기민 1,504명, 진제 미두 잡곡 52석 2두, 장 7석 11두이고, 단양 · 청풍 등 18읍 1,765호, 환자 분급 미두 · 잡곡 387석이라고 했다.[101] 진제할 때 미두 · 잡곡과 장이 제공된 것이다. 환자는 387석인데 반해 진제의 미두 잡곡은 52석 2두에 그치고 있다. 그리고 진제한 장에

---

100) 1일에 지급하는 곡식의 양이 4홉이라고 보면, 곡식 9.03승은 22.6일치에 해방하는 것이 된다.
101) 『世宗實錄』권23, 世宗 6년 3월 戊戌(22일), 2-589.
　　　<표> 세종 6년 3월 충청도 진제 미두 · 잡곡과 장

지역	기민 수	미두 잡곡	장	미두잡곡 : 장	사람에게 지급되는 양
단양 · 청풍 등 37읍	1,504명	진제 52석 2두 (=782두)	7석 11두 (=116두)	6.74 : 1	1명당 곡식 0.52두(=5.2승=52홉) 장 0.08두(=0.8승=8홉)
단양 · 청풍 등 18읍	1,765호	환자 387석 (=5,805두)			1호당 3.29두(=32.9승)

대해 반납하지 않도록 하는 것이다. 환자의 경우 미두·잡곡은 포함하고 있지만 염장은 포함하고 있지 않다. 환자로 제공하는 곡식이 진제로 제공하는 것의 약 7.4배에 달한다.

세종 6년 4월, 진제로 제공한 미두와 잡곡 및 장은[102] <표 6>과 같다.

<표 6> 세종 6년 4월 진제로 제공한 미두·잡곡과 장

구분	기민 수	진제 미두·잡곡 합	진제 장	환자 미두·잡곡 합	1인당 곡식, 장	곡식/장
강원도 2월초	2,426명	203석 5두 (=3,050두)	30석 2두 (=452두=4,520승)		12.57승, 1.863승	6.73
경상도 2월초	937명	44석 2두 (=662두)	6석 8두 (=98두=980승)	12,682석 4두	7.065승, 1.046승	6.76
경기 3월초	4,230명	458석 12두 (=6,882두)	53석 6두 (=801두=7,810승)	32,770석 14두	16.270승, 1.846승	8.59
평안도 3월초	1,672명	150석 6두 (=2,256두)	24석 (=360두=3,600승)	3,461석	13,493승, 2.153승	6.27
계	9,265명	856석 10두 (=12,850두)	114석 1두 (=1,711두=17,110승)	48,914석 3두	13.870승, 1.847승	7.51

진제로 제공하는 것과 환자로 제공하는 것은 구분되는데, 환자의 곡식 양이 진제의 그것보다 훨씬 많다. 장은 환자가 아니라 진제의 명목으로 제공하고 있다. 1인에게 제공되는 장의 양은 1.847승 정도이다.

세종 6년 5월, 경상도 이하 여러 도를 대상으로 진제로 지급한 미두와 잡곡 및 장의 규모는[103] 다음의 <표 7>과 같다. 장을 기준으로 보면 곡식의 양은 7.93배 정도에 달하고 있음을 알 수 있다. 장은 1인당 2.167승 정도를 제공한 것이다.

102) 『世宗實錄』권24, 世宗 6년 4월 戊辰(23일), 2-594.
103) 『世宗實錄』권24, 世宗 6년 5월 戊子(14일), 2-597.

<표 7> 세종 6년 5월 진제로 제공한 미두·잡곡과 장

구분	기민 수	진제 미·두·잡곡 합	진제 장	환자 미·두·잡곡 합	1인당 곡식, 장	진제 곡식/장
경상도	1,853명	176석 14두 (=2,654두)	25석 3두 (=378두)	58,062석 12두	14.323승, 2.040승	7.02
충청도	3,103명	331석 2두 (=4,967두)	37석 14두 (=569두)	40,079석 7두	16.007승, 1.834승	8.73
함길도 3월 초	399명	32석 1두 (=481두)	4석 5두 (=65두)		12.055승, 1.629승	7.4
강원도 3월 초	2,212명	268석 14두 (=4,034두)	30석 5두 (=455두)		18.237승, 2.057승	8.87
개성유후사 4월 초	576명	81석 11두 (=1,226두)	12석 4두 (=184두)	2,379석 2두	21.285승, 3.194승	6.66
평안도 4월 초	1,086명	170석 6두 (=2,556두)	22석 10두 (=340두)	26,228석 3두	23.536승, 3.131승	7.52
황해도 4월 초	589명	63석 14두 (=959두)	9석 2두 (=137두)	89,091석 10두	16.282승, 2.326승	7
계	9,818명	1,125석 2두 (=16,877두)	141석 13두 (=2,128두)	215,841석 4두 (=3,237,619두)	17.190승, 2.167승	7.93

세종 16년 3월, 제주·정의·대정 3읍의 인민에게, 구황을 위해 미두·잡곡 합 10,000석, 소금 100석을 실어 나르고, 부족한 미곡은 감사가 재량껏 더 보낸 후 계달하도록 했다.[104] 소금을 기준으로 보면 제공하는 곡식은 33.3배에 달한다.

잡곡과 장으로 진휼한 사례도 보인다. 세종 28년 2월, 황해도 인민에게 구량(口糧)으로 잡곡 30,000석, 장 1,000석을 제공했다.[105] 장을 기준으로 보면 잡곡은 30배에 달한다.

---

104) 『世宗實錄』권63, 世宗 16년 3월 丙戌(9일), 3-548.
105) 『世宗實錄』권111, 世宗 28년 2월 己未(21일), 4-656.

곡식으로 칭하는 것이 염장과 함께 지급되기도 했다. 성종 1년(1470) 3월, 경상도에서 군자창의 묵은 곡식 15,000석, 소금 300석으로 기민을 진급하도록 했다.[106] 묵은 곡식과 소금으로 기민을 진휼하라는 것이다. 곡식은 소금의 50배에 달하고 있다. 곡식은 오곡이 중심일 텐데 구체적인 내용은 알 수 없다.

진휼하는 경우, 미곡이나 콩, 잡곡 등을 제공하고 있는데 염장을 함께 제공하고 있다. 반면 환자의 경우에는 곡식만을 제공하고 염장은 지급하지 않고 있다.

곡식에 대한 언급 없이 염장만을 지급한 경우도 종종 보인다. 아마 제공할 곡식의 여유가 없기 때문일 것이다. 염장을 받은 민인들은 스스로 구황식물을 확보해 식료로 활용했을 것이다. 세종 30년 2월, 강원도 감사가 구황염 300석을 청하자 지급했다.[107] 구황염을 받은 강원도 민인들은 본인이 확보한 구황식물을 섭취했을 것이다.

단종 3년(1455) 3월, 의정부가 황해도 강령현 등산곶, 옹진현 기린도 등의 구황자염 392석을, 실농이 우심한 연안 · 배천 · 해주 · 평산 · 강령 및 산군에 편리한 양을 헤아려 분급해 구황할 것을 계문하자, 국왕이 따랐다.[108] 강령현과 옹진현에 비축한 구황용 소금 392석을 흉년이 심한 다른 고을에 지급한 것이다. 소금을 받은 민인들은 산과 들, 바다에서 각종 구황식물을 채집해 식료로 활용했을 것이다.[109] 이때 소금이 매우 중요한 식자재였음은 당연한 일이겠다.

---

106) 『成宗實錄』권4, 成宗 1년 3월 丙申(17일), 8-481.
107) 『世宗實錄』권119, 世宗 30년 2월 丁丑(21일), 5-51.
108) 『端宗實錄』권13, 端宗 3년 3월 甲子(19일), 7-22.
109) 물론 그곳 민인들이 비축한 곡식이 있었을 개연성을 배제할 수는 없지만, 구황 차원에서 이루지는 조치이기 때문에 그럴 가능성이 높지 않을 것이다.

세조 10년(1464) 1월, 호조(戶曹)에서 황해도 관찰사의 계본(啓本)에 의거하여 아래와 같이 아뢰자 국왕이 따랐다.

여러 포구(浦口)에서 구운 소금[煮鹽]은 본래 구황(救荒)을 하기 위한 것이니, 청컨대 1,000석을 지급하여 빈핍(貧乏)한 자를 진휼(賑恤)하게 하라.110)

소금 1,000석을 지급해 진휼토록 한 것이다. 소금이 아닌 장을 제공하는 경우도 보인다. 구황을 위해 각 호의 1명당 1일에 장 2홉을 제공하고 있는데, 지속해가기 어렵자 1일 1홉으로 줄였다.111) 구황을 위해 1인당 1일에 장 2홉을 제공하던 데에서 1홉으로 줄이는 조치이다. 성종 13년 2월, 예빈시·내자시·봉상시의 묵은 장을 경중(京中)의 용도를 계산하고, 경기·황해도의 흉황이 심한 읍에 분급해 민을 진휼하도록 했다.112) 진휼을 위해 묵은 장을 활용하는 것이다.

소금과 장을 함께 제공하는 예도 있다. 1인당 소금 1두, 장 5승을 20일의 먹거리로 삼아 역사에 동원된 인부 2만여 명에게 제공했다.113) 결국 하루에 소금 5홉, 장 2.5홉을 제공하는 것이 된다.114)

중종 16년 2월, 경기 관찰사가 염장을 지급해 민을 진휼할 것을 청하자 따랐다.115) 염장을 지급해 진휼하는 것이다. 명종 6년 4월, 강원도가 지난해 실농함이 심한데, 산군의 민 가운데 아사자가 많으니, 감사에게

---

110) 『世祖實錄』권32, 世祖 10년 1월 己未(6일), 7-600.
111) 『成宗實錄』권37, 成宗 4년 12월 甲申(28일), 9-80.
112) 『成宗實錄』권138, 成宗 13년 2월 乙丑(26일), 10-303.
113) 『成宗實錄』권184, 成宗 16년 10월 乙未(18일), 11-63.
114) 하루에 소금은 10승/20일=0.5승=5홉이며, 장은 5승/20일=0.25승=2.5홉이다.
115) 『中宗實錄』권41, 中宗 16년 2월 丙戌(3일), 16-17.

염장을 지급해 살아갈 수 있도록 하라고 전교했다.[116] 강원도 기민들에게 염장을 지급해 살 수 있도록 조치한 것이다.

선조 26년 12월, 호조가 아뢰기를, 서울의 백관(百官)들이 남의 집에 붙어 있기 때문에 염장도 갖추어 먹을 수가 없으니, 강감(江監)에 남아 있는 말장(末醬) 30석을 재상과 대시(臺侍)에게 나누어 주고, 소금 60석은 백관과 잡류들에게 나누어 주라고 하자, 국왕이 따랐다.[117] 장과 소금을 나눠주고 있는 것이다.

진휼하는 경우, 곡식과 아울러 염장이 지급되는 예가 많지만, 염장만 제공하는 일도 적지 않다. 민인이 비축한 식량이 있기 때문일 수도 있겠지만, 대부분은 제공할 곡식의 여유분이 넉넉치 못하기 때문일 것이다. 염장을 받은 민인은 스스로 구황식물을 확보해 염장으로 가공해 섭취했을 것이다. 구황식물 섭취에 염장이 매우 중요한 것이다. 염장과 함께 곡식류가 지급된 경우 대개 죽을 쒀서 민인들이 먹었을 것이다.

5. 구황식물의 섭취와 염장

구황식물을 섭취하기 위해서는 염장이 필수적이었다. 구황식물은 관에서 제공하는 경우도 있고, 민인이 스스로 조달하는 경우도 있지만 어느 경우든 염장은 중요했다.

초식(草食)은 식물성 식자재를 가리키며 대개 구황식물을 의미한다. 재배하는 작물도 포함하는 수가 없지 않았지만 대부분은 자연산 구황

---

116) 『明宗實錄』권11, 明宗 6년 4월 庚申(2일), 20-19.
117) 『宣祖實錄』권46, 宣祖 26년 12월 辛亥(2일), 22-175.

식물을 가리키는 것으로 여겨진다.118) 초식을 섭취할 때 염장은 매우 중요했다. 강원도에 이른 곡식과 늦 곡식 모두 익지 않았는데, 기근민은 초식을 할지라도 염장을 기다려 먹어야 부종에 이르지 않는다고 했다.119) 평안도에 연이어 기근이 들어, 사람들이 모두 초식하는 데 부종에 이를까 염려되니 염장을 제공토록 했다.120) 그리고 황해도에 흉년이 들자 초식과 장 1,500석을 준비해 진제장을 설치해 진휼토록 했다.121) 초식과 함께 섭취해야 하는 것이 염장임을 알 수 있다.

세종 28년(1446) 8월, 평안도 관찰사가, 평안도에 금년 화곡이 부실한데 초식을 하는 자는 반드시 염장을 섞어 먹어야 부종에 이르지 않으니, 평안도 묵은 콩 3,000석 및 황해도·경기 소금 800석을 지급해 장을 만들어 구황의 바탕으로 삼아야 한다고 계문했다.122) 장은 초식을 하는 경우 필수적인 것이다. 성종 2년(1471) 1월, 경상도 상주 등 16개 고을이 심히 실농하자, 군자곡 60,000석을 진급하고, 또 초식·염장을 준비해 곡진히 구휼하도록 했다.123) 명종 2년(1547) 8월, 영의정 등이 빈청에서 회의하고, 구황 22개 조를 마련했는데, 초식과 염장을 미리 갖추는 것이 포함되어 있다.124) 광해군 6년(1614) 3월, 곡식이 부실해져 민인이 초식으로 연명할 때 소금이 없으면 굶주림을 채울 수 없다고 했다.125) 구황식물인 초식을 섭취하기 위해서는 염장이 중요한 것이다.

---

118) 草食에 대한 상세한 설명은 본서 제2부 제3장 참조.
119) 『世宗實錄』권17, 世宗 4년 8월 己酉(25일), 2-494.
120) 『世宗實錄』권67, 世宗 17년 1월 戊戌(26일), 3-610.
121) 『世宗實錄』권95, 世宗 24년 1월 辛未(9일), 4-391.
122) 『世宗實錄』권113, 世宗 28년 8월 丁巳(22일), 4-698.
123) 『成宗實錄』권9, 成宗 2년 1월 庚辰(7일), 8-545.
124) 『明宗實錄』권6, 明宗 2년 8월 戊申(30일), 19-526.
125) 『光海君日記(正草本)』권76, 光海君 6년 3월 壬午(30일), 32-293.

궁핍한 이들이 채소·소채 등 나물을 섭취할 때에도 염장은 중요했다. 시강관 한효원의 발언 중에 소금이 있으면 비록 곡식이 없더라도 나물[菜]에 섞어 먹어 연명할 수 있다는 것이 포함되어 있다.[126] 나물은 소금이 있어야 먹을 수 있는 것이다. 윤은보가 염채(鹽菜)를 운반하여 백성을 진휼하는 것도 구황 정책에서 빼놓을 수 없다고 발언했다.[127] 소채를 식용으로 하기 위해서는 소금이 중요한 것이다.

선조 26년(1593) 8월, 승정원에 전교한 내용에, 경성의 민이 기근으로 죽었는데, 소금을 배로 운반해 분급해 소채와 함께 먹으면 생을 얻을 수 있다는 것이 들어 있다.[128] 선조 27년 2월, 오늘날 백성이 식량이 궁핍하여 쌓인 시체가 산과 같지만 나물 뿌리[菜根]에 소금을 타서 주린 배를 채우고 있다는 언급이 보인다.[129] 소금이 있어야 소채·채근을 식용으로 할 수 있는 것이다.

봄나물을 섭취하기 위해서도 소금은 중요했다. 단종 3년(1455) 2월, 경기 빈민이 봄나물[春蔬]을 먹고 있는데 소금이 없을 수 없으므로 여러 포의 소금 500석을 나눠주어 구황토록 조치했다.[130] 소금을 지급하면 민이 알아서 봄나물을 채취해 살아갈 수 있다는 것이다. 소금만을 제공하는 것도 민인의 생존을 돕는 일이었다.

해채(海菜)를 식용으로 하기 위해서도 소금이 중요했다. 해채와 소금을 채집해 구황토록 하는 예가 보인다. 성종 3년 7월, 진휼사 한명회의 사목에, 경기의 기근이 더욱 심하니, 예장조묘(禮葬造墓)하는 선군을

---

126) 『中宗實錄』권18, 中宗 8년 8월 癸卯(8일), 14-670.
127) 『中宗實錄』권97, 中宗 37년 3월 丙午(26일), 18-563.
128) 『宣祖實錄』권41, 宣祖 26년 8월 丙午(25일), 22-82.
129) 『宣祖實錄』권48, 宣祖 27년 2월 己未(10일), 22-220.
130) 『端宗實錄』권13, 端宗 3년 2월 辛丑(25일), 7-14.

반으로 줄이고 그들에게 소금을 굽고 해채를 채집해 구황토록 하라는 것이 보인다.131) 해채와 소금으로 구황할 수 있는 것이다.

성종 6년 3월, 실농한 각 고을에 여러 종류 곡식 종자 2,100석을 지급해 농사짓도록 하고, 또 묵은 쌀 1,200석, 그리고 해채, 염장을 지급해 진휼했다.132) 구황식물인 해채를 지급할 때, 염장을 함께 제공한 것이다.

황각과 소금은 구황을 위해 함께 준비한 물목이었다. 중종대, 경기 관찰사의 계문 내용에, 경기도 내 저축한 구황의 여유 소금 및 황각이 심히 많으니, 구황의 여유분을 각 고을의 향교에 지급해 서책을 구비케 하라는 것이 포함되어 있다.133) 황각과 소금을 함께 비축해서 구황에 대비하고 있음을 알 수 있다.

명종 3년 2월, 삼공이 의논해, 감사(監司)가 소금이나 황각 등의 물품을 옮겨다가 나누어준다면 거의 구활(救活)할 수 있을 것이라고 계문했으며, 국왕은 경관(京官)을 별도로 보내 충청도 도사와 함께 염장과 황각 등의 물품을 많이 가져다가 편의에 따라 힘써 구활하려 한다고 발언했다.134) 황각을 염장과 함께 제공하려는 것이다. 황각의 섭취에 염장이 필요한 것이다.

명종 8년 5월, 경기·황해도·청홍도의 염과 황각을 경상도 유민에게 운반해 지급해 채소와 섞어 먹도록 했다.135) 선조 26년 11월, 기민이 날로 증가해서, 경기의 민이 경성에서 진장(賑場)을 설치함을 듣고 몰려오고, 강원도의 기민도 이곳으로 오니, 황해도의 소금과 황각을 내려 보내 진휼

131) 『成宗實錄』권20, 成宗 3년 7월 甲子(29일), 8-676.
132) 『成宗實錄』권53, 成宗 6년 3월 丙寅(17일), 9-209.
133) 『中宗實錄』권14, 中宗 6년 8월 壬午(5일), 14-528.
134) 『明宗實錄』권7, 明宗 3년 2월 辛未(24일), 19-573.
135) 『明宗實錄』권14, 明宗 8년 5월 乙丑(20일), 20-134.

했다.136) 유민·기민을 구제하기 위해 황각과 소금을 제공하는 것이다.

초식을 섭취하는 경우, 또 소채와 해채·황각을 식용으로 하는 경우 염장이 반드시 필요했다. 많은 경우 관에서 구황식물과 염장을 함께 지급했지만, 염장만을 받은 민인이 스스로 구황식물을 확보하는 예도 적지 않았다.

구황식물을 염장과 섞어 가공하는 구체적인 사례도 여럿 확인할 수 있다. 도라지·잡채(雜菜)와 장염(醬鹽)을 섞어 끓여 먹으면 굶주림을 예방할 수 있었다.137) 그리고 도라지 가루 세 숟가락, 쌀가루 한 숟가락, 채소 한 줌, 염장 반 숟가락, 물 한 사발을 버무려 죽을 끓여 먹으면 한때의 배고픔을 면할 수 있고, 부종도 나지 않는다는 주장도 있었다.138) 구황식물인 도라지와 채소를 섭취할 수 있도록 염장이 돕는 것이다.

약간의 채소, 쌀과 염장을 섞어 죽을 만드는 법도 제시되었다. 성종대 경상도 진휼사 한치형이 계문한 내용에, 일찍이 1, 2홉의 쌀을 가지고 염장과 채소를 섞어 죽을 만들어 시험해 보았더니, 또한 요기(療飢)할 수 있었다는 것이 보인다.139) 염장과 1, 2홉의 쌀, 채소를 섞어 죽을 만들어 먹을 수 있다는 것이다.

구황식물인 초식·소채·해채·황각 등을 섭취하는 데 염장은 반드시 함께 갖춰야 하는 것이었다. 대개는 염장을 가미해 죽을 만들어 먹었을 것이다. 구체적으로 도라지와 소채를 염장과 섞어 죽을 만들어 먹는 것이 확인된다. 구황식물의 섭취에는 염장이 필수적으로 요청되는 것이다.

---

136)『宣祖實錄』권44, 宣祖 26년 11월 乙丑(15일), 22-123.
137)『世宗實錄』권74, 世宗 18년 8월 戊子(25일), 4-27.
138)『世宗實錄』권115, 世宗 29년 2월 丁巳(25일), 5-8.
139)『成宗實錄』권182, 成宗 16년 8월 癸卯(25일),11-50.

6. 결어

염장은 식생활에서 매우 중요했다. 평상시의 식생활에서 없어서는 안 되며, 진휼에서도 반드시 제공되어야 하는 것이었다. 또한 염장은 확보한 구황식물을 섭취하기 위해서도 매우 요긴한 식자재였다.

당시의 기록을 보면, 소금이 민인의 일상이나 일용에 중요함을 인식하고 있었고, 또 구황에서도 없어서는 안 되는 것으로 파악하고 있었다. 그리하여 소금은 오곡 다음으로 중요하다고 여겼다. 소금은 삼면이 바다인 우리의 경우 해안가 곳곳에서 생산되었는데, 평안도는 생산이 다소 부진한 것 같으며, 영서 지방이나 산골의 경우 소금을 귀한 것으로 여겼다. 소금은 주로 수군·선군과 염간(鹽干)이 생산을 담당했는데, 수군·선군은 구황염의 생산을 담당했다. 염간은 1년에 정해진 수량의 소금을 생산해 국가에 바쳐야 했는데 매우 부담스러운 양이었다. 소금은 자염(煮鹽)이 일반적이었고, 염분(鹽盆)을 사용해 만들었으며 이 과정에서 상당한 시목(柴木)을 필요로 했다. 소금의 도움을 크게 받아 살아가는 지역으로 동해안 해안가와 도서 지역이 언급되었는데, 다른 생산물이 여의치 못하기 때문이었다. 소금의 가격은 풍흉에 따라 또 지역에 따라 차이가 상당히 컸다. 소금은 민인들이 3, 4월과 7, 8월에 가장 많이 소비한 것으로 여겨졌다.

소금은 그 자체로 소비되기도 했지만 콩과 섞어 장을 만들기도 했다. 장을 만들면 영양가가 향상되고 다양한 맛을 내는 등 활용도가 훨씬 높아졌다. 장을 담가 완성하려면 일정한 시간이 필요했다. 콩으로 메주를 만들어 띄우고, 항아리에 메주 덩어리를 넣고, 소금물을 채운 뒤 적어도 1달 이상을 경과해야 했다. 민에게 콩과 소금을 제공해 스스로 만들도록 하기도 했지만 관에서 장을 만들어 비축하는 경우가 많았다. 장을 담그는 경우 햇콩보다는 묵은 콩을 사용하고 있는데, 이것은 비축 곡식의 순환을 의미한다. 장을 담글 때 소금과 콩은 일정한 비율로 섞음을 알 수 있는데, 대체로 소금을 기준으로 하면 콩은 3.75배 정도 더 많아야 했다.

염장을 섭취하지 않으면 부종이 발생했다. 피부가 부어 오르고 푸석푸석해지는 부종은 소금이 공급되지 않을 때 자주 발생했다. 부종 발생의 위험성을 무릅쓰고 효자와 열녀는 염장의 섭취를 피하는 식사를 하고 있었다. 염장은 진휼할 때 반드시 함께 지급하는 식료였다. 국가에서는 쌀과 죽미를 제공할 때 염장을 함께 지급했으며, 쌀과 콩을 지급할 때도 역시 함께 제공했다. 그리고 잡곡이나 여타의 곡식을 제공하는 경우에도 염장을 지급했다. 때로는 곡식을 제공하지 않고 염장만을 제공하는 수가 있었는데, 이럴 경우 민인은 곡물이나 구황식물을 스스로 확보하지 않으면 안 되었다. 진휼할 때에는 염장을 제공하는 것이 보통이었지만, 환자[還上]의 명목으로 곡식을 제공하는 경우에는 염장을 지급하지 않았다. 환자로 제공하는 경우에는 뒷날 원곡을 상환해야 했는데 대개 항산(恒産)이 있는 이들이 대상이 되었으므로 받아 소비해버리는 진휼과는 구분되었다.

구황식물을 섭취하기 위해서도 염장은 절실했다. 구황식물을 관에서 제공하는 경우, 대부분 염장을 함께 지급했다. 구황식물인 초식을 먹는 경우, 염장이 필요했으며, 구황식물인 소채와 해채 · 황각을 섭취하는 경우에도 염장을 사용했다. 구황식물인 도라지 및 소채를 식용으로 가공하는 데 염장이 필수적이었다. 아마 염장을 활용해 구황식물을 죽으로 만들어 섭취했을 것이다. 이렇듯이 구황식물을 가공·섭취하기 위해서 염장은 필수적으로 갖추지 않으면 안 되었다.

소금 및 소금과 섞어 만든 장은 진휼이나 구황식물의 섭취에 꼭 필요한 식자재였다. 우리의 경우 삼면이 바다이고 콩 농사에 유리했으므로 소금이나 그 가공품인 장의 확보에서 큰 장점을 가졌다. 염장의 안정적이고 용이한 확보는 민인의 생존을 뒷받침하는 중요한 요소였다.

<자료>

(주요 용어 : 소금, 장, 복호)
경상도 영천(永川)에 거주하는 전(前) 지대구군사(知大丘郡事) 정환(鄭還)이 어머니 상(喪)을 만나고 잇따라 아버지 상을 만나, 묘 곁에 막을 짓고 모시기를 무려 43개월을 계속하면서 채소와 과일을 먹지 아니하며, 소금과 장[鹽醬]도 먹지 아니하고 슬퍼하기를 그치지 아니하니, 온 고을이 탄복하였다. 이 사실이 위에 들리매, 정문을 세워 주고 복호(復戶)하도록 명하였다.
○慶尙道 永川住前知大丘郡事鄭還丁母憂 繼値父喪 廬于墓側 凡四十三月 不茹蔬果 不進鹽醬 悲哀不輟 一鄕歎服 事聞 命旌門復戶 (『世宗實錄』권29, 世宗 7년 9월 丁未(11일), 2-692)

(주요 용어 : 진제(賑濟), 부종(浮腫), 소금·장[鹽醬])
황해도 기민진제(飢民賑濟)의 경차관(敬差官)인 형조정랑 김소남(金召南)과 평안도 경차관인 종부판관(宗簿判官) 최호생(崔虎生) 등이 사조(辭朝 : 떠나기 전에 임금에게 하직 인사하는 것)하니, (임금이) 불러 보고 말하기를, "그대들은 친히 촌락과 산골짜기의 깊고 먼 곳을 다니면서 굶주리는 사람이 있거든 쌀·콩·소금·장을 주어 구제하여 살리고, 또 수령으로서 굶어 죽은 사람과 부종(浮腫)이 난 사람을 숨긴 자가 혹시라도 나타나거든 형률에 의거하여 단죄(斷罪)하되, 3품(品) 이상의 (수령은) 아뢰고, 4품 이하의 (수령은) 바로 결단하여 치죄(治罪)하고, 만약 감사(監司)가 원행(遠行)하여 진제(賑濟)의 일이 급박하거든 그대들이 창고를 열어 진제하도록 하라." 했다.

○ 黃海道飢民賑濟敬差官刑曹正郎金召南·平安道敬差官宗簿判官崔虎生等 辭引見曰 爾等親歷村落山谷深遠之處 如有飢餓者 給米豆鹽醬救活 且守令或 匿飢死者及浮腫者 如或見露 依律科斷 三品以上申聞 四品以下直斷治罪 若監 司遠行 而賑濟事迫 則爾等發倉賑之 (『世宗實錄』권39, 世宗 10년 2월 乙亥 (23일), 3-117)

(주요 용어 : 관진(關津), 진제장(賑濟場), 쌀과 장[米醬])
의정부에서 아뢰기를, "실농한 여러 도(道)의 인민들이 다른 도(道)에 가서 얻어먹는 사람이 관진(關津)의 얼음이 녹을 때를 당하여 배가 쉽사리 통행하지 못하고, 혹은 날이 저물어 건너지 못하고, 또 지닌 양식이 없어서 풀밭에 노숙(露宿)하면서 굶고 얼어 죽게 되니 매우 염려스럽습니다. 청하옵건대 경중과 외방의 관진의 양쪽 언덕에 진제장(賑濟場)을 설치하고, 관청에서 쌀과 장을 공급하여 구휼하고 그들로 하여금 본곳으로 돌아가게 하소서." 하니, 그대로 따랐다.

○ 議政府啓 失農諸道人民就食他道者 當關津氷解之時 舟楫未易通行 或日暮 未涉 且無齎糧 露宿草地 飢凍致死 甚可慮也 請於中外關津兩岸 置賑濟場 官 給米醬救恤 令還本處 從之 (『世宗實錄』권115, 世宗 29년 2월 甲寅(22일), 5-8)

(주요 용어 : 도라지[苦梗], 채소, 염장)
경기·강원도·평안도 감사에게 유지(諭旨)를 내리기를, "호조 판서 이견기 (李堅基)가 계(啓)하되, '도라지[苦梗]를 물에 담갔다가 볕에 말려서 만든 굵은 가루 세 숟가락, 쌀가루 한 숟가락, 채소 한 줌, 염장(鹽醬) 반 숟가락, 물 한 사발을 고루 섞어 죽을 끓여서 한 사람이 이를 먹으면 한 때의 배고픔을 면할 수 있으며, 또한 부종(浮腫)도 나지 않습니다.'라고 하니, 이 방법에 의거하여 시험해 보고 만약 흉년을 구제할 만하면 민간(民間)에 두루 알리게

하라." 했다.

○諭京畿·江原·平安道監司 戸曹判書李堅基啓 桔梗沈水曬乾虀末三匙 糙米
末一匙 菜一握 鹽醬半匙 水一沙鉢 和均作粥 一人食之 可療一時之飢 亦不浮
腫 依此法試之 如可救荒 徧曉民間(『世宗實錄』권115, 世宗 29년 2월 丁巳(25
일), 5-8)

(주요 용어 : 봄철 푸성귀[春蔬], 소금, 구황)
의정부(議政府)에서 호조(戸曹)의 정문(呈文)에 의거하여 아뢰기를, "경기의
가난한 백성들이 이제 봄철 푸성귀[春蔬]를 먹는 데 소금이 없을 수 없으니,
청컨대 여러 포구(浦口)의 소금 500석을 백성들에게 나누어 주어 구황(救荒)
하게 하소서." 하니, 그대로 따랐다.
○議政府據戸曹呈啓 京畿貧民 今茹春蔬 不可無鹽 請以諸浦鹽五百石 散民救
荒 從之 (『端宗實錄』권13, 端宗 3년 2월 辛丑(25일), 7-14)

(주요 용어 : 구황, 소금, 장)
호조(戸曹)에서 아뢰기를, "지금 날씨가 오랫동안 비가 오지 아니하며, 경기
(京畿)와 하삼도(下三道)에서 종자(種子)가 흙에 뿌리를 내리지 못하고, 보리
도 추수할 것이 없으니, 구황(救荒)하는 여러 가지 일을 예비하지 아니할 수
가 없기 때문에 삼가 다음에 조목별로 기록합니다. …
1. 소금은 구황(救荒)하는데 있어서 가장 긴요한데도 이에 앞서 여러 포구(浦
口)의 염분(鹽盆)을 잘 고찰(考察)하지 아니했으므로 적은 수량을 끓여 만드
니, 미편(未便)합니다. 청컨대 여러 진(鎭)과 여러 포(浦)로 하여금 전의 수교
(受敎)를 고찰하여, 당령 수군(當領水軍, 번상의 차례를 당하여 근무중에 있
는 수군)으로 하여금 많은 수량을 끓여 만들게 하되, 곡식과 바꾸지 말게 하
고, 아울러 고을의 창고에 바치게 하고, 그 숫자를 기록하여 계문(啓聞)하게
하소서.
1. 장(醬)은 구황하는 데 있어서 긴요한데도 여러 고을에서 회계할 때 그 숫자
를 허위로 과장하므로, 진휼(賑恤)할 때를 당하여 숫자대로 나누어 지급할

수가 없으니, 진실로 염려스러운 일입니다. 청컨대 여러 도(道)로 하여금 사실대로 계문(啓聞)하게 하되, 여러 고을에서 혹시 부족한 바가 있으면 군자별창(軍資別倉)의 콩과 구황의 소금을 적당히 지급하여 미리 먼저 합하여 장을 만들게 하고, 그 숫자를 기록하여 계문(啓聞)하게 하소서. … 임금이 그대로 따랐다.

○戶曹啓 今天久不雨 京畿及下三道 種不入土 麥未有秋 救荒諸事 不可不預備 故謹條錄于後 … 一 鹽於救荒最緊 而前此諸浦鹽盆 不謹考察 數小煮取未便 請令諸鎭諸浦 考前受敎 以當領水軍 多數煮取 勿貿穀 竝納邑倉 錄數啓聞 一 醬於救荒緊要 而諸邑會計 虛張其數 當賑恤時 不得依數分給 誠爲可慮 請令諸道 從實啓聞 諸邑或有不足 則量給軍資別倉豆及救荒鹽 預先合造 錄數以啓 … 從之 (『成宗實錄』권129, 成宗 12년 5월 癸巳(19일), 10-216)

조선전기 죽(粥)의 효용성과 구황식물

1. 서언

사람들은 다양한 식자재로 만든 음식을 섭취했다. 거기에는 동물성도 있고 식물성도 있었다. 자연산이 있는가 하면, 재배하는 경우도 있고, 사육하는 예도 있었다. 식자재를 섭취하기 위해서는 여러 조리법이 동원되어야 했다. 조리법에는 익혀 먹는 것이 대표적인데, 그 방법에도 삶는 것, 찌는 것, 굽는 것, 데치는 것이 있었으며, 숙성시키는 방법도 조리법의 하나라고 할 수 있다. 물론 생으로 먹는 경우도 있었다. 우리의 식사는 주식과 부식으로 구분되는 것이 보통인데, 밥 등의 곡물은 대체로 주식의 위치에 있었으며 나물이나 국은 부식의 자리에 있었다. 죽은 밥을 대신해 주식의 위치에 있는 음식이었다.

구황식물은 다양하게 가공해 사람들이 섭취했다. 산과 들, 바다에서 확보한 다양한 구황식물은 날것으로 먹을 수도 있지만, 대개는 일정한 가공·조리의 절차를 거친 뒤 먹었다. 구황식물은 소금과 장을 사용해 먹을 수 있도록 했고, 여러 가지 다른 식자재를 그것에 배합하기도 했으며, 그것으로 죽을 쑤기도 했다.

구황식물은 배고픔을 해소하고 일정한 영양을 공급할 수 있어야 했다. 대개의 경우 식량이 극히 부족한 상황에서 가공해 먹기 때문에 소량으로 많은 이들이 먹을 수 있어야 했다. 분량을 늘리면서도 배고픔을 해소하는 것이 중요했다. 그러기 위해서는 다양한 가공법이 동원되었는데, 대표적인 것은 죽을 쑤는 방법이었다. 구황식물은 필수 영양소가 부족했기 때문에 그것에 곡물을 첨가하는 것이 매우 중요했다.

죽은 소화가 잘 되는 음식이며, 소량의 식자재로 양을 늘릴 수 있어 많은 사람에게 혜택이 돌아갈 수 있는 먹거리이다. 첨가물이 충실하면 영양가 높은 음식이 될 수 있었으며 분량을 크게 늘릴 수 있었다. 그러나 기본적으로 죽은 초라한 음식이었다. 그렇기 때문에 열악한 처지에 놓인 사람들이 자주 먹는 음식이었다. 효성이 지극한 자녀가 부모 상을 당했을 때 거친 죽으로 연명하는 일이 많았다. 영양가 높은 고급의 죽도 있었지만, 구황식물을 가공한 죽은 그럴 수 없었다.

국가에서도 굶주린 민들을 진휼할 때 대부분 죽을 쒀서 제공했다. 소량의 식자재를 사용해 많은 이들을 살리려면 죽을 만들어 제공할 수밖에 없었다. 이들에게 죽은 연명할 수 있도록 돕는 먹거리였다.

이 글에서는 죽이 갖는 특징과 죽의 종류를 살펴보고, 효자가 여묘살이 하면서 먹는 죽을 주목해 그 죽이 매우 초라한 것이었음을 확인하고자 한다. 그리고 진제장에서 구휼할 때 대부분 죽을 제공하고 있음을 주목하고자 한다. 구황식물을 확보한 뒤 죽으로 가공해 섭취했음을 강조하고자 한다. 구황식물을 주로 섭취하는 시점에 대해서도 관심을 기울이고자 한다.

2. 죽(粥)의 특징과 종류

죽이란 곡물을 주재료로 하여 물을 붓고 끓여 반유동식의 상태로 만든 음식을 가리킨다. 죽은 보통 곡물을 기본 재료로 삼되 여러 가지 식자재를 섞어서 쑨다. 죽은 대용주식·별미음식·보양음식·구황식·환자식 등 다양한 용도로 쓰인다. 죽을 만드는 법은 일반적으로 재료의 5배 정도의 물을 붓고 끓이면 된다. 죽은 재료를 오랫동안 익혀서 반유동식의 상태로 만들었으므로 밥보다 소화가 잘 된다.[1]

죽을 끓이면 곡식의 부피가 크게 늘어난다. 이런 까닭에 가난한 사람들이 음식의 양을 불리고 배를 채우기 위해 죽을 자주 먹었다. 배가 빨리 꺼지기 때문에 농사일이 대표적인 노동이었을 때에는 아침에는 밥을 먹었지 죽을 먹지는 않았다.

죽은 기민(飢民)에게만 의미있는 음식이 아니라 환자의 보양식으로도 중요했다. 자극이 적고 목넘김이 수월하기 때문에 소화가 안 되는 아픈 환자들이 자주 먹는 음식이었다. 극도로 악화된 상태에 처해 있는 환자에게 제공되는 죽은 높은 영양가를 갖춘 보양식이었다. 죽은 구황식으로도, 보양식으로도 사용되었는데, 만드는 식재료에 따라 그 종류가 다양했다.

죽은 단일 곡물만으로도 만들 수 있지만, 적은 곡물로 죽을 만들려면 첨가하는 식자재가 필요했다. 소화를 돕고 영양가를 높이기 위해서, 또 분량을 늘리기 위해서 여러 종류의 식자재를 첨가했다. 죽을 만드는 데 여러 식자재가 활용되었지만 구황식물도 그 가운데 하나였다.

---

1) 『한국민족문화대백과사전(https://encykorea.aks.ac.kr/)』, 죽 항목 참조.

『조선왕조실록』에는 여러 종류의 죽이 언급되어 있다. 크게 보면 굶주린 이들을 진휼하기 위한 죽(기민·구황죽)과, 영양을 공급하기 위한 죽(환자·보양죽)으로 구분할 수 있겠다. 후자는 평소에도 상층의 사람이 먹는 음식이었다.

죽은 보통 곡식을 섞어서 만드는 것인데, 사용하는 곡식은 매우 다양했다. 미죽(米粥)은 말그대로 쌀로 만든 죽을 의미한다. 세종대 회암사 승려가 미죽을 먹는다는 데서 미죽의 존재를 확인할 수 있다.[2] 충청도에 별도의 진제장을 설치해 미죽과 황각(黃角)·채곽(菜藿) 등을 지급하도록 하는 데서도[3] 미죽이 보인다. 미죽(米粥)은 가장 일반적인 죽이었을 것으로 보인다.

미죽(糜粥)은[4] 쌀가루로 만든 죽으로 이해된다. 상왕 태종이 환관 김중귀(金重貴)를 보내 세종에게 미죽(糜粥)을 권한 일이 있다.[5] 이때의 미죽은 연명을 위해 먹는 초라한 것은 아니었을 것이다. 그런데 미죽(糜粥)은 낮은 수준의 식사로 언급하는 경우가 많았다.

속죽(粟粥, 좁쌀죽)도 종종 확인된다. 세종 20년(1438), 사로잡힌 여진족 출신에게 결혼시켜 주고 벼슬을 제수하면서, 지난날 초야 속에서 고생하면서 금수 가죽의 옷을 입고 서속죽(黍粟粥)을 먹던 때와 비교한다면 천양지차(天壤之差)라고 언급한 내용이 보인다.[6] 서속죽은 기장과 조로 만든 죽을 의미한다. 성종대 전(前) 녹사(錄事) 민계점(閔繼點)

2) 『世宗實錄』권6, 世宗 1년 11월 庚午(30일), 2-347(國史編纂委員會 影印本 2册, 347면을 의미함. 이하 같음).
3) 『世宗實錄』권76, 世宗 19년 1월 癸卯(13일), 4-50.
4) 檀國大 東洋學研究所, 2007 『漢韓大辭典』10, 檀國大 東洋學研究所, 1157면에서는 糜粥을 죽으로 풀이했다.
5) 『世宗實錄』권8, 世宗 2년 7월 丁丑(11일), 2-386.
6) 『世宗實錄』권81, 世宗 20년 5월 丁未(24일), 4-146.

은 모친 상으로 여묘살이 할 때 염장(鹽醬)이나 채소·과일을 입에 넣지 아니하고, 좁쌀죽[粟粥]만 마시며 슬퍼했다.[7] (서)속죽은 효자들이 부모 상을 만나 먹는 데서[8] 알 수 있듯이 초라한 식사였다.

두죽(豆粥, 콩죽)은 콩으로 만든 죽을 의미한다. 국왕에게 비단옷 입고 좋은 음식 먹을 적에 콩죽이나 보리밥[麥飯] 먹던 때를 생각하라는 데서[9] 알 수 있듯이 콩죽 역시 좋은 식사는 아니었던 것이 분명하다. 그런데 인조 2년(1624), 국왕이 이괄(李适)의 난으로 양재역에 이르렀을 때 유생 김이(金怡) 등 6, 7인이 콩죽을 바쳤다.[10] 국왕에게 바친 데서 알 수 있듯이 이 콩죽은 특별히 가공된 죽이었을 것이다. 두죽은 대개 초라한 식사를 가리키지만, 반드시 그런 것 같지는 않다.

양맥(兩麥) 이삭으로 죽을 만드는 경우도 있었다. 벼가 타고 곡식이 죽어서 해마다 실농(失農)하여 봄철에 곡식이 다할 때에 이르면 백성들이 굶주려서 밀·보리가 처음 패자 성숙하기를 기다리지 못하고 이삭을 따다가 죽을 만들어 마시는 것에서[11] 그것을 알 수 있다. 아직 익지도 않은 양맥의 이삭으로 죽을 만든 데서 미루어 보면, 이 죽은 매우 초라한 것이었음에 틀림없다.

장죽(漿粥)도 보이는데 실체를 정확히 알기 어렵다.[12] 중종대 경차관(敬差官) 한효원(韓效元)이 장죽(獎粥)을 갖추어 벽지를 두루 다니면서

---

7) 『成宗實錄』권95, 成宗 9년 8월 乙卯(26일), 9-646.
8) 『中宗實錄』권46, 中宗 17년 10월 戊寅(6일), 16-164 ; 『中宗實錄』권99, 中宗 37년 11월 丙辰(10일), 18-632.
9) 『宣祖實錄』권205, 宣祖 39년 11월 己巳(4일), 25-281.
10) 『仁祖實錄』권4권 仁祖 2년 2월 癸巳(9일), 33-579.
11) 『成宗實錄』권281, 成宗 24년 8월 丁卯(5일), 12-378.
12) 漿은 약간 신맛을 띤 음료, 즙, 과일 따위에서 짜낸 액체 등을 의미하는데 漿粥을 죽으로 풀이했다(檀國大 東洋學研究所, 2007 앞의 책(8), 825~826면).

성심껏 구제하여 살아난 사람이 많다는 지적에서[13] 장죽을 확인할 수 있다. 진휼을 위해 장죽을 사용한 것으로 보아 장죽 역시 고급의 죽이 아님은 분명하다.

전죽(饘粥)도[14] 자주 보인다. 수령이 전죽(饘粥)과 초식(草食) 등을 갖고 거리를 다니면서 구휼하는 데서[15] 알 수 있듯이 전죽 역시 초라한 식사였을 것이다.

이상에서 언급한 미죽(米粥, 糜粥), 속죽, 두죽, 보리 이삭죽, 장죽, 전죽 등의 죽은 보통의 수준이거나 이보다 못한 식사를 의미하는 것으로 보인다. 물론 미죽(米粥), 두죽(豆粥)은 양질의 것도 있었을 것이다.

이와는 달리 보양식으로 먹는 죽도 있었고, 환자에게 제공하는 죽도 있었다. 이 죽은 영양이 풍부한 고급의 죽이었다. 소마죽(蘇麻粥)[16]은 그 가운데 하나였다. 국왕이 피곤하고 허약하니 소마죽을 먹어야 한다고 했다.[17] 소마죽은 국왕이 건강을 회복하기 위해 먹어야 하는 양질의 식사였을 것이다. 영양가 높은 고급의 음식이었던 것이다.

낙죽(酪粥)은 외방 수령이 사명(使命)을 지공(支供)할 때 사용한다고 한다.[18] 중국의 사신이 즐겨 먹었던 것으로 낙죽이 언급된 경우도 보인다.[19] 낙죽을 우유로 이해하는 것이 찾아지기도 한다.[20] 낙죽은 기혈을

---

13) 『中宗實錄』권18, 中宗 8년 6월 壬寅(5일), 14-664.
14) 饘은 된죽 또는 죽을 두루 이르는 말이고, 饘粥은 죽으로 풀이했다(檀國大 東洋學
　　研究所, 2007 앞의 책(15), 359~360면).
15) 『中宗實錄』권96, 中宗 36년 11월 乙巳(23일), 18-521.
16) 소엽(차조기)씨와 삼씨를 같은 분량으로 볶아서 멥쌀과 함께 짓찧어 가루를 만들
　　어 쑨 죽이다(네이버 국어사전(https://ko.dict.naver.com/) 참조).
17) 『中宗實錄』권105, 中宗 39년 10월 癸巳(28일), 19-153.
18) 『中宗實錄』권13, 中宗 6년 1월 戊午(7일), 14-487.
19) 『宣祖實錄』권143, 宣祖 34년 11월 辛亥(17일), 24-317.
20) 『宣祖實錄』권9, 宣祖 8년 1월 庚申(20일), 21-321.

보양하여 열과 갈증을 없애준다고 보았다.[21] 따라서 우유로 만든 낙죽은 고급의 죽을 의미하는 것으로 보인다.

율무죽[薏苡粥]은 율무로 만든 죽인데, 환자에게 제공하는 보양식의 성격을 띤 것으로 보인다. 중종이 심열과 갈증이 아직 없어지지 않았으며, 수라를 못 들고 율무죽만 먹고 있다는 언급이 보인다.[22] 국왕이 편찮은 상태에서 율무죽을 먹고 있다는 데서 알 수 있듯이 율무죽은 고급의 영양죽이었던 것이다. 선조대 급제(及第) 윤백원(尹百源)이 자기 집에서 덕성감(德城監)이란 이와 마주 앉아 율무죽을 먹은 일이 보이는 데서[23] 알 수 있듯이 율무죽은 진휼을 위한 것이 아닌 고급의 식사였던 것이다. 광해군 즉위년(1608) 대비전의 건강이 좋지 못해 율무죽만 먹었다.[24] 율무죽을 언급한 자료는 종종 보인다.[25] 율무죽은 고급의 먹거리로서 영양가 높은 것이었다.

생저예죽(生薯蕷粥, 생마죽)은 원기를 돕는 것으로 언급하고 있다.[26] 생마죽 역시 고급의 영양가 높은 죽이었다. 암탉으로 죽을 만든 경우도 보인다. 산후에 누런 암탉을 푹 삶아 즙을 내거나 죽을 만들어 먹는 것이 언급되고 있다.[27]

소마죽, 낙죽(酪粥), 율무죽, 생마죽, 암탉죽 등은 영양가 높은 고급의

21)『宣祖實錄』권9, 宣祖 8년 2월 甲午(25일), 21-328.
22)『中宗實錄』권105, 中宗 39년 11월 庚子(5일), 19-154.
23)『宣祖實錄』권23, 宣祖 22년 9월 丁未(3일), 21-462.
24)『光海君日記(中草本)』권3, 光海君 즉위년 7월 甲午(10일), 26-132 ;『光海君日記(正草本)』권 6, 光海君 즉위년 7월 甲午(10일), 31-329.
25)『宣祖實錄』권156, 宣祖 35년 11월 庚午(13일), 24-426 ;『光海君日記(中草本)』권19, 光海君 4년 7월 丙申(4일), 27-453.
26)『宣祖實錄』권9, 宣祖 8년 2월 甲午(25일), 21-328.
27)『宣祖實錄』권162, 宣祖 36년 5월 己卯(24일), 24-484.

식사로서 환자에게 제공하거나 손님을 대접할 때 먹는 것이었다. 이런 환자·보양죽은 기민·구황죽과는 그 성격이 크게 다른 것이었다.[28] 구황식물로 만든 죽은 기민·구황죽의 성격을 가졌다.

3. 효자의 식생활과 죽

부모 상이나 남편 상을 만나 슬픔이 지극할 때 식사를 소홀히 하고 겨우 연명하는 차원에서 최소한의 식사를 하는 경우가 많았다. 효자·열녀로 일컬어지는 경우 대부분 이러한 모습을 보였는데, 이들이 먹는 것이 죽이었다. 이 죽은 환자·보양식과는 거리가 멀고 구황식의 성격을 띤 것이었다.

효성이 지극한 이들이 상을 맞았을 때 죽을 먹는 일은 흔히 볼 수 있다. 태조대 수원(水原) 생원(生員) 이조(李造)는 모친 상을 당해 여묘삼년(廬墓三年)을 했으며, 조석으로 죽을 먹었다.[29] 세종대 한성 중부(中部) 거주 유학(幼學) 전사례(全思禮)는 아버지가 사망하자 날마다 전죽(飦粥)을[30] 먹었으며 맛있는 것을 맛보지 않았다.[31] 경기 장단(長湍) 사람 유학 배홍식(裵弘湜)은 어머니가 사망하자, 3일 동안 식사를 하지 않았으며, 대렴하고서[32] 비로소 죽을 먹었다.[33] 봉상직장(奉常直長) 겸

---

28) 『山林經濟』에서는 밤죽[栗子粥], 백합죽(百合粥, 개나리 뿌리 죽), 방풍죽(防風粥), 마죽[山芋粥], 우유죽(牛乳粥), 닭죽[鷄粥]을 언급하고 있다(洪萬選, 『山林經濟』 권2, 治膳, 粥飯).

29) 『太祖實錄』권8, 太祖 4년 9월 丁未(16일), 1-82.

30) 飦은 된죽이며, 饘과 같다고 풀이했다(檀國大 東洋學硏究所, 2007 앞의 책(15), 261면). 따라서 飦粥은 饘粥과 같다.

31) 『世宗實錄』권7, 世宗 2년 1월 庚申(21일), 2-366.

32) 大殮은 소렴을 한 다음 날, 입관을 위해 소렴한 시신을 베로 감싸서 매듭을 짓는 것

성균박사(成均博士) 엄간(嚴幹)은 부모의 상을 연이어 맞이해 여묘살이 6년 동안 죽을 마셨다[啜粥].34) 경기 금천(衿川)에 거주하는 호장(戶長) 장미(莊美)는 아버지가 죽은 지 얼마 안 되어 어머니가 또 죽자 연이어 무덤을 지키면서 하루에 한 번 죽을 먹었다.35) 이영지(李英之)의 아들 담(淡)은 부모의 상을 맞아 6년 동안 죽을 마셨다[歠粥].36)

단종대 전라도 창평현(昌平縣) 안정명(安正命)은 아버지가 죽자 죽과 물을 마시며 3년 동안 여묘살이를 했다.37) 예종대 남원(南原) 사람 임옥산(林玉山)은 상을 맞아 삼년 동안 죽을 마셨다[三年啜粥].38) 부모의 상을 맞이해 삼년철죽하는 예는 허다하게 찾아진다.39)

성종대 태안군(泰安郡) 거주 학생(學生) 김득중(金得中)은 아버지가 죽자, 흙을 져다가 무덤을 만들고 죽을 마셨으며,40) 함양의 학생 박유효(朴由孝)는 아버지가 죽자 7일 동안 된죽[餰粥]조차도41) 입에 넣지 않았다.42) 청주(淸州) 호장 한추(韓樞)는 아버지가 죽자 하루에 한 번

을 의미한다(네이버 국어사전(https://ko.dict.naver.com/) 참조).

33) 『世宗實錄』권42, 世宗 10년 10월 丙午(28일), 3-151.

34) 『世宗實錄』권45, 世宗 11년 9월 丁卯(24일), 3-198.

35) 『世宗實錄』권54, 世宗 13년 10월 己未(28일), 3-351.

36) 『世宗實錄』권63, 世宗 16년 3월 己亥(22일), 3-551.

37) 『端宗實錄』권12, 端宗 2년 8월 丙申(17일), 6-705.

38) 『睿宗實錄』권6, 睿宗 1년 7월 己酉(28일), 8-406.

39) 『燕山君日記』권21, 燕山君 3년 1월 戊午(16일), 13-184 ; 『燕山君日記』권55, 燕山君 10년 9월 癸巳(6일), 13-660 ; 『中宗實錄』권15, 中宗 7년 5월 壬子(9일), 14-574 ; 『中宗實錄』권57, 中宗 21년 7월 甲申(3일), 16-517 ; 『中宗實錄』권94, 中宗 35년 11월 乙巳(18일), 18-427 ; 『中宗實錄』권102, 中宗 39년 4월 乙酉(17일), 19-69 ; 『中宗實錄』권103, 中宗 39년 5월 戊戌(1일), 19-81 ; 『明宗實錄』권27, 明宗 16년 윤5월 庚戌(21일), 20-594 ; 『宣祖實錄』권74, 宣祖 29년 4월 癸卯(7일), 22-676 ; 『宣祖實錄』권160, 宣祖 36년 3월 庚午(14일), 24-457.

40) 『成宗實錄』권15, 成宗 3년 2월 乙酉(18일), 8-637.

41) 餰粥은 된죽으로 풀이했다(檀國大 東洋學硏究所, 2007 앞의 책(15), 336면).

42) 『成宗實錄』권15, 成宗 3년 2월 丙申(29일), 8-639.

죽을 먹었다.43)

중종대 옥천(沃川) 유학 김건(金建)은 모친 상을 당해 삼년 동안 죽을 마셨다[歠粥三年].44) '철죽삼년'으로 표현된 예는 더 확인할 수 있다.45) 경중에 거주하는 충의위(忠義衛) 남순필(南舜弼)은 모친 상을 당해 장례 이후 분묘를 지키면서 삼년철죽(三年歠粥)하면서 한번도 집에 가지 않았다.46) 청안현(淸安縣) 거주 전(前) 내금위(內禁衛) 신세린(辛世麟)은 모친이 죽자 묘를 지키며 삼년 동안 죽을 마셨다.47)

중종대 옥천군 거주 유학(幼學) 임세화(林世華)는 부친 상을 당해 삼년 동안 죽을 마셨다[餕粥三年].48) 명종대 이산(尼山) 수군(水軍) 박장손(朴長孫)은 나이 60세에 모친이 죽자, '철죽삼년'했다.49) 부안(扶安) 사람 유학(幼學) 이성간(李成幹)은 부친이 죽자 죽을 마시고 다른 것을 먹지 않았다.50) 선조대 숙천부 정병(正兵) 박문창(朴文昌)은 부모상을 맞아 여묘살이 6년 동안 죽을 마셨다[居廬六年啜粥].51)

죽은 부모를 여읜 슬픔 속에서 어쩔 수 없이 연명을 위해 최소한으로 먹는 것이었다. 따라서 죽을 먹었을 때 모습은 심히 초라했다. 세종대 은진(恩津) 사람 이형지(李亨之)는 부친 상을 당해 죽을 먹어 얼굴이 검어졌다.52) 중종대 전주에 사는 생원 오령로(吳齡老)는 부친이 병으로

---

43) 『成宗實錄』권30, 成宗 4년 5월 己未(29일), 9-26.
44) 『中宗實錄』권8, 中宗 4년 4월 戊子(27일), 14-330.
45) 『明宗實錄』권26, 明宗 15년 7월 丁卯(3일), 20-561.
46) 『中宗實錄』권97, 中宗 37년 3월 庚寅(10일), 18-559.
47) 『中宗實錄』권100, 中宗 38년 4월 癸卯(29일), 18-673.
48) 『中宗實錄』권59, 中宗 22년 7월 丙戌(11일), 16-584.
49) 『明宗實錄』권9, 明宗 4년 6월 丁卯(29일), 19-652.
50) 『中宗實錄』권28, 中宗 12년 7월 丙子(2일), 15-284.
51) 『宣祖實錄』권36, 宣祖 26년 3월 戊辰(13일), 21-662.
52) 『世宗實錄』권63, 世宗 16년 3월 己亥(22일), 3-551.

집에서 죽자, 죽을 마셔서 얼굴이 검어졌으며, 거적자리에 엎드려 일어나지 않았다.[53]

성종대 어효첨(魚孝瞻)은 모친 상을 당해 죽을 먹고 애통해 해서, 몰골이 파리하게 되었다.[54] 중종대 남원에 사는 고(故) 경상도 도사(都事) 정환(丁煥)은 여묘살이 삼년 간에 매일 좁쌀죽을 마시고 염장(鹽醬)·채과(菜果)는 전연 입에 넣지 않았으며, 너무 슬퍼한 나머지 몸이 바짝 말랐다.[55]

초라한 몰골에 머무는 것이 아니라 기력이 쇠해 일어나는 것도 힘들었다. 세종대 전(前) 지한산군사(知韓山郡事) 김덕숭(金德崇)은 아버지가 죽자, 묘 곁에 여막을 짓고 모시면서 잘 때에는 요와 이불을 깔고 덮지 아니하고, 끼니로는 밥과 국을 갖추지 않고 죽을 마시고서 거적자리에 누워 있고, 지팡이를 짚어야 일어났다.[56] 중종대 유학 하호(河濩)의 처 강씨(姜氏)는 남편의 상을 만나 좁쌀죽을 먹고 채과를 먹지 않아 겨우 겨우 뼈만 남아서 절하고 꿇어앉을 때에 남의 도움을 받아야 했다.[57]

부실한 죽만 먹으면 얼굴이 검어지는 수가 많았고, 몰골이 수척해졌으며, 또 제대로 일어서지 못해 도움을 받아야 하는 수도 있었다. 죽마저 먹지 않는다면 생존이 어려운 것이다. 죽은 결국 죽음을 면할 수 있는 최소한의 음식이었던 것이다.

효자가 상을 당해 먹는 최소한의 음식이 죽이었는데, 죽을 다른 먹거리와 비교하면서 언급한 경우가 많이 보인다. 죽이 갖는 음식으로서의 위치

---

53)『中宗實錄』권10, 中宗 4년 11월 甲申(26일), 14-396.
54)『成宗實錄』권39, 成宗 5년 2월 戊午(3일), 9-88.
55)『中宗實錄』권99, 中宗 37년 11월 丙辰(10일), 18-632.
56)『世宗實錄』권124, 世宗 31년 6월 丙子(28일), 5-136.
57)『中宗實錄』권30, 中宗 12년 10월 戊申(6일), 15-334.

를 알려주는 내용이라고 하겠다. 죽보다 다소 나은 먹거리로 거론되는 것은 염채(鹽菜), 반갱(飯羹), 염장(鹽醬), 채과(菜果), 도(稻), 갱장(羹醬), 소과(蔬果) 등이었다. 이것보다 죽이 열악한 음식으로 언급되고 있다.

세종대 경상도 예천군(醴泉郡) 사람 김인(金牣)이 어머니가 죽었을 때 1년이 된 후에도 죽을 먹으며, 2년이 된 후에도 소식(蔬食)했다.[58] 남포(藍浦) 사람 전유의(全由義)는 어머니가 죽자 여묘살이 하면서 죽을 마시고 소금과 나물[鹽菜]을 먹지 아니했다.[59] 천안(天安) 사람 전(前) 기린도역승(麒麟道驛丞) 진원달(秦元達)은 아버지의 상을 당했을 때 죽을 먹고 염채(鹽菜)를 먹지 않았다.[60] 아버지가 죽자 여묘살이 할 때 끼니로는 밥과 국[飯羹]을 먹지 않고 죽을 마신 효자도 있다.[61] 죽은 소식·염채·반갱보다 질이 떨어지는 음식이었다.

세종대 옛 성인(聖人)이 상제(喪制)를 정한 내용이 보인다. 빈(殯)하고 나서야 죽을 먹고, 자최(齋衰)를 입고 거친 밥[疏食]을 먹으며, 돌[期]이 지나 소상(小祥)이 되어야 채소와 과일을 먹고, 두 돌[再期]이 지난 대상(大祥)이 되어서야 젓[醢]과 장(醬)을 먹는다는 것이다.[62] 죽(粥) → 소식(疏食) → 채과(菜果) → 해장(醢醬)의 순서로 좋은 먹거리를 정리한 것이다. 죽은 가장 열악한 단계의 먹거리라 하겠다.

단종대 임천군(林川郡) 유학 조효공(趙孝恭)은 어머니가 죽고 아버지가 이어 죽자, 염채(鹽菜)를 먹지 않고 죽을 6년 동안 먹었다.[63] 어머니

---

58)『世宗實錄』권57, 世宗 14년 9월 戊辰(13일), 3-416.
59)『世宗實錄』권60, 世宗 15년 6월 壬午(1일), 3-481.
60)『世宗實錄』권63, 世宗 16년 2월 辛亥(3일), 3-542.
61)『世宗實錄』권124, 世宗 31년 6월 丙子(28일), 5-136.
62)『世宗實錄』권125, 世宗 31년 8월 辛亥(4일), 5-141.
63)『端宗實錄』권14, 端宗 3년 5월 戊午(14일), 7-39.

가 죽자 여묘(廬墓)하면서 염장(鹽醬)이나 채소·과일[菜果]을 끊고 입에 넣지 아니하고 좁쌀죽[粟粥]만 마신 효자도 보인다.[64] 죽은 염채·염장·채과보다 질이 떨어지는 먹거리였다.

중종대 평안도 자산군(慈山郡)에 사는 전(前) 교수(敎授) 김려(金麗)가 모친 상사를 당해 3년 동안 채소·과일[菜果]과 쌀[稻]을 먹지 않고 좁쌀죽[粟粥]만 먹었다.[65] 전현감(前縣監) 정매신(鄭梅臣)은 모친 상을 당해 3년 동안 분묘 곁을 떠나지 않고 항상 미죽(糜粥)을 마시고 염채(鹽菜)를 먹지 않았다.[66] 정환(丁煥)이란 효자는 여묘살이 3년 동안 좁쌀죽[粟粥]을 먹을 뿐 염장채과(鹽醬菜果)를 먹지 않았다.[67] 김포에 사는 유학 홍한인(洪漢仁)은 모친 상을 당해 염장(鹽醬)을 먹지 않고 죽을 마셨다.[68] 전주부(全州府) 생원 박세직(朴世直)은 부친이 사망하자 3년간 죽을 먹을 뿐 갱장(羹醬)을 먹지 않았다.[69] 죽은 채과·도·염채·염장·갱장보다 낮은 수준의 먹거리였다.

명종대 양양(襄陽)에 사는 충순위(忠順衛) 김수영(金壽永)은 부모가 사망하자, 채과(采果)를 먹지 않고 죽을 3년간 먹었다.[70] 의령(宜寧)의 백성 구침(仇琛)은 연이어 부모 상을 당해 여묘살이하면서 죽을 먹고 겨우 연명했으며 염채(鹽菜)를 먹지 않았다.[71] 남부(南部) 충의위(忠義衛) 권옹(權擁)은 3년 동안 여묘 생활을 하면서 죽을 먹을 뿐 채소·과

---

64) 『成宗實錄』권95, 成宗 9년 8월 乙卯(26일), 9-646.
65) 『中宗實錄』권46, 中宗 17년 10월 戊寅(6일), 16-164.
66) 『中宗實錄』권79, 中宗 30년 4월 庚子(10일), 17-583.
67) 『中宗實錄』권99, 中宗 37년 11월 丙辰(10일), 18-632.
68) 『中宗實錄』권101, 中宗 38년 12월 壬辰(22일), 19-29.
69) 『中宗實錄』권57, 中宗 21년 7월 甲申(3일), 16-517.
70) 『明宗實錄』권18, 明宗 10년 3월 甲子(29일), 20-262.
71) 『明宗實錄』권25, 明宗 14년 4월 壬寅(1일), 20-509.

일 · 염장(蔬果鹽醬)을 먹지 않았다.[72] 죽은 채과 · 염채 · 소과 · 염장보다 못한 먹거리였던 것이다.

선조대 이이첨(李爾瞻)은 친상을 6년간 하면서 죽을 먹으면서 연명하고 염장과 과채를 먹지 않았다.[73] 이처럼 죽은 가장 열악한 식사로 연명하는 수준에 머무는 것이었다. 목숨을 부지할 수 있는 최소한의 식사였다.

4. 진휼 먹거리의 제공과 죽

진휼할 때에는 적은 식자재를 활용하되 많은 이들에게 혜택이 돌아가야 했다. 때문에 죽의 형태로 제공하는 것이 일반적이었다. 진휼할 때 미곡을 비롯한 곡식 및 염장을 제공하는 경우도 있는데, 그것은 항산(恒産)이 있는 민인을 대상으로 환자[還上] 형태로 제공하는 것이 보통이었다. 유망하거나 유망 직전의 상황에 놓여 있는 기민(飢民)들에게는 환자의 방식으로 진휼할 수 없고, 상환하지 않는 진제(賑濟)를 할 수밖에 없었다. 이때 제공하는 것은 기민이 직접 소비할 수 있는 죽이었다. 여기서는 진제로 제공하는 죽을 중심으로 언급하고자 한다.

죽은 기근 상태에서 흔히 먹었다. 죽조차 먹지 못하는 사태도 자주 발생했다. 식량이 부족하면 죽을 먹는 것은 일상이었다. 세종 1년 (1419), 회암사 승려 10명이 함께 1홉의 미죽(米粥)을 마시니 가련하다는 상왕(태종)의 언급이 보인다.[74] 10명이 한 홉의 미죽을 먹을 뿐이라

---

72) 『明宗實錄』권30, 明宗 19년 윤2월 乙亥(2일), 20-690.
73) 『宣祖實錄』권117, 宣祖 32년 9월 丙寅(20일), 23-682.
74) 『世宗實錄』권6, 世宗 1년 11월 庚午(30일), 2-347.

는 것이다. 식량 부족으로 죽을 만들어 먹고 있지만 그마저도 충분치 못한 것이다.

세조 3년(1457), 사간원 좌사간 김종순(金從舜) 등은 굶주린 이들에게 죽조차 여의치 못한 모습을 다음과 같이 언급했다.

> 우리나라에서 근년 이래로 기근(饑饉)이 서로 잇달아서, 지난해에 이른 가뭄과 늦은 장마로 볏곡식[禾稼]이 풍년들지 못하였는데, 남쪽 지방은 더욱 심하여 백성들이 생업(生業)을 잃고 유리(流離)하여 굶주려 죽어가며, 능히 전죽(饘粥)을 이어갈 수 있는 자도 백에 한두 사람 밖에 아니 된다. 풀 열매[草實]를 줍고 소나무 껍질[松皮]을 벗겨서 아침 저녁의 목숨을 연장해간다.[75]

흉년이 들어 죽을 먹을 수 있는 자도 백에 한두 사람에 불과하다는 것이다. 대부분은 죽조차 먹지 못하고, 초실과 송피로 연명하고 있다는 것이다. 기근이 심하면 죽조차도 제대로 먹지 못했던 것이다. 선조 12년(1579) 3월, 조강이 끝나자 김우옹(金宇顒)은 자신이 영남에 있을 때, 백성들의 기근이 너무 극심하여 미죽(糜粥)도 이어가지 못하고 있었다고 발언했다.[76] 기근이 심하면 미죽도 이어가기 어려운 것이다.

봄에 식량이 떨어지면, 보통의 죽조차 확보하지 못하고, 익지 않은 양맥의 이삭으로 죽을 만들어 먹는 사태도 발생했다. 성종 24년(1493) 8월, 해마다 실농하여 봄철에 곡식이 떨어질 때에 이르면 백성들이 굶주려서 얼굴빛이 짙게 검어지며, 밀·보리가 처음 패자 성숙하기를 기다리지 못하고 이삭을 뽑아다가 죽을 만들어 마시나 얼굴빛은 여전하

---

75) 『世祖實錄』권8, 世祖 3년 7월 乙亥(14일), 7-210.
76) 『宣祖實錄』권13, 宣祖 12년 3월 辛未(26일), 21-355.

다는 것이다.77) 봄철 식량의 부족으로 양맥이 패자 이삭을 뽑아 죽을 만들어 먹는다는 것이다. 4월 초부터 익지 아니한 가을보리를 미리 베어 찧어서 즙(汁)을 내어 죽을 끓여 먹기도 했다.78) 극도의 식량 불안정 속에서 제대로 된 죽조차 마련하지 못하고 익지 않은 양맥의 이삭으로 죽을 쒀 먹는 것이다.

식량이 부족해지면 일반 민부터 고통을 겪게 되지만, 심한 경우 지배층도 식량난에 놓이게 된다. 중종대 평안·황해 두 도는 봄부터 여름까지 가물어 비가 내리지 않았으며, 먹을 수 있을 만큼 익은 곡식이 하나도 없어, 백성 중에서 가난한 자는 이미 흩어졌고 부자도 겨우 죽을 먹을 수 있을 뿐이라는 언급이 있다.79) 부자도 겨우 죽을 먹는 상황이라는 것이다.

경중(京中)의 사람도 식량난으로 죽을 먹는 일이 많았다. 광해군 12년(1620) 올해 기근으로 인해 경중의 사서(士庶)의 집안에서 죽으로 풀칠하는 이가 반이라는 좌승지의 지적에서80) 알 수 있다. 경중에서 죽조차 못먹는 이가 많았음을 확인할 수 있는데, 외방은 이보다 더욱 심각했을 것이다.

식량 부족 상황에서 어쩔 수 없이 죽을 먹지만, 그것은 빈곤을 의미하기 때문에 창피한 일이었다. 명종 9년(1554) 서울은 풍습이 사치를 숭상하는데 더욱이 죽 먹는 것을 수치로 여겨 아침에 좋은 밥을 먹고는 저녁에는 밥을 못 짓는다고 했다.81) 서울 사람들이 죽 먹는 것을 부끄

---

77) 『成宗實錄』권281, 成宗 24년 8월 丁卯(5일), 12-378.
78) 『明宗實錄』권7, 明宗 3년 4월 戊辰(23일), 19-589.
79) 『中宗實錄』권29, 中宗 12년 9월 戊寅(5일), 15-328.
80) 『光海君日記(中草本)』권52, 光海君 12년 1월 壬寅(23일), 30-287.
81) 『明宗實錄』권17, 明宗 9년 11월 壬戌(25일), 20-247.

러워한다는 지적이다.

심한 굶주림에 놓인 이들은 먹는 것을 조심해야 했다. 여러 날 굶어서 지쳐서 쓰러진 기민은 장수(漿水)를 먹이면 즉시 죽는 법이니, 먼저 죽물[粥水]을 식힌 뒤 서서히 삼켜서 점차 주린 배를 축인 다음 먹을 것을 주어야 했다.[82] 처음부터 죽 이외의 것을 제공하면 탈이 난다는 것이다.

주리고 피곤한 사람이 거친 밥[糲飯]을 단번에 과식하면 병나게 되는 일도 없지 않으니 쌀·콩·소금·장[米豆鹽醬]을 절반으로 감하여 주며, 기운이 약한 사람은 먼저 미죽(糜粥)으로 구제하여 기운이 충실해진 뒤에 더 줘야 했다.[83] 굶주린 이가 과식하면 병이 나는 법이고, 기약(氣弱)한 사람은 먼저 미죽으로 진휼하고 기운을 회복한 뒤에 추가 지급하라는 것이다.[84] 심히 굶주린 이들에게는 먼저 죽을 제공하고 기운이 돌아온 뒤에 다른 음식을 제공해야 하는 것이었다.[85]

곤궁한 상태에서 굶지 못해 마지막으로 먹는 것이 죽이었다. 죽마저 여의치 못하면 유리할 수밖에 없었다. 국가 차원에서 진휼하는 경우, 대개는 죽을 쒀서 제공했다. 떠돌이 기민에 대한 진제는 죽을 제공하는 것이 일반적이었다. 개인 차원에서 진휼에 참여하는 경우에도 죽을 만들어 제공했다.

---

82) 『世宗實錄』권107, 世宗 27년 2월 丁未(3일), 4-606.

83) 『燕山君日記』권49, 燕山君 9년 3월 己巳(2일), 13-549.

84) 조선후기에도 비슷한 언급이 보인다. 굶주려 피곤해서 죽게 된 사람에게 갑자기 밥을 먹이거나, 뜨거운 음식물을 먹게 하면 반드시 죽게 되므로 먼저 장즙(醬汁, 간장)을 물에 타서 마시게 한 다음에 식은 죽[涼粥]을 주고 그가 소생하기를 기다려서 점점 죽(粥)과 밥[食]을 주어야 한다고 했다(洪萬選, 『山林經濟』권3, 救荒).

85) 『救荒撮要』에서도 굶주린 이가 밥을 급하게 먹거나 더운 죽을 먹으면 반드시 죽게 된다고 지적했으며, 날(간)장을 물에 풀어 먹이고 그 다음에 식은 죽을 먹이며 기운을 차린 뒤 차츰 죽과 밥을 먹여야 한다고 기술했다(서종학, 2011 『굶주림과 질병을 이겨낸 조상의 지혜 - 구황촬요 -』, 채륜, 62~63면).

1인당 진휼 명목으로 죽을 제공할 때, 소요되는 곡식의 양은 매우 적었다. 선조 26년 10월, 병조의 계문 내용은 다음과 같다. 지금 진제장의 규식(規式)을 듣건대 장정 남자 1명의 한 끼니를 쌀 2홉으로 죽을 끓여 먹인다고 한다. 사역시킬 수 없는 노약자로서 하는 일 없이 가만히 앉아 있는 사람들은 그래도 연명할 수 있지만 위졸(衛卒)이나 역졸(驛卒)로서 동분서주하느라 한번도 쉴 틈이 없는 사람들은 하루 4홉을 먹고는 결코 지탱하기 어렵다고 했다.[86] 장정 남자 1인에게 한 끼에 쌀 2홉으로 죽을 쒀 먹이는데, 위졸·역졸에게는 부족하다는 것이다. 성인 남성 1인당 한 끼에 최소한으로 제공하는 것이 쌀 2홉이었음을 알 수 있다.

선조 26년 12월, 비변사의 계문에, 경성의 다섯 군데 진제장(賑濟場)에 호조에서 지급하는 곡식이 하루에 15석(石)인데 1인당 3홉씩으로 죽을 쑤어 먹이고 있다는 내용이 보인다. 그리고 15석으로 7천 명을 먹일 수 있다고 언급했다.[87] 1인당 3홉으로 정해졌으므로[88] 15석으로는 7,500명을 진휼할 수 있었다.[89] 죽을 쒀서 제공하는 경우 쌀이 1인당 한 끼에 2홉, 3홉이 필요함을 알 수 있다.

조선후기에는 쌀을 가루로 만들어 죽을 쒀 진휼하는데, 쌀 1승(10홉)으로 쌀가루 2.5승(25홉)를 만들 수 있고, 쌀가루 1홉으로 한 사람에게 한 끼의 죽을 제공할 수 있다고 한다. 쌀 2홉으로 쌀가루 5홉을 만들 수 있으니 결국 2홉의 쌀로 5인을 진휼할 수 있다는 것이다.[90] 이처럼 후

---

86) 『宣祖實錄』권43, 宣祖 26년 10월 丙戌(6일), 22-107.
87) 『宣祖實錄』권46, 宣祖 26년 12월 癸酉(24일), 22-194.
88) 쌀 3홉으로 한 끼를 마련한 것인지, 두 끼를 마련한 것인지는 명확하지 않다. 여기에서는 한 끼로 보고서 논리를 전개하고자 한다.
89) 15석=225두=2,250승=22,500홉. 22,500홉÷3홉=7,500명.
90) 서종학, 2011 앞의 책, 88~89면 ; 洪萬選, 『山林經濟』권3, 救荒 ; 丁若鏞, 『牧民心書』, 賑荒 6조, 제5조 補力.

기에 가면 쌀가루 1홉(=쌀 0.4홉)으로 1인을 구휼할 수 있다는 것으로 바뀌고 있다. 동일한 쌀로 5배의 사람을 구제할 수 있는 것이다. 조선후기에는 엄청난 다수의 사람을 구휼할 수 있게 된 것이다. 아마 구황식물 등을 많이 첨가하기 때문으로 추측된다.

국가에서 진휼할 때 다양한 먹거리를 제공하지만, 그 먹거리는 사정에 따라 다양할 수밖에 없다. 지방마다 비축한 식자재 종목에 차이가 있고, 여유분의 차이가 있기 때문이다. 그럼에도 공통된 것은 죽이었다. 세종대 흥복사(興福寺) 구료소(救療所)에서 죽으로 구휼하고 있었다. 세종 4년 9월, 굶주린 백성으로 서울로 오는 자가 연달아 저자[市]에서 걸식했다. 구료소를 흥복사에 설치하라 명령하고, 죽을 쑤어 놓고 주는데, 부정(副正) 윤성지(尹誠之)와 승려 탄선(坦宣)에게 그 일을 맡게 했다. 덕분에 생명을 보전하여 살아난 자가 많았다.[91] 명종 3년 4월, 진제청(賑濟廳)으로 하여금 종루 앞에 진제장을 설치해 죽을 만들어 구활하도록 했다.[92] 진제장에서 죽으로 구활하는 것이다. 명종 10년 진휼청(賑恤廳)이 굶주리는 백성들을 죽미(粥糜, 죽)로 구제하고 있다고 언급했다.[93] 구료소·진제장에서 죽으로 진휼하고 있는 것이다.

진휼청에서 미죽(糜粥)으로 구제하는 일은 더 찾아진다. 선조 26년 10월, 병란을 겪어서 도성 안이 크게 굶주려 쓰러진 시체가 즐비했는데, 진제장 5곳을 설치하여 미죽을 끓여 나누어 구휼하도록 명하고, 국왕이 친히 임하여 면대해서 지급하기도 했다.[94]

---

91) 『世宗實錄』권17, 世宗 4년 9월 甲子(10일), 2-500.
92) 『明宗實錄』권7, 明宗 3년 4월 庚午(25일), 19-590.
93) 『明宗實錄』권18, 明宗 10년 1월 辛丑(5일), 20-252.
94) 『宣祖修正實錄』권27, 宣祖 26년 10월 辛巳(1일), 25-643.

외방의 진제에서도 죽을 제공한 사례가 찾아진다. 세종 19년 함흥부 (咸興府) 감영(監營)에 저축되어 있는 쌀과 간장으로 죽을 끓여 아침저 녁으로 진휼하여 주었다는 내용이 보인다.[95] 충청도 내 여러 곳에서 진 제장을 설치하고 쌀죽[米粥]과 황각(黃角)과 미역 등 물품을 주되, 직책 이 있는 자를 택하여 그 일을 맡게 해서 식구를 계산하여 절용(節用)하 고, 또 승도 중에 자비심이 있는 자를 택해서 그 삶고 익히는 것을 위임 하여 조석으로 진휼 공급하게 했다.[96] 함경도와 충청도에서 죽 혹은 쌀 죽을 제공해서 진제하고 있었던 것이다.

장죽(漿粥)으로 진휼한 경우도 보인다. 성종 20년 경상도 감사가 영 산(靈山) 수령 신담(申澹)이 진제를 충실하게 이행한 사실을 보고했다.

> 을사년(성종 16, 1485) 흉년에는 백성들이 거의 죽을 지경에 이르 렀는데, 신담이 진휼(賑恤)하는 데 성의를 다하여 장죽(漿粥)을 짐바 리에 싣고 민간을 두루 돌아다니면서 굶주리는 자를 만날 때마다 어 루만져 먹였기 때문에 마침내 한 사람도 굶어 죽은 자가 없었다고 한다.[97]

신담이 수령으로 재직하면서 굶주린 이들을 장죽을 갖고 다니면서 구제한 것이다. 중종 8년(1513), 경차관(敬差官) 한효원(韓效元)이 장죽 을 갖추어 벽지를 두루 다니면서 성심껏 구제하여 살아난 사람이 많았 다.[98] 장죽을 갖고 다니면서 친히 구제한 것이다.

---

95) 『世宗實錄』권76, 世宗 19년 1월 壬辰(2일), 4-47.
96) 『世宗實錄』권76, 世宗 19년 1월 癸卯(13일), 4-50.
97) 『成宗實錄』권227, 成宗 20년 4월 丁未(19일), 11-467.
98) 『中宗實錄』권18, 中宗 8년 6월 壬寅(5일), 14-664.

전죽(饘粥. 죽)을 직접 갖고 다니면서 구휼하기도 했다. 성종대 정갑손(鄭甲孫)이 함길도 관찰사로 있을 때 전죽을 가지고 다니면서 빈궁한 마을들을 구휼(救恤)하여 굶어 죽은 백성들이 없었다.[99] 중종대 안산(安山) 군수(郡守) 남궁숙(南宮淑)은 흉년이 되었을 때 친히 전죽을 가지고 단기(單騎)로 촌락(村落)을 드나들며 마음을 다해 구제한 결과 온 지경이 완전히 살아나게 되었다.[100] 명종대 흉년을 맞아 진제경차관이 여러 고을을 순방하며 전죽을 준비하여 여항(閭巷)을 드나드는 동안 구렁에 구르는 시체는 부지기수였다.[101] 전죽을 친히 가지고 다니면서 빈궁한 이들을 구휼한 것이다.

전죽초식(饘粥草食)으로 굶주리는 이들을 구휼하도록 건의한 기록도 있다. 중종 36년, 좌의정 홍언필(洪彦弼)은 수령이 전죽(饘粥)이나 초식(草食) 등의 음식물을 가지고 마을을 다니면서 정성을 다하여 구제한다면 굶주리는 백성이 죽음을 면할 수 있을 것이라고 건의했다.[102] 수령이 전죽·초식 등을 갖고 마을을 출입하면서 마음을 다해 구휼하면 기아민이 죽음을 면할 수 있을 것이라는 것이다. 진휼할 때 중심은 역시 죽이었던 것이다.

죽만이 아니라 밥을 제공하는 경우도 있었다. 세종대 함길도에서 도의 계수관(界首官) 및 각 고을의 읍내나 혹은 수령의 청사 앞, 혹은 원(院)·관(觀)에 적당하게 움집과 가가(假家)를 짓고, 수령이 항상 친히 감독하여 밥이나 죽을 적당하게 먹이니, 경내(境內)의 굶주린 백성들이

---

99) 『成宗實錄』권138, 成宗 13년 2월 壬子(13일), 10-297.
100) 『中宗實錄』권103, 中宗 39년 5월 辛亥(14일), 19-86.
101) 『明宗實錄』권16, 明宗 9년 2월 庚辰(9일), 20-183.
102) 『中宗實錄』권96, 中宗 36년 11월 乙巳(23일), 18-521.

소문을 듣고 많이 모여 들었다.103) 진휼할 때 밥이나 죽을 편의에 따라 제공한 것이다.

미죽(糜粥)과 콩가루[豆末]로 진휼한 내용도 보인다. 세종 25년 9월, 함길도는 지난해 실농해 각 고을 수령이 진제장을 설치하고 혹은 미죽으로, 혹은 콩가루로 진휼하지만, 관가의 저축이 떨어져서 그것을 계속하기 어렵다는 계문이 있었다.104) 미죽과 두말로 진휼하고 있는 것이다.

진제에서 죽미염장(粥米鹽醬)이 사용되는 예도 있었다. 태종 16년 (1416) 2월, 노역과 질병으로 스스로 관가에 와서 진제를 받을 수 없는 자에게 수령이 죽 · 쌀 · 소금 · 장[粥米鹽醬]을 갖고 친히 마을을 다니면서 인구를 계산해 직접 주도록 했다.105) 수령이 친히 죽미염장을 갖고 다니면서 진제를 한 것이다. 병든 채석군(採石軍)에게 소금 · 장 · 죽 · 쌀을 제공한 예도 보인다.106)

궁민을 진휼할 때 죽 이외에 초식, 쌀, 염장, 콩가루 등을 활용하기도 했지만, 대부분의 경우 중심은 죽 · 전죽이었다. 진제에서 죽이 차지하는 중요성을 확인할 수 있게 한다.

진제장에서 죽을 제공하지만 양이 부족한 경우도 있고, 잡물을 섞어 문제를 일으키기도 했다. 곡식 부족으로 아침에 죽 한 그릇을 제공하는 데 그친 일도 있었다. 선조 26년 9월, 진제장에서 사람은 많고 곡식은 적어서 아침 저녁으로 음식을 제공할 수가 없게 되어 아침에는 죽 한 그릇을 주고 저녁에는 몸을 움직일 수 없는 자 이외에는 모두 보냈다.107)

---

103)『世宗實錄』권76, 世宗 19년 2월 丙寅(6일), 4-52.
104)『世宗實錄』권101, 世宗 25년 9월 癸酉(22일), 4-510.
105)『太宗實錄』권31, 太宗 16년 2월 己丑(26일), 2-103.
106)『世宗實錄』권16, 世宗 4년 7월 乙丑(10일), 2-487.
107)『宣祖實錄』권42, 宣祖 26년 9월 丁巳(6일), 22-95.

진제장에서 제공하는 죽이 부실해져서 물과 같고, 겨와 잡물을 섞는 경우도 있었다. 관원의 부정도 있었을 것이고, 곡식의 부족도 원인이었을 것이다. 선조 26년 11월, 도로의 기민(飢民)들이 진제장에서 제공하는 죽(粥)이 물과 같고 강비(糠粃 : 겨와 쭉정이)와 잡물이 섞였다고 호소했다. 진휼사가 남아 있는 죽을 보니 과연 호소하는 말과 같았다. 마당에 있는 미처 공급받지 못한 사람들도 일시에 원통하다 하기에 즉시 다른 죽을 마련하여 먹였다.[108] 죽을 제공하는 데 그마저 물과 같거나 강비와 잡물을 섞은 열악한 것이었다. 비슷한 때에 한성의 남부(南部) 참봉(參奉) 김천주(金天柱)는 진제 감관(監官)으로 죽을 끓이는 것을 감독하지 않아 죽을 맹물같이 만들었고 또 강비까지 섞었기 때문에 기민들이 원통함을 호소했다.[109] 진제장에서 제공하는 죽이 강비·잡물이 섞이거나 맹물과 같이 열악한 수가 있었던 것이다.

개인이 쌀로 죽을 만들어 기민을 구제하는 일도 보인다. 선조 26년, 공주(公州)에 사는 박축(朴軸)은 쌀로 죽을 끓여 기민을 구제하여 살려낸 이가 3백여 명이나 되었다.[110] 개인 차원에서 기민을 구제할 때에도 죽을 쒀서 주는 것이다.

굶주린 이들을 진휼하는 경우, 제공하는 것은 다양했다. 지방의 비축한 내용물에 따라, 또 그 내용물의 규모에 따라 상이했다. 염장과 미곡을 제공하는 경우도 있었지만 일관되게 제공하는 것은 죽이었다. 죽은 소량으로 많은 이들에게 제공할 수 있었기 때문에 매우 일반화된 구황식이었다. 3홉 또는 2홉의 쌀로 만든 죽은 한끼의 식사량이 될 수 있었

---

108) 『宣祖實錄』권44, 宣祖 26년 11월 癸亥(13일), 22-122.
109) 『宣祖實錄』권44, 宣祖 26년 11월 丙子(26일), 22-130.
110) 『宣祖實錄』권44, 宣祖 26년 11월 丁丑(27일), 22-131.

다. 조선후기에는 쌀가루 1홉(=쌀 0.4홉)이 한 사람의 한끼 식사량으로 가능했다. 진휼로 죽을 제공할 때, 구휼을 담당하는 이들이 물을 많이 섞는다든가, 강비 등 이물질을 섞어 분량을 늘림으로써 기민들은 충분한 식사량을 확보할 수 없는 경우도 있었다. 당연히 죽에는 구황식물 등이 첨가되었을 것이다.

5. 구황식물로 죽 만들기

구황식물의 가공에는 여러 방법이 있었지만 가장 보편적인 것은 죽을 쑤는 것이었다. 산에서 확보하는 구황식물은 다양했다. 열매·줄기·뿌리·잎·껍질 등을 활용할 수 있었다. 도토리와 밤은 열매를 이용하고, 칡과 도라지·더덕 등은 뿌리를 활용하며, 고사리 및 나물 종류는 잎과 줄기를 사용했다. 그리고 껍질을 활용하는 경우도 있었다. 산에서 얻는 구황식물 가운데 죽을 만들 수 있는 것은 도토리, 밤, 소나무의 껍질과 잎, 도라지, 칡, 고사리 등이었다.

도토리[橡實]는 죽을 만들 수 있는 중요한 구황식물이었다. 도토리에는 쓴 맛이 있으므로 식용으로 하려면 그것을 제거하지 않으면 안 되었다. 도토리는 열매를 말려서 껍질을 벗긴 다음, 알맹이를 물에 담가서 아린 맛(탄닌 성분)을 제거해야 먹을 수 있었다. 도토리를 식량으로 사용하는 경우 삶거나 쪄서 먹는 것이 흔한 것으로 보인다.

자(煮, 찌는 것)·증(蒸, 삶는 것)과 달리 먹는 방법도 있었다. 도토리를 찧어 가루로 만들어 독에 쌓아놓고 먹거리로 삼았다.[111] 식량이 부

---

111) 『續東文選』권3, 花山十歌 花山安東別號(俞好仁).

족한 상황에서 음식으로 섭취할 때는 도토리 가루를 물에 섞어 죽의 형태로 만들었을 것이다. 이때 채소나 나물을 섞어 죽의 양을 늘렸으리라 여겨진다.

밤[栗]은 생으로 먹는 방법이 있고, 굽거나 삶아 먹는 방법도 있었다. 그리고 곡식과 섞어 죽으로 먹는 방법도 있었다. 구황을 위해 밤을 섭취할 때는 죽으로 만들어 먹는 것이 가장 흔했을 것으로 판단된다. 밤가루와 쌀가루를 섞어 죽을 쑤는 것이 가능했다.[112]

소나무는 죽을 쑤는 데 매우 중요했다. 소나무 속껍질은 다양한 방식으로 섭취할 수 있었다. 수액이 유동할 때는 이것을 생식할 수 있었다. 그것을 씹어 영양분을 섭취하고 섬유질을 버리는 것이다. 소나무 껍질을 입에 넣고 먹는다는 것은[113] 껍질을 씹어 영양분을 섭취하고 섬유질을 버린다는 의미로 읽힌다.

다른 하나는 소나무 껍질을 말린 다음 가루로 만들어 먹는 법이 있었다. 임진왜란 시에 소나무 껍질을 가루로 만들어 전투 식량으로 삼은 예가 있었다.[114] 송피를 식량으로 삼아 섭취하는 경우 이처럼 가루로 만들어 사용하는 수가 적지 않았을 것이다. 이때 가루를 쌀과 섞어 죽을 쒀서 먹을 수 있었으니, 이것이 이른바 송피죽(松皮粥)이다.

소나무 껍질만을 식용으로 한 것이 아니라 솔잎도 널리 식용으로 삼았다. 솔잎을 씻어 말린 후 찧어 가루를 만든다. 또 다른 방식은 솔잎을

---

112) 『한국민족문화대백과사전』(https://encykorea.aks.ac.kr/), 밤죽 항목 참조.

113) 丁若鏞, 『茶山詩文集』권7, 荒年水村春詞十首 癸巳春.

114) 『宣祖實錄』권49, 宣祖 27년 3월 戊子(10일), 22-236. 楡皮[느릅나무 껍질]도 가루로 만들어 전투 식량으로 사용했다. 소나무·느릅나무의 활용에 대해서는 김영완, 2022 「조선시대 문헌에 나타난 구황식물 양상 - 소나무·느릅나무를 중심으로 -」 『인문학연구』63, 조선대 인문학연구원 참조.

따다가 절구에 찧어 즙을 빼고 덩어리를 지은 후 이를 온돌이나 양지에 말렸다가 다시 찧어 가루를 내는 것이다. 솔잎가루를 곡식가루와 섞어 죽을 쑤어 먹는 것이다. 솔잎을 먹으면 변비가 발생하는데, 이를 해결하기 위해 느릅나무 껍질을 우려낸 물을 넣거나 느릅나무 껍질 가루를 첨가하면 좋은데 이렇게 하면 쓴맛이 배가되는 문제가 있었다.[115]

솔잎가루로 죽을 쒀 먹는 구체적인 방법이 전한다. 솔잎가루 3홉, 쌀가루 1홉, 유피즙 1되를 섞어 죽을 만들 수 있었다.[116] 통상 2, 3홉의 쌀이 필요한데 솔잎가루를 넣어 죽을 쑨다면 쌀가루 1홉(쌀 0.4홉)으로 가능하다는 것이다.

솔방울도 죽을 만드는 데 활용할 수 있었다. 성종 16년(1485) 6월, 한명회가 송자(松子, 솔방울)를[117] 썰어 쌀가루와 섞어 먹으면 좋다고 했다.[118] 솔방울 가루와 쌀가루를 섞어 죽을 만들어 먹었을 것이다. 이처럼 소나무의 속껍질, 솔잎, 솔방울 등을 죽으로 가공해 섭취할 수 있었던 것이다.

도라지[桔梗]는 죽을 만드는 데 탁월한 식자재였다. 도라지는 봄에서 가을에 걸쳐 캐는데, 날것을 그대로 먹기도 하고 말려서 갈무리했다가 수시로 먹기도 한다. 도라지를 요리하자면 미리 1, 2일간 물에 담가 쓴 맛을 우려내고, 섬유질을 부드럽게 하는 것이 필요했다. 부족한 곡물을 보충하기 위해 도라지밥을 만들어 먹기도 했다.[119]

---

115) 김호, 2014 「사람 살리는 맛 - 굶주린 백성에게 솔잎을 -」『18세기의 맛』, 문학동네 참조.
116) 서종학, 2011 앞의 책, 78~79면 ; 洪萬選, 『山林經濟』권3, 救荒.
117) 松子는 솔방울과 잣의 의미를 가지고 있는데 여기서는 솔방울을 가리키는 것으로 보아야 한다.
118) 『成宗實錄』권180, 成宗 16년 6월 戊戌(19일), 11-28.
119) 『한국민족문화대백과사전(https://encykorea.aks.ac.kr/)』, 도라지 항목 참조.

구황식으로서는 도라지 가루로 죽을 쒀서 먹는 방법이 대표적이었다. 도라지 가루 1숟갈, 잡채(雜菜) 한 웅큼, 장염(醬鹽) 각 한 숟갈을 섞어 끓이면 한 사람의 굶주림을 구제할 수 있다는 국왕의 전교가 있었다.[120) 곡식을 섞지 않고 죽을 만드는 것이다.

세종대 호조판서 이견기(李堅基)는 도라지를 물에 담갔다가 볕에 말려서 만든 굵은 가루 세 숟가락, 조미(糙米) 가루 한 숟가락, 채소 한 줌과 염장(鹽醬) 반 숟가락과 물 한 사발을 섞어 버무려 죽을 끓여서 한 사람이 이를 먹으면 한 때의 배고픔을 면할 수 있으며, 또한 부종(浮腫)도 나지 않는다고 주장했다.[121) 이처럼 도라지 가루로 죽을 쒀서 먹는 것이 도라지를 활용한 가장 일반적인 구황법이었던 것으로 이해된다.

칡도 죽을 만들 수 있는 구황식물이었다. 칡뿌리를 채취해 껍질을 벗긴 뒤 씹어서 즙을 먹은 다음 섬유질을 버리는 것은 상당히 오래전부터 있었던 것으로 생각된다. 칡을 그렇게 먹는 것은 기호 활동의 일환이지 식량을 크게 돕는 것은 아니었다. 칡을 끼니를 돕는 음식으로 만들기 위해서는 가루(앙금)를 얻는 것이 필요했다. 칡의 앙금을 만드는 방법은 다음과 같다. 칡의 껍질을 벗긴 다음 찧는다. 찧은 칡을 보자기에 넣고 물에 담궈 앙금을 앉힌다. 그 앙금을 잘 말려 분쇄하면 칡분말이 된다.[122)

조선초 칡뿌리를 먹는 방법에 대해 관심을 갖고 널리 알리려고 했다.[123) 성종 16년, 한명회가 왜인들이 칡뿌리를 먹는다고 들었다면서

---

120) 『世宗實錄』권74, 世宗 18년 8월 戊子(25일), 4-27.
121) 『世宗實錄』권115, 世宗 29년 2월 丁巳(25일), 5-8.
122) 『한국민족문화대백과사전(https://encykorea.aks.ac.kr/)』, 칡 항목 참조 ; 洪萬選, 『山林經濟』권3, 救荒.
123) 『世宗實錄』권75, 世宗 18년 12월 癸未(22일), 4-44 ; 『成宗實錄』권6, 成宗 1년 6월

시험삼아 갈근(葛根)을 취해 껍질을 벗겨 말려 가루로 만든 다음 곡식과 섞어 죽을 만들어 먹으면 장(腸)을 채울 수 있다고 했다. 본인도 일찍이 해본 적 있다고 하면서 지금 이를 써서 구황하면 편리할 것이라고 했다. 이에 국왕이 관심을 갖고 시험해 보고자 했다.[124] 국왕이 주도해 시험한 뒤 그 효과를 인지하고 널리 보급했을 것으로 추정된다. 부족한 곡식을 칡의 가루로 보완함으로써 해소하려는 것이다. 또한 갈분과 멥쌀가루를 넣고 죽을 쒀서 먹으면 좋다고 한다.[125] 죽을 만드는 과정에서 푸성귀를 섞음으로써 양을 불렸을 것이다.

고사리도 죽을 만드는 데 활용할 수 있었다. 봄에 채취한 고사리의 줄기와 잎은 나물로 만들어 섭취하는 것이 보통이었다. 고사리의 뿌리를 활용하면 죽을 만들 수 있었다. 가을에 고사리 뿌리를 캐내어 절구에 찧어, 이것을 푸대에 넣어 잘 주물러 녹말을 얻는다. 고사리 녹말로 떡이나 풀을 만든다고 하는데, 아마 죽을 만드는 데 사용하기도 했을 것이다. 고사리 뿌리를 활용해 가루를 얻는 것이 구황에 중요했을 것으로 여겨진다.[126]

여러 종류의 나무껍질을 구황식으로 활용하기도 했다. 중종 8년(1513) 3월, 함경도 진휼경차관(賑恤敬差官) 한효원(韓效元)이 치계(馳啓)한 내용에, 유목피(楡木皮)·추목피(楸木皮)·가려손목피(加呂遜木皮)·명회목(明灰木) 등을 썰어 볶아서 가루를 만들어 섞어 먹는 것이 언급되어 있다.[127] 여러 나무껍질을 볶아 가루로 만들어 먹는 것이다.

乙卯(8일), 8-507.

124) 『成宗實錄』권180, 成宗 16년 6월 戊戌(19일), 11-28.

125) 서종학, 2011 앞의 책, 143면.

126) 『한국민족문화대백과사전(https://encykorea.aks.ac.kr/)』, 고사리 항목 참조.

127) 『中宗實錄』권18, 中宗 8년 3월 庚辰(11일), 14-649.

볶아 가루로 만든 다음 장이나 물과 섞어 먹거나 죽의 형태로 만들어 섭취했을 것으로 보인다.

산에서 얻는 구황식물인 도토리, 밤, 소나무의 껍질과 잎·솔방울, 도라지, 칡뿌리, 고사리 뿌리, 기타 나무껍질 등에서 앙금이나 가루를 확보한 다음 그것으로 죽을 쒀서 섭취할 수 있었다. 산에서 나는 구황식물은 구황식으로 죽을 만들어 먹을 수 있는 매우 중요한 식자재 역할을 했다.

들나물도 다양한 방식으로 조리되어 식용으로 전환되었다. 자연에서 채취하는 들나물은 주식(主食)보다는 부식·반찬으로 활용하는 수가 많았다. 데치거나 삶아 먹기도 하고, 또 생으로 먹기도 했다. 각종 양념을 첨가해 맛을 높일 수 있었다. 나물은 각종 비타민과 섬유질을 포함하고 있는 것이 장점이지만, 탄수화물·지방·단백질 등 필수 영양소를 적게 지니고 있었다.

나물이 주식의 위치를 차지하는 것은 매우 드문 일이었다. 궁핍할 때는 이것을 주식의 위상으로 높여 식용화했다. 들나물을 구황식으로 활용할 때 가장 흔한 조리법은 죽을 만드는 것이다. 세종대 강원도 기민을 대상으로 쌀과 콩을 지급하여 초엽(草葉)으로 혼식하도록 한 일이 있었다.[128] 초엽을 쌀·콩과 섞어 먹는데, 아마 죽을 만들어 섭취했을 것이다.

성종 16년 8월, 경상도 진휼사 한치형의 계문 내용에, 1, 2홉의 쌀과 장염(醬鹽), 소채(蔬菜)를 섞어 죽을 만들어 먹으면 요기할 수 있다는 것이 보인다.[129] 소채를 구황식으로 하는 경우, 다소의 쌀과 염장에 그것을 넣고 끓여 죽을 만들었던 것이다. 소채 단독이 아니라 약간의 쌀을 섞어서 죽을 만들어야 먹을 수 있고 또 양도 불릴 수 있는 것이다.

---

128) 『世宗實錄』권23, 世宗 6년 1월 辛巳(4일), 2-571.
129) 『成宗實錄』권182, 成宗 16년 8월 癸卯(25일), 11-50.

죽을 쒀서 먹는 구체적 들나물은 여럿 들 수 있다. 우선 쑥이 그것이다. 조선후기에 정약용(丁若鏞)은 가을이 되기도 전에 기근이 들어 들에 푸른 싹이라곤 없었으므로 아낙들이 쑥을 캐어다 죽을 쒀어 그것으로 끼니를 때웠다고 언급했다.130) 쑥을 캐서 죽을 쒀 먹고 있음을 알려준다.

방풍으로도 죽을 쒀다[防風粥]. 2월에 해가 뜨기 전에 이슬을 맞으며 처음 돋아난 방풍의 싹을 딴다. 곱게 찧은 쌀로 죽을 끓이다가 반쯤 익었을 때 방풍 싹을 넣으면 죽이 된다. 다 끓으면 찬 사기 그릇에 담아 뜨뜻할 때 먹으면 달콤한 향기가 입에 가득하다고 했다.131) 곱게 찧은 쌀로 죽을 끓이다가 방풍 싹을 넣어 방풍죽을 만드는 것이다.

율무로 죽을 만들어 먹기도 했다. "율무를 새로 끓이매 흰 죽이 향기로워라(薏苡新炊白粥香)"라는132) 시구에서 율무죽을 볼 수 있다. 율무는 자연산도 있고 재배도 하기 때문에 들나물로 단정할 수는 없지만 들나물인 경우도 적지 않을 것이다.

냉이도 죽을 만들 수 있었다. 냉이[薺菜]는 성질이 온(溫)하여 위장을 화하게 만들고 오장(五臟)을 이롭게 만드는데, 죽을 쒀어 먹으면 피를 끌어 간(肝)으로 돌아가게 만들었다.133) 냉이죽의 존재를 알려준다. 그리고 차조기[紫蘇]도 가을에 열매를 많이 맺으니 갈아서 죽을 끓여 먹을 수 있었다.134) 차조기는 열매로 죽을 만들어 먹을 수 있는 드문 들나물이었다.

그밖에 미나리, 비름나물 등도 죽을 만들어 먹었을 것이다. 그렇지만

---

130) 丁若鏞,『茶山詩文集』권5, 采蒿 閔荒也 未秋而饑 野無青草 婦人采蒿爲饗 以當食焉.
131) 許筠,『惺所覆瓿藁』권26, 說部5, 屠門大嚼, 防風粥.
132) 徐居正,『四佳詩集補遺』권1, 朝坐.
133) 서종학, 2011 앞의 책, 164~165면 ; 洪萬選,『山林經濟』권3, 救荒.
134) 李應禧,『玉潭私集』, 萬物篇, 蔬菜類.

들나물은 대체로 필수 영양소가 적기 때문에 곡식이 첨가되지 않으면 끼니 역할을 하는 죽을 만드는 것이 쉽지 않았다.

바다에서 채취하는 구황식물은 대체로 해조류였다. 해조류를 구황식으로 삼을 때 가공하는 방법은 두 가지가 있었던 것으로 보인다. 하나는 가루로 만들어 먹는 것이고, 다른 하나는 죽을 쒀서 먹는 것이다. 기타 반찬으로 먹는 것도 있다. 김이 대표적인 반찬이었다.

중종대 함경도의 실농한 각 고을에서 유리행걸(流離行乞)하는 이가 많은데, 바다에서 나는 홍채(紅菜)·황곽(黃藿) 등을 잘게 썰어 말려 가루로 만들어 먹고 있다는 언급이 보인다.135) 곤궁할 때에 해조류 가루를 섭취하는 것이다. 말린 가루로 장이나 물과 섞어 먹거나 죽을 쒀서 먹었을 것으로 추측된다.

미역과 새우로 죽을 만들어 궁한 이에게 제공하는 방법도 있다. 가마솥을 갖추고 소금과 간장·미역·마른 새우를 갖춰 이것으로 죽을 쒀어 제공하는 것이다.136) 미역과 새우를 활용해 만든 죽에 곡물을 첨가하지 않는 점이 이채롭다. 또 소금과 황각, 송기[松皮]와 솔잎[松葉]을 섞어서 굶주린 백성을 구제하는 방법을 언급한 기록도 찾아진다.137) 구체적으로 어떻게 가공해 제공했는지는 분명치 않지만, 죽을 쒀서 먹는 것으로 추정된다. 이 경우에도 곡물을 첨가하지 않고 해조류와 소나무 껍질과 잎을 활용해 먹거리로 만드는 것이다. 미역·황각을 구황식으로 활용하는 경우, 곡물을 첨가해 죽을 만들면 훌륭했겠지만 곡물을 사용하지 않고서도 죽을 만들 수 있었던 점이 주목된다. 들나물의 경우

---

135) 『中宗實錄』권18, 中宗 8년 3월 庚辰(11일), 14-649.
136) 丁若鏞, 『牧民心書』, 賑荒 6조, 제4조 設施.
137) 柳成龍, 『西厓集』권6, 賑救飢民狀.

죽을 쑤기 위해서 곡물이 필수적이었던 것과 구분된다.

해조류를 가공해 먹는 대표적인 것은 미역국이었다. 미역은 구황식만이 아니라 평소에도 중요한 먹거리였다. 미역은 양질의 국을 만드는 좋은 식자재였다.[138] 또한 미역은 해산을 한 부인이 국으로 끓여 먹는 중요한 해조류였다.[139]

6. 구황식물의 섭취 시점

구황식물은 먹을 것이 부족할 때 섭취하는 것이다. 춘궁기는 구황식물을 가장 필요로 하는 때이다. 그러나 그때만이 아니라 식량이 부족하면 가을에도 구황식물을 활용하지 않을 수 없었다. 구황식물을 섭취하는 경우 대개 죽으로 가공된 것이었다.

농사의 작황이 평상시라면 가을 추수한 뒤에 다소 안정적인 식생활을 할 수 있었으며, 겨울에도 그 생활은 이어지고 있었다. 겨울이 지나고 봄이 왔을 때는 곡식은 다 떨어지고 먹을 수 있는 것이 거의 없었다. 보리와 밀을 수확해야 비로소 곡식을 확보할 수 있었는데, 그것을 얻기 직전이 가장 곤궁했다. 이때를 흔히 춘궁기, 보릿고개라고 부른다. 양맥을 수확한 뒤에 다시 기다리는 것은 이른 곡식[早穀, 올곡]이었다. 조곡을 수확하여 먹거리로 한 뒤에는 보통의 가을 곡식을 수확하고 그것을 먹거리로 한다.

이러한 식량 주기와는 다르게 전개되는 것은 매우 흔한 일이었다. 가

---

138) 『續東文選』권21, 遊金剛山記(南孝溫) ; 盧守愼, 『穌齋集』권4, 寄海南宰 尹恬 ; 丁若鏞, 『茶山詩文集』권2, 宿中興寺.
139) 李瀷, 『星湖僿說』권17, 人事門, 本草 ; 柳得恭, 『古芸堂筆記』권4, 三種海草.

을에 추수를 제대로 하지 못하고 흉년이 드는 수도 있었으며, 양맥의 결실이 부진해 수확을 그르치는 일도 발생했다. 양맥의 수확마저 여의치 못한 상태가 되면 굶주림은 심각한 상태에 놓이게 되었다. 이른 곡식의 수확에 대한 기대가 절박할 수밖에 없었다. 농사의 작황이 여의치 못한 경우 식량난은 매우 심각하지 않을 수 없었다. 국가의 진제를 받아 연명하기도 하고, 스스로 구황식물을 확보해 먹거리로 삼기도 했지만 그것마저 여의치 못하면 떠돌거나 아사(餓死)에 이르기도 했던 것이다.

구황식물을 섭취하는 시점은, 식량문제로 곤궁한 때이고, 또 국가의 진휼이 진행되는 때였다. 특히 양맥이 익기 전이 구황이 필요한 시점이었다. 양맥이 익으면 식량 문제를 해소할 수 있다는 내용은 여럿 보인다. 평안도 관찰사 이숭원(李崇元)이 하직하니, 성종이 선정전(宣政殿)에 나아가 인견(引見)하고 다음과 같이 당부했다.

이제는 산과 들에 소채(蔬菜)가 이미 나고 양맥(兩麥)도 장차 익게 되어서 비록 살아갈 방도가 있기는 하나, 지난해에 기근이 너무 심하였으니, 경은 마땅히 백성을 구제하는 데 유의(留意)해야 할 것이다.[140]

성종은 양맥이 익게 되면 살아갈 방도가 있다고 본 것이다. 민이 추맥(秋麥)을 만나면 영구히 기근을 면할 수 있다는 언급도 보인다.[141] 4월에 전라도에서 양맥이 익어가고 있으니 거의 구황할 수 있을 듯하다고 전라도 관찰사가 발언했다.[142] 성종 13년(1482) 3월, 홍응(洪應)은 금년이 비록 흉년이지마는 양맥이 익고 들나물도 먹을 만하니 진휼하

140) 『成宗實錄』권140, 成宗 13년 4월 辛亥(13일), 10-319.
141) 『成宗實錄』권138, 成宗 13년 2월 丁巳(18일), 10-301.
142) 『中宗實錄』권74, 中宗 28년 4월 戊子(16일), 17-410.

는 것은 관찰사도 능히 할 수 있으니 이미 보낸 진휼사는 돌아오게 함이 좋다고 언급했다.[143] 3월의 시점에서 양맥이 익어가니 진휼의 일은 관찰사에게 일임하고 진휼사는 돌아오도록 하라는 것이다. 양맥이 익어가면 기근을 해결할 수 있다는 인식은 널리 자리잡고 있었다.

양맥이 익기 전 무렵 식량난이 가장 심각하기 때문에 정부의 진제가 매우 절실했다. 경기 및 하삼도가 여러 해 연이어 흉년이 들고, 기근이 극히 심해 민이 비축한 바가 없으니, 양맥이 익기 전에 구황 정책을 펼치지 않으면 민이 살아갈 수 없다는 주장이 보인다.[144] 정부의 구황 정책이 가장 절실한 때가 양맥이 익기 전이었던 것이다. 양맥이 익을 무렵까지 미곡(米穀)과 염장(鹽醬)을 충청도에 옮겨서 굶주림이 심한 곳을 구활(救活)하라는 지시도 있었다.[145] 진제가 절박한 때는 양맥이 익기 전이었다.

그런데 양맥을 먹을 수 있는 구체적 시점은 5월 보름 즈음이었다. 성종대 평안도 관찰사가 평안도는 양맥이 비록 타도(他道)만은 못지만, 지난해보다는 나으며, 내달(5월) 보름이면 거의 먹을 수 있을 것이라고 발언했다.[146] 평안도의 경우 양맥을 수확할 수 있는 시점은 5월 보름으로 보고 있다.

그러므로 양맥을 먹을 수 있는 5월 보름 이전이 가장 곤궁한 때였다. 양맥이 익기 전의 3, 4월이 곡식이 가장 부족했다. 국왕이, 5월 중에는 양맥이 성숙하기 때문에 구민(救民)이 가장 급한 때는 3월, 4월이라고

---

143) 『成宗實錄』권139, 成宗 13년 3월 癸巳(25일), 10-312.
144) 『明宗實錄』권11, 明宗 6년 2월 乙酉(27일), 20-14.
145) 『明宗實錄』권7, 明宗 3년 3월 癸巳(18일), 19-576.
146) 『成宗實錄』권140, 成宗 13년 4월 辛亥(13일), 10-319.

발언했다.[147] 식량난이 심각한 시점에 대해 좀더 구체적으로 언급한 기록도 있다. 중종 37년(1542) 3월, 국왕이 정원에 내린 글에서 3월 보름 이후 5월 보름 이전이 구황을 해야 하는 가장 긴요한 때라고 발언했다.[148] 3월 보름 이후, 5월 보름 사이는 식량난이 가장 심각한 때라고 할 수 있다.

5월 보름 이후는 양맥을 수확함으로써 식량 부족을 해소할 수 있지만, 양맥이 부실하면 이후에도 식량 문제는 계속 해결해야 할 과제였다. 6월 시점에서 양맥이 부실한 경우 올곡식[早穀]을 기대할 수밖에 없었다. 조곡을 먹을 수 있을 때까지 진제하는 일이 중요했다. 선조대 전라도 감사는 전라도 내의 농사 형편은 양맥이 손상되어 낫을 댈 수조차 없는 곳도 있으며, 농량(農糧)도 바닥이 나 구휼할 방책이 없는데, 올곡식이 익기 전에 계속 구제할 일이 매우 난감하다고 발언했다.[149] 양맥이 부실하면 당장 식량이 크게 문제되기 때문에 올곡식이 익을 때까지의 진휼이 매우 중요해지는 것이다. 명종 2년(1547) 6월, 황해도 감사가 장계를 올려 서울의 환자곡[還上穀]을 달라고 요청하자, 호조에서 반대했는데, 이때 국왕은 이른 곡식이 익을 때까지 지탱할 황해도의 곡식이 이미 부족하니 보내라고 전교했다.[150] 양맥이 흉년들면 이른 곡식이 익기 전까지의 식량난도 심각한 문제였다.

올곡식 이후에는 가을 곡식에 대해 기대했다. 그러나 가을 곡식의 추수가 여의치 못하게 되면, 민들이 살아가기 힘들어지는 것은 당연한 일

---

147) 『中宗實錄』권97, 中宗 37년 3월 辛巳(1일), 18-557.
148) 『中宗實錄』권97, 中宗 37년 3월 己亥(19일), 18-562.
149) 『宣祖實錄』권20, 宣祖 19년 6월 甲子(1일), 21-427.
150) 『明宗實錄』권5, 明宗 2년 6월 丙申(17일), 19-516.

이다. 7월의 시점에서 올해 흉년이 들어 시골 들판에서 수확할 것이 없으니, 10월 초부터는 민인들이 살아가기가 어렵게 될 것이라고 했다.[151] 가을에 흉년이 들면 식량 부족이라는 매우 절박한 상황에 놓이게 된다. 그해 늦가을부터 식량 문제는 크게 고민하지 않을 수 없는 것이다.

춘궁기나 올곡식이 익기 전이 식량 문제가 심각한 때였다. 가을 곡식의 작황을 그르치면 그때에도 식량은 크게 부족하게 되었다. 식량난을 만났을 때마다 구황식물은 중요한 먹거리가 되어 민인들이 연명할 수 있도록 도왔다. 매 달별로 언급된 구황식물을 살펴서, 어느 시점에서 어떤 구황작물이 중요한 먹거리가 되었는가를 알아보고자 한다. 제철의 구황식물을 주로 섭취하지만 미리 비축한 구황식물을 먹는 경우도 있었다.

1월에는 해채(海菜)를 먹으면서 살아가고 있음이 확인된다. 1월의 시점에서 경상도 연해민들은 해착(海錯, 해산물)에 의거해서 살아가고 있어 기곤(飢困)에 이르지 않는다는 내용이 보인다.[152] 1월에 바닷가의 사람들은 해착, 해물을 채취해서 먹거리를 해결할 수 있다는 것이다. 1월에는 지난해 가을에 비축한 구황식물을 주로 먹었을 것인데, 아마도 도토리가 중심이었을 것으로 사료된다.

2월이 되면, 날씨가 따뜻하고 눈이 녹기 때문에 구황식물을 확보할 여지가 커졌다. 성종 13년(1482) 2월, 지금은 날씨가 따뜻하고 눈이 녹는 때이니 어채(魚菜)를 먹을 수 있다고 신정(申瀞)이 계문한 적이 있다.[153] 2월의 시점에서는 어채를 먹을 수 있다는 것을 알 수 있다. 채는

151) 『明宗實錄』권17, 明宗 9년 7월 辛亥(13일), 20-216.
152) 『成宗實錄』권187, 成宗 17년 1월 庚午(23일), 11-91.

소채를 가리키며, 들과 산에서 확보할 수 있었다. 목피(木皮)와 맥근(麥根)을 먹는 일도 있다. 세종 19년(1437) 2월, 지난해 가뭄으로, 경기남도 및 동남 4도가 모두 실농해서, 굶주린 민이 길에 이어지고 있는데, 민인이 목피를 벗기며, 맥근을 채집해 먹거리로 했다.[154] 2월에 초식으로 연명하고 있음도 확인된다. 세종 6년 2월, 강원도에서 전적으로 초식(草食)만 하여 겨우 생명을 보존하고 있다는 황희(黃喜)의 발언이 있었다.[155] 2월에 구황식물로 섭취하는 것으로 채(菜), 목피, 초식 등이 보인다. 봄에 나는 소채, 그리고 나무껍질이 중심이었음을 알 수 있다.

3월에는 야채(野菜)를 먹을 수 있다고 한다. 흉년이지만 3월에 양맥이 장차 익어가고 있고, 야채 또한 먹을 수 있다는 언급이 보인다.[156] 3월에 백곡이 부실해 허다한 민들이 장차 초식(草食)으로 연명한다고 했다.[157] 3월의 시점에서 강원도에서 굶주린 민들이 도토리를 주워 연명하는데 도토리가 이미 소진되었다는 언급이 있다.[158] 3월에 송피와 산채로 어렵게 살아가는 예도 있었다.[159] 나무껍질, 해채 등으로 살아가고 있음도 보인다.[160] 이처럼 3월에 섭취하는 구황식물로는 야채, 초식, 도토리, 송피, 산채, 나무껍질, 해채 등이 찾아진다. 춘궁기인 3월에 다양한 구황식물을 활용하고 있음을 볼 수 있다.

4월에 먹을 수 있는 구황식물은 풍부했다. 4월 현재 야채(野菜)가 바

153)『成宗實錄』권138, 成宗 13년 2월 丁巳(18일), 10-301.
154)『世宗實錄』권76, 世宗 19년 2월 己巳(9일), 4-53.
155)『世宗實錄』권23, 世宗 6년 2월 壬子(6일), 2-577.
156)『成宗實錄』권139, 成宗 13년 3월 癸巳(25일), 10-312.
157)『光海君日記(正草本)』권76, 光海君 6년 3월 壬午(30일), 32-293.
158)『太宗實錄』권17, 太宗 9년 3월 己未(16일), 1-477.
159)『明宗實錄』권7, 明宗 3년 3월 庚子(25일), 19-578.
160)『中宗實錄』권18, 中宗 8년 3월 庚辰(11일), 14-649.

야흐로 자라고 있으므로 거의 자활(自活)할 수 있다고 했다.[161] 야채를 먹거리로 할 수 있다는 것이다. 4월에 산야의 소채(蔬菜)가 이미 자라고 있고, 양맥이 장차 익어가고 있어 생리(生理)가 있다는 국왕의 발언도 있다.[162] 올해의 기근은 심하지 않아 민인이 굶어 죽을 지경에는 이르지 않아서 채소(菜蔬)를 먹으면 목숨은 이어갈 수 있다고 호조판서가 아뢰었다.[163] 4월의 시점에서 근년이래 흉황이 이어져 민의 삶이 초목의 껍질[草木之皮]에 의거하고 있다는 상소도 있었다.[164] 4월에는 야채, 소채 등 산과 들의 소채(나물) 및 나무껍질을 먹거리로 삼고 있는 것이다.[165]

5월에 식자재로 삼은 구황식물도 여러 종류 확인할 수 있다. 황해도 산군(山郡)에서 지난해 흉황으로 백성이 모두 유이해 바다에서 해산물을 채취해 살아가고 있었다.[166] 5월의 시점에서 함경도에서 빈궁한 백성들은 나물[蔬菜]을 캐어 먹고 있다고 함경도 관찰사가 아뢰었다.[167] 5월에는 해채, 소채 등을 먹는 것으로 보인다.

6월에 송피를 먹고 있었다. 전라도와 경상도가 한재가 심하여, 하맥(夏麥)을 전연 수확할 수 없자 곳곳에서 송피(松皮)를 벗겨서 식량으로 삼고 있었다.[168] 가뭄으로 하맥을 전혀 수확할 수 없는 상황에서 곳곳에서 송피를 먹고 있는 것이다. 성종 1년 6월, 사간원 대사간 김수녕 등

---

161) 『成宗實錄』권140, 成宗 13년 4월 戊申(10일), 10-317.
162) 『成宗實錄』권140, 成宗 13년 4월 辛亥(13일), 10-319.
163) 『明宗實錄』권11, 明宗 6년 4월 戊辰(10일), 20-20.
164) 『明宗實錄』권16, 明宗 9년 4월 丁酉(27일), 20-193.
165) 조선후기에도 4월에 풀뿌리[草根]와 소나무 껍질[松皮]로 연명하는 것이 확인된다(『顯宗改修實錄』권5, 顯宗 2년 4월 壬辰(13일), 37-222).
166) 『明宗實錄』권5, 明宗 2년 5월 辛未(21일), 19-507.
167) 『明宗實錄』권26, 明宗 15년 5월 壬辰(27일), 20-556.
168) 『成宗實錄』권6, 成宗 1년 6월 己酉(2일), 8-504.

은, 지난 겨울부터 눈이 안 오고, 봄에도 비가 오지 않고, 여름에 이르렀
는데, 천맥(泉脈)이 이미 마르고 산천도 말랐으므로, 나물 뿌리[菜根]를
씹어 먹고 나무껍질[木皮]을 벗겨 먹으면서 연명(延命)하고 있다고 언
급했다.[169] 6월 시점에서 구황용 상수리를 활용하려는 시도도 있었다.
전라도에서 양맥이 손상되어, 올곡식이 익기 전에 구제하는 것이 중요
한 일인데, 준비한 구황용 도토리를 사용해 식량에 보충할 것을 전라
감사가 치계(馳啓)했다.[170] 6월에는 송피, 나물 뿌리, 목피, 도토리 등을
섭취하는 것으로 보이는데, 도토리를 제외하면 모두 6월 시점에서 확
보할 수 있는 것이다.

7월에 초실과 송피를 먹거리로 삼고 있음이 보인다. 세조대 사간원
좌사간 김종순(金從舜) 등은, 초실(草實)을 습득하고 송피(松皮)를 벗겨
서 조석의 목숨을 이어가고 있다고 언급했다.[171] 7월의 시점에서 초실
과 송피로 연명하고 있는 것이다.

8월에는 초엽과 송피의 도움을 받음이 확인된다. 세종 18년 8월, 충
청도 영동현의 참상을 언급하면서, 절식(絶食)한 사람이 10에 8, 9인데,
오직 초엽과 송피의 도움을 받고 있다고 언급했다.[172]

9월에는 도토리와 밤을 먹거리로 했다. 성종 6년 9월, 강원도 민들은
도토리와 밤에 의거해 살아가고 있다는 언급이 보이는데,[173] 강원도
민들이 도토리를 먹는 것은 9월에 한정되지 않고 상시였을 것이다.

10월에는 도토리로 연명하고 있음이 보인다. 중종 37년 10월, 사간

169) 『成宗實錄』권6, 成宗 1년 6월 丁巳(10일), 8-509.
170) 『宣祖實錄』권20, 宣祖 19년 6월 甲子(1일), 21-427.
171) 『世祖實錄』권8, 世祖 3년 7월 乙亥(14일), 7-210.
172) 『世宗實錄』권74, 世宗 18년 8월 庚寅(27일), 4-28.
173) 『成宗實錄』권59, 成宗 6년 9월 庚戌(4일), 9-258.

김서성(金瑞星)은, 전라도는 지난 봄과 여름에 다수의 사람이 굶어 죽었으며 가을에 또 부실한데, 소민(小民)들이 산에 올라 막을 짓고 도토리를 주워 생활하고 있는데 애처롭다고 발언했다.[174]

가을에는 구황물을 마련할 수 있지만, 겨울인 11월에는 구황물을 마련하기에는 이미 늦었다. 어곽(魚藿) 등의 해물만이 마련할 수 있었다. 세종 25년 11월, 국왕이 함길도 도관찰사 정갑손(鄭甲孫)에게 유시한 내용에, 가을에 마련해야 할 구황물이 있지만, 11월에는 이미 늦었고, 어곽 등 해물은 오히려 준비할 수 있다는 것이다.[175] 해물은 11월 이후에도 채집할 수 있다는 견해이다. 11월은 이미 가을을 지났기 때문에 도토리와 밤 등을 얻을 수 있는 시점은 아니었다.

대체로 1~3월 봄에는 소채(蔬菜, 채소), 목피, 초식, 해채, 도토리를 섭취하고 있으며, 4~6월 여름에는 소채(야채), 초근, 목피(송피), 해채, 도토리를 먹고 있다. 그리고 7~9월 가을에는 송피와 초식, 초엽, 도토리, 밤을 먹거리로 하고 있으며, 10~12월 겨울에는 도토리와 해채가 주된 먹거리로 활용되고 있다. 이렇게 본다면 항상 섭취하는 구황식물은 도토리였으며, 해채도 계절에 관계없이 먹거리가 되었던 것 같다. 다른 것은 대체로 제철에 확보할 수 있는 것들로 볼 수 있다. 봄과 여름의 소채(채소), 목피(송피), 초식(초엽)은 제철에 얻을 수 있는 구황식물이라고 할 수 있다. 이런 구황식물을 개별적으로 먹을 수도 있지만, 대개는 약간의 곡물을 추가해서 죽을 쒀서 섭취했을 것이다.

---

174) 『中宗實錄』권99, 中宗 37년 10월 庚子(24일), 18-627.
175) 『世宗實錄』권102, 世宗 25년 11월 庚午(19일), 4-525.

7. 결어

죽은 세계 어느 나라에서나 맛볼 수 있는 음식이다. 나라와 지역에 따라 재료가 다르고 맛도 상이하지만 죽은 널리 섭취하는 음식이었다. 죽은 매우 이른 시기부터 만들었던 것으로 보인다. 쌀이나 빵보다 먼저 만들어 먹었던 것으로 여겨진다.

죽은 적은 분량으로 많은 이들에게 제공할 수 있는 큰 이점이 있었다. 식량의 부족으로 고생하던 시기에 죽은 매우 요긴한 음식이었다. 소화가 잘 되고 만드는 것이 용이하며, 다양한 식자재를 첨가할 수 있었다. 죽은 빈민·구황용으로 사용되는 것이 기본이었지만 다양한 첨가물이 있게 되면 환자·보양식으로서도 의미를 가질 수 있었다. 쌀죽[米粥]은 보통의 죽이었으며, 미죽(糜粥)·속죽(粟粥)·두죽(豆粥)은 대체로 수준이 낮은 죽이었고, 소마죽·율무죽이나 생마죽·암탉죽 등은 고급이었다.

죽은 효심이 강한 이들이 부모 상을 만났을 때 먹는 음식이었다. 다른 먹거리보다 열악한 음식으로서 효자가 흔히 먹었던 것이다. 여묘살이 3년 동안 죽을 먹었다는 효자의 예는 다수 찾을 수 있다. 죽만을 먹으면 얼굴이 검어지고 몸이 수척해지며, 일어나기가 힘들어 남이 부축해야 했다. 연명 수준의 식사가 죽이었다. 죽보다 고급의 먹거리로서, 염장, 소채, 과일, 밥, 갱(羹) 등이 언급되고 있다.

궁핍한 이들이 자주 먹는 것이 죽이었다. 흉년을 만나면 죽을 먹는 것은 당연한 일이었고, 때로는 죽마저 먹을 수 없는 경우도 속출했다. 부자도 곤궁해지면 죽을 먹었고, 도시 사람도 죽을 먹는 사정에 놓이는 수가 있었다. 그렇지만 죽을 먹는 것은 창피한 일로서 가급적 피하고자 했다. 죽은 1인당 한 끼에 쌀 2홉 내지 3홉을 기준으로 삼고 있었지만,

가루를 만드는 경우 훨씬 많은 양의 죽을 쑬 수 있었다. 조선후기의 경우, 1인당 한 끼에 1홉의 쌀가루(0.4홉의 쌀)를 활용해 죽을 만드는 것이 가능했으므로 쌀로 죽을 쑤는 것보다 5배의 사람을 살릴 수 있었다. 국가에서 기민들을 구휼하는 경우, 비축하고 있는 물품의 종류가 다르고, 수량에서도 차이가 있기 때문에 다양한 것이 제공되었으나 대부분의 경우, 죽을 쒀서 제공했다.

구황식물을 확보하는 경우, 다양한 방식으로 가공해 섭취했다. 산과 들, 바다에서 얻은 다양한 구황식물은 말리거나 가루로 만들어 곡식과 섞어 죽을 쒔다. 특히 산에서 확보하는 구황식물은 죽을 만드는 데 널리 활용되었다. 구황식물은 채취한 채로 직접 소비하는 수도 있었지만 많은 경우 다양한 방식으로 가공해서 먹었다. 다소의 곡물과 섞고, 또 염장을 첨가하면 끼니 구실을 하는 죽을 만들 수 있었다.

구황식물은 평소에도 식량 보충을 위해 먹었지만 식량이 부족할 때에는 특히 요긴했다. 양맥을 수확하기 직전인 춘충기에 구황식물이 중요했지만, 양맥이 부실하거나 이른 곡식의 수확이 여의치 못할 때, 또 가을 곡식이 흉년이 드는 경우, 구황식물은 끼니를 해결하는 데 절대적인 비중을 지니고 있었다. 구황식물은 대체로 절기에 맞는 것을 확보해 섭취했지만, 일부는 비축한 것을 활용하기도 했다. 봄과 여름에는 소채(蔬菜, 채소), 목피(송피), 초식, 해채, 도토리를 섭취했으며, 가을에는 송피와 초식, 초엽, 도토리, 밤을 먹거리로 했다. 10, 11, 12월 겨울에는 도토리와 해채가 주된 먹거리로 활용되고 있다. 이들 구황식물은 가공된 죽의 형태로 섭취하는 것이 일반적이었다.

구황식물을 가공하는 경우 죽이 가장 대표적인 요리법이었다. 다양한 구황식물은 이처럼 죽의 형태로 가공되어 기민들의 먹거리 구실을 할 수 있었다. 죽은 구황식물 가공법의 대표적인 것이며 효율성이 매우 높은 요리법이라고 할 수 있다. 기민들이 때우는 끼니는 대개 구황식물을 가공한 죽이었다. 먹거리가 부족한 민인들은 구황식물을 활용한 다종다양한 죽을 섭취함으로써 굶주림에서 다소나마 벗어날 수 있었다.

<자료>

(주요 용어 : 봉양(奉養), 죽)

의정부에서 예조의 정문에 의거하여 상신하기를, "전(前) 지한산군사(知韓山郡事) 김덕숭(金德崇)은 검교한성(檢校漢城) 김천익(金天益)의 아들인데, 어버이를 위하여 직(職)을 사면하고 진천(鎭川)에 돌아가 봉양하여 곁을 떠나지 않고, 매양 경사가 있는 날을 만나면 반드시 잔치를 베풀고 손님을 맞이해 부모를 위로하여 기쁘게 했습니다. 어머니 김씨(金氏)가 84세에 죽었는데, 그때 덕숭의 나이 62세로서 묘 곁에 여막을 짓고 애통해 하면서 조석전(朝夕奠)을 마치고는 곧 집으로 돌아와서 그 아버지에게 정성(定省)하되, 묘까지의 거리가 2리(里)쯤 되는데 상장(喪杖)을 짚고 걸어서 왕래하기를, 비가 오나 눈이 오나 폐하지 않았으며, 복(服)이 끝나매 집에 돌아와서 더욱 슬퍼하면서, 아버지의 곁을 떠나지 아니하고 봉양하기를 더욱 지극히 했습니다. 또 장모를 집에 맞아다가 섬기기를 어머니처럼 하니, 온 고을이 칭찬하고 탄복하되 아무도 달리 말하는 이가 없었습니다. 갑자년(세종 26, 1444) 7월에 천익이 죽으매 어머니의 무덤에 합장하고는, 또 묘 곁에 여막을 짓고 모시면서 잘 때에는 요와 이불을 깔고 덮지 아니하고, 끼니로는 밥과 국을 갖추지 않고 죽을 마시고서 거적자리에 누워 있고, 지팡이를 짚고라야 일어나니, 향당(鄕黨)에서 애처롭게 여기어 말렸습니다." 했다.

○ 議政府據禮曹呈申 前知韓山郡事金德崇 檢漢城 天益之子也 爲親辭職 歸鎭川奉養 不離側 每遇佳辰 必設宴邀賓 以慰悅父母 母金氏年八十四而歿 時德崇年六十二 廬墓側哀毀 朝夕奠訖 卽歸家定省其父 距墓二里許 杖步往來 雨雪不

廢 服闋還家 益悲哀 不離父側 奉養尤至 又迎妻母于家 事之如母 一鄕稱嘆 人
無間言 甲子七月 天益卒 同葬母墳而又廬焉 寢不衾褥 食不飯羹 啜粥臥茵 杖
而後起 鄕黨哀而止之 (『世宗實錄』권124, 世宗 31년 6월 丙子(28일), 5-136)

(주요 용어 : 갈근(葛根), 송자(松子))

상당부원군(上黨府院君) 한명회(韓明澮)가 와서 아뢰기를, "신이 예전에 진
휼사(賑恤使)가 되었었는데, 그 해의 실농(失農)은 겨우 2, 3도(道)였기 때문
에 양곡을 옮겨 구제할 수 있었으나, 지금은 팔도(八道)가 다 그러하니, 신은
매우 아프고 민망하게 여기고 있습니다. 신은 듣건대, 왜인(倭人)이 갈근(葛
根, 칡뿌리)를 먹는다 하기에 시험삼아 갈근을 채취하다가 껍질을 벗기고 말
려서 가루로 만들어 쌀 싸라기와 섞어서 죽(粥)을 만들어 먹었더니 배를 채울
만했으며, 또 송자(松子 : 솔방울)도 가루를 만들어서 싸라기와 섞어 먹으면
매우 좋습니다. 신이 일찍이 이를 썼었는데, 지금은 이 방법을 써서 흉년을
구제함이 좋겠습니다. 또 이(里) 안에서 유식한 사람을 선택하여 다섯 가구
(家口)를 한 통(統)으로 만들어서 그 통 안의 인구(人口)의 다과(多寡)와 식물
(食物)의 유무(有無)를 살펴 진휼해 지급하게 하면, 때맞추어 구황(救荒)할 수
있을 것이며, 그 공로가 있는 자는 논하여 상을 주면 어떠하겠습니까?" 하니,
전교하기를, "갈근(葛根)과 송자(松子)의 일은 내 생각에도 좋다고 여겨지니,
마땅히 즉시 시험하겠다. 사복시(司僕寺)로 하여금 갈근 3말[斗]과 송자 2말
을 채취하여 들여오게 하라. 다섯 가구를 통(統)으로 만드는 것과 논하여 상
주는 일은 영돈녕(領敦寧) 이상과 의논하도록 하라." 했다.
○上黨府院君 韓明澮來啓曰 臣往者爲賑恤使 其年失豊 僅二三道 故可以移粟
賑救 今則八道皆然 臣切痛憫 臣聞倭人食葛根 試取葛根 剝皮爆乾爲屑 和穀糜
作粥食之 可以充腸 松子亦爲屑 和糜食之甚好 臣曾用之 今亦用此救荒爲便 且
里中擇有識人 五家作統 察統內人口多寡 食物有無賑給 則可以趁時救荒矣 其
有功勞者 論賞何如 傳曰 葛根與松子事 予意亦以爲好 當卽試驗 令司僕寺 葛
根三斗·松子二斗採取以入 五家作統·論賞等事 議于領敦寧以上 (『成宗實錄』
권180, 成宗 16년 6월 戊戌(19일), 11-28)

(주요 용어 : 제주, 실농(失農), 이삭[穗], 죽)

전(前) 개성부 유수(開城府 留守) 고태필(高台弼)이 상서(上書)하기를, "신이 조모(祖母)를 따라 제주(濟州)에서 자라나서 본주(本州)의 일을 귀로 듣고 눈으로 보아서 갖추어 압니다. … 또 바다에 폭풍이 갑자기 일어나서 짠 물결이 충격(衝激)하여 사방에 흩어져 떨어지기를 비가 오는 것과 같이 하니, 벼가 타고 곡식이 죽어서 해마다 실농(失農)하여 봄철에 곡식이 떨어질 때에 이르면 백성들이 굶주려서 얼굴빛이 짙게 검어서 사람 모양과 같지 아니합니다. 밀·보리가 처음 패자 성숙하기를 기다리지 못하고 이삭을 뽑아다가 죽을 만들어 마시나 얼굴빛은 여전하니, 이는 오로지 토지가 척박(瘠薄)한 소치로 그러한 것입니다. … " 했다.

○ 前開城府留守高台弼上書曰 臣隨祖母長於濟州 本州之事耳聞目覩 備嘗知之 … 又有海中暴風忽作 鹹浪衝激 散落四方如雨 焦禾殺稼 年年失農 至於春節乏穀之時 黎民餓莩 面色深黑 不似人形 兩麥始出 不待成熟 捋穗作粥啜之 形色如舊 專是土地瘠薄之致然也 … (『成宗實錄』권281, 成宗 24년 8월 丁卯(5일), 12-378)

(주요 용어 : 구황, 소금, 장, 미죽(糜粥))

구황(救荒)에 관해 의논한 것을 내리며 이르기를, "의논이 한결같지 않으니, 다시 정승들에게 의논하라." 했다. 성준·이극균이 의논드리기를, "지금 호조(戶曹)의 구황 계목(啓目)을 보니 자세하게 되어 빠진 것이 없습니다. 다만 주리고 피곤한 사람이 거친 밥을 단번에 과식하면 병나게 되는 일도 없지 않을 것이니, 쌀·콩·소금·장을 모두 절반으로 감하여 주고, 기운이 약한 사람은 먼저 미죽(糜粥)으로 구제하여 기운이 충실해진 뒤에 더 주게 하십시오. … " 했다.

○ 下救荒議曰 論議不一 其更議于政丞 成俊·李克均議 今觀戶曹救荒啓目 詳悉無遺 但飢困人麤飯一時過食 致傷非無 米豆鹽醬 竝減半給之 氣弱人先以糜粥賑救 氣實後加給 … (『燕山君日記』권49, 燕山君 9년 3월 己巳(2일), 13-549)

(주요 용어 : 조죽[粟粥], 채소와 과일(菜果))

경상도 관찰사(觀察使) 김안국(金安國)이 장계(狀啓)하기를, "… 유학 하호(河濩)의 아내 강씨(姜氏)는 별제(別提) 원범(元範)의 딸인데, 호가 풍질(風疾)을 앓는 15년 남짓 동안 약을 몸소 끓이고 맛보았고, 지아비가 죽어서는 애훼가 예도를 지나쳐서 조석으로 곡하며 제전하고 조죽[粟粥]을 조금 먹을 뿐이고 채소나 과일[菜果]도 먹지 않아서 겨우 뼈만 남아서 절하고 꿇어앉을 때에 남의 도움을 받아야 했고, 삼년상이 끝난 뒤에도 초상(初喪) 때와 다름없이 조석으로 제전했습니다. … " 했다.

○慶尙道觀察使金安國狀啓 … 幼學河濩妻姜氏 別提元範之女也 濩得風疾十五餘年 藥餌親自湯嘗 及死 哀毁過禮 朝夕哭奠 暫啜粟粥 不茹菜果 僅存形骸 拜跪須人 三年喪畢後 朝夕奠無異初喪 … (『中宗實錄』권30, 中宗 12년 10월 戊申(6일), 15-334.)

(주요 용어 : 구황, 전죽(饘粥), 초식(草食))

… (좌의정 홍)언필이 아뢰기를, " … 신이 전에도 여러 번 아뢰었습니다만 구황하는 일은 지금이 가장 시급합니다. 내년 봄이면 굶주린 백성이 어떻게 살아나겠습니까. 반드시 다 죽게 될 것입니다. 진휼청에서 듣고 보는 대로 마음을 다하여 조치를 하고 있습니다만, 관찰사로 하여금 직접 그 지방에 나가 눈으로 확인하고 처리하게 하는 것만 못할 것입니다. 경기 관찰사는 다음 달이면 체차(遞差 : 교체하여 임명함)하게 되는데 각별히 가려서 보내야 합니다. 지방에는 저장해 놓은 곡식이 없기 때문에 구제하기가 매우 어렵겠지만 수령이 전죽(饘粥)이나 초식(草食) 등의 음식물을 가지고 마을을 다니면서 정성을 다하여 구제한다면 굶주리는 백성이 거의 죽음을 면할 수 있을 것입니다. … " 했다.

○ … (左議政 洪)彦弼曰 … 臣前亦屢啓 救荒之事 莫急於此時 明春則飢民 安得以保活 必至於盡死矣 賑恤廳雖能隨所聞見 盡心措置 然不如觀察使之親臨其地 目覩而處之也 京畿觀察使 來月當遞 各別擇送爲當 外方無儲穀 故救活甚難 然守令持饘粥草食等物 出入村巷 盡心而救之 則餓飢之民 庶得緩死矣 … (『中宗實錄』권96, 中宗 36년 11월 乙巳(23일), 18-521)

(주요 용어 : 소시호탕(小柴胡湯), 율무죽)

의원 박세거(朴世擧)·홍침(洪沈)·유지번(柳之蕃)이 들어가 진맥하고 나왔다. 유지번이 정원에 말했다. "증세가 약간 덜하십니다. 다만 왼손의 심간맥(心肝脈)이 약간 부(浮)하고 삭(數)하나 오른손 맥은 평상시와 같으십니다. 심열과 갈증이 아직 없어지지 않았으므로 소시호탕(小柴胡湯)을 들였습니다. 또 전혀 수라를 못 드시고 율무죽만 드십니다. 매화탕(梅花湯)과 상지차(桑枝茶)도 열을 다스릴 수 있기 때문에 언제나 드립니다."

○醫員朴世擧·洪沈·柳之蕃入診而出 之蕃言于政院曰 證候大槪向歇 但左手心肝脈 微浮而數 右手脈如常 心熱口渴證猶未痊 故進小柴胡湯 且全不得進膳 只御薏苡粥而已 梅花湯桑枝茶 可以治熱 故常御 云(『中宗實錄』권105, 中宗39년 11월 庚子(5일), 19-154)

참고문헌

〈사료〉

『經國大典』, 『高麗史』, 『東文選』, 『萬機要覽』, 『續東文選』, 『新增東國輿地勝覽』, 『朝鮮王朝實錄』.

『稼亭集』(李穀), 『艮齋集』(李德弘), 『葛庵集』(李玄逸), 『經世遺表』(丁若鏞), 『谿谷集』(張維), 『高峯集』(奇大升), 『孤山遺稿』(尹善道), 『古芸堂筆記』(柳得恭), 『孤雲集』(崔致遠), 『謹齋集』(安軸), 『錦溪集』(黃俊良), 『及菴詩集』(閔思平), 『記言』(許穆), 『樂全堂集』(申翊聖), 『農巖集』(金昌協), 『聾巖集』(李賢輔), 『茶山詩文集』(丁若鏞), 『大谷集』(成運), 『陶隱集』(李崇仁), 『桐溪集』(鄭蘊), 『東國李相國集』(李奎報), 『東溟集』(鄭斗卿), 『東州集』(李敏求), 『同春堂集』(宋浚吉), 『梅山集』(洪直弼), 『梅泉集』(黃玹), 『明齋遺稿』(尹拯), 『牧民心書』(丁若鏞), 『牧隱詩稿』(李穡), 『文谷集』(金壽恒), 『栢潭集』(具鳳齡), 『白沙集』(李恒福), 『樊巖集』(蔡濟恭), 『四佳集』(徐居正), 『山林經濟』(洪萬選), 『三山齋集』(金履安), 『三灘集』(李承召), 『象村集』(申欽), 『西厓集』(柳成龍), 『西河集』(林椿), 『石洲集』(權韠), 『惺所覆瓿藁』(許筠), 『星湖僿說』(李瀷), 『星湖全集』(李瀷), 『穌齋集』(盧守愼), 『松巖集』(權好文), 『宋子大全』(宋時烈), 『守夢集』(鄭曄), 『鵝溪遺稿』(李山海), 『陽村集』(權近), 『於于集』(柳夢寅), 『燃藜室記述』(李肯翊), 『五山集』(車天輅), 『梧陰遺稿』(尹斗壽), 『玉潭遺稿』(李應禧), 『容齋集』(李荇), 『慵齋叢話』(成俔), 『龍洲遺稿』(趙絅), 『容軒集』(李原), 『栗谷全書』(李珥), 『月沙集』(李廷龜), 『醫林撮要』(楊禮壽), 『耳溪集』(洪良浩), 『林下筆記』(李裕元), 『立齋集』(鄭宗魯), 『潛谷遺稿』(金堉), 『佔畢齋集』(金宗直), 『貞菴集』(閔遇洙), 『存齋集』(魏伯珪), 『芝峯集』(李晬光), 『青城雜記』(成大中), 『秋江集』(南孝溫), 『澤堂集』(李植), 『鶴峯集』(金誠一), 『鶴峯逸稿』(金誠一), 『寒圃齋集』(李健命), 『響山集』(李晚燾), 『海東繹史』(韓致奫), 『海東雜錄』(權鼈), 『虛白堂集』(成俔), 『弘齋全書』(正祖).

〈저서〉

강판권, 2010『역사와 문화로 읽는 나무 사전』, 글항아리.

강판권, 2013『조선을 구한 신목, 소나무』, 문학동네.

김태정, 1998『韓國의 資源植物』Ⅰ·Ⅱ·Ⅲ·Ⅳ·Ⅴ, 서울대 출판부.

檀國大 東洋學硏究所, 2007『漢韓大辭典』, 檀國大 東洋學硏究所.

서종학, 2011『굶주림과 질병을 이겨낸 조상의 지혜 - 구황촬요 -』, 채륜.

염정섭, 2021『농업기술과 한국문명』, 들녘.

吳浩成, 2022『朝鮮飢饉史』, 경인문화사.

李玟洙, 2000『朝鮮前期 社會福祉政策 硏究』, 혜안.

정삼철·최병철 편역, 2020『기근 해결에 사용된 식물 100선 - 조선의 구황식
물 -』, 충북학연구소.

정연식, 2024『한국식생활문화사』, 동북아역사재단.

한국역사연구회, 2022『삼국시대 사람들은 어떻게 살았을까』1, 현북스.

〈논문〉

姜德雨, 1997「16세기 救濟施策에 대한 一考」『仁荷史學』5.

권영국, 1998「조선초 鹽業政策과 생산체제」『史學硏究』55·56합집.

김순남, 2007「조선 초기 賑恤使臣의 파견과 賑恤廳의 설치」『朝鮮時代史學報』
41.

김영완, 2022「조선시대 문헌에 나타난 구황식물 양상 - 소나무·느릅나무를
중심으로 -」『인문학연구』63, 조선대 인문학연구원.

金鎭鳳. 1979「朝鮮 世宗朝의 賑恤政策에 관한 硏究1 - 特別對策을 中心으로 -」
『忠北大學校 論文集 - 人文·社會科學篇 -』17.

金鎭鳳, 1980「朝鮮 世宗朝의 賑恤政策에 관한 硏究2 - 一般對策을 中心으로 -」
『忠北大學校 論文集』19.

김호, 2014「사람 살리는 맛 - 굶주린 백성에게 솔잎을 -」『18세기의 맛』, 문학

동네.

金昊鍾, 2000 「朝鮮後期 荒年에 있어서 鹽의 위상」『李樹健敎授停年紀念 韓國
  中世史論叢』, 論叢刊行委員會.

김훈식, 1993, 「朝鮮初期 義倉制度 硏究」, 서울대 국사학과 박사학위논문.

문광균, 2020 「1540〜1541년 기근과 『忠州救荒切要』의 간행」『古文書硏究』
  57.

朴平植, 1997 「朝鮮前期 鹽의 生産과 交易」『國史館論叢』76.

劉承源, 1979 「朝鮮初期의 鹽干」『韓國學報』17.

원재영, 2015 「조선시대 재해행정과 17세기 후반 진휼청의 상설화」『東方學志』
  172.

李玫洙, 1997 「朝鮮 初期 救恤制度 및 救荒政策에 關한 硏究」『國史館論叢』76.

이민수, 2002 「조선초기 사회정책연구 – 자연재해를 중심으로 -」『慶州史學』
  21.

林基形, 1967 「조선前期 救恤制度 硏究」『歷史學硏究』3, 全南大 史學會.

임학종 · 이정근, 2010 「신석기시대 도토리저장공에 대한 검토 - 창녕 비봉리
  유적 도토리저장공을 대상으로 -」『嶺南考古學』52.

趙圭煥, 1997 「16세기 還穀 運營과 賑資調達方式의 변화」『韓國史論』37, 서울
  대 국사학과.

한정수, 2013 「조선 태조〜세종 대 숲 개발과 重松政策의 성립」『사학연구』
  111.

한희숙, 1998 「朝鮮 中宗代 盜賊의 활동과 그 특징 - 16세기 民의 動向에 대한
  一硏究 -」『歷史學報』157.

한희숙, 1999 「朝鮮 太宗 · 世宗代 白丁의 생활상과 도적 활동」『韓國史學報』6.

한희숙, 1999 「조선 명종대 群盜의 발생배경과 활동의 특징」『朝鮮時代史學報』
  10.

菅野修一, 1994 「朝鮮朝初期における義倉制の開始 - 国家の賑恤政策と烟戸
  米法 -」『朝鮮学報』153.

菅野修一, 2001「朝鮮世宗代の賑恤政策に關する一考察 - 制度・對象・支給量
・政策變化 -」『朝鮮学報』178.

〈인터넷 자료〉

국사편찬위원회(https://www.history.go.kr/).
네이버 국어사전(https://ko.dict.naver.com/).
네이버 지식백과(https://terms.naver.com/).
네이버 한자사전(https://hanja.dict.naver.com/).
유튜브(https://www.youtube.com/).
한국고전번역원(https://db.itkc.or.kr/).
한국민족문화대백과사전(https://encykorea.aks.ac.kr/) .

색인

ㅅ

ㅇ

ㅈ

ㅊ

이병희

서울 신정동 출생
서울대학교 사범대학 역사과 졸업
서울대학교 대학원 국사학과 석사 · 박사과정 졸업(문학박사)
목포대학교 사학과 교수 역임
한국교원대학교 역사교육과 교수 정년퇴임(명예교수)

| 연구 논저 |

『뿌리깊은 한국사 샘이 깊은 이야기3(고려편)』, 『高麗後期 寺院經濟 研究』, 『高麗時期 寺院經濟 研究』1·2, 『농사직설 역해』, 『고려시기 사냥꾼 楊水尺과 定住 社會』, 『高麗時期 生態環境 研究』, 『朝鮮前期 寺院經濟 研究』, 『高麗時期 家門 研究』(공저), 『아틀라스 한국사』(공저), 『조선전기 불교사 연구』(공저), 「朝鮮時期 寺刹의 數的 推移」, 「조선전기 도자기 수공업의 편제와 운영」, 「高麗後期 農地開墾과 新生村」, 「고려 현종대 사상과 문화 정책」, 「고려시기 벽란도의 '해양도시'적 성격」, 「조선전기 流球國 농업의 이해」, 「고려 현종대 진휼정책과 권농정책」, 「고려시대 나주의 사찰과 불교문화」 외 다수

조선전기 구황식물 연구

초판 1쇄 인쇄일	ǀ 2025년 8월 21일
초판 1쇄 발행일	ǀ 2025년 8월 30일

지은이	ǀ 이병희
펴낸이	ǀ 한선희
편집/디자인	ǀ 정구형 이보은 박재원 안솔비
마케팅	ǀ 정찬용 근지은
영업관리	ǀ 한선희 정진이
책임편집	ǀ 이보은
인쇄처	ǀ 으뜸사
펴낸곳	ǀ 국학자료원 새미(주)
	등록일 2005 03 15 제25100-2005-000008호
	경기도 고양시 덕양구 권율대로 656 클래시아더퍼스트 1519호
	Tel 02)442-4623 Fax 02)6499-3082
	www.kookhak.co.kr
	kookhak2010@hanmail.net

ISBN	ǀ 979-11-6797-257-6 *93910
가격	ǀ 29,000원